Terapia Cognitiva
para Desafios Clínicos

B393t Beck, Judith S.
    Terapia cognitiva para desafios clínicos : o que fazer quando o básico não funciona / Judith S. Beck ; tradução Sandra Moreira de Carvalho. – Porto Alegre : Artmed, 2007.
    328 p. ; 23 cm.

    ISBN 978-85-363-0746-6

    1. Psicoterapia – Terapia cognitiva. I. Título.

    CDU 615.851

Catalogação na publicação: Júlia Angst Coelho – CRB 10/1712

Terapia Cognitiva para Desafios Clínicos

O QUE FAZER QUANDO O BÁSICO NÃO FUNCIONA

Judith S. Beck
Prefácio de Aaron T. Beck

Tradução:
Sandra Moreira de Carvalho

Consultoria, supervisão e revisão técnica desta edição:
Melanie Ogliari Pereira
Terapeuta Cognitiva com formação no Instituto Beck
Filadélfia-Pensilvânia
Membro da Academia de Terapia Cognitiva
Porto Alegre-RS

Reimpressão

2007

Obra originalmente publicada sob o título
*Cognitive therapy for challenging problems:
what to do when the basics don't work*
ISBN 1-59385-195-2

© 2005 Judith S. Beck. Published by arrangement with The Guilford Press.

Capa
Gustavo Macri

Preparação do original
Aline Pereira

Leitura final
Josiane Tibursky

Supervisão editorial
Mônica Ballejo Canto

Projeto gráfico e editoração eletrônica
Armazém Digital Editoração Eletrônica – roberto vieira

Reservados todos os direitos de publicação, em língua portuguesa, à
ARTMED® EDITORA S.A.
Av. Jerônimo de Ornelas, 670 - Santana
90040-340 Porto Alegre RS
Fone (51) 3027-7000 Fax (51) 3027-7070

É proibida a duplicação ou reprodução deste volume, no todo ou em parte, sob quaisquer formas ou por quaisquer meios (eletrônico, mecânico, gravação, fotocópia, distribuição na Web e outros), sem permissão expressa da Editora.

SÃO PAULO
Av. Angélica, 1091 - Higienópolis
01227-100 São Paulo SP
Fone (11) 3665-1100 Fax (11) 3667-1333

SAC 0800 703-3444

IMPRESSO NO BRASIL
PRINTED IN BRAZIL

Sobre a autora

Judith S. Beck, Ph. D, é Diretora do Instituto Beck de Terapia Cognitiva e Pesquisa, na Filadélfia, e Professora Adjunta de Psicologia Clínica na Universidade da Pensilvânia. É responsável pelas três principais funções do Instituto Beck: educação, cuidados clínicos e pesquisa. Atualmente divide seu tempo entre a administração, supervisão e o ensino, trabalho clínico, desenvolvimento de programas, pesquisa e escrita. É consultora de vários estudos do National Institute of Mental Health e freqüentemente apresenta uma grande variedade de tópicos sobre terapia cognitiva em *workshops* nacionais e internacionais. A Dra. Beck é autora do livro-texto amplamente utilizado, *Terapia cognitiva: teoria e prática*, traduzido em 12 idiomas; co-autora do livro *Terapia cognitiva dos transtornos da personalidade*, segunda edição; e co-autora do livro *Compêndio de psicoterapia de Oxford*, todos publicados pela Artmed Editora. Escreveu também vários artigos e capítulos sobre as várias aplicações da terapia cognitiva. Dra. Beck é Presidente da Academy of Cognitive Therapy.

Para minha família

Agradecimentos

Sou afortunada por ter Aaron Beck como pai, mentor e professor. Obviamente, não teria escrito este livro sem o seu trabalho no desenvolvimento da terapia cognitiva. Ler suas obras; discutir pesquisa, teorias e práticas; observá-lo no tratamento de seus pacientes; assistir suas aulas e revisar casos ajudou-me a moldar meu desenvolvimento como terapeuta cognitiva e professora. Eu, muitos profissionais e clientes da área da saúde mental temos para com ele uma enorme dívida de gratidão.

Muitas outras pessoas também tiveram papel importante na escrita deste livro. Primeiramente, os meus principais treinadores, torcedores e fornecedores de *feedback*: minha mãe, Phyllis Beck; minha amiga, colega e grande mulher, Naomi Dank; e meu marido, Richard Busis. Também agradeço aos meus filhos, Sarah, Debbie e Sam, que administraram os seus próprios crescimentos nesses anos em que eu passei escrevendo este livro; eles não sabem o quanto eu aprendi com eles.

Também agradeço aos meus colegas Andrew Butler, Norman Cotterell, Leslie Sokol e Chris Reilly, do Instituto Beck. Discutir casos com eles por mais de 10 anos ajudou-me a refinar o pensamento e expandir meus horizontes. Meu colega Cory Newman fez sugestões valiosas que enriqueceram o manuscrito, assim como a minha editora e amiga, extremamente paciente, gentil e apoiadora, Kitty Moore, da Guilford Press. Também sou grata aos meus pacientes, aos supervisionados, aos alunos e aos vários participantes dos *workshops,* que me abasteceram com exemplos de casos de difícil manejo.

Prefácio

Este livro da Dra. Judith S. Beck é uma importante contribuição para a literatura sobre terapia cognitiva com pacientes que representam desafios clínicos. Através do seu próprio trabalho com pacientes e supervisão a outros terapeutas, a Dra. Beck conseguiu delinear os problemas típicos que impedem o progresso na terapia e desestimulam terapeutas e pacientes. Até recentemente esses problemas eram considerados, por muitos terapeutas, como manifestações de "resistências", "reações negativas de transferência" ou "tendências passivo-agressivas". Em resposta a esses problemas, muitos terapeutas tendem simplesmente a levantar suas mãos, em um gesto de frustração, sem saber o que fazer.

Em vez de aceitar esses obstáculos na terapia, a Dra. Beck estruturou essas dificuldades de maneira consistente, como problemas passíveis de identificação e análise, com limites e características específicas. Categorizando os problemas em âmbitos específicos, ela forneceu uma pista, de fácil acesso, para suas complexidades. Baseou-se em sua vasta experiência para criar um método apropriado para cada uma das dificuldades: (1) conceituar o problema a partir do histórico de desenvolvimento do paciente, de crenças centrais e regras, de cognições e comportamentos disfuncionais e (2) planejar estratégias e técnicas adequadas para resolver problemas. Como os problemas são diferentes, é necessário que os terapeutas adaptem suas estratégias terapêuticas, conforme mostrado neste livro.

A responsabilidade do terapeuta nem sempre foi tão grande. Nos primeiros anos da terapia cognitiva, nós nos concentrávamos simplesmente nos problemas atuais dos nossos pacientes e prescrevíamos técnicas apropriadas. Para os pacientes depressivos, se fazia uma ativação comportamental por meio da programação de atividades, registros de pensamentos disfuncionais e envolvimento na prática de solução de problemas. Em geral, a depressão (ou transtorno de ansiedade), desaparecia por volta da décima sessão e nós marcávamos uma sessão-extra por prevenção (Rush, Beck, Kovacs e Hollon, 1977). Contudo, com o passar do tempo, o número de sessões para os pacientes com transtornos associados, complexos ou problemas crônicos (como os descritos neste livro), estendeu-se para 15, 20, 25 ou mais sessões.

O paciente passou a receber o diagnóstico de transtorno da personalidade além do diagnóstico de depressão, ansiedade ou transtorno de pânico. Hoje, a média de pacientes que procura tratamento no Instituto Beck de Terapia Cognitiva e Pesquisa utiliza, no mínimo, dois medicamentos psicotrópicos e apresenta um histórico de resposta limitada à medicação ou à psicoterapia anterior. No centro dessa relativa impermeabilidade à terapia está uma série de diferentes problemas terapêuticos muito bem descritos pela Dra. Beck.

Onde foram parar os "casos fáceis"? Há algum tempo nós estamos intrigados com esse mistério. Nossa suposição é que muitos pacientes respondem razoavelmente bem ao seu tratamento inicial – cuidados dispensados pelo clínico geral ou pelo psiquiatra. Aqueles relativamente sem reação, finalmente podem ser encaminhados para a terapia cognitiva, que agora representa o nível secundário – ou até mesmo terciário – de cuidados. Como reconceituado pela Dra. Beck, os problemas dos pacientes neste grupo representam um desafio em vez de uma carga para o psicoterapeuta. Ela tem obtido admirável sucesso em mostrar ao terapeuta como vencer esse desafio, bem como reduzir essa carga.

Logicamente, eu não posso finalizar essa introdução sem falar sobre a minha relação especial com a Dra. Judith Beck. Como é do conhecimento de todos, ela praticamente nasceu dentro da terapia cognitiva. Quando alcançou a adolescência, a minha teoria e prática da terapia cognitiva estavam muito cristalizadas, mas não havia praticamente ninguém com quem eu pudesse testar minhas idéias. Então eu tentei com minha filha adolescente, que me assegurou: "Elas fazem sentido, papai". Eu não a estimulei a seguir os meus passos. Depois da faculdade, ela iniciou uma carreira de sucesso na educação especial. Contudo, suponho que a terapia cognitiva "faz sentido" ainda, pois ela decidiu fazer uma mudança profissional dentro da psicologia clínica, com especialização em terapia cognitiva. Eu estou particularmente orgulhoso do seu primeiro livro, *Terapia cognitiva: teoria e prática,* escrito para terapeutas cognitivos iniciantes, e deste livro, para terapeutas cognitivos veteranos. Estou certo de que os dois livros são um benefício para terapeutas e pacientes.

Dr. Aaron T. Beck

REFERÊNCIA

Rush, A.J. Beck, A.T. Kovacs, M. e Hollon, S. (1977). Comparative efficacy of cognitive therapy and imipramine in the treatment of depressed outpatients. *Cognitive Therapy and Research, 1,* 17-37.

Sumário

1. Identificação de problemas no tratamento 15
2. Conceituação de pacientes que representam desafios clínicos 30
3. Quando um transtorno da personalidade desafia o tratamento 52
4. Desenvolvimento e uso da aliança terapêutica 76
5. Problemas na relação terapêutica: exemplos de caso 102
6. Quando os terapeutas têm reações disfuncionais em relação aos pacientes 121
7. Desafios no estabelecimento de metas 137
8. Desafios na estruturação da sessão 161
9. Desafios na solução de problemas e tarefas 183
10. Desafios na identificação das cognições 216
11. Desafios na modificação de pensamentos e imagens 239
12. Desafios na modificação de regras 256
13. Desafios na modificação de crenças centrais 273

Apêndice A   Recursos, treinamento e supervisão em terapia cognitiva 304
Apêndice B   Questionário de crenças pessoais 307
Referências 315
Índice 319

capítulo **1**

Identificação de problemas no tratamento

Enquanto escrevia o livro *Terapia cognitiva: teoria e prática,* eu sabia que um "texto-padrão" da teoria cognitiva talvez não abrangesse a multiplicidade de dificuldades apresentadas pelos meus pacientes. Alguns pacientes não progridem quando o terapeuta utiliza o tratamento-padrão. Alguns parecem não entender ou são incapazes de utilizar técnicas terapêuticas básicas. Alguns pacientes não se dispõem a se envolver, suficientemente, no tratamento. Outros parecem agarrados às crenças antigas e distorcidas sobre si próprios, outras pessoas e seus mundos. O tratamento deve ser alterado para atender esses pacientes. Como o terapeuta sabe quando e como alterar o tratamento?

Quando os terapeutas cognitivos experientes encontram um desafio clínico, intuitivamente, eles sabem o que precisam fazer. Depois de repetidas buscas por um livro que tratasse desses tipos de problemas, comecei a observar mais atentamente as decisões momentâneas que eu tomava durante as sessões terapêuticas. O que pode parecer um processo intuitivo de tomada de decisão está, na verdade, fundamentado na conceituação contínua dos pacientes, de seus diagnósticos e de sua experiência da sessão terapêutica. Além de observar meu próprio trabalho, também tenho tido a felicidade de poder observar e analisar, cuidadosamente, as sessões terapêuticas conduzidas pelo meu pai, Dr. Aaron T. Beck, assim como as sessões realizadas por meus colegas e por aqueles a quem supervisiono.

Este livro reflete o que eu aprendi desde a publicação do *Terapia cognitiva: teoria e prática.* Ele apresentou métodos detalhados para utilizar a terapia cognitiva com pacientes que exibem casos simples de depressão e ansiedade e foi um importante precursor deste livro, que pretende ajudar os terapeutas a descobrir o que fazer quando o básico não funciona.

Muitas razões complexas são responsáveis pelas dificuldades que os pacientes apresentam no tratamento. Alguns problemas estão fora do controle do terapeuta – por exemplo, um paciente pode não conseguir fazer o tratamento na freqüência recomendada por questões financeiras, ou o ambiente do paciente pode ser tão desagregador que a psicoterapia tenha uma utilidade limitada para ele. Mas muitos problemas estão dentro, ou pelo menos parcialmente dentro, do controle do terapeuta. As dificuldades podem ocorrer em razão das crenças distorcidas do paciente (por exemplo, "se eu me sentir melhor, minha vida ficará pior") e/ou em razão de um erro do terapeuta (usar um tratamento-padrão para depressão em um paciente que apresenta um outro transtorno).

Em centenas de *workshops* que conduzi na última década, pedi aos profissionais da saúde mental que descrevessem os problemas específicos que eles vivenciaram com seus pacientes. Cheguei a duas importantes conclusões. Primeiro, muitos terapeutas tendem, inicialmente, a descrever as dificuldades em termos globais, que não definem claramente o problema, afirmando por exemplo, que o paciente é "resistente". Segundo, quando os terapeutas especificam os problemas, tendem a mencionar os mesmos tipos de dificuldades repetidas vezes: pacientes que não fazem as tarefas de casa, pacientes que ficam zangados com o terapeuta, pacientes que têm comportamento autodestrutivo entre as sessões, etc. Descobri que muitos terapeutas precisam aprender a determinar as dificuldades dos pacientes em termos comportamentais, para entender as dificuldades relevantes dentro de uma estrutura cognitiva e formular estratégias baseadas em suas conceituações específicas, para cada paciente. Este livro ensina os terapeutas a:

- especificar os problemas (e determinar o grau de controle que um terapeuta tem para melhorá-los);
- conceituar os pacientes individualmente, incluindo aqueles com transtornos do Eixo II;
- lidar com reações problemáticas dos pacientes em relação aos terapeutas e vice-versa;
- estabelecer metas, estruturar sessões, fazer solução de problemas e aumentar a aderência à tarefa (incluindo mudança de comportamento), para pacientes que representam um desafio clínico;
- identificar e modificar percepções disfuncionais arraigadas (pensamentos automáticos, imagens, regras e crenças).

O Apêndice A descreve oportunidades para o crescimento profissional contínuo em terapia cognitiva. Algumas vezes, no entanto, não existe nenhum outro substituto para o treinamento prático e a supervisão.

ESPECIFICAÇÃO DE PROBLEMAS

Mesmo os terapeutas cognitivos mais experientes têm dificuldades com alguns pacientes. Isso pode ser uma tentativa de culpar nossos pacientes por serem um desafio e atribuir suas atitudes e comportamentos disfuncionais aos seus próprios defeitos de caráter. Entretanto, é inútil ver o problema de maneira ampla, rotulando os pacientes como "resistentes", "desmotivados", "preguiçosos", "frustrados", "manipuladores" ou "confusos". Descrições globais como "parece que o paciente não quer estar em terapia" ou "o paciente espera que eu faça todo o trabalho" também são muito amplas para serem úteis. É muito mais produtivo *especificar os comportamentos* que interferem no progresso terapêutico e adotar uma atitude de solução de problemas. Os terapeutas podem definir precisamente a dificuldade perguntando:

> ■ "O que especificamente, o paciente diz ou faz (ou não diz/não faz), na sessão terapêutica – ou entre as sessões – que representa um problema?"

Comportamentos problemáticos típicos que alguns pacientes demonstram *nas* sessões incluem:

- Insistir que não conseguem mudar ou que a terapia não pode ajudá-los.
- Falhar em estabelecer metas ou em contribuir para a agenda.
- Queixar-se, negar ou culpar os outros pelos seus problemas.
- Apresentar vários problemas ou passar de uma crise para outra.
- Recusar-se a responder perguntas ou desconversar.
- Atrasar-se ou faltar às sessões.
- Exigir tratamento especial.
- Ficar bravo, aborrecido, crítico ou indiferente.
- Ser incapaz ou não se dispor a mudar suas cognições.
- Estar desatento ou interromper constantemente o terapeuta.
- Mentir ou evitar disponibilizar informação importante.

Muitos pacientes apresentam comportamento disfuncional *entre* as sessões, como:

- Não fazer a tarefa.
- Não tomar a medicação necessária.
- Abusar de drogas ou de álcool.
- Telefonar repetidamente para o terapeuta enquanto está em crise.
- Apresentar comportamento autodestrutivo.
- Ofender os outros.

As tentativas suicidas requerem intervenção imediata na crise e avaliação em emergências (e não fazem parte do espectro deste livro).

Exemplo de caso

Andrea, uma paciente com transtorno bipolar, transtorno de estresse pós-traumático e transtorno da personalidade *borderline*, deixou o hospital recentemente, após uma tentativa de suicídio. Ela já havia iniciado o tratamento com uma nova terapeuta, fora do hospital. No início, Andrea demonstra desconfiança em relação a sua nova terapeuta e é hipervigilante. Ela é defensiva, resistente a estabelecer metas e afirma repetidamente que a terapia não pode ajudá-la. Ela freqüentemente se aborrece com a terapeuta, atribuindo características negativas a ela e culpando-a por lhe causar estresse. Recusa-se a fazer as tarefa combinadas ou a tomar a medicação prescrita pelo psiquiatra.

Ao decidir sobre a melhor maneira de tratar pacientes, que como Andréa, constituem desafios, é importante avaliar se as dificuldades na terapia estão relacionadas:

- à patologia do paciente;
- ao erro do terapeuta;
- a fatores *intrínsecos* ao tratamento (incluindo nível de cuidado, formato da terapia e freqüência das sessões); e/ou
- a fatores *externos* ao tratamento (incluindo a presença de doença orgânica, a toxicidade do ambiente em que vive o paciente ou a necessidade de tratamentos conjuntos).

Muitos problemas descritos nesse livro estão relacionados ao primeiro fator: patologia do paciente. Os pacientes que representam um desafio no tratamento freqüentemente demonstram dificuldades antigas em seus relacionamentos, no trabalho e no modo como vivem as suas vidas. Eles normalmente têm idéias muito negativas sobre si mesmos, sobre os outros e seus mundos – visões que eles desenvolveram e mantêm desde a infância ou adolescência. Quando essas crenças dominam suas percepções, os pacientes tendem a perceber, sentir e se comportar de maneira muito disfuncional, em diferentes momentos e situações, incluindo a própria sessão terapêutica. É importante que os terapeutas reconheçam a ativação dessas crenças e decidam quando e como a terapia deve ser ajustada para responder a elas. Os pacientes podem também apresentar desafios relativos à natureza dos seus transtornos – por exemplo, decorrentes da egossintonicidade característica da anorexia ou das alterações de humor do transtorno bipolar. Para estes pacientes é necessário tratamentos especializados.

Outros problemas ocorrem, entretanto, por um mal direcionamento no tratamento, quando os terapeutas falham em aplicar o tratamento-padrão adequadamente. Alguns problemas são decorrentes da combinação dos dois. Ainda, antes de afirmar que a dificuldade surge principalmente da patologia do paciente ou de erros cometidos pelo terapeuta, é essencial especificar o problema, considerar sua freqüência e extensão e avaliar o envolvimento de outros fatores. O restante deste capítulo descreve como:

- determinar a extensão de um problema ou de problemas;
- considerar os fatores externos à sessão terapêutica;
- diagnosticar o erro do terapeuta;
- identificar as crenças disfuncionais do paciente;
- distinguir o erro do terapeuta das crenças disfuncionais do paciente.

A seção final sugere alternativas para se evitar problemas terapêuticos.

AVALIAÇÃO DA EXTENSÃO DE UM PROBLEMA

Os terapeutas precisam analisar os problemas que surgem no tratamento, avaliando a gravidade e freqüência antes de decidir o que fazer. Eles devem perguntar a si mesmos:

- "Este é um problema que surge de forma breve em uma sessão?"
- "Este é um problema que persiste em uma sessão?"
- "Ou o problema ocorre em muitas sessões?"

Pequenos problemas talvez não precisem ser trabalhados diretamente, pelo menos inicialmente. George, um aluno do ensino médio, usou expressões faciais e olhares de descontentamento no início das duas primeiras sessões terapêuticas. Sua terapeuta não recriminou o comportamento de George. Em vez disso, ela se preocupou em ser bastante enfática, com o objetivo de demonstrar que ela não seria como os outros adultos controladores da sua vida. Ela também o ajudou a estabelecer metas que *ele* queria alcançar, não necessariamente aquelas que os outros impuseram a ele. No decorrer da segunda sessão, George conseguiu ver que a terapeuta podia ajudá-lo e suas reações negativas cessaram.

Alguns problemas são razoavelmente específicos e isolados e podem ser trabalhados através de simples solução de problemas. Jerry ficou irritado quando o terapeuta pediu a ele que completasse a lista de verificação semanal dos sintomas. Eles combinaram que Jerry pontuaria seu humor em uma escala de 0 a 10 pontos. Holly precisou de ajuda para conseguir alguém que cuidasse da sua filha pequena para que ela pudesse freqüentar as sessões regularmente e na hora certa.

Outros problemas são bastante proeminentes em uma sessão e podem requerer diferentes soluções. Quando o terapeuta de Toni tentou ajudá-la a avaliar uma crença rígida, a paciente não conseguiu ver a situação sob uma ótica diferente. O terapeuta disse: "Não parece que isto (a crença) seja útil agora. O que acha se mudássemos [para o próximo problema na agenda]?" Bob ficou descontente quando o terapeuta o interrompeu pela terceira vez. Ao ter certeza que seu descontentamento estava, de fato, relacionado às interrupções, o terapeuta desculpou-se e sugeriu que ele falasse ininterruptamente pelos próximos 5-10 minutos. Em ambos os casos, a mudança de planos do terapeuta solucionou o problema.

Algumas vezes, o problema é com a sessão como um todo. Lucy sentiu-se pior no final da sessão do que quando chegou. O terapeuta atribuiu, corretamente, o seu descontentamento à ativação contínua da sua crença de desvalorização. Eles concordaram em usar os últimos minutos de cada sessão conversando sobre um dos interesses de Lucy (filmes), de forma que Lucy pudesse sair da sessão sentindo-se menos angustiada. Margaret pareceu irritada com a primeira parte da sessão terapêutica. Reclamou que a terapeuta foi insensível. Em resposta, a terapeuta perguntou se Margaret gostaria de se expressar mais livremente, então ela ouviria cuidadosamente e se conteria quanto a solução do problema até quase o final da sessão. Novamente, esses problemas foram rapidamente negociados.

Normalmente, um problema contínuo que permanece por várias sessões requer mais tempo para discutir e solucionar, assim o paciente ficará disposto a continuar e progredir na terapia. Dean sempre se irritava com a sua terapeuta porque acreditava que ela o estava controlando ou inferiorizando. A terapeuta então passou mais tempo conversando, elucidando e ajudando-o a responder às idéias disfuncionais sobre *ela,* praticando solução de problemas ligados à relação terapêutica, para que então ele pudesse concentrar toda a sua atenção na solução dos seus problemas diários fora da terapia.

A maioria dos problemas terapêuticos podem ser resolvidos por meio da solução de problemas, modificação das cognições dos pacientes ou mudança de comportamento do terapeuta. Quando os problemas persistem, é importante avaliar vários fatores que podem estar interferindo no tratamento, conforme descrito a seguir.

AVALIAÇÃO DE FATORES EXTERNOS À SESSÃO TERAPÊUTICA

Enquanto alguns problemas que ocorrem estão relacionados ao processo e ao conteúdo das sessões terapêuticas, outros são influenciados por fatores externos. As áreas indicadas a seguir são incluídas no *checklist* do Quadro 1.1.

Quadro 1.1

Fatores externos a serem considerados na sessão

- O paciente está recebendo uma dose apropriada de terapia?
  O paciente deve ser atendido mais vezes? Menos vezes?
  O paciente deve receber um nível maior ou menor de cuidados
  (tratamento ambulatorial vs. internação parcial vs. hospitalização)?
- A medicação está adequada?
  Se o paciente não está usando, ele deveria estar?
  Se o paciente está tomando medicação, ele está aceitando totalmente o seu uso?
  O paciente está tendo efeitos colaterais significativos?
- Pode estar ocorrendo um problema orgânico não-diagnosticado?
  O paciente deveria fazer uma avaliação clínica com um médico internista ou especialista?
- O formato da terapia está apropriado?
  O paciente deve fazer terapia individual?
  Terapia de grupo?
  Terapia de casal?
  Terapia de família?
- O paciente necessita de tratamento complementar?
  O paciente precisa ser encaminhado a um psiquiatra?
  Aconselhamento pastoral?
  Nutricionista?
  Aconselhamento vocacional?
- A vida atual ou o ambiente de trabalho do paciente é muito prejudicial para que ele progrida?
  O paciente deveria procurar, por um período de tempo, um outro lugar para morar?
  O paciente deveria tentar fazer mudanças significativas em seu trabalho? Procurar outro trabalho?

Dose, nível de cuidado, formato de tratamento e tratamento complementar

Alguns pacientes não conseguem progredir suficientemente porque a "intensidade" de terapia não está adequada. Cláudia, uma paciente muito sintomática, melhorou mais rapidamente quando a terapeuta estimulou-a a fazer terapia semanalmente, em vez de em semanas alternadas. Janice, uma paciente cujo transtorno de ansiedade havia melhorado significativamente, passou a ser vista com menor freqüência, de forma que pudesse colocar em prática as habilidades que havia aprendido na terapia, sem apoiar-se demasiadamente na terapeuta.

Os pacientes podem estar recebendo um *nível de cuidado* inadequado. Larry, um paciente desempregado, com transtorno bipolar de ciclagem rápida e com ideação suicida freqüente, periodicamente piorava quando era atendido ambulatorialmente e, ocasionalmente, precisava de hospitalização ou de programa de hospitalização parcial. Carol precisou de regime hospitalar de reabilitação para tratar sua dependência química antes que pudesse se beneficiar, suficientemente, do tratamento ambulatorial.

O *formato* da terapia pode ser inadequado para alguns pacientes. Russell, um paciente com depressão e uma importante patologia do Eixo II, fez um rápido progresso quando concordou em mudar da terapia individual para a terapia cognitiva em grupo. Ele percebeu que as experiências de outros no grupo eram semelhantes à sua; conseqüentemente, elas tinham um alto grau de credibilidade para ele, que se dispôs a testar seus pensamentos e mudar seus comportamentos. Elaine, que apresentava uma leve depressão, ansiedade e traços *borderline* de personalidade, fez várias sessões de terapia individual. Ela melhorou muito quando seu namorado juntou-se a ela para terapia de casal. Lisa, uma jovem com traços de oposição, não se beneficiou muito da terapia individual, especialmente porque tendia a culpar os outros e a minimizar suas responsabilidades pelos problemas. Porém, quando a terapeuta alternou as sessões individuais com sessões familiares Lisa começou a melhorar.

Algumas vezes, os terapeutas não possuem o grau de especialização que os pacientes precisam, então, um *tratamento complementar* deverá ser indicado. Alguns pacientes se beneficiam muito de outras formas de tratamento, como aconselhamento pastoral, vocacional ou nutricional. Muitos pacientes são auxiliados por apoio e psicoeducação de grupos como os Alcoólicos Anônimos, alguma de suas variáveis ou grupos de auto-ajuda.

Intervenções biológicas

Muitos pacientes, especialmente aqueles que tomam medicamentos já há algum tempo, se beneficiam de *uma consultoria com um psiquiatra*, que pode resultar em uma diminuição, aumento ou troca de medicação. Joe, um paciente gravemente depressivo, tinha muita dificuldade para dormir. A medicação aliviou seu problema de insônia, permitindo maior progresso na terapia. Shannon, uma paciente com transtorno de pânico, estava tomando uma dose alta de benzodiazepenícos, que reduziu seus sintomas de ansiedade. Ela não conseguia compreender que esses sintomas não eram perigosos até que a sua medicação foi diminuída. Nancy estava sentindo-se sedada pelo efeito colateral de uma medicação antipsicótica e não conseguia se concentrar adequadamente na sessão (e também enquanto tentava fazer a tarefa de casa, fora da sessão), até que sua medicação foi trocada.

Os pacientes também podem ter *problemas médicos não-diagnosticados*, que precisam ser avaliados. Se o paciente não se submeteu recentemente a uma avaliação médica, o terapeuta pode sugerir que o faça. Mark apresentou ansiedade, irritabilidade, perda de peso, instabilidade emocional e baixa concentração. Felizmente sua terapeuta o convenceu a procurar um clínico geral, que então concluiu através de um teste sanguíneo, que Mark não estava sofrendo de depressão, mas sim de hipertireoidismo. Alexandra também parecia deprimida. Ela apresentava uma perda significativa de interesse em quase todas as atividades, sentia-se fisicamente e mentalmente lentificada, não conseguia dormir e engordou. Recebeu o diagnóstico de hipotireoidismo de seu clínico e seus sintomas desapareceram assim que foi tratada com a medicação adequada.

Outros pacientes podem apresentar sintomas que parecem ser gerados por transtornos psiquiátricos, mas que são, na verdade, o resultado de transtornos endócrinos, tumores cerebrais, lesões cerebrais traumáticas, convulsões, infecções do sistema nervoso central, transtornos por deficiências metabólicas ou de vitaminas, demências degenerativas, doenças cerebrovasculares ou outras condições médicas (veja Asaad, 1995, para informações mais detalhadas sobre este assunto).

Mudanças ambientais

Algumas vezes, o ambiente em que vive o paciente é tão prejudicial que a intervenção terapêutica deve ser combinada com uma mudança ambiental. Rebecca, uma adolescente gravemente depressiva e com um transtorno alimentar, morava com sua mãe solteira e com seus três irmãos. A família era caótica; sua mãe era alcoolista, a emocionalmente abusiva e tinha um namorado que agredia Rebecca. Rebecca apresentou pouca evolução na solução de seus problemas até que sua terapeuta facilitou sua mudança de casa e a ajudou a fixar residência com uma tia.

Ken, um paciente com transtorno bipolar de ciclagem rápida, parcialmente sob controle, lutava diariamente com um emprego que exigia muito de suas capacidades quando ele estava sintomático. Sentia-se cada vez mais ansioso, depressivo e suicida. Somente depois que passou a ser menos exigido profissionalmente, ele conseguiu progredir na terapia.

Quando os pacientes não conseguem progredir ou criam outro desafio para o terapeuta, é essencial determinar se fatores externos, como os ressaltados anteriormente, que estão envolvidos. Trabalhar essas dificuldades, bem como explorar a possibilidade de erro do terapeuta ou as crenças disfuncionais dos pacientes, pode ser decisivo para a melhoria deles.

ERRO DO TERAPEUTA *VERSUS* CRENÇAS DISFUNCIONAIS DOS PACIENTES

Muitos problemas ocorridos na terapia ou entre as sessões estão relacionados a enganos cometidos pelo terapeuta, a percepções disfuncionais dos pacientes ou ambos os itens.

O problema está relacionado a um erro do terapeuta?

Mesmo os terapeutas mais experientes podem cometer enganos. Alguns erros típicos, descritos neste livro, incluem:

- Diagnóstico errado (por exemplo, diagnosticar erroneamente o transtorno de pânico como uma simples fobia).
- Formulação ou conceituação incorreta do caso (por exemplo, falhar no reconhecimento de que é a ansiedade, e não a depressão, o problema principal de um paciente em particular, ou identificar incorretamente crenças centrais do paciente).
- Não utilizar a formulação e a conceituação do caso do paciente para conduzir a terapia (por exemplo, focar problemas ou percepções que não são importantes para a recuperação do paciente).
- Erro no planejamento de tratamento (por exemplo, usar princípios do transtorno generalizado de ansiedade para um paciente com transtorno obsessivo-compulsivo).
- Ruptura na aliança terapêutica (por exemplo, o terapeuta não percebe que o paciente está muito frustrado na sessão terapêutica).
- Lista inadequada de metas comportamentais (por exemplo, os objetivos do paciente são muito amplos).
- Estrutura ou velocidade inadequada (por exemplo, o terapeuta não interrompe o paciente, quando necessário, para trabalhar um problema importante).
- Focos inadequados na solução de problemas atuais (por exemplo, o terapeuta inicialmente foca um trauma da infância do paciente depressivo em vez de ajudá-lo a ser mais funcional em sua vida diária).
- Aplicação incorreta de técnicas (por exemplo, planejar uma exposição gradativa em que os primeiros passos sejam muito difíceis).
- Tarefa de casa inadequada (por exemplo, o terapeuta sugere uma tarefa de casa que o paciente provavelmente não será capaz de realizar).
- Falha na maximização da memória do paciente sobre a sessão (por exemplo, o terapeuta não registra para o paciente, por escrito ou por gravação, os pontos mais importantes da sessão).

Normalmente, é difícil para os terapeutas identificar seus próprios erros. Ouvir a gravação de uma sessão de terapia, ou pedir a um colega para fazer isso, algumas vezes revela esses enganos do terapeuta, especialmente se o ouvinte usar a Escala de Avaliação de Terapia Cognitiva (Young e Beck, 1980) para avaliar a gravação. Essa escala, disponível no site www.academyofct.org juntamente com um manual é utilizada para mensurar a competência do terapeuta em 11 áreas. Revisar uma gravação sozinho, embora necessário, é inadequado. O terapeuta precisa rever o caso, constantemente, com um colega ou um supervisor.

O problema está relacionado às crenças disfuncionais do paciente?

Nos próximos dois capítulos há uma descrição detalhada da identificação das crenças na terapia, que podem ser a causa dos problemas do paciente. Em resumo, é conveniente conjeturar as regras do paciente e então, explorar essas hipóteses com ele. Para isso, o terapeuta pode se colocar no lugar do paciente e fazer duas perguntas:

- "Que coisas boas acontecem se eu [tenho este comportamento disfuncional]?"
- "Que coisas ruins podem acontecer se eu [não tenho este comportamento disfuncional]?"

Andrea, a paciente mencionada no início deste capítulo, freqüentemente culpava os outros por seus problemas. Suas regras eram:

"Se eu culpo os outros, eu não terei que mudar. Mas se eu reconhecer que em parte sou culpada pelas minhas dificuldades, eu me sentirei mal, deixarei os outros fora disso e serei responsável por fazer mudanças – para as quais, de alguma forma, me sinto incapaz."

Andrea estava em posição bastante defensiva no que disse durante a sessão, devido às seguintes regras:

"Se eu não responder diretamente às questões [da minha terapeuta] ou deixá-la fora disso, eu estarei bem. Mas se eu me revelar [à minha terapeuta], me sentirei exposta e vulnerável, ela me julgará severamente e me rejeitará."

Um terceiro grupo de regras somou-se às racionalizações de Andrea para justificar a sua falta de mudança comportamental. Basicamente, as suas falhas na realização das tarefas de casa estavam nas seguintes regras:

"Se eu me mantiver como estou, não ficarei vulnerável a um sofrimento maior. Mas se eu tentar tornar a minha vida melhor, na verdade, ela ficará pior."

Normalmente, o entendimento das regras do paciente esclarece as razões para os seus comportamentos disfuncionais. É necessário testar e modificar essas regras freqüentemente, antes que os pacientes se disponham a mudar.

Distinção entre problemas relacionados a erros do terapeuta e percepções disfuncionais do paciente

Algumas vezes, a fonte de um problema não está aparente. A seguir, estão algumas dificuldades típicas dos pacientes que apresentam desafios clínicos, exemplos de erros do terapeuta e de pensamentos ou crenças disfuncionais do paciente.

- *O paciente não contribui com a agenda.*
    Erro do terapeuta: O terapeuta não solicitou ao paciente (como parte de uma tarefa de casa) que pensasse sobre quais problemas ele precisava de ajuda para resolver.
    Cognição do paciente: "É inútil discutir isso, pois meus problemas são insolúveis".
- *O paciente se aborrece quando o terapeuta o interrompe.*
    Erro do terapeuta: O terapeuta interrompe demasiadamente ou de forma abrupta e o paciente, com razão, sente-se bastante desconfortável.
    Cognição do paciente: "O terapeuta me interrompe porque ele quer me controlar".
- *O paciente nega, veementemente, a visão do terapeuta.*
    Erro do terapeuta: O terapeuta expressou de maneira muito firme ou precoce seu ponto de vista ou suas hipóteses estão incorretas.
    Cognição do paciente: "Se eu adotar o ponto de vista do terapeuta significa que ele venceu e eu perdi".
- *O paciente reclama dos problemas em vez de se envolver na solução deles.*
    Erro do terapeuta: O terapeuta não familiarizou suficientemente o paciente com o processo da terapia ou não interrompe o paciente para estimulá-lo para a solução do problema.
    Cognição do paciente: "Eu não tenho que mudar".
- *O paciente é desatento.*
    Erro do terapeuta: O terapeuta não adaptou o tratamento para um paciente que apresenta dificuldades de atenção ou para um paciente com alto nível de estresse que interfere no processamento de informações.
    Cognição do paciente: "Se eu aceitar o que o terapeuta diz, eu me aborrecerei".

EVITAR PROBLEMAS NA TERAPIA

Os terapeutas podem minimizar a ocorrência de problemas assegurando-se de que estão, continuamente, seguindo alguns princípios centrais da terapia cognitiva (descrita detalhadamente em J. Beck, 1995):

1. Diagnosticar e formular precisamente o caso.
2. Conceituar o paciente em termos cognitivos.

3. Usar a formulação cognitiva e a conceituação individual para planejar o tratamento dentro e entre as sessões.
4. Construir uma forte aliança terapêutica.
5. Estabelecer metas comportamentais específicas.
6. Empregar estratégias básicas.
7. Usar estratégias e técnicas avançadas.
8. Avaliar a eficácia das intervenções e da terapia.

Esses elementos são descritos a seguir e ilustrados por todo o livro.

Diagnóstico e formulação

Já que o enfoque para um determinado transtorno, na terapia cognitiva, pode ser significativamente diferente de outros, é essencial conduzir uma avaliação clínica completa dos pacientes, permitindo assim um diagnóstico preciso. Por exemplo, o tratamento para transtorno de estresse pós-traumático difere, de muitas maneiras, do tratamento para transtorno de ansiedade generalizada.

É importante também formular o caso corretamente. As cognições mais importantes no tratamento do transtorno de pânico, por exemplo, são as interpretações distorcidas e catastróficas do paciente sobre os sintomas (Clark e Ehlers, 1993). Na depressão, o mais importante é atingir os pensamentos negativos sobre o si mesmo, o mundo e o futuro (Beck, 1976). No transtorno obsessivo-compulsivo, é importante não enfocar firmemente a modificação de *conteúdo* dos pensamentos obsessivos ou imagens, ao invés disso, modificar sua *interpretação* das cognições obsessivas (Frost e Stekettee, 2002; Clark, 2004; McGinn e Sanderson, 1999). Se um terapeuta emprega um método geral para os pacientes, sem variá-lo de acordo com o transtorno em particular, provavelmente, o paciente não fará progresso. No *site* www.beckinstitute.org há mais informações sobre os manuais de tratamento.

Os terapeutas precisam conhecer as questões-chave que afetam os pacientes e seus tratamentos, por exemplo: sua idade, nível de desenvolvimento, nível intelectual, ambiente cultural, crenças espirituais, gênero, orientação sexual, saúde física e estágio de vida. Mia, por exemplo, era uma paciente asiática. Inocentemente, a terapeuta se opôs a ela questionando sua crença cultural da necessidade de obedecer aos pais. A terapeuta de Janet não entendeu a angústia sentida por ela quando seu filho mais jovem saiu de casa, em vez de compreendê-la e apoiá-la, tentou modificar seu pensamento, o que fez com que Janet acreditasse que estava errada por ter uma reação humana normal. A terapeuta de Keith não considerar as dificuldades de mobilidade e de memória características da idade de sua paciente e sugeriu uma tarefa de casa que não podia ser realizada.

Algumas vezes fica claro, mesmo na avaliação ou na primeira sessão terapêutica, que o tratamento precisa ser modificado. Entender que Andrea, descrita anteriormente, tinha transtorno da personalidade *borderline* com fortes traços paranóicos ajudou a terapeuta a decidir que a sua terapia deveria ser diferente da terapia de um paciente que estava passando pela primeira vez por um episódio de depressão e que não tinha uma patologia importante do Eixo II.

Os diagnósticos e a formulação de caso precisam ser contínuos. Um diagnóstico de co-morbidade pode não ser óbvio no início do tratamento. Eleanor, uma paciente com depressão e transtorno de pânico, fez algum progresso na terapia, mas em seguida ficou confusa. Somente quando seu terapeuta percebeu que ele tinha uma importante fobia social e começou a tratá-la especificamente, que Eleanor começou a melhorar. O mesmo ocorreu com Rodney que inicialmente minimizou a extensão de seu uso de drogas.

Conceituação cognitiva

Os terapeutas precisam desenvolver e refinar continuamente a conceituação cognitiva de cada paciente. A conceituação, descrita no Capítulo 2, traz entendimento aos terapeutas (e pacientes) das reações do paciente, às situações e problemas, de um determinado modo e a identificação de cognições centrais e comportamentos que são importantes de serem trabalhados na terapia. Os pacientes podem ter vários problemas e comportamentos problemáticos, uma variedade de pensamentos automáticos e crenças disfuncionais. Os terapeutas devem identificar rapidamente as cognições específicas e comportamentos com maior necessidade – e abertura – para mudar.

Planejar o tratamento entre e durante as sessões

O diagnóstico e formulação precisa de um caso levam o terapeuta a criar um método geral de tratamento para o paciente entre as sessões. Uma conceituação cognitiva correta e continuamente desenvolvida capacita o terapeuta a focar os problemas centrais do paciente, suas cognições e comportamentos disfuncionais, em cada sessão. O planejamento do tratamento nas sessões é abordado por todo o livro.

Construir a aliança terapêutica

Para se envolver completamente no tratamento, muitos pacientes precisam sentir que o terapeuta é compreensivo, cuidadoso e competente. Mesmo assim, alguns pacientes reagem negativamente – por exemplo, eles podem desconfiar da motivação do terapeuta. Algumas vezes, os terapeutas precisam variar seus estilos, sendo mais ou menos empáticos, estruturados, didáticos, confrontadores, transparentes ou bem-humorados. Um paciente independente, por exemplo, pode preferir que o terapeuta seja mais profissional, com certo distanciamento, enquanto um paciente sociotrópico pode reagir melhor se o terapeuta for afetivo e amigável (Leahy, 2001). A capacidade para localizar, conceituar e vencer as dificuldades na relação terapêutica é essencial para o progresso dos pacientes – e pode ajudá-los a melhorar outros relacionamentos também, conforme descrito nos Capítulos 4 e 5.

Estabelecer metas comportamentais específicas

É importante que os terapeutas orientem os pacientes a identificar as metas específicas que eles gostariam de alcançar na terapia. Inicialmente, muitos pacientes afirmam que gostariam de ser mais felizes ou menos inquietos. Essas metas de longo prazo são muito amplas para serem facilmente trabalhadas e alcançadas. Os terapeutas têm que perguntar aos pacientes o que eles fariam *de forma diferente* se fossem mais felizes; os comportamentos expressados então se tornam metas de curto prazo, que serão trabalhadas em cada sessão.

Empregar estratégias básicas

É importante que os pacientes se envolvam nas tarefas básicas da terapia: identificar e responder aos seus pensamentos automáticos, realizar as tarefas de casa, programar atividades (esta tarefa é especialmente importante para pacientes depressivos) e enfrentar situações que trazem ansiedade (esta tarefa é especialmente importante para pacientes com transtorno de ansiedade). Terapeutas cujos pacientes são muito resistentes a realizar essas tarefas podem concentrar seu foco de uma maneira geral; para isso eles devem negociar, com os pacientes, um maior envolvimento ou ajudá-los a reagir às cognições disfuncionais associadas.

Usar técnicas avançadas

Normalmente, os terapeutas precisam usar várias técnicas com os pacientes. Essas técnicas são tipicamente cognitivas, comportamentais, de solução de problemas, de apoio ou interpessoais. Algumas técnicas são de natureza emocional (por exemplo, ensinar habilidades de controle emocional para pacientes muito reativos ou muito influenciados pelo temperamento evitativo). Algumas são biológicas (por exemplo, eliminar uma causa orgânica dos sintomas, ajudando o paciente a administrar os efeitos colaterais da medicação ou uma condição médica crônica). Algumas outras são ambientais (ajudar um paciente que sofre maus-tratos a encontrar um outro modo de vida). Algumas são experienciais (reestruturar o significado de um trauma de infância por meio da técnica de construção de imagem). Outras são psicodinâmicas (ajudar o pacientes corrigir suas crenças distorcidas sobre o terapeuta).

Freqüentemente, os terapeutas precisam aplicar novas técnicas para lidar com a ativação das crenças, do paciente, que são carregadas de carga emocional ou, ao contrário, com a atitude de fuga do material emocional (Newman, 1991; Wells, 2000). Algumas vezes, é essencial usar técnicas não-padronizadas; por exemplo, manter uma forte aliança terapêutica ou ajudar o paciente a fazer uma mudança emocional ou uma mudança radical da crença.

Avaliar a eficácia das intervenções e da terapia

Para estimar o progresso e planejar o tratamento entre e nas sessões, é essencial fazer uma avaliação do humor do paciente no começo de cada sessão (Beck, 1995), de preferência acompanhada por escalas auto-administráveis como a Beck Depression Inventory (Beck, Ward, Mendelson, Mock e Erbaugh, 1961) ou a Beck Youth Inventories (Beck, Beck e Jolly, 2000). Além disso, é importante avaliar o progresso durante a própria sessão. Pode-se utilizar técnicas-padrão como solicitar ao paciente um resumo durante a sessão ou verificar o grau de emoções negativas sentidas por ele *antes* e *depois* de discutir um problema na terapia (bem como o quanto ele acredita que suas cognições são disfuncionais).

Contudo, a mudança na sessão terapêutica não tem significado se os pacientes retornam ao antigo pensamento negativo e humor no término de uma sessão e/ou não fazem mudanças comportamentais necessárias entre as sessões. Um ponto importante para estimar se a terapia está funcionando é determinar o que constitui um progresso razoável para o paciente. Para muitos pacientes descritos neste livro, o progresso foi bastante vagaroso, mas razoavelmente sólido, com obstáculos por todo o processo.

RESUMO

A arte de conduzir a terapia cognitiva está na identificação dos problemas em tratamento, avaliação da gravidade e especificação da origem desses problemas. As dificuldades podem estar relacionadas a fatores externos ao tratamento (por exemplo, ambiente pernicioso), fatores inerentes ao tratamento (número insuficiente de sessões), erro do terapeuta (aplicação incorreta de técnicas), e/ou patologia do paciente (crenças muito fortes). Algumas vezes, se faz necessário uma consultoria para diagnosticar um problema adequadamente. Em todo o livro são apresentadas soluções criativas para as dificuldades típicas. O próximo capítulo, que foca a conceituação cognitiva, apresenta a base de entendimento para a ocorrência de problemas relacionados à patologia do paciente.

capítulo 2

Conceituação de pacientes que representam desafios clínicos

A conceituação cognitiva é a pedra fundamental da terapia cognitiva. Uma boa conceituação permite ao terapeuta conduzir o tratamento de maneira efetiva e eficiente. Os pacientes podem iniciar a terapia com muitos problemas e experimentar centenas de cognições disfuncionais no curso do seu dia ou semana, o que levará a angústia e a comportamentos disfuncionais. Como os terapeutas cognitivos decidem o que focar na terapia? Em geral, eles focam os problemas (situações, comportamentos e sintomas) atuais, preocupantes e que provavelmente trarão mais angústia na semana seguinte. Eles também se concentram nas cognições (pensamentos e crenças) relacionadas a problemas importantes, claramente distorcidas ou disfuncionais, que parecem flexíveis à mudança e que envolvem temas recorrentes no pensamento do paciente (Beck, 1995).

Normalmente, é mais complexo avaliar precisamente os pacientes com problemas desafiadores, em relação àqueles com dificuldades mais comuns. Freqüentemente, eles exibem muito mais problemas e crenças disfuncionais (Beck, 1998; Beck, Freeman, Davis e Associados, 2004). Este capítulo apresenta um método para organizar os numerosos dados desses pacientes, de forma que o terapeuta possa planejar o tratamento mais facilmente. Primeiramente, delineamos uma versão simplificada do modelo cognitivo. As crenças centrais, o entendimento mais básico do si mesmo, dos outros e do mundo, são descritos juntamente com as estratégias e regras comportamentais. Fornecemos um diagrama de apoio ao terapeuta da conceituação cognitiva. Finalmente, uma descrição elaborada do modelo cognitivo, juntamente com a seqüência de pensamentos e reações dos pacientes para as situações atuais.

O MODELO COGNITIVO – SIMPLIFICADO

Na forma mais simples, o modelo cognitivo propõe que a percepção das pessoas sobre as situações influencia suas reações. Andrea irritou-se com sua terapeuta no final da sessão, conforme ilustrado no diagrama a seguir.

Situação

↓

A terapeuta pergunta a Andrea quais são suas metas na terapia.

↓

Pensamento automático

"Por que ela está me perguntando isso? É tão superficial. Estabelecer metas não ajudará. Meus problemas são muito graves. Ela deveria saber. Ela não leu o relatório de avaliação? Ela provavelmente pensa que eu sou como todo mundo. Eu não deixarei que ela continue me tratando dessa forma."

↓

Reação

Emocional: Raiva.
Fisiológica: Tensão facial, tensão nos braços e ombros.
Comportamental: Encolhe-se, evita o contato visual, fica calada.

Freqüentemente Andrea tem esses pensamentos e reações, acreditando que está sendo maltratada em várias situações:

"De que adianta [devolver o rádio defeituoso para a loja?] Eles não acreditarão em mim."
"Se eu for [para um grupo de apoio como sugeriu a terapeuta], as pessoas me olharão com desdém."
"O atendente da loja está, deliberadamente, me fazendo esperar".
"[A terapeuta] está sendo condescendente comigo."

Esses pensamentos, chamados "pensamentos automáticos", ocorrem espontaneamente; Andrea não está conscientemente tentando pensar desta forma. Por que ela tem esses pensamentos negativos? Andrea tem bases ou crenças que a fazem acreditar que é vulnerável, má e dependente. Ela acredita que as pessoas são críticas, cruéis e superiores a ela. Essas idéias atuam como um filtro ou uma lente pela qual ela avalia as situações. O que dificulta o trabalho do terapeuta é que suas crenças disfuncionais são muito ativadas, não somente no seu dia-a-dia, mas também durante as sessões terapêuticas, conforme ilustrado no diagrama da página 32.

Inicialmente, a terapia era bastante difícil para Andrea e para a terapeuta. As crenças negativas de Andrea eram freqüentemente ativadas. Por exemplo, sua terapeuta tenta estabelecer uma agenda e pergunta a Andrea que problema ela gostaria de trabalhar. Andrea pensa: "Isto é inútil. Eu estou muito longe de conseguir. Eu não posso ser ajudada". Ela então se sente desamparada, encolhe-se na cadeira e diz: "Eu não sei". Quando a terapeuta pergunta como ela pode usar o tempo de maneira diferente (por exemplo, de maneira mais produtiva) durante a

---

Crenças centrais

"Eu sou vulnerável, má, dependente."
"As outras pessoas são críticas, cruéis, superiores a mim."

↓

Situação

A terapeuta e Andrea discutem suas dificuldades de organizar e pagar suas contas

↓

A situação é percebida através de "lentes" de crenças centrais

↓

Pensamentos automáticos

"[Minha terapeuta] está pensando que eu sou estúpida."
"Como ela tem a ousadia de me julgar!"

↓

Reação

Emocional: Raiva
Fisiológica: Cerra os punhos.
Comportamental: Diz à terapeuta que ela não está ajudando.

---

semana, Andrea pensa: "O que ela está falando? Eu não posso mudar", e responde em tom hostil: "Eu não consigo nem *imaginar* fazer mais do que eu já faço". Quando a terapeuta tenta ajudá-la na avaliação de um dos seus pensamentos automáticos perguntando: "Há alguma evidência de que, talvez, você possa sentir um pouco de sensação de domínio [por fazer as tarefas de casa]?", Andrea categoricamente responde "Não", em um tom de voz que alerta a terapeuta a não pressioná-la mais.

O Diagrama de Conceituação Cognitiva (Beck, 1995), na Figura 2.1, retrata Andrea mais detalhadamente, mostrando como os elementos conceituais básicos – crenças centrais, regras e estratégias compensatórias (descritas anteriormente) – estão associados uns aos outros e à experiência infantil e atual de Andrea. Esse diagrama é explicado com detalhes nas páginas 41-43.

CRENÇAS CENTRAIS

Quando as crianças lutam para entender a si próprias, aos outros e a seus mundos, elas desenvolvem conceitos organizados em suas mentes. Elas ativamente procuram significados e continuamente acomodam novos dados nos esquemas ou modelos existentes. Quando a experiência infantil é vista negativamente, as crianças, normalmente, atribuem qualidades negativas a si próprias. Se elas têm muitas experiências positivas, elas podem se ver sob uma luz negativa em alguns períodos,

Terapia cognitiva para desafios clínicos **33**

DADOS RELEVANTES DA INFÂNCIA
Criança emotiva e sensível, segunda mais velha de sete filhos, a família era pobre. Pai alcoolista, fisicamente agressivo com a paciente. Mãe depressiva, fria, punia com severidade. Sofreu abuso sexual por um tio e por um vizinho.

CRENÇAS CENTRAIS

| "Sou vulnerável." | "Sou desamparada." | "Sou má." |

CRENÇAS INTERMEDIÁRIAS/ATITUDES/REGRAS

| "Se eu for hipervigilante ao perigo, posso me proteger." | "Se eu evitar desafios, eu ficarei bem." | "Se eu culpo os outros, eu me sinto bem." |
| "Se eu não ficar atenta, eu me machucarei." | "Se eu tentar fazer alguma coisa difícil, não conseguirei realizá-la." | "Se eu cometo um erro, significa que sou má." |

ESTRATÉGIAS COMPENSATÓRIAS

| Hipervigilante ao ataque dos outros. Hipervigilante a emoções negativas. Fala de maneira hostil com os outros para prevenir-se da hostilidade deles. | Evita fazer tarefas que acha que serão difíceis. Evita situações em que possa ser solicitada a fazer alguma coisa que se sinta incapaz de fazer. | Culpa os outros. |

SITUAÇÃO 1	**SITUAÇÃO 2**	**SITUAÇÃO 3**
O funcionário a faz esperar.	Pensa em levar o rádio quebrado para a loja.	Sua irmã deixa uma mensagem em sua secretária eletrônica.
PENSAMENTO AUTOMÁTICO	**PENSAMENTOS AUTOMÁTICOS**	**PENSAMENTO AUTOMÁTICO**
"O funcionário está fazendo isso deliberadamente."	"O que adianta? Eles não acreditarão que o rádio já estava quebrado quando eu o trouxe."	"Eu devia ter ligado para ela na semana passada."
SIGNIFICADO DO P. A.	**SIGNIFICADO DO P. A.**	**SIGNIFICADO DO P. A.**
"Ele está me magoando."	"Sou desamparada."	"Sou má."
EMOÇÃO	**EMOÇÃO**	**EMOÇÃO**
Raiva	Desamparo	Culpa
COMPORTAMENTO	**COMPORTAMENTO**	**COMPORTAMENTO**
Fala com o funcionário em tom de voz hostil.	Fica em casa.	Culpa a irmã por ter ligado em um momento em que ela, provavelmente, não estaria em casa.

FIGURA 2.1 Diagrama de conceituação cognitiva.
Adaptado do livro de Judith S. Beck. *Terapia cognitiva: teoria e prática*, Artmed, 1997.

mas elas basicamente acreditam que estão bem: razoavelmente eficientes, merecedoras de estima e têm valor. Se elas não pensam assim, elas podem desenvolver visões negativas de si próprias, de seus mundos e/ou de outras pessoas.

Se esses conceitos negativos tornam-se estruturas organizadas em suas mentes, as crianças processam as informações de forma distorcida e disfuncional, percebendo e focalizando muito rigidamente o lado negativo, evitando ou falhando no processamento das informações positivas. O Capítulo 3 descreve como essa tendência se torna cristalizada com o tempo, levando a criança vulnerável a desenvolver um transtorno do Eixo II (Beck et al., 2004).

A infância de Andrea, por exemplo, foi marcada por uma série de experiências negativas que ocorriam diariamente. Sua família era pobre. Tinha seis irmãos e irmãs. O pai alcoolista os agredia fisicamente. A mãe era cronicamente depressiva, punitiva e insensível, tanto emocional quanto fisicamente. Andrea foi abusada sexualmente por um tio quanto tinha 12 anos e por um vizinho quando tinha 13. Obviamente, Andrea desenvolveu muitas idéias negativas sobre si mesma, sua vida e os outros. Por exemplo, ela passou a acreditar que era desamparada. Com o tempo, essa crença tornou-se estruturada em sua mente.

Sem perceber, Andrea começou a focar seletivamente os dados que apoiavam essa idéia, não somente na interação dentro do lar, mas também em muitas situações e experiências fora de casa. Ela também distorceu informações que não se encaixavam em suas crenças. Por exemplo, quando um primo mais velho parabenizou-a por cuidar de seus irmãos, Andrea pensou que ele devia ter um motivo mais forte para ser educado com ela. Além disso, ela simplesmente não reconheceu ou deu o devido valor ao dado positivo – por exemplo, que ela se relacionava com seus irmãos e com adultos de maneira muito assertiva e eficiente. Conseqüentemente, a crença de que ela era desamparada se fortaleceu, enfraquecendo uma pequena crença de eficiência.

Crenças centrais sobre o si mesmo

Os indivíduos com crenças negativas sobre o si mesmo podem ser conceituados de forma geral dentro de uma das três categorias: desamparo, desamor e desvalorização. Para planejar uma terapia eficiente, os terapeutas devem coletar dados dos encontros iniciais com o paciente, gerar hipóteses baseadas nesses dados, que mais tarde será confirmada pelo paciente, para saberem se as crenças do paciente envolvem o desamparo, desamor, desvalorização ou uma combinação dos três. Os pacientes podem ter uma crença central disfuncional mais importante ou muitas crenças; essas crenças centrais podem estar em uma categoria, descrita a seguir, ou em mais de uma.

A categoria do *desamparo* apresenta várias nuanças, mas o tema principal é o sentimento de incompetência. Os pacientes expressam essa idéia de diferentes formas:

Crenças centrais de desamparo

"Sou inadequado, ineficiente, incompetente; eu não consigo me proteger."

"Sou fraco, descontrolado; eu não consigo mudar; não tenho atitude, objetivo, sou uma vítima."

"Sou vulnerável, fraco, sem recursos, passível de maus-tratos."

"Sou inferior, um fracasso, um perdedor, não sou bom o suficiente; não sou igual aos outros."

Outros pacientes, que acreditam não merecer amor ou não ser amados, podem ou não estar excessivamente preocupados em ser competentes. Eles acreditam, ou têm medo, de que jamais tenham a intimidade e a atenção que desejam. Eles expressam essa idéia da seguinte forma:

Crenças centrais de não ser amado

"Sou diferente, indesejável, feio, monótono; não tenho nada a oferecer."

"Não sou amado, querido, sou negligenciado."

"Sempre serei rejeitado, abandonado; sempre estarei sozinho."

"Sou diferente, imperfeito, não sou bom o suficiente para ser amado."

Os pacientes que se desvalorizam podem expressar idéias como:

Crenças centrais de não ter valor

"Não tenho valor, sou inaceitável, mau, louco, derrotado, nada, um lixo."

"Sou cruel, perigoso, venenoso, maligno."

"Não mereço viver."

As crenças de não ter valor normalmente têm um aspecto moral que as diferencia das duas primeiras categorias. Quando um paciente expressa uma crença de não ter valor, é importante apurar se ele exprime o significado mais negativo da sua natureza, ou se a crença de não ser amado ou o desamparo estão subjacentes à crença de não ter valor. Quando Walter fala ao terapeuta que se sente inútil, o terapeuta procura explorar essa declaração: "Se você é inútil, qual é a pior parte disso? É o fato de você não ser eficiente ou produtivo – ou que você nunca obterá o amor que você quer?" Walter respondeu que a última alternativa era pior. Quando a terapeuta de Sasha perguntou o significado da sua crença de não ter valor, ela respondeu que não havia nada pior, que ser inútil era, por natureza, a pior possibilidade.

A importância de identificar a categoria das crenças do paciente

A rápida identificação da categoria em que as crenças se encontram, ajuda a conduzir o tratamento. Em muitos casos, o terapeuta auxilia na descoberta e na modificação de pensamentos, de crenças e de comportamentos disfuncionais centrais do paciente. Uma paciente que acredita que é basicamente adequada e eficiente, mas cuja crença de não ser amada conduz a uma forte angústia, deve ser encorajada a fazer experiências comportamentais que envolvam a interação com os outros. Os pacientes que crêem que são basicamente iguais aos outros, mas são desamparados ou inúteis, precisam se envolver em várias experiências de domínio.

Conceituar corretamente a categoria, ou categorias, das crenças centrais dos pacientes é essencial para conduzir eficientemente a terapia. Por exemplo, um terapeuta categorizou incorretamente as crenças centrais do seu paciente. Edward tinha muitos pensamentos automáticos sobre perder sua esposa: "Eu sou um marido ruim. Ela [a esposa], provavelmente está infeliz. Quanto tempo ela ainda ficará comigo? Ela provavelmente me deixará". Ele também tinha pensamentos sobre o isolamento em relação aos outros: "Chuck [o melhor amigo do paciente] deve estar cansado de me ouvir reclamar. Ele deve pensar que eu sou realmente um perdedor. Estou certo que ele prefere a companhia de outras pessoas". Edward também tinha pensamentos negativos sobre o relacionamento com a sua mãe: "Eu realmente devo visitá-la. Provavelmente ela pensa que eu não me importo com ela".

O terapeuta supôs que estes pensamentos indicavam uma forte crença de não ser amado. Sendo assim, ele trabalhou o pensamento automático sobre ser um mau marido, amigo e filho. Sugeriu tarefas de casa para que Edward interagisse com as pessoas amadas e os colegas de trabalho. Edward fez pouco progresso. Finalmente, o terapeuta percebeu o real *significado* dos pensamentos de Edward: "Se fosse verdade que [a sua esposa quer deixá-lo; seu amigo não quer sua companhia; sua mãe pensa que você não se importa com ela], o que seria pior?" Edward respondeu: "Eu não conseguiria sobreviver. Eu não teria ninguém para me ajudar. Eu não sei o que eu faria".

Ficou claro que a principal preocupação de Edward *não* era a falta de atenção e de amizade (desmerecimento de amor); ao invés disso, ele achava que longe das outras pessoas, sem o apoio e ajuda deles, ele não conseguiria se proteger (desamparo). Assim que o terapeuta conduziu a terapia para a avaliação dos pensamentos automáticos de inutilidade e inadequação, motivando-o na realização de atividades que trouxessem um senso de domínio, a depressão de Edward rapidamente melhorou.

Por que os pacientes crêem tanto em suas crenças centrais

Por que os pacientes pensam que suas crenças são tão fortes, mesmo com a presença de uma evidência contrária? Robin acredita, cada vez mais, que é má, mesmo tendo muitas evidências contrárias. Ela é uma funcionária produtiva, sua melhor amiga a trata bem e se preocupa com ela, Robin é atenciosa com sua mãe idosa, tem um bom relacionamento com sua irmã e seus vizinhos parecem gostar dela. Um fator que contribui fortemente para sua crença de ser uma pessoa má é o modo como ela processa as informações.

- *Ela freqüentemente foca, de modo seletivo, os dados que confirmam sua visão negativa.* Ela se considera – e se rotula como má – todas as vezes que percebe que cometeu um engano ou que está abaixo da sua própria expectativa (muito alta); sempre pensa que a expectativa dos outros em relação a ela diminuiu e sempre ressalta uma reação negativa (algumas vezes neutra) dos outros. No período de um dia, por exemplo, ela se vê como uma pessoa má quando sai de casa sem primeiro arrumá-la, quando chega ao trabalho 10 minutos atrasada (porque o ônibus atrasou), quando seu patrão aponta um erro em sua digitação e quando lembra que deixou de retornar uma ligação de sua mãe.
- *Ignora dados contrários à crença.* Quando Robin percebe um dado positivo, ela não o incorpora de maneira direta. Quando se esforça para ajudar sua vizinha a mudar um móvel de lugar, ela pensa: "Eu realmente podia ter ajudado mais". Quando ajuda sua mãe ela pensa: "Eu não estou fazendo isso por amor, somente por obrigação".
- *Não reconhece dados contrários.* Robin não reconhece o fato de que chegou pontualmente ao trabalho por 20 ou 21 dias do mês, que todos os dias é gentil com seus colegas de trabalho e que freqüentemente sai da sua rotina para ajudar sua mãe. Assim, ela devia ter concluído que se fosse má *não* faria essas coisas.

Esse processamento equivocado não é voluntário. Ele ocorre automaticamente, além da compreensão de Robin. Felizmente, a terapeuta de Robin pôde ajudá-la a entender suas falhas no processamento de informação e neutralizá-las (veja Capítulo 13). Robin passou a ver o seu comportamento disfuncional e suas experiências negativas com menos rigidez. Ela também aprendeu a responder adequadamente à sua indiferença aos comportamentos e experiências positivas e a identificar e valorizar um dado positivo sobre ela mesma, que não havia sido reconhecido anteriormente.

Crenças centrais sobre os outros

Os pacientes que são um desafio clínico, normalmente, percebem os outros de maneira rígida, supergeneralizada e dicotômica. Eles não percebem que os outros são seres humanos complexos que demonstram suas características, em graus variados, nas diferentes situações. Em vez disso, eles os categorizam de maneira inflexível. Freqüentemente, suas percepções são muito negativas. As pessoas são vistas como desprezíveis, frias, prejudiciais, ameaçadoras e manipuladoras. Ou eles podem ter uma visão positiva, mas irreal, como se as pessoas fossem superiores, muito eficientes, amáveis e úteis (diferente da visão que eles têm de si próprios).

Crenças centrais sobre o mundo

Esses pacientes costumam ter crenças disfuncionais sobre suas vidas pessoais. Eles acreditam que não conseguem o que querem em razão dos obstáculos encontrados no mundo. Podem expressar crenças como: "O mundo é injusto, hostil, imprevisível, incontrolável, perigoso". Normalmente essas crenças são bastante globais e supergeneralizadas.

Pacientes que apresentam várias crenças centrais ativadas simultaneamente, sobre si mesmos, os outros e o mundo, se sentem inseguros para viver. Andrea, por exemplo, acredita que o mundo é perigoso, que ela está desamparada e precisa muito da ajuda dos outros. Simultaneamente, ela crê que os outros são frias e prejudiciais. Portanto, de acordo com a sua rede de crenças centrais, ela deve ser sozinha, desamparada e vulnerável, ou se colocar à mercê de pessoas maldosas. Subjetivamente, ela acredita que está predestinada a isso. Andrea julga ser anulada pelas outras pessoas, o que confirma ainda mais a sua rede de crenças disfuncionais.

ESTRATÉGIAS COMPORTAMENTAIS

É difícil para as pessoas suportarem visões extremas sobre si próprias, o mundo e as outras pessoas. Os pacientes com problemas mais graves, freqüentemente, desenvolvem certos comportamentos para se proteger – encobrir ou compensar suas crenças negativas (Beck et al., 2004). Andrea, por exemplo, se achava vulnerável e considerava as outras pessoas, potencialmente prejudiciais. Sendo assim, ela desenvolveu uma estratégia de hipervigilância em relação ao comportamento dos outros, se mantendo muito alerta aos possíveis sinais de maldade. Quando ela percebeu (ou percebeu incorretamente), que estava sendo maltratada, sua estratégia foi o ataque verbal a outra pessoa.

Janice também acreditou que era fraca e que os outros eram maus. Sua estratégia, contudo, foi se manter vigilante ao humor das pessoas, sendo agradável e pacífica com eles, subjugando seus próprios desejos e evitando conflitos a todo custo.

Os pacientes com problemas antigos, freqüentemente desenvolvem essas estratégias comportamentais quando crianças ou jovens. Esses modelos comportamentais podem (ou não), ter sido muito funcionais anteriormente, mas geralmente, tornam-se cada vez mais inadequados quando o individuo se desenvolve e entra em uma nova situação de vida. O uso constante de estratégias mal-adaptadas pode protegê-los, momentaneamente, da ativação das crenças. Contudo, tal comportamento não elimina as crenças centrais. Quando Andrea está verbalmente agressiva com os outros, tentando evitar que seja maltratada, sua crença de vulnerabilidade não é afetada. Ela ainda acredita que: "Se eu não fizer isso (ataque verbal), eles me tratarão mal". Quando Janice se conciliou com outras pessoas, ela ainda acreditava que: "Se eu não tivesse me conciliado com elas, eu teria sido prejudicada".

Antes da terapia, os pacientes diferem no grau de consciência desses modelos comportamentais, mas normalmente é fácil identificá-los. É essencial entender as crenças e regras dos pacientes para descobrir por que eles se comportam de determinada maneira. Seus comportamentos fazem sentido em razão das suas crenças.

Cada transtorno da personalidade tem o seu próprio conjunto de crenças centrais, regras e estratégias (descritos no Capítulo 3). A seguir, exemplificamos como diferentes pacientes lidam com as mesmas crenças centrais.

Crenças centrais	Estratégias compensatórias
"Sou inadequado."	Depende dos outros ou tenta se superar.
"Sou insignificante."	Isola-se, evita aproximação, dramatiza ou age conforme a crença.
"Sou vulnerável."	Age com firmeza, domina ou evitar qualquer possibilidade de ser prejudicado.

CRENÇAS INTERMEDIÁRIAS, REGRAS E ATITUDES

Um modo de entender as estratégias comportamentais dos pacientes é através da avaliação de classe de cognições, que se encontra entre os pensamentos automáticos mais superficiais e as crenças centrais mais profundas. Crenças intermediárias, regras e atitudes compreendem este grupo intermediário de crenças (Beck, 1995; veja também Capítulo 12). As *regras condicionais* demonstram como as estratégias comportamentais estão conectadas às crenças centrais de uma pessoa. Geralmente, os pacientes pensam que se empregarem estas estratégias compensatórias, ficarão bem – mas se não o fizerem, as crenças centrais se tornarão evidentes ou reais.

- "Se eu ficar hipervigilante a maus-tratos e hostilizar as pessoas, posso me proteger, do contrário elas me prejudicarão."
- "Se eu me mantiver nessa posição eu ficarei bem. Mas se eu tentar mudar eu não conseguirei ficar bem."
- "Se eu cometo erros é porque eu sou má."

Pacientes como Andrea constituem um desafio clínico porque usam a mesma regra, com o terapeuta ou com o processo terapêutico, que costumam usar com as outras pessoas ou situações, sendo assim, eles usam estratégias compensatórias inadequadas no tratamento. No início da terapia, Andrea era hipervigilante a maus-tratos e pensou que sua terapeuta estava tentando inferiorizá-la, respondendo, então, de maneira crítica e hostil. Ela achou que não conseguiria melhorar sua vida; resistiu às tentativas da terapeuta de considerar metas ou fazer pequenas mudanças. Andrea também evitou revelar muito sobre si mesma, acreditando que a terapeuta a rejeitaria.

Os pacientes também expressam as idéias contidas em suas crenças intermediárias de outras formas, por meio de *regras* e *atitudes*. A afirmativa "Eu não devo falar muito sobre mim" pode estar associada à regra "Se eu me expuser posso ser rejeitado ou magoado". A atitude "É terrível cometer um engano" pode ser extraída da regra "Se eu cometo um erro, significa que sou incompetente". É útil descobrir a origem da crença intermediária na qual a regra ou atitude está baseada a fim de testar corretamente a idéia.

Regras centrais *vs.* subgrupos de regras

Os pacientes criam milhares de regras. Conseqüentemente, é importante que o terapeuta identifique as mais centrais, para que possa conduzir a terapia de maneira eficiente. As principais regras normalmente estão ligadas às crenças centrais do paciente. Também é importante descobrir se uma nova regra, revelada na terapia, representa um novo tema a ser trabalhado ou se ela é meramente um subgrupo de uma regra central, identificada anteriormente.

Por exemplo, Alison demonstrou a seguinte regra central:

"Se eu sentir uma emoção negativa, vou desmoronar."

Os subgrupos mais próximos desta regra eram:

"Se eu pensar no que a minha terapeuta está dizendo, me sentirei muito mal, não suportarei."

"Se eu fizer a tarefa de casa, sugerida na terapia, terei que pensar sobre os meus problemas e não conseguirei tolerar os sentimentos ruins."

"Se eu pensar em confrontar minha mãe [mesmo que calmamente], me sentirei tão ansiosa que poderei enlouquecer."

Na última sessão terapêutica, enquanto estavam discutindo como Alison podia passar o final de semana, ela expressou uma outra regra:

"Se eu não fizer o que a minha irmã quer, ela ficará chateada."

A terapeuta não havia reconhecido anteriormente o tema inerente a esta regra. Ela supôs que Alison tivesse uma regra mais extensa da qual esta era um subgrupo – por exemplo, "Se eu desaponto os outros, significa que eu sou má". Contudo, após questionamento, a terapeuta constatou que Alison não atribuía um significado especial a não cooperação com sua irmã ou com os outros. Essa regra era uma situação específica e não estava associada a uma regra mais importante.

Tendo descoberto que a regra não era parte de um modelo maior, a terapeuta dirigiu a discussão para problemas e cognições mais centrais.

DIAGRAMA DE CONCEITUAÇÃO COGNITIVA

O Diagrama de Conceituação Cognitiva ajuda na organização da grande quantidade de dados que o terapeuta coleta sobre os pacientes. O diagrama ajuda a:

- Identificar o as crenças centrais, regras e estratégias comportamentais dos pacientes.
- Entender por que os pacientes desenvolvem essas crenças extremas sobre si mesmos, sobre os outros e sobre suas vidas.
- Entender como as estratégias comportamentais estão conectadas às crenças centrais.
- Decidir que crenças e estratégias comportamentais serão trabalhadas primeiro.
- Entender por que os pacientes geralmente reagem de uma maneira em particular: como as crenças influenciam suas percepções das situações atuais e como essas percepções, por sua vez, influenciam as reações emocionais, comportamentais e fisiológicas.

O Diagrama de Conceituação Cognitiva na Figura 2.1, por exemplo, organiza grande parte dos materiais já apresentados sobre Andrea contendo também informações sobre suas experiências na infância, o que ajuda a explicar porque ela desenvolveu idéias extremas sobre si mesma, sobre os outros e suas vidas.

O centro do diagrama ilustra o modelo cognitivo: em situações específicas, os pacientes têm certos pensamentos que influenciam suas reações. Os terapeutas perceberão a utilidade de preencher, mentalmente, os quadros do diagrama relativos aos primeiros contatos com o paciente. Contudo, é melhor preenchê-lo (a lápis) depois de algumas sessões, depois de identificar modelos importantes (1) em situações que conduzem ao estresse; (2) de pensamentos automáticos do paciente; (3) de suas reações emocionais; e (4) e reações comportamentais. É importante formular uma pergunta para marcar a próxima hipótese a ser confirmada com o paciente, já que a característica principal da terapia cognitiva é que as conceituações são derivadas diretamente das informações oferecidas pelo paciente.

O terapeuta deve escolher problemas/situações típicas do paciente para colocar na base do diagrama, mas que sejam diferentes uns dos outros – problemas que exemplifiquem temas diferentes nos pensamentos automáticos e aspectos diferentes do funcionamento e reações do paciente. Escolher situações em que os pensamentos automáticos são muito semelhantes pode levar o terapeuta a ignorar crenças importantes. Por outro lado, escolher situações que não são típicas do paciente, também conduzirá a uma conceituação imprecisa.

A base do diagrama, na verdade, é uma simplificação. Conforme escrito no final desse capítulo, os pacientes podem ter muitos pensamentos automáticos associados às diferentes emoções em determinada situação. Eles podem considerar suas reações (emocionais, comportamentais e fisiológicas) de maneira disfuncional. Da mesma forma, freqüentemente eles têm uma *série* de pensamentos antes de se envolverem em comportamentos disfuncionais.

Além disso, especialmente para pacientes mais complexos, pode não ser suficiente trabalhar somente com três situações – o terapeuta talvez precise de várias (ou muitas) outras para entender completamente as estratégias e crenças disfuncionais do paciente. É importante registrar situações em que o paciente demonstra comportamentos que interferem na terapia, como aqueles descritos no Capítulo 1. Por exemplo, se o terapeuta não cometeu um erro terapêutico, é conveniente conceituar os pensamentos do paciente que o levam a responder constantemente "Eu não sei", à não realização das tarefas de casa ou falar de maneira hostil com o terapeuta. A Figura 2.2 mostra três situações em que Andrea apresenta um comportamento disfuncional na sessão. Observe no Diagrama de Conceituação Cognitiva (Figura 2.1), que as regras condicionais da paciente sobre a terapia e a terapeuta são subgrupos de regras mais amplas.

Para completar a base do diagrama, a terapeuta pediu que Andrea *explicasse* seus pensamentos automáticos. Essas explicações estão automaticamente associadas às crenças de Andrea sobre o si mesma, conforme mostrado no topo do diagrama. Na verdade, às crenças da paciente age como uma lente que afeta sua percepção, se colocando entre a situação e os pensamentos automáticos. Mas, no tratamento, os terapeutas trazem à tona as crenças do paciente, questionando-os sobre o significado dos seus pensamentos automáticos. Por isso, o quadro de significado é colocado abaixo do quadro de pensamentos automáticos. Seria mais apropriado se o quadro aparecesse acima do quadro de pensamentos automáticos e fosse nomeado como "crenças que influenciam a percepção do paciente na situação".

No caso da Andrea, desde a infância ela acreditou que era má, desamparada e vulnerável. Como ela desenvolveu estas crenças? O dado apresentado no quadro superior esclarece porque ela começou a se ver e também aos outros, dessa forma negativa. Ela cresceu em um lar caótico e violento. Num determinado momento do tratamento, a terapeuta resumirá as experiências infantis de Andrea e irá ajudá-la a perceber que muitas crianças que sofreram o mesmo tipo de trauma podem crescer com crenças extremas sobre elas próprias e os outros – mas que essas crenças podem não ser verdadeiras ou completamente verdadeiras.

Também será explicado que em razão dessas crenças muito negativas e disfuncionais, é natural que alguém como Andrea desenvolva estratégias compensatórias para sobreviver no mundo. A terapeuta analisa suas regras condicionais para que ela possa entender por que ela costuma agir de maneira tão disfuncional. Intimamente, Andréa acredita que usando estratégias compensatórias, ela ficará segura, do contrário suas crenças centrais se tornarão evidentes para ela própria ou para os outros.

MODELO COGNITIVO – ELABORADO

É muito importante elaborar a partir do modelo cognitivo simplificado, apresentado no início deste capítulo e no Diagrama de Conceituação Cognitiva. Os terapeutas e pacientes precisam reconhecer que uma gama de situações (incluindo

Terapia cognitiva para desafios clínicos **43**

DADOS RELEVANTES DA INFÂNCIA
Veja Diagrama de Conceituação Cognitiva na Figura 2.1.

CRENÇAS CENTRAIS

"Sou vulnerável." "Sou desamparada." "Sou má."

PRESSUPOSTOS CONDICIONAIS/ATITUDES/REGRAS Relacionadas à Terapia

"Se eu respondo de maneira vaga à minha terapeuta, ela não insistirá no assunto. Mas se eu falar do problema, terei que me concentrar nele e me sentirei muito mal."

"Se eu não fizer a tarefa terapêutica, não fracassarei. Mesmo que eu tente fazê-la, não conseguirei."

"Se eu culpo a terapeuta, posso vê-la como uma pessoa má. Mas se eu aceitar a culpa, terei que enfrentar o quanto eu sou má."

ESTRATÉGIAS COMPENSATÓRIAS Relacionadas à terapia

Responder vagamente.
Dizer "Eu não sei".
Mudar de assunto.
Responder rapidamente para cortar a discussão.

Não realizar algumas, ou todas, as tarefas do tratamento.

Culpar a terapeuta.

SITUAÇÃO 1	**SITUAÇÃO 2**	**SITUAÇÃO 3**
A terapeuta pergunta à paciente como está o relacionamento com sua mãe.	A paciente pensa em fazer a tarefa terapêutica.	A paciente está sentada na sala de espera antes da sessão.
PENSAMENTO AUTOMÁTICO	**PENSAMENTOS AUTOMÁTICOS**	**PENSAMENTO AUTOMÁTICO**
"Eu não quero falar sobre isso."	"Isto é muito difícil. De que adianta? Eu nunca me sentirei melhor."	"Eu devia ter feito a tarefa."
SIGNIFICADO DO P. A.	**SIGNIFICADO DO P. A.**	**SIGNIFICADO DO P. A.**
"Eu ficarei muito ansiosa."	"Sou desamparada."	"Sou má."
EMOÇÃO	**EMOÇÃO**	**EMOÇÃO**
Ansiedade	Desesperança	Culpa
COMPORTAMENTO	**COMPORTAMENTO**	**COMPORTAMENTO**
Responder vagamente em um tom de voz grosseiro.	Não fazer a tarefa de casa.	Criticar a terapeuta por não saber que ela seria incapaz de fazer a tarefa.

FIGURA 2.2 Diagrama de Conceituação Cognitiva ilustrando comportamentos que interferem na terapia.
Adaptado do livro de Judith S. Beck. *Terapia cognitiva: teoria e prática*, Artmed, 1977.

alguns pequenos acontecimentos), podem gerar pensamentos automáticos. Além disso, pode ser complexa a seqüência entre a geração da situação desencadeante e o comportamento final.

Situações desencadeantes

Muitas pessoas pensam nas situações como acontecimentos normais, dirigir até o consultório, conversar com um colega ou abrir uma carta perturbadora. Mas cada componente do modelo cognitivo pode se tornar uma nova situação desencadeante. Joel, por exemplo, estava se sentindo bem até o final de um telefonema de sua mãe, quando percebeu que ela o estava criticando por não telefonar com freqüência (primeira situação). Joe pensou: "Por que ela sempre reclama que eu não falo o suficiente com ela? Ela não sabe que eu tenho a minha vida?" Ele se irritou. Depois Joe refletiu sobre esses pensamentos (segunda situação) e teve uma outra série de pensamentos: "Eu não devia pensar mal da minha mãe. Ela é idosa e sozinha". Então, ele sentiu culpa. Ao se sentir culpado (terceira situação), pensou: "Eu sou um homem. Como a minha mãe ainda me afeta tanto? Realmente há alguma coisa errada comigo". Então se sentiu triste e se encolheu no sofá. Refletiu sobre o seu comportamento (quarta situação) e pensou: "Eu não devia estar sentado aqui. Qual o problema comigo?" sentindo raiva de si mesmo.

Situações que podem gerar pensamentos automáticos:

- Pequenos acontecimentos
- Pensamentos estressantes
- Lembranças
- Imagens
- Emoções
- Comportamentos
- Sensações físicas
- Sensações mentais

Em resumo, a situação que faz parte do modelo cognitivo pode ser um evento interno ou externo, ou uma condição que as pessoas avaliam de um modo completamente pessoal.

Quando os pensamentos automáticos são situações estimulantes

Os pensamentos automáticos se tornam situações quando os pacientes os avaliam, isto é, tomam conhecimento deles e tem pensamentos automáticos adicionais sobre eles. Freqüentemente, os pensamentos automáticos originais e as avaliações estão na forma verbal. Por exemplo, Bennett viu um mendigo deitado na calçada gritando palavrões (situação 1) e pensou: "Este mendigo é repulsivo". Consciente deste pensamento (situação 2), o avaliou: "Eu não devo pensar assim. Eu sou mau".

Pensamentos automáticos podem também ser de natureza imaginária. Dena ouviu um barulho (situação 1) e teve uma imagem de seu filho caindo da escada. Consciente desta imagem (situação 2), avaliou-a: "Já que eu imaginei [o bebê caindo da escada], talvez eu queira que isso aconteça!"

Quando os pacientes avaliam seus pensamentos, o terapeuta precisa conceituar se o foco está no pensamento automático original ou em seu julgamento. Freqüentemente, o julgamento é muito mais importante.

Quadro 2.1

Exemplos de situações desencadeantes.

1. Situação banal: A terapeuta pergunta à paciente se ela fez a tarefa de casa.
   Pensamento automático: "Se eu disser que não fiz, ela ficará zangada comigo".
   ↓
2. Pensamentos perturbadores: A paciente está obsessiva a respeito de germes.
   Pensamento automático: "Estou pensando nisto novamente. Devo estar louca".
   ↓
3. Lembrança: A paciente tem uma lembrança espontânea de ter sido atacada.
   Pensamento automático: "Eu vou sempre ser perseguida por estas lembranças".
   ↓
4. Imagem: A paciente imagina seu pai batendo o carro.
   Pensamento automático: "Oh não! Intimamente quero que ele se machuque".
   ↓
5. Emoção: A paciente percebe que está meio zangada.
   Pensamento automático: "Definitivamente há alguma coisa errada comigo. Pessoas normais não ficam tão irritadas com coisas tão banais!".
   ↓
6. Comportamento: A paciente acabou de vomitar.
   Pensamento automático: "Eu nunca conseguirei superar meu transtorno alimentar".
   ↓
7. Sensação física: A paciente sente aperto no peito.
   Pensamento automático "Estou tendo um ataque do coração".
   ↓
8. Sensação mental: A paciente percebe a rapidez de seus pensamentos.
   ↓
   Pensamento automático: "Eu estou ficando louca".

Quando as reações são situações estimulantes

As reações dos pacientes podem ser de três categorias: emocional, comportamental e física. É importante descobrir se a natureza dessas reações perturba o paciente. Normalmente, eles se sentem perturbados com suas *emoções negativas*. Phil, por exemplo, estava na farmácia (situação 1) e pensou: "Por que este remédio não me ajuda?" Este pensamento o deixou bastante ansioso. Percebeu sua ansiedade (situação 2) e pensou: "Ela nunca passará" e se sentiu desanimado.

Algumas vezes, os pacientes se irritam com seus *comportamentos*. Mary viu um prato de biscoitos no trabalho (situação 1) e pensou: "Não tem problema se eu pegar apenas um", pegou o biscoito e comeu. Quando terminou de comer percebeu o que havia feito (situação 2) e pensou: "Oh não! Eu não devia ter comido. Realmente quebrei minha dieta hoje. Talvez eu possa comer mais um e recomeçar a dieta amanhã".

Outras vezes eles se irritam com suas *reações físicas*. William estava dirigindo (situação 1) quando teve um pensamento automático e imagens de um acidente, se sentiu ansioso e percebeu que seu coração estava batendo muito rápido. Ao notar sua reação (situação 2), pensou: "O que está acontecendo comigo?". Na verdade, pode ser mais importante trabalhar a avaliação do paciente quanto às suas reações do que a situação desencadeante.

Seqüências elaboradas do modelo cognitivo

Ao identificar uma situação problemática, o terapeuta precisa saber se há uma seqüência completa de acontecimentos, pensamentos e reações, para que eles e o paciente possam decidir por onde começar o trabalho. O terapeuta deve questionar o paciente cuidadosamente para descobrir seus pensamentos automáticos antes, durante e depois da apresentação de uma situação. Este procedimento o ajuda a conceituar o enfoque:

- Na própria situação-problema.
- Em um ou mais pensamentos automáticos sobre a situação.
- Nas crenças disfuncionais que foram ativadas.
- Na reação emocional do paciente.
- No comportamento do paciente.
- Na avaliação do paciente sobre seus pensamentos, reações emocionais ou comportamentais.

É muito importante descobrir uma seqüência elaborada quando o paciente se envolve em um ciclo disfuncional de pensamento-emoção-comportamento-reação fisiológica, como em uma crise de pânico, ou quando ele demonstra um comportamento compulsivo como no abuso de substâncias, compulsões e vômitos, violência ou comportamento autodestrutivo.

Exemplo de caso 1

Maria apresentava uma seqüência previsível de reações antes e durante uma crise de pânico (nem sempre ela e a terapeuta conseguiam identificar a causa específica da crise). Essa é uma seqüência típica (veja Quadro 2.2). Maria estava no carro com seu marido passando por um pedágio. Ela vê uma placa e pensa que a saída mais próxima está muito distante. Ela pensa: "E se eu me sentir mal e precisar de ajuda?".

Este pensamento causa ansiedade e faz com que o coração de Maria se acelere. Ela percebe essa sensação e pensa: "O que está errado comigo?" Ela também se vê tendo um ataque do coração. Se sente muito mais ansiosa e seu corpo reage: o coração dispara, sente dificuldade de respirar e dores no peito. Quando ela se concentra em sua reação física, suas sensações se intensificam e ela acredita que está infartando. Sua ansiedade aumenta para pânico, seu corpo reage (as sensações aumentam), ela se concentra mais ainda em suas sensações e cada vez mais se convence de que está infartando.

O ciclo continua por mais 10 minutos, até que seu corpo se esgota de adrenalina e as sensações diminuem. Depois do ataque de pânico, ela pensa: "Isto foi horrível. É melhor que não aconteça novamente, senão eu posso morrer". Ela se sente ansiosa e sua crença de vulnerabilidade se fortalece.

Exemplo de caso 2

Patrick experimenta uma seqüência particular de pensamentos, sensações e comportamentos pouco antes de usar drogas (veja Quadro 2.3). Por exemplo, ele está em casa, pensa sobre a falta de dinheiro e se entristece. Ele percebe que está triste e pensa: "Eu odeio este sentimento. Se eu ao menos pudesse conseguir uma carreira [usar cocaína]". Ele então se lembra da primeira vez que usou cocaína e de como se sentiu bem. Esta imagem provoca fissura e ele sente urgência de usar a droga. Então pensa: "Eu preciso arranjar um pouco. Ela não me fará mal desta vez". Patrick planeja um meio de conseguir a cocaína, concentra sua atenção no plano e evita pensamentos que possam detê-lo. Coloca o plano em prática, consegue a cocaína e a consome. Horas mais tarde, se sente muito mal novamente. Sua crença de ser um fracasso e sem controle se intensifica e o predispõe a um lapso maior.

Exemplo de caso 3

Pamela tem bulimia. Seu modelo de compulsão é típico (veja Quadro 2.4). Quando sai do trabalho na fábrica ela vai para o seu apartamento vazio e percebe que não tem nada para fazer. "Eu devia lavar minhas roupas", ela pensa, "mas eu não gosto de fazer isso". Ela pensa em sua família e nos amigos, de quem mora a

Quadro 2.4

Cenário de uma crise de pânico

Situação 1: A paciente pensa que está longe de um hospital.
↓
Ativação do esquema com a crença "Sou vulnerável".
↓
Pensamento automático: "E se eu ficar doente e precisar de ajuda?".
↓
Emoção: Ansiedade.
↓
Reação física: O coração acelera.
↓
Situação 2: A paciente percebe que seu coração está batendo mais rápido que o normal.
↓
Pensamento automático: "O que está errado comigo?" Imagina-se tendo um infarto.
↓
Emoção: A ansiedade se intensifica.
↓
Reação física: O coração dispara, tem hiperventilação, sente falta de ar e dor no peito.
↓
Comportamento e *Situação* 3: Ela se concentra nos sintomas físicos.
↓
Pensamento automático: "Eu estou me sentindo cada vez pior".
↓
Emoção: Sua ansiedade continua a aumentar.
↓
Reação física e *Situação* 4: Os sintomas se intensificam.
↓
Pensamento automático: "Eu estou infartando!".
↓
Emoção: Pânico.
↓
Situação 5: Diminui o ataque de pânico.
↓
Pensamento automático: "Isto foi horrível. Se acontecer novamente, eu poderei morrer".
↓
Reforço da crença de vulnerabilidade.

Quadro 2.5

Cenário do uso de substâncias

Situação 1: Em casa.
↓
Pensamento automático: "Estou sem dinheiro, quebrado. Eu nunca sairei desse buraco".
↓
Emoção: Tristeza, desânimo.
↓
Situação 2: Percebe o sentimento de tristeza.
↓
Pensamento automático: "Eu odeio este sentimento. Se eu pudesse cheirar só uma carreira [usar cocaína]".
↓
Emoção: Ansiedade.
↓
Pensamento automático: Lembrança do sentimento maravilhoso da primeira vez em que usou cocaína.
↓
Emoção: Excitação.
↓
Reação física: Fissura.
↓
Situação 3: Reconhece o desconforto da fissura.
↓
Pensamento automático: "Preciso conseguir um pouco [de cocaína]. Não vai me fazer mal desta vez".
↓
Emoção: Alívio.
↓
Comportamento: Evita pensamentos que possam detê-lo, consegue a cocaína e a consome.
↓
Situação 4: Mais tarde percebe o que fez.
↓
Pensamento automático: "Não acredito que eu fiz isso. Sou um fraco. Eu nunca vou me livrar disto [o vício]".
↓
Reforço da crença de ser um fracasso e sem controle.

Quadro 2.6

Cenário de bulimia

Situação 1: Sozinha em casa ao entardecer.
↓
Pensamento automático: "Eu devia lavar minhas roupas, mas eu não gosto de fazer isso. Eu queria estar com [minha família e meus amigos]".
↓
Emoção: Solidão.
↓
Situação 2: Percebe que está se sentindo muito sozinha.
↓
Pensamento automático: "Eu não suporto isso. O que posso fazer?".
↓
Emoção: Ansiedade.
↓
Pensamento automático: "A única coisa que me fará sentir melhor é a comida".
↓
Imagem de estar comendo um sorvete.
↓
Reação física: Fissura.
↓
Pensamento automático: "Eu sei que não devo, mas farei".
↓
Emoção: Alívio.
↓
Comportamento: Pega o sorvete. Come várias colheradas.
↓
Pensamento automático: "Eu devo parar. Mas eu ainda estou muito angustiada".
↓
Comportamento: Evita os pensamentos. Termina o pote de sorvete. Continua a comer outros carboidratos, comida gordurosa.
↓
Situação: Sente mal-estar físico.
↓
Pensamento automático e imagem: "Como sou estúpida. Eu não devia ter feito isso". [auto-imagem inchada e gorda.]
↓
Emoção: Tristeza, desânimo, raiva de si mesma.
↓

(Continua)

> (Continuação)
> ↓
> Pensamento automático: "Eu não suporto isso. Preciso vomitar".
> ↓
> Emoção: Alívio parcial.
> ↓
> Comportamento: Vômito.
> ↓
> Reforço da crença de que é má, indesejável e sem controle.

apenas uma hora de distância. Ela percebe que está muito sozinha, "Eu não suporto isto [irritação]! O que eu posso fazer?" Tenta ler uma revista, mas não consegue se concentrar. Ela pensa: "A comida me acalma. Eu sei que eu comi o suficiente hoje, mas eu estou muito chateada. Não tenho saída".

Pamela se lembra que tem sorvete no *freezer*. Ela tem uma imagem visual e uma sensação física muito agradável do ato de comer o sorvete. Essa imagem desencadeia a fissura e Pamela sente uma urgência em pegar o sorvete e comê-lo. Ela ignora os pensamentos que a desencorajam de ir até o *freezer* e decide comer o sorvete. Ao tomar esta decisão ela se sente aliviada. Pega uma porção de sorvete e come. Diz para si mesma que comerá só um pouco. Depois de algumas grandes colheradas, ela pensa: "Eu sei que devo parar, mas estou muito chateada" e continua a comer. Ela evita os pensamentos que podem regular seu comportamento; na verdade, ela tenta não pensar em nada. Quase em um estado dissociativo, continua a comer mais e mais até que o sorvete acabe. Então ela olha em volta procurando mais alimento. Depois de parar de comer, ela se sente mal física e emocionalmente. Ela tem uma visão exagerada de si mesma como uma pessoa inchada e obesa. Culpa-se violentamente por ser tão fraca e sem controle. Sua disforia se intensifica e ela se permite vomitar.

RESUMO

Os pacientes tendem a pensar e agir de modo rígido, de acordo com suas crenças e estratégias compensatórias. É essencial reavaliar continuamente a conceituação cognitiva para entender por que os pacientes reagem desta ou daquela forma em situações atuais e para selecionar os problemas mais importantes, cognições e comportamentos a serem trabalhados. A arte da terapia cognitiva está em desenvolver conceituações precisas, particularmente quando as dificuldades do paciente são muito complexas, e usar essas conceituações para orientar o tratamento. O próximo capítulo, que descreve a formulação cognitiva dos transtornos da personalidade, ajuda o terapeuta a identificar rapidamente o histórico do paciente do Eixo II e suas dificuldades mais comuns.

capítulo **3**

Quando um transtorno da personalidade desafia o tratamento

Embora nem todos os pacientes que representam desafios no tratamento tenham um transtorno da personalidade subjacente, muitos deles possuem esse tipo de diagnóstico. Portanto, é importante que o terapeuta entenda a formulação cognitiva para cada transtorno do Eixo II. O DSM-IV-R (American Psychiatric Association, 2000) abrange todos os sintomas afetivos e comportamentais presentes em vários transtornos mentais, inclusive dos transtornos de personalidade. Entretanto, não se costuma atentar muito aos aspectos cognitivos destes transtornos, embora os aspectos cognitivos sejam importantes para sua avaliação e tratamento. Dados recentes sugerem que cada transtorno da personalidade tem um grupo específico de crenças associadas (Beck et al., 2001). Ao entender o significado das cognições em cada um dos transtornos do Eixo II, o terapeuta pode conceituar rapidamente os problemas do paciente e decidir como intervir de maneira mais eficaz.

Os terapeutas podem também usar este entendimento para diagnosticar problemas na relação terapêutica e modificar a estrutura, o estilo e a intervenção, se necessário. Logicamente, muitos pacientes não têm traços de apenas um transtorno do Eixo II: freqüentemente eles demonstram uma mistura de crenças e estratégias. Contudo, os exemplos neste capítulo podem ser um guia útil quando os terapeutas estão tentando entender uma série confusa de cognições, comportamentos e reações emocionais dos pacientes com transtornos da personalidade.

Este capítulo explica como os indivíduos desenvolvem transtornos da personalidade. Ele ressalta em cada transtorno do Eixo II, as crenças do paciente sobre o si mesmo e sobre os outros, suas regras condicionais, estratégias super e subdesenvolvidas, crenças centrais específicas e comportamentos que podem interferir no tratamento. Para cada transtorno da personalidade é apresentado um exemplo de caso. O Capítulo 10 descreve como descobrir a crença central do paciente e o Apêndice B apresenta o Questionário de Crenças Pessoais (Beck e Beck, 1995), para identificar e categorizar as crenças centrais de cada um dos transtornos do Eixo II. Para uma maior compreensão da categorização, da teoria, da avaliação e do tratamento dos transtornos da personalidade, veja Millon (1996). Para uma descrição mais detalhada da aplicação da terapia cognitiva nos transtornos da personalidade, veja Beck e colaboradores (2004).

COMO AS PESSOAS DESENVOLVEM TRANSTORNOS DA PERSONALIDADE?

Os terapeutas cognitivos vêem o desenvolvimento dos transtornos do Eixo II como o resultado de uma interação entre a predisposição genética do indivíduo para certos traços da personalidade e suas experiências precoces. Um paciente histriônico, por exemplo, pode ter nascido com um talento para o drama. Um paciente esquizóide pode ter uma disposição para o isolamento em vez do contato social. Um paciente narcisista pode ter um traço forte de competitividade. O significado que as crianças dão às suas experiências infantis – especialmente os acontecimentos traumáticos mais visíveis ou mais sutis, mas muito negativos, e as experiências crônicas – podem aumentar a expressão destas tendências hereditárias.

Exemplo de caso

Kate era de natureza tímida, envergonhada e sensível. Quando criança era provocada por seus irmãos e criticada pelos pais. Começou a acreditar que havia alguma coisa errada com ela – que era diferente e indesejável. Essas idéias eram bastante dolorosas, fazendo com que tentasse evitar sua ativação. Kate se tornou submissa no relacionamento com seus pais e com outras figuras de autoridade, tentando evitar atrair sua atenção, a qual supunha poder ser negativa. Ela começou a limitar o contato com seus colegas de classe e com as crianças da vizinhança, com medo de que eles pudessem ser maldosos.

A submissão de Kate provocou mais críticas por parte de seus pais, aumentando sua crença central de anormalidade. Quando ela se afastou ainda mais das outras crianças, elas começaram a ignorá-la completamente, o que aumentou sua crença de ser diferente. (Seu contato social limitado com outras crianças também impediu o desenvolvimento de habilidades sociais, que são aprendidas através da repetição de interações na infância). Seu comportamento evitativo reforçou sua crença central, que a levaram a se envolver ainda mais nestes comportamentos, continuando a reforçá-los em um ciclo negativo contínuo.

Kate também tinha uma predisposição a experimentar emoções negativas mais intensamente do que os outros. Ela desenvolveu uma crença central de que era vulnerável a sentimentos angustiantes, pressupondo que "desmoronaria" se eles se intensificassem. Desenvolveu modos disfuncionais de lidar com suas emoções negativas, evitando o contato social, evitando pensar sobre coisas dolorosas e procurando distrair-se.

Ao continuar com o uso da evitação como principal estratégia, se Kate falhar no desenvolvimento de meios mais funcionais para lidar com emoções negativas e se suas crenças centrais de ser indesejável e não amada se fortalecerem, Kate corre o risco de desenvolver um transtorno da personalidade evitativo.

Os pacientes também podem ser reforçados *positivamente* por suas estratégias ou podem imitar outras pessoas. O pai de Jay tinha traços obsessivo-compulsivos. Quando criança, Jay observou continuamente o supercontrole do comportamento perfeccionista de seu pai. Além disso, seu pai o elogiava por manter seu quarto sempre arrumado e ter nota máxima na escola (e desaprovava seus irmãos que eram menos organizados e obedientes). Jay desenvolveu crenças rígidas sobre a necessidade de organização, autocontrole, altos padrões e perfeccionismo, que reforçaram sua tendência de comportamento natural nestas áreas.

ESTRATÉGIAS COMUNS DE SUPER E SUBDESENVOLVIMENTO

Os pacientes com transtornos da personalidade são caracterizados por ter um grupo relativamente pequeno de estratégias comportamentais utilizadas em várias situações e períodos, mesmo quando essas estratégias são claramente disfuncionais (Beck et al., 2004). Eles desenvolvem essas estratégias como um meio de se proteger, juntamente com crenças centrais extremamente negativas. Antes do tratamento, a maioria dos pacientes com transtorno da personalidade não têm muitas alternativas quanto aos comportamentos compensatórios que adotam. Eles simplesmente não aprenderam várias estratégias e conseqüentemente, têm um repertório pequeno de comportamentos a serem selecionados de acordo com cada contexto (Beck, 1997).

Terapeuticamente falando, não se deve avaliar as estratégias que as pessoas empregam como "boas" ou "más". Em vez disso, elas são mais ou menos *adaptativas,* de acordo com a situação e seus objetivos. Pessoas com personalidades saudáveis são capazes de usar eficientemente várias estratégias. Por exemplo, é bom que as pessoas sejam hipervigilantes quando caminham por um bairro perigoso da cidade, aceitem a ajuda da família e de amigos quando estão doentes, sejam competitivas quando tentam avançar profissionalmente e procurem realizar suas obrigações com perfeição. Não é adequado que as pessoas sejam paranóicas em relação aos seus verdadeiros amigos, sejam extremamente dependentes dos colegas para se sentirem bem, entrem em competição com seus filhos ou sejam desnecessariamente dramáticas durante uma emergência médica.

Há um número pequeno de estratégias superdesenvolvidas específicas para cada transtorno da personalidade (Beck et al., 2004; Pretzer e Beck, 1996), mostradas a seguir. Essas estratégias podem ter sido relativamente adequadas, ou não, quando foram desenvolvidas, mas invariavelmente elas causam problemas mais tarde, quando os indivíduos utilizam estes mesmos comportamentos compulsivamente e são incapazes de usar outros métodos mais adequados à situação. Freqüentemente os pacientes utilizam essas estratégias fora da terapia e também na sessão de terapia. Por exemplo, um paciente hipervigilante quanto a ser maltratado pelas pessoas pode desconfiar também de seu terapeuta.

Estas estratégias compensatórias características de proteção podem causar dificuldades aos terapeutas. Quando o paciente demonstra comportamento disfuncional em sessão, o terapeuta deve entender que esses comportamentos, provavelmente, se originam de circunstâncias difíceis e extremas (freqüentemente traumáticas), da vida e das crenças centrais negativas do paciente. Essa postura permite que o terapeuta veja o paciente de forma mais positiva, demonstre empatia e proceda de maneira mais adequada.

É essencial que o terapeuta avalie a extensão e rigidez das estratégias dos pacientes na conclusão da conceituação, para desenvolver expectativas realistas para orientar seu tratamento. Não seria razoável, por exemplo, esperar que um paciente com transtorno da personalidade narcisista parasse imediatamente de agir com superioridade e deixasse de ser desafiador no início da terapia. Contudo, é provável que um paciente com fortes traços passivo-agressivos consiga realizar as tarefas-padrão desde o início do tratamento.

Uma falha no reconhecimento de habilidades subdesenvolvidas do paciente pode levar o terapeuta a encorajá-lo na realização de mudanças antes mesmo que ele desenvolva as habilidades necessárias para fazê-las. Conforme ilustrado a seguir, este tipo de erro terapêutico pode trazer graves conseqüências.

Exemplo de caso

Maggie, uma jovem de 19 anos, apresentava depressão moderada e transtorno da personalidade evitativo e dependente. Ela morava com seus pais. O terapeuta conceituou precisamente que a depressão de Maggie piorava em razão das críticas freqüentes de seus pais. Quando o terapeuta soube que sua irmã mais velha, Jen era mais positiva, apoiadora e disposta a levá-la para morar em sua casa, ele sugeriu que Maggie se mudasse para lá.

Enquanto Jen era afetiva e mais positiva, seu marido era invasivo e insistia que Maggie enfrentasse novos desafios, como sair com seus colegas, procurar um novo emprego e cuidar das suas próprias finanças. Maggie não estava preparada para lidar com essas atividades. Faltava a ela a capacidade de tomar decisões, solucionar problemas, iniciar conversas (novos relacionamentos), controlar suas finanças e tolerar emoções negativas.

Incapaz de se proteger dessas demandas, Maggie ficou cada vez mais ansiosa. Suas crenças de incompetência e não ter valor se ativaram e sua depressão piorou significativamente. Ela se sentiu bastante desanimada quanto a sua capacidade de ter uma vida feliz e normal, considerando, pela primeira vez, a possibilidade de suicídio.

PERFIL COGNITIVO DE TRANSTORNOS ESPECÍFICOS DO EIXO II

Cada transtorno da personalidade, listado a seguir, está na ordem de prevalência em amostras de comunidades (Torgersen, Kringlen e Cramer, 2001), juntamente com o seu grupo correspondente de crenças centrais (sobre o si mesmo e sobre os outros), regras, estratégias super e subdesenvolvidas, cognições, comportamentos que interferem na terapia e exemplos de caso.

Transtorno da personalidade histriônica

Crenças sobre o si mesmo

"Eu sou nada" (ativada quando os outros são desatenciosos ou desaprovadores). (Também, "Eu sou maravilhoso, especial" [ativada quando os outros demonstram uma reação positiva em relação ao paciente]).

Crenças sobre os outros

"Eu preciso impressionar os outros para conseguir atenção."

Regras condicionais

"Se eu divertir os outros, eles gostarão de mim (do contrário eles irão me ignorar)."
"Se eu for dramático, satisfarei minhas necessidades (se eu não fizer isso não conseguirei o que eu quero das outras pessoas)."

Estratégias compensatórias superdesenvolvidas

Ser extremamente dramático.
Vestir, agir e falar de modo sedutor.
Divertir os outros.
Buscar elogios.

Estratégias compensatórias subdesenvolvidas

Ser quieto, obediente.
Concordar com os outros.
Estabelecer padrões razoáveis de comportamento em relação aos outros pacientes.
Agir dentro de limites normais.

Crenças que interferem na terapia

"Se eu divirto a terapeuta, ela gostará de mim."
"Se eu dramatizo meus problemas, a terapeuta procurará me ajudar."
"Se eu agir 'normalmente' no tratamento, serei 'comum' e 'chata'."

Comportamentos que interferem na terapia

Criar uma aparência dramática.
Falar de forma engraçada.
Agir de forma sedutora.
Solicitar elogios.
Evitar tarefas de casa que levam o paciente a se sentir comum.

Exemplo de caso

Tiffany, quando criança, era o centro de atenção dos seus pais e avós. Ela era encantadora e extrovertida. Gostava de divertir os outros. Porém, a intensa atenção positiva, o reconhecimento e o tratamento especial que ela recebia diminuíram muito aos 8 anos, quando seu irmão nasceu com graves problemas de saúde. Seus pais se ocuparam com o bebê doente, criticando-a por solicitar atenção. Tiffany migrou da crença central de que ela era a garota mais especial e preciosa do mundo para a crença central de que ela era insignificante.

O sentimento de privação emocional e de ser ignorada foi bastante doloroso para Tiffany, fazendo com que desenvolvesse estratégias para reconquistar a sensação de ser especial. Tentou atrair o interesse dos outros o máximo possível por meio de uma linguagem afetada e reações emocionais; *performances* artísticas, como cantar e representar nas peças teatrais da escola e mais tarde vestindo-se e falando de forma sedutora e participando de concursos de beleza. Ela acreditava que seria feliz somente se as outras pessoas a notassem e a tratassem de forma especial. Tiffany também passou a sentir as emoções mais intensamente do que as outras pessoas. Comparada às outras pessoas, ela se sentia "superior" quando elogiada ou apontada e muito "inferior" quando isso não acontecia.

Em seu primeiro tratamento, Tiffany tentou usar as estratégias habituais, divertindo a terapeuta, agradando-a com as histórias dos problemas atuais contadas nos mínimos detalhes e levando presentes.

Transtorno da personalidade obsessivo-compulsiva

Crenças sobre o si mesmo

"Sou vulnerável a acontecimentos ruins."
"Sou responsável por me prevenir do perigo."

Crenças sobre os outros

"As outras pessoas são fracas, irresponsáveis e desatenciosas."

Regras condicionais

"Se eu tomar conta de tudo, eu ficarei bem (mas se eu depender dos outros, eles me decepcionarão)."
"Se eu crio e mantenho a ordem para mim e para os outros e faço tudo com perfeição, meu mundo ficará bem (mas se eu não fizer isso, tudo desabará)."

Estratégias compensatórias superdesenvolvidas

Controlar rigidamente a si mesmo e aos outros.
Criar expectativas exageradas.
Assumir muita responsabilidade.
Buscar a perfeição.

Estratégias compensatórias subdesenvolvidas

Delegar autoridade.
Desenvolver expectativas flexíveis.
Exercitar controle somente quando apropriado.
Tolerar indecisões.
Agir espontaneamente e impulsivamente.
Procurar lazer e atividades agradáveis.

Crenças que interferem na terapia

"Se eu não corrigir minha terapeuta e disser a ela exatamente o que ela precisa saber, ela não conseguirá me ajudar."
"Se eu não fizer minhas tarefas terapêuticas com perfeição, a terapia não funcionará."
"Se eu diminuo as expectativas sobre mim e os outros, coisas ruins acontecerão."

Comportamentos que interferem na terapia

Tentar controlar a sessão.
Tentar relatar a informação de maneira perfeitamente correta.
Ser hipervigilante à falta de entendimento do terapeuta.
Investir tempo e cuidado excessivos com as tarefas de casa.
Resistir às tarefas de ser espontâneo e de delegar responsabilidades.

Exemplo de caso

Dennis era o mais velho de cinco irmãos, seus pais eram alcoolistas. Desde muito cedo ele se sentia vulnerável. Considerava as outras pessoas imprevisíveis e irresponsáveis. Seu mundo parecia caótico. Dennis logo aprendeu que fazendo o papel de adulto, seu mundo se tornaria mais seguro. Foi bastante adequado para ele manter suas emoções em cheque para desenvolver regras e sistemas para pôr ordem no seu lar e ser responsávelpor si próprio e seus irmãos.

Estas estratégias também o ajudaram na vida adulta, profissionalmente, como programador autônomo de computador. Infelizmente, contudo, ele nunca teve uma relação afetiva saudável com as mulheres. As estratégias que o ajudaram tão bem quando criança, e mais tarde, em seu trabalho, se tornaram rígidas e Dennis não conseguiu utilizar de maneira equilibrada estratégias como: delegar responsabilidades, ser flexível nas expectativas e regras para si e para os outros, ser otimista, espontâneo e se divertir. As mulheres invariavelmente o achavam muito sério, extremamente responsável, rígido e perfeccionista.

A terapeuta logo percebeu que os traços obsessivo-compulsivos de Dennis também interferiam no tratamento. Dennis tentou controlar a sessão terapêutica, ignorando as tentativas de intervenção da terapeuta. Ele forneceu um grande número de detalhes das suas dificuldades para que a terapeuta pudesse entendê-lo perfeitamente. Tentou ser extremamante perfeccionista quando fazia sua tarefa de casa.

Transtorno da personalidade passivo-agressivo[*]

Crenças sobre o si mesmo

"Eu sou vulnerável a ser controlado pelos outros."
"Eu não sou entendido e apreciado."

Crenças sobre os outros

"As outras pessoas são fortes, invasivas e exigentes."
"Elas têm expectativas exageradas em relação a mim."
"Elas deveriam me deixar em paz."

Regras condicionais

"Se os outros me controlam, significa que eu sou fraco."
"Se eu exerço um controle indireto (por exemplo, concordando superficialmente, mas não seguindo realmente uma sugestão), os outros não conseguirão me controlar (mas se eu concordo diretamente, não funcionará)."

Estratégias compensatórias superdesenvolvidas

Fingir cooperação.
Evitar afirmações, confronto e recusa direta.

---

[*] Segundo o DSM-III-R (American Psychiatric Association, 1987).

Resistir ao controle dos outros.
Resistir a assumir responsabilidades.
Resistir em atender às expectativas dos outros.

Estratégias compensatórias subdesenvolvidas

Cooperar.
Assumir responsabilidades razoáveis para si e para os outros.
Fazer de maneira direta a solução de problemas interpessoais.

Crenças que interferem na terapia

"Se eu faço o que a terapeuta diz, significa que ela está no controle e eu sou fraco."
"Se eu me mostro abertamente à minha terapeuta, ela exercerá mais controle."
"Se eu melhorar com a terapia, as outras pessoas esperarão muito de mim."

Comportamentos que interferem na terapia

Estabelecer as tarefas de casa de forma cooperativa, mas falhar ao colocá-las em prática.
Permanecer passivo durante a solução de problemas.
Concordar superficialmente com o que a terapeuta diz, mas intimamente discordar.

Exemplo de caso

Claire era hipersensível ao controle desde os primeiros anos escolares. Ela ficava muito aborrecida quando alguma autoridade (pais, professores, outros adultos) dizia a ela o que fazer, especialmente se ela achasse que a tarefa era difícil ou desagradável. Ironicamente, ela mais tarde se casou (porque engravidou), com um homem bastante controlador. Quando ele lhe deu a lista de tarefas para fazer (controlar o talão de cheques, usar cupons no supermercado, reorganizar os armários da casa), ela se comprometia a fazer, mas ela raramente as executava. Quando ele disciplinava seu filho, ela agia de maneira a enfraquecer sua autoridade com a criança. Claire tinha facilidade de encontrar empregos de meio período, mas tinha um histórico de permanências curtas por não atender às expectativas dos patrões.

As crenças de Claire de que era fraca e controlável se ativaram na terapia e ela demonstrou comportamentos característicos – por exemplo, concordava em fazer a tarefa de casa, mas na verdade não a realizava. Ela sempre concordava com as hipóteses da terapeuta – concordando ou não com estas.

Transtorno da personalidade *borderline*

Crenças sobre o si mesmo

"Sou má, insignificante."
"Não mereço ser amada, sou anormal."
"Sou desamparada, fora de controle."
"Sou incompetente."
"Sou fraca e vulnerável."
"Sou uma vítima."

Crenças sobre os outros

"Os outros são fortes."
"Os outros são potencialmente perigosos."
"Os outros são superiores."
"Os outros me rejeitarão e me abandonarão."

Regras condicionais

"Se eu evito desafios, eu ficarei bem (mas se os aceito, eu falharei)."
"Se eu depender dos outros, ficarei bem (mas se não for assim, eu não sobreviverei)."
"Se eu faço tudo o que os outros querem, eles podem ficar comigo por muito tempo (mas, se eu os desagradar, eles me abandonarão rapidamente)."
"Se eu for hipervigilante ao perigo que as outras pessoas representam, eu posso me proteger (mas se não fizer isso, eu sofrerei)."
"Se eu punir os outros quando estou aborrecida posso me sentir mais forte e talvez controlar seus comportamentos futuros (mas se eu não fizer isso, me sentirei fraca e eles me prejudicarão novamente)."
"Se eu eliminar minhas emoções negativas, ficarei bem (se eu não fizer isso, me sentirei arrasado)."

Estratégias compensatórias superdesenvolvidas

Desconfiar das outras pessoas.
Culpar os outros.
Evitar desafios.
Depender dos outros.
Subjugar-se ou dominar excessivamente os outros.
Evitar emoção negativa.
Auto-agressão quando as emoções são intensas.

Estratégias compensatórias subdesenvolvidas

Comparar suas necessidades com as necessidades dos outros.
Buscar explicações não-maldosas para o comportamento dos outros.
Confiar nos outros.
Acalmar-se.
Resolver problemas interpessoais.
Persistir em atividades difíceis.

Crenças que interferem na terapia

"Eu só posso melhorar e sobreviver se eu depender completamente da terapeuta".
"Se eu confiar na terapeuta, ela me rejeitará e abandonará então eu posso rejeitá-la primeiro".
"Se eu me concentrar na solução de problemas, não obterei resultados e me sentirei pior".

Comportamentos que interferem na terapia

Menosprezar a terapeuta.
Confiar excessivamente na terapeuta para se sentir melhor.
Fazer várias chamadas de emergência entre as sessões.
Pedir aprovação da terapeuta.

Exemplo de caso

June perdeu sua mãe aos 6 anos. Naturalmente, ela ficou arrasada. Ela não tinha a quem recorrer após a morte da mãe e nunca se recuperou desta perda. Seu pai era negligente e emocionalmente abusivo com ela. Ele dizia que June era má e insignificante e ela passou a acreditar nele. June sentia muito medo, sempre na expectativa de que seu pai a magoasse ou pudesse abandoná-la; ela também esperava que outras pessoas fizessem o mesmo. June era pouco comunicativa e se isolava, em casa e na escola. Ela rejeitava a ajuda dos professores e dos vizinhos quando eles a ofereciam. June fez amizades pela primeira vez na adolescência, mas com jovens instáveis que usavam drogas e eram da "contracultura" em suas falas, roupas e costumes em geral. A cada dia se ficava mais zangada com seu pai e com o apoio dos amigos, freqüentemente fugia de casa.

Quando June entrou em tratamento por abuso de substâncias e depressão, achou que a terapeuta poderia prejudicá-la. Na verdade, ela já havia passado por isso em terapia, quando o terapeuta se aproveitou da sua vulnerabilidade e a seduziu. Ela sentia medo de que o terapeuta atual também a enganasse e se aproveitasse dela. Por outro lado, June rapidamente se tornou muito dependente, acreditando que o terapeuta era a sua única salvação. Ela ficou furiosa quando ele tentou limitar o contato com ela entre as sessões, e quando tentou finalizar as sessões na hora certa. Ela o acusou de não se preocupar com ela e passou a chegar atrasada nas sessões.

Transtorno da personalidade dependente

Crenças sobre o si mesma

"Sou incompetente."
"Sou fraca."
"Preciso das outras pessoas para sobreviver."

Crenças sobre os outros

"Os outros são fortes e capazes."

Crenças condicionais

"Se eu depender dos outros, ficarei bem (mas se eu depender de mim mesma – tomando decisões, tentando resolver problemas – eu falharei)."
"Se eu me subjugar aos outros, eles cuidarão de mim (mas se aborrecê-los, eles não farão isso)."

Estratégias compensatórias superdesenvolvidas

Confiar nos outros.
Evitar decisões.
Evitar resolver problemas com independência.
Tentar fazer os outros felizes.
Subjugar-se aos outros.
Ser tímida e submissa.

Estratégias compensatórias subdesenvolvidas

Resolver problemas com independência.
Tomar decisões.
Manter seu ponto de vista perante os outros.

Crenças que interferem na terapia

"Se eu tentar usar minhas habilidades eu falharei."
"Se eu mantiver meu ponto de vista eu criarei inimizades."
"Se eu parar de fazer terapia, não conseguirei lidar com a minha vida."

Comportamentos que interferem na terapia

Pensar no terapeuta como a pessoa que resolverá os problemas do paciente e tomará decisões por ele.
Tentar, insistentemente, agradar o terapeuta.
Resistir às tarefas que envolvam assertividade.

Exemplo de caso

Sheila era uma criança carente e tímida. Mesmo para realizar algo que possuía capacidade, freqüentemente ela se sentia sobrecarregada e confusa, pedindo muito mais ajuda do que realmente precisava. Conseqüentemente, ela começou a se perceber como incompetente. Sua mãe, percebendo que a filha era retraída, permitiu que Sheila se apoiasse demasiadamente nela, não encorajando sua independência. Sheila se acostumou a pedir ajuda aos outros, esperando que eles tomassem decisões por ela e evitando conflitos. Ela aprendeu que satisfazendo os desejos dos outros, tinha permissão para se apegar a eles.

Sheila conseguiu usar essas estratégias eficientemente enquanto ela ainda vivia com sua mãe viúva. Contudo, quando sua mãe se casou novamente, seu padrasto insistiu que Sheila, agora com 21 anos, se mudasse da casa na qual ela havia crescido. Ela não sabia como cuidar de si mesma, tomar decisões, ser assertiva. Precisou trabalhar para pagar suas contas. Ela ficou extremamente ansiosa e desenvolveu um transtorno de ansiedade generalizado.

Embora inicialmente ela tenha concordado com a terapia, devido aos seus traços de dependência (ela queria agradar o terapeuta), Sheila tinha muita dificuldade em tomar iniciativas para solução de problemas e tinha medo de se afastar do terapeuta, mesmo depois que o transtorno de ansiedade entrou em remissão.

Transtorno da personalidade esquiva

Crenças sobre o si mesmo

"Não mereço ser amada, sou intolerável, imperfeita, má."
"Sou vulnerável às emoções negativas."

Crenças sobre os outros

"Os outros são superiores, potencialmente críticos e me rejeitarão."

Regras condicionais

"Se eu fingir que estou bem, os outros podem me aceitar (mas se eu me como realmente sou, eles me rejeitarão)."
"Se eu sempre agradar as pessoas, eu ficarei bem (mas se eu aborrecê-los, eles me magoarão)."
"Se eu evitar (cognitiva e emocionalmente), ficarei bem (mas se eu me permitir sentir emoções negativas, vou desmoronar)."

Estratégias compensatórias superdesenvolvidas

Evitar situações sociais.
Evitar chamar atenção sobre si mesmo.
Evitar se revelar aos outros.
Desconfiar dos outros.
Evitar emoções negativas.

Estratégias compensatórias subdesenvolvidas

Aproximar-se dos outros.
Confiar na motivação positiva dos outros.
Agir naturalmente com os outros.
Procurar intimidade.
Pensar sobre situações e problemas perturbadores.

Crenças que interferem na terapia

"Se eu confiar na atenção e compaixão aparentes do terapeuta, eu serei magoada."
"Se na terapia eu me concentrar nos problemas, me sentirei muito sobrecarregada."
"Se eu revelar partes negativas da minha história e experiência atual, o terapeuta me julgará negativamente."
"Se eu tentar alcançar metas interpessoais, eu serei rejeitada."
"Se eu mantiver meu ponto de vista, as pessoas não gostarão de mim."

Comportamentos que interferem na terapia

Colocar-se de forma falsa frente ao terapeuta.
Evitar se revelar.
Mudar de assunto quando surgir um sentimento angustiante na sessão.
Resistir às tarefas de casa que poderiam induzir à angústia.

Exemplo de caso

Erin cresceu em circunstâncias difíceis. Seu pai abandonou a família quando ela ainda era um bebê. Na infância, sua mãe costumava culpá-la pelo abandono do pai. Sua mãe era fria e repreensiva. Erin passou a se ver como uma pessoa sem valor, que não merecia ser amada. Ela acreditava que se as pessoas realmente soubessem como ela era, seriam críticas e a rejeitariam, pois ela não era digna de amor. Acreditou que jamais teria o amor e a intimidade que tanto desejava se mostrasse o seu verdadeiro eu a elas.

Erin desenvolveu uma estratégia de evitação. Ela evitava situações sociais sempre que podia: evitava falar com os outros na escola, falar na sala de aula, chamar a atenção e falar sobre si mesma. Também era hipervigilante às avaliações negativas dos outros – freqüentemente percebia, incorretamente, as reações neutras das pessoas como reações negativas.

Erin também se sentia muito vulnerável às emoções desagradáveis. Tinha medo de que ao se sentir profundamente angustiada ela "desmoronaria". Então evitava emoções negativas, não somente afastando-se de situações potencialmente perturbadoras, mas também evitando *pensar* sobre coisas angustiantes. Ela percebeu que o álcool ajudava a aliviar a dor da solidão e a depressão. Suas estratégias esquivas interpessoais, emocionais e cognitivas contribuíram para as dificuldades no tratamento quando, ainda na juventude, ela iniciou a terapia para tratar-se da dependência ao álcool.

Transtorno da personalidade paranóide

Crenças sobre o si mesmo

"Sou fraca e vulnerável (e devo ficar vigilante e/ou agir agressivamente e defensivamente)."

Crenças sobre os outros

"As outras pessoas me prejudicarão."

Regras condicionais

"Se eu ficar hipervigilante, posso perceber os sinais [interpessoais] de perigo (mas se eu não ficar alerta, não os verei)."
"Se eu pensar que os outros não são confiáveis, conseguirei me proteger (mas se eu confiar neles, eles me prejudicarão)."

Estratégias compensatórias superdesenvolvidas

Ser hipervigilante ao perigo.
Não confiar em ninguém.
Supor motivações obscuras.
Ter expectativas de ser manipulado, enganado e inferiorizado.

Estratégias compensatórias subdesenvolvidas

Confiar nos outros.
Relaxar.
Cooperar.
Acreditar em boas intenções.

Crenças que interferem na terapia

"Se eu confiar na terapeuta, ela me prejudicará."
"Se eu não ficar alerta na terapia, eu serei prejudicado."

Comportamentos que interferem na terapia

Rejeitar sinais de atenção do terapeuta.
Rejeitar explicações alternativas para o comportamento dos outros.
Resistir às tarefas de casa de se aproximar dos outros.

Exemplo de caso

Jon desenvolveu uma estratégia de hipervigilância ao perigo com o decorrer do tempo. Desde os 3 anos, ele viveu em vários lares adotivos e alguns dos pais adotivos eram física e emocionalmente abusivos. Ele se percebia vulnerável às pessoas. Na verdade, foi bastante adequado para ele, em certas situações, suspeitar da motivação dos outros e desconfiar das suas palavras. Infelizmente, Jon começou a encarar *todas as pessoas* como potencialmente perigosas. Ele não conseguia distinguir entre pessoas prejudiciais a aquelas que não ofereciam perigo.

Jon desenvolveu transtorno bipolar por volta dos 20 anos. Quando começou seu tratamento em terapia cognitiva, aos 40 anos, ele estava bastante desconfiado de seu terapeuta. Não colaborava em relação à medicação, recusava-se a falar de si mesmo, era evasivo em suas respostas às questões básicas e relutava em monitorar seus pensamentos, seu humor e seu comportamento. Ele pensou que se confiasse na terapeuta, ela poderia prejudicá-lo.

Transtorno da personalidade anti-social

Crenças sobre o si mesmo

"Potencialmente eu sou uma vítima (então a única alternativa é vitimar)."
"Regras 'normais' não se aplicam a mim."

Crenças sobre os outros

"Os outros tentarão me controlar, manipular ou levar vantagem sobre mim."
"Os outros estão lá para que eu possa usá-los."

Regras condicionais

"Se eu manipular ou atacar primeiro, ficarei no controle (mas se eu não fizer isso eles me dominarão)."
"Se eu agir de maneira hostil e rígida, posso fazer o que eu quero (mas se eu não fizer assim, os outros tentarão me controlar)."

Estratégias compensatórias superdesenvolvidas

Mentir.
Manipular ou levar vantagem sobre os outros.
Ameaçar ou atacar os outros.
Resistir ao controle dos outros.
Agir impulsivamente.

Estratégias compensatórias subdesenvolvidas

Cooperar com os outros.
Seguir regras sociais.
Pensar sobre as conseqüências.

Crenças que interferem na terapia

"Se eu dominar a terapeuta, ela não conseguirá me controlar."
"Se eu concordar com a terapeuta, isto mostrará que ela é mais forte e eu mais fraco."
"Se eu falar a verdade, ela irá me punir."
"Se eu me envolver no tratamento, não conseguirei fazer o que eu quero."

Comportamentos que interferem na terapia

Tentar intimidar o terapeuta.
Mentir para o terapeuta.
Tentar manipular o terapeuta.
Envolver-se, no máximo, apenas superficialmente.

Exemplo de caso

Mickey cresceu em uma família disfuncional. Sua mãe era dependente de drogas e alternava comportamentos de negligência e agressividade física para com seus filhos. Quando criança, Mickey era muito ansioso. Ele se sentia fraco e vulnerável. Aos oito anos, ele descobriu que batendo em seu irmão mais novo podia se sentir forte e superior. Então, ele passou a ameaçar as crianças mais fracas da vizinhança. Aos 12 anos, ele se envolveu com drogas. Junto com um grupo de amigos, cometeu pequenos furtos e roubos de carteira. Aos 14 anos, Mickey trabalhou para traficantes de drogas e mais tarde tornou-se, ele próprio, um traficante.

Mickey se recusava terminantemente a fazer um tratamento. Uma condição da sua sentença (ele havia sido condenado por tráfico de drogas) era fazer o tratamento ou ir para a cadeia. Inicialmente, ele mentia para a terapeuta (especialmente sobre o seu uso de drogas e os furtos), chegava atrasado e parecia pouco envolvido no tratamento.

Transtorno da personalidade esquizotípica

Crenças sobre o si mesmo

"Sou diferente."
"Tenho poderes especiais."
"Sou vulnerável."

Crenças sobre os outros

"Os outros não me entenderão."
"Os outros me rejeitarão."
"Os outros me prejudicarão."

Regras condicionais

"Se eu tiver interesses 'incomuns', como o ocultismo, serei diferente de uma forma especial (mas seu eu não fizer assim, serei apenas diferente de uma forma anormal)."

"Se eu for hipervigilante ao perigo, posso me proteger dos outros (senão eu serei prejudicado)."

"Se eu me distanciar dos outros, ficarei bem (se eu me mantiver próximo das pessoas, elas me prejudicarão)."

Estratégias compensatórias superdesenvolvidas

Ter interesses excêntricos.
Suspeitar dos outros.
Distanciar-se dos outros.

Estratégias compensatórias subdesenvolvidas

Confiar nos outros.
Procurar interações com os outros.
Procurar explicações racionais para experiências incomuns.

Crenças que interferem na terapia

"Se eu confiar na terapeuta, ele me prejudicará."
"Se o meu 'sexto sentido' diz que alguma coisa é verdadeira, deve ser verdade."

Comportamentos que interferem na terapia

Resistir a explicações alternativas dos acontecimentos.
Não se revelar ao terapeuta.
Procurar sinais de perigo no terapeuta.

Exemplo de caso

Hank sempre pareceu estranho aos outros. Mesmo quando criança, ele parecia esquisito. As crianças da vizinhança o insultavam e o ridicularizavam, o que levou Hank à crença central de que era diferente. Essa crença causou o seu afastamento das outras pessoas. Quando adolescente Hank aproximou-se do ocultismo. Ele achava que tinha um "sexto sentido" e costumava vestir uma capa. Ele ocupou-se de adivinhar o futuro, lendo significados especiais em muitos acontecimentos diários. Ele não tinha amigos reais e muitas das suas interações sociais ocorriam por meio da internet, contatando outras pessoas que também estavam interessadas no ocultismo, em salas de bate-papo e por *e-mails*. As pessoas continuavam a rejeitá-lo por sua excentricidade. Essa rejeição, combinada com a sua preferência por isolamento, afastou-o das experiências de interações normais com os outros e das oportunidades de desenvolver habilidades sociais apropriadas.

Hank trouxe um desafio para a terapia. Ele era cronicamente ansioso e inquieto, mas tinha medo de estabelecer metas para realizar atividades que pudessem melhorar a sua vida, particularmente, àquelas que pudessem trazê-lo para o contato com as outras pessoas. Ele sentiu-se bastante vulnerável e no início do tratamento, continuamente suspeitava da terapeuta, achando que ela podia prejudicá-lo.

Transtorno da personalidade esquizóide

Crenças sobre o si mesmo

"Eu sou diferente, anormal; eu não me 'encaixo'."

Crenças sobre os outros

"Os outros não gostam de mim."
"Os outros são invasivos."

Regras condicionais

"Se eu ficar sozinho, os outros não me aborrecerão (mas seu eu interagir com eles, pensarão que sou diferente)."
"Se eu evitar relacionamentos, ficarei bem (mas se eu me envolver com os outros, eles serão invasivos)."

Estratégias compensatórios superdesenvolvidas

Evitar contato com os outros.
Evitar intimidade com as pessoas.
Envolver-se em atividades solitárias.

Estratégias compensatórias subdesenvolvidas

Possuir habilidades sociais comuns.
Confiar nos outros.

Crenças que interferem na terapia

"Se a minha terapeuta demonstrar atenção e empatia, me sentirei muito desconfortável."
"Se eu estabelecer metas, terei que mudar a minha vida [isolada] e me sentirei pior."

Comportamentos que interferem na terapia

Falar pouco, evitar se expor.
Evitar estabelecer metas para melhorar sua vida.
Resistir às tarefas que envolvam o contato interpessoal.

Exemplo de caso

Lee sempre foi solitário. Visto como "esquisito" por sua família, professores e amigos, raramente, talvez nunca, procurava por contato social. Ele parecia não sentir a recompensa psíquica da interação social como muitas crianças e adultos sentem. Sua estratégia comportamental de evitação o ajudou a afastar os sentimentos de ansiedade que, invariavelmente, ocorriam quando ele interagia com outras pessoas. Ele sentia-se mais confortável em atividades solitárias: construindo maquetes, jogando no computador, assistindo televisão. Ele não era totalmente infeliz quando criança, mas sentia-se diferente e um pouco anormal.

Quando adulto, Lee saiu de casa e procurou empregos como guarda noturno, que não se envolve em muito contato com os outros. Ele realmente conscientizou-se de que o seu desejo por interação humana e relacionamentos era muito menor do que o desejo das outras pessoas – na verdade, era quase nulo. Ele sentia-se cada vez mais vazio e incapaz de vivenciar a sensação de domínio ou prazer. Sua vida continuou a girar em torno do trabalho e de atividades solitárias.

Quando Lee entrou em tratamento para depressão, teve dificuldades para estabelecer metas. Apesar da sua disforia, ele queria somente que sua mãe "o deixasse em paz" já que ela continuamente insistia para que ele tivesse um trabalho melhor e procurasse um círculo de amizades. Ele sentiu-se muito ansioso na terapia quando a terapeuta demonstrou atenção, e quando a percebeu como invasiva, fazendo muitas perguntas sobre seus pensamentos e emoções.

Transtorno da personalidade narcisista

Crenças sobre o si mesmo

"Sou inferior, nada, um lixo" (ativadas ao perceber que os outros eram indiferentes ou críticos).

(Também, "Sou superior" [ativadas ao perceber que está recebendo tratamento especial ou elogios dos outros]).

Crenças sobre os outros

"Os outros são superiores, prejudiciais, dominadores."
(Também, "Os outros são inferiores" [ao perceber que os outros tinham menos sucesso]).

Regras condicionais

"Se eu agir de modo superior, posso me sentir melhor (senão me sentirei muito inferior)."
"Se as pessoas tratam-me de maneira especial, isto mostra que sou superior (mas se elas não me tratarem assim eu devo puni-las)."
"Se eu controlar os outros/inferiorizá-los, posso me sentir superior a eles (senão eles me diminuirão e eu me sentirei inferior)."

Estratégias compensatórias superdesenvolvidas

Exigir tratamento especial.
Ser hipervigilante ao tratamento comum (ou "normal").
Punir os outros quando se sentir insultado, diminuído, disfórico.
Criticar, inferiorizar as pessoas, tentar competir e controlá-las.
Tentar impressionar as pessoas com posses materiais, conquistas e amizades com pessoas de alto nível social.

Estratégias compensatórias subdesenvolvidas

Cooperar com os outros para alcançar um objetivo comum.
Trabalhar assiduamente, passo a passo, para alcançar as metas pessoais.
Tolerar inconveniências, frustrações, não-reconhecimento.
Satisfazer as expectativas dos outros sem grande benefício para si próprio.

Crenças que interferem na terapia

"Se eu não ficar alerta a terapeuta me inferiorizará."
"Se eu não impressioná-la com minha superioridade, ela pensará que eu sou inferior."

"Se eu não punir a terapeuta por me fazer sentir inferior, ela fará isso novamente."
"Se eu não me impuser, não serei tratado de maneira especial."

Comportamentos que interferem na terapia

Tentar impressionar a terapeuta.
Exigir tratamento especial.
Tratar a terapeuta como inferior.
Punir a terapeuta (por meio de críticas, comentários sarcásticos) quando se sentir diminuído.
Discordar da tarefa de casa sugerida pela terapeuta.

Exemplo de caso

O pai de Brad causou um grande impacto negativo em seu filho durante o seu desenvolvimento. Extremamente narcisista, seu pai costumava salientar suas próprias realizações, exigia que seus desejos fossem satisfeitos de todas as formas possíveis e era bastante crítico por Brad não ser "igual" a ele. Embora Brad fosse bastante inteligente, ele jamais seria como seu pai, então ele desenvolveu uma crença central de não ter valor. Contudo, logo aprendeu a imitar o comportamento do seu pai com as pessoas, e sentia-se melhor quando conseguia convencer-se, e também aos outros, de que na verdade ele era superior. Freqüentemente exaltava a si próprio, exigia tratamento especial e apontava as fraquezas das outras pessoas. Por outro lado, ele era muito sensível e reagia fortemente quando os outros não o viam ou tratavam de maneira especial.

Quando adulto, Brad conseguiu usar suas estratégias narcisistas no trabalho. Os empregados da pequena empresa de serviços hidráulicos que ele possuía tinham que tolerar seu comportamento narcisista ou procurar um outro emprego (como muitos fizeram). Sua esposa e seu filho também sofriam com a força do seu orgulho, das constantes exigências injustas e das freqüentes críticas. Aos 65 anos, Brad vendeu sua empresa, aposentou-se e passou a ficar mais tempo em casa. Sua esposa, que não conseguiu conviver com o seu péssimo comportamento, separou-se dele; seu filho, de quem ele se manteve afastado, não queria a sua companhia. Logo ele se viu sem trabalho ou relacionamentos significativos. Seus "amigos" do passado eram homens, cujas esposas, interagiam com a sua esposa e com ele porque gostavam dela. Uma vez que Brad e sua esposa se separaram, os outros não tinham mais que tolerar seu comportamento rude, egoísta e crítico. Embora Brad tenha ficado depressivo, ele não procurou tratamento por sua disforia. Ele só concordou em se tratar porque sua esposa disse que se divorciaria se ele não concordasse.

Brad era um paciente desafiador em tratamento. Suas crenças e emoções podiam oscilar de um momento para outro. A arrogância em relação ao seu sucesso financeiro o fez sentir-se momentaneamente superior à terapeuta. Percebendo que na posição de paciente ele estava em outro nível, comparado à posição da terapeuta, sentiu-se bastante inferiorizado, o que era intolerável para ele. Conseqüentemente, ele inferiorizava a terapeuta em todas as oportunidades, ficou bravo quando ela não concordou em tratá-lo de maneira especial e se ressentiu por ter que fazer a tarefa de casa.

RESUMO

É importante que os terapeutas conheçam as crenças centrais típicas e as estratégias compensatórias associadas a cada transtorno da personalidade. Esse entendimento os capacita a analisar e a categorizar os muitos dados fornecidos pelos pacientes, de forma que possam conceituar e planejar o tratamento entre as sessões, decidindo rapidamente sobre o que fazer a cada momento nas sessões. O conhecimento dessas crenças centrais e estratégias compensatórias comportamentais dos pacientes com transtornos da personalidade também é importante para estabelecer e manter uma forte aliança terapêutica, conforme descrita nos dois capítulos a seguir.

capítulo **4**

Desenvolvimento e uso da aliança terapêutica

A terapia cognitiva eficaz necessita de um bom vínculo terapêutico. Embora alguns pacientes possam parecer não se importar com a relação de proximidade com seu terapeuta, querendo apenas ferramentas para vencer suas angústias, muitos deles somente irão adquirir ou usar novas habilidades para mudar suas cognições, comportamentos e respostas emocionais, se esta aprendizagem ocorrer em uma relação de apoio e empatia. A relação terapêutica pode ser um veículo para que esses pacientes desenvolvam uma visão mais positiva deles próprios e dos outros e possam aprender que problemas interpessoais podem ser resolvidos.

Este capítulo abrange muitos aspectos da aliança terapêutica. A primeira seção descreve as previsões dos pacientes sobre o tratamento, o que ajuda a explicar por que é relativamente fácil desenvolver uma boa relação de trabalho com alguns pacientes e por que é mais difícil desenvolvê-la com outros. A segunda seção apresenta estratégias essenciais para serem usadas com todos os pacientes. A seção seguinte descreve como identificar problemas na aliança, especialmente quando os pacientes não revelam diretamente seus desconfortos, e, tendo identificado o problema, como conceituá-lo e planejar estratégias. A última seção deste capítulo aborda a *utilização* da relação terapêutica para realizar mudanças nas crenças centrais do paciente e nas estratégias compensatórias comportamentais. Vários princípios salientados neste capítulo são ilustrados com um exemplo de caso final. O Capítulo 5 mostra dificuldades comuns na aliança terapêutica por meio de exemplos de caso específicos.

PREVISÕES DOS PACIENTES SOBRE O TRATAMENTO

É relativamente fácil construir uma aliança com os pacientes que iniciam o tratamento com previsões *benignas* quanto à nova experiência. Quando os pacientes têm atitudes predominantemente positivas sobre outras pessoas, eles freqüentemente têm visões otimistas sobre o terapeuta e sobre o tratamento.

- "Provavelmente, a terapeuta será compreensiva, atenciosa e competente."
- "Eu serei capaz de fazer o que a terapeuta pedir."

- "A terapeuta me verá de maneira positiva."
- "A terapia me fará sentir melhor."

Alguns pacientes, entretanto, com problemas difíceis têm idéias negativas sobre outras pessoas e iniciam o tratamento com uma série diferente de previsões:

- "A terapeuta me prejudicará."
- "A terapeuta me criticará."
- "Eu falharei."
- "A terapia me fará sentir pior."

Invariavelmente, os terapeutas precisam passar mais tempo construindo confiança com este último grupo de pacientes. Independente do comportamento razoável dos terapeutas, alguns pacientes acreditam que o terapeuta os prejudicará, percebendo (corretamente ou incorretamente) que ele os rejeitou, controlou ou manipulou; invalidando seus sentimentos; avaliando-os negativamente; ou esperando muito deles. Os pacientes podem então, reagir de diferentes modos. Alguns podem ficar ansiosos e evitar mostrar-se (ou, na pior das hipóteses, não voltar para a terapia). Outros podem ficar bravos, críticos, repressores ou acusadores em relação a seus terapeutas.

Assim como a maioria dos problemas na terapia, as dificuldades com a aliança terapêutica podem ser de ordem prática (o terapeuta está interrompendo excessivamente, ou muito abruptamente), psicológica (existem crenças centrais do paciente interferindo na terapia, tais como "Se a terapeuta não me apoiar inteiramente, significa que ela não se preocupa comigo"), ou ambas.

ESTRATÉGIAS PARA CONSTRUÇÃO DA ALIANÇA TERAPÊUTICA

Seguir certos princípios básicos da terapia cognitiva ajuda o terapeuta a estabelecer e manter a relação terapêutica com os pacientes:

- Colaborar ativamente com o paciente.
- Demonstrar empatia, atenção e entendimento.
- Adaptar o estilo terapêutico ao paciente.
- Aliviar a angústia.
- Solicitar *feedback* no final das sessões.

Conforme descrito anteriormente, os terapeutas precisam avaliar o sucesso na aplicação destas estratégias. Algumas vezes, eles precisam variar estes princípios básicos para pacientes que constituem um desafio clínico.

Colaborar ativamente com o paciente

Os terapeutas agem como uma equipe com seus pacientes. E, sendo assim, eles geralmente assumem o papel de guia com certa especialização. Os terapeutas e pacientes tomam decisões conjuntamente sobre a terapia – por exemplo, quais problemas focar durante as sessões e com que freqüência (na falta de limitações práticas). Os terapeutas apresentam razões para suas intervenções. Paciente e terapeuta se envolvem em colaboração empírica para investigar a validade do pensamento do paciente.

Algumas vezes ocorrem problemas na colaboração entre eles por erro do terapeuta. Os terapeutas podem ser autoritários, arrogantes e confrontadores. Este tipo de problema pode ser identificado solicitando a um colega que ouça uma gravação da terapia. Muitas vezes, contudo, a falta de colaboração está relacionada às percepções do paciente. Alguns pacientes que são um desafio não colaboram facilmente. Meredith, por exemplo, ficou irritada quando sua terapeuta tentou interrompê-la e direcioná-la para a solução de um problema. Ela se sentiu controlada. A terapeuta teve que negociar com ela e permitir que na primeira parte de cada sessão terapêutica ela poderia falar ininterruptamente, até que estivesse disposta a focar um problema em particular. Por outro lado, Joshua, um paciente dependente, era muito passivo na sessão, esperando que o terapeuta tomasse, unilateralmente, todas as decisões, já que ele se sentia incapaz de priorizar os problemas para a agenda ou contestar seus pensamentos disfuncionais. O terapeuta de Joshua o encorajou a participar mais ativamente.

Demonstrar empatia, atenção, otimismo, originalidade, compreensão apurada e competência

Uma terapia cognitiva eficaz requer terapeutas que possuam e utilizem todas estas habilidades de aconselhamento. Revisar a gravação de um tratamento pode revelar se um terapeuta está realmente demonstrando estas qualidades. Contudo, é importante observar que os terapeutas freqüentemente precisam apurar o grau em que demonstram diretamente estas qualidades aos pacientes. É essencial estar alerta à experiência afetiva do paciente em todos os momentos da terapia para determinar a melhor forma de proceder.

Muitos pacientes reagem positivamente às manifestações diretas de empatia. Eles se sentem apoiados e compreendidos e a aliança terapêutica torna-se mais forte. Alguns, no entanto, podem até se sentir pior, às vezes. Jenny, uma paciente depressiva com traços histriônicos, algumas vezes chorava durante a sessão enquanto contava e recontava seus problemas. Sempre que sua terapeuta demonstrava empatia, ela chorava mais ainda, por entender erroneamente as palavras da terapeuta como uma validação de desesperança em relação a sua situação.

Da mesma forma, muitos pacientes beneficiam-se das expressões genuínas de atenção, particularmente no início do tratamento. Lloyd, um paciente independente com traços esquizóides, sentiu-se desconfortável quando o terapeuta expressou sua atenção logo no início do tratamento. Danielle, uma paciente paranóica, demonstrou desconfiança quando a terapeuta fez comentários positivos sobre ela. Sandy, uma paciente esquiva, irritou-se quando a terapeuta expressou empatia em sua primeira sessão, pois receou que ela ficasse brava ao descobrir que Sandy, na verdade, não merecia atenção por ser má e insignificante.

Geralmente, os pacientes reagem de forma positiva quando o terapeuta age com firmeza e consistência quanto à probabilidade de ajuda da terapia. Contudo, outros reagem negativamente, especialmente aqueles que acreditam que tal otimismo não é justificável e apenas demonstra a falta de entendimento do terapeuta sobre suas dificuldades.

Muitos pacientes reagem bem quando são apoiados a fazer mudanças em seus pensamentos e comportamentos. Entretanto, quando a terapeuta de Julian a elogiou por levantar-se da cama e arrumar seu apartamento, ela pensou que a terapeuta estava sendo condescendente. Quando a terapeuta de Sandy deu um *feedback* positivo, ela ficou ansiosa, com medo de que agora a terapeuta elevasse as expectativas e talvez ela não fosse capaz de atingi-las.

É essencial que o terapeuta tenha um entendimento preciso das experiências do paciente e a capacidade de comunicar esta compreensão, assim como o julgamento sobre quando e quantos detalhes deste entendimento devem ser compartilhados com ele. Alguns pacientes se irritam quando o terapeuta apresenta conceituações imprecisas – ou apresenta conceituações precisas, mas prematuras, antes deles terem desenvolvido confiança suficiente no terapeuta. Craig sentiu-se vulnerável quando a terapeuta de casal apresentou prematuramente uma hipótese no tratamento. Ela sugeriu que, talvez, ele tenha ficado bravo com sua esposa por pequenos acontecimentos porque sua recusa em fazer as pazes com ele seria uma indicação de que ele era fraco. Embora mais tarde esta conceituação tenha se confirmado, a terapeuta não deveria tê-la apresentado tão cedo no tratamento, para este paciente em particular, que tinha um sentimento de fragilidade em relação ao si mesmo. A terapeuta falhou em captar as pistas verbais e não-verbais de Craig que indicavam seu crescente desconforto na sessão.

A maioria dos pacientes têm uma boa resposta quando seus terapeutas mantém uma atitude reservada, de competência e confiança. Para outros, contudo, esta atitude é desconcertante. Quando a terapeuta de William manteve o controle frente ao seu evidente cepticismo, ele entendeu como se ela estivesse demonstrando "superioridade" para que ele se sentisse inferiorizado.

Adaptar o estilo do terapeuta às características especiais do paciente

Os terapeutas precisam variar seus estilos com alguns pacientes. Fazer uma supervisão contínua, com análise das gravações das sessões pode ser necessário para identificar esta necessidade. Embora muitos pacientes respondam bem ao estilo normal do terapeuta, outros não reagem da mesma forma – principalmente aqueles que representam um desafio. Por exemplo, um paciente com transtorno da personalidade narcisista pode reagir melhor quando o terapeuta é respeitoso. No início do tratamento, Jerry mostrou à terapeuta seu terno assinado por um estilista famoso; sem constrangimento ela confessou sua ignorância em relação ao estilista e lhe fez perguntas, dando a ele a chance de se sentir superior a ela. Um paciente evitativo geralmente passa a confiar em seu terapeuta quando ele não o pressiona a falar sobre assuntos difíceis no início do tratamento. Um paciente dependente costuma apreciar o terapeuta que faz mudanças e regularmente comanda a sessão, enquanto que o paciente com transtorno da personalidade obsessivo-compulsiva não aprecia este estilo. Embora muitos pacientes se sintam confortados com a atenção direta do terapeuta, os pacientes paranóicos podem desconfiar e ficar alertas a este comportamento.

Alguns pacientes reagem bem quando o terapeuta partilha suas próprias experiências. Outros questionam por que o terapeuta está desperdiçando o seu tempo. Pacientes relutantes algumas vezes sentem-se mais confortáveis quando, inicialmente, o terapeuta emprega uma abordagem mais acadêmica à terapia. Alguns sentem-se mais confortáveis entrando diretamente na solução de problemas. Outros precisam de muito mais empatia e apoio durante a solução de problemas. Os terapeutas devem saber que a arte da terapia cognitiva é reconhcer quando os pacientes estão desconfortáveis com o estilo do seu terapeuta (descrito posteriormente neste capítulo), para então modificar apropriadamente seus comportamentos.

Aliviar a angústia

Ajudar o paciente na solução de problemas e na melhora de seu humor é dos meios mais eficazes de fortalecer a aliança terapêutica. Na verdade, DeRubeis e Feeley (1990) descobriram que quando os pacientes sentiam a empatia do terapeuta ocorria um alívio nos sintomas. Uma aliança tênue pode ser consideravelmente fortalecida quando os pacientes reconhecem que estão se sentindo melhor ao final de uma sessão e especialmente quando eles observam que passam melhor a semana. A avaliação do humor do paciente, no início e no final das sessões, e a revisão das mudanças de atitude nas últimas semanas, podem indicar se o terapeuta está alcançando este objetivo. Contudo, isto não se aplica se o paciente tem receio de que ao sentir-se melhor na terapia, sua vida ficará pior (por exemplo, ele se preocupa com o fato de assumir responsabilidades que ele não quer assumir ou de enfrentar a probabilidade de que um casamento insatisfatório nunca melhore realmente).

Solicitar *feedback*

Alguns pacientes têm reações disfuncionais em relação ao terapeuta que interferem nos benefícios de uma sessão. Freqüentemente, os terapeutas precisam elucidar os pensamentos do paciente quando eles notam mudanças negativas durante a sessão e dedicar um tempo para tornar claros problemas na relação terapêutica e melhorar a aliança. Esses tipos de pacientes são descritos em detalhe na próxima seção.

Muitas vezes, no entanto, basta solicitar um *feedback* aos pacientes no final de cada sessão. Os pacientes que não foram anteriormente tratados com terapia cognitiva, normalmente ficam surpresos e felizes que o terapeuta se disponha a ouvir críticas ou correções e modificar o tratamento. O entendimento das reações do paciente pode melhorar a aliança – e fornecer informações valiosas, ao terapeuta, tornando a terapia mais eficaz.

É importante que o terapeuta peça *feedback* aos pacientes de maneira formal, usando questões como:

> - "O que você achou da sessão de hoje?"
> - "Você acha que eu entendi errado ou não entendi alguma coisa?"
> - "Há alguma coisa que você queira fazer de maneira diferente na próxima sessão?"

É conveniente que os pacientes preencham um formulário de *feedback* imediatamente após as sessões terapêuticas (veja Beck, 2005). O formulário orienta o paciente a refletir sobre importantes conteúdos e processos da terapia e avaliar o terapeuta nas áreas de atenção e competência. Informações valiosas podem ser coletadas do formulário, particularmente se os terapeutas enfatizam o quanto é importante receber *feedback* positivo e também *feedback negativo* quando o paciente acha que o terapeuta poderia ser mais útil. Alguns pacientes se dispõem a fazer *feedbacks* sinceros neste formulário escrito, o que pode não acontecer quando se usa a forma verbal.

Os terapeutas também podem solicitar um *feedback* no início da sessão, *se eles suspeitam ou sabem que o paciente reagiu negativamente na sessão anterior.* Ken, por exemplo, pareceu irritado na sessão anterior, mas evitou falar sobre isso. Na sessão seguinte, sua terapeuta perguntou: "Eu estava pensando sobre a última sessão e achei que o pressionei para que pensasse sobre um outro emprego. Você sentiu isso também?".

Quando os pacientes continuam relutando em fazer o *feedback*, é importante identificar suas crenças disfuncionais sobre se expor, conforme descrito na próxima seção.

IDENTIFICAÇÃO E SOLUÇÃO DE PROBLEMAS NA ALIANÇA TERAPÊUTICA

Para solucionar dificuldades na relação terapêutica, os terapeutas precisam identificar a existência de um problema, conceituar por que ele ocorreu e baseando-se neste entendimento e na conceituação geral do paciente, planejar uma estratégia para corrigi-lo, como é descrito a seguir.

Identificação de problemas na aliança terapêutica

Algumas vezes, os problemas na relação terapêutica são óbvios. Um paciente pode questionar firmemente a motivação ou o grau de competência de seu terapeuta, outro pode mentir deliberadamente para o terapeuta (veja Newman e Strauss, 2003, para mais detalhes sobre este problema específico). Uma terceira paciente acusa o terapeuta de não se importar com ela. Porém, os sinais de um possível problema na relação terapêutica costumam ser mais sutis e o terapeuta talvez não perceba que há um problema – e se ele está ou não relacionado à aliança. Os pacientes podem evitar o contato visual e mostrarem-se hesitantes ao falar. Podem parecer subitamente mais angustiados. A linguagem corporal pode indicar que eles estão tentando se proteger.

Contudo, é essencial estar em sintonia com os estados emocionais do paciente e às suas mudanças de sentimento durante a sessão terapêutica. Mudanças negativas na linguagem corporal do paciente, expressão facial, tom de voz e escolha de palavras podem indicar que eles estão tendo pensamentos automáticos que, potencialmente, podem interferir no tratamento. Quando os terapeutas percebem estas mudanças, eles podem usar perguntas-padrão para elucidar emoções e pensamentos automáticos do paciente:

- "Como você está se sentindo agora?"
- "O que passou agora na sua cabeça?"

Os pacientes com estes pensamentos automáticos provavelmente não se beneficiarão o suficiente da sessão:

- "O terapeuta não me entende."
- "O terapeuta não se preocupa comigo."
- "O terapeuta não está me ouvindo."
- "O terapeuta está tentando me controlar."
- "O terapeuta está me julgando."
- "O terapeuta tem que me 'consertar'."

Robin, por exemplo, ficou nervosa durante uma sessão. Começou a balançar a perna e sua expressão facial ficou tensa. Ao questioná-la, sua terapeuta descobriu o que ela estava pensando: "Se eu contar à minha terapeuta [minha história sexual], ela me julgará. Provavelmente não gostará de mim. Talvez ela não queira mais me ver".

É importante observar que muitas mudanças de sentimento *não* estão relacionadas a um problema na relação terapêutica. Os pacientes podem expressar pensamentos automáticos sobre eles mesmos ("Eu sou um desastre"), sobre o tratamento ("Isto é muito difícil"), ou sobre suas dificuldades ("E se eu não consiguir resolver meus problemas?").

Da mesma forma, os pacientes podem demonstrar comportamentos que interferem no tratamento. É importante, entretanto, observar que o comportamento problemático pode, ou não, estar relacionado a um problema na aliança terapêutica. Por exemplo, um paciente não fez a tarefa prevendo que não conseguiria realizá-la adequadamente e que a terapeuta o criticaria. Um outro paciente, contudo, tinha uma sólida aliança com sua terapeuta, mas era muito desorganizado em casa para realizar a tarefa. Novamente, é importante perguntar aos pacientes o que eles estavam pensando exatamente antes de terem um comportamento disfuncional – ou antes não conseguirem se envolver em um comportamento funcional.

Se o terapeuta suspeitar de que há algum problema na aliança e que o paciente não o reconheceu, ele pode controlar o problema e investigar mais:

> ■ "Alguns pacientes não gostam da idéia de fazer a tarefa de casa porque sentem como se eu estivesse dizendo a eles o que devem fazer. Você também pensa assim?"

Os exemplos a seguir ilustram como os terapeutas concluem se o comportamento do paciente indica um problema na aliança terapêutica.

Exemplo 1: O paciente freqüentemente diz "Eu não sei"

Tom, um adolescente depressivo de 15 anos, disse várias vezes na primeira sessão, "Eu não sei". No início da segunda sessão, ele novamente respondeu "Eu não sei", quando sua terapeuta perguntou se havia mudado alguma coisa na escola.

Terapeuta: A pergunta [que eu acabei de fazer] deixou você desconfortável?
Tom: (*Encolhe os ombros*).
Terapeuta: Eu estou pensando se você realmente *não* sabe – ou se é melhor dizer "Eu não sei". (*pausa*) Por exemplo, para que talvez eu pare de aborrecê-lo com perguntas irritantes?
Tom: (*Sorri*).
Terapeuta: Você está sorrindo. Eu acertei? Você deseja que eu pare de te importunar? Você preferiria não estar aqui?
Tom: É, eu acho que sim.

A terapeuta confirma sua suspeita de que o paciente não sente uma conexão positiva com ela e, na verdade, não queria fazer o tratamento. Um outro paciente respondeu à mesma pergunta de modo diferente: "Não, não é que as suas perguntas estão me irritando. É que eu ando muito confuso ultimamente". Na falta de outros dados que indiquem um problema na aliança terapêutica, a terapeuta conceituou que o problema precisava de uma solução prática. A solução que encontrou foi fazer perguntas mais específicas.

Exemplo 2: O paciente não responde às perguntas de uma maneira direta

A terapeuta de Jodi observou que ela não respondia às questões diretamente, quando se sentia desconfortável. Quando Jodi demonstrou o mesmo tipo de comportamento pela terceira vez, a terapeuta questionou o problema objetivamente:

Terapeuta: (*resumindo*) Então, talvez *haja* uma razão para acreditar que você pode influenciar seu marido mais do que você havia pensado anteriormente?

Jodi: Veja, ele sempre foi assim. Eu devia ter prestado mais atenção quando nós estávamos namorando. Quero dizer, ele já fazia a mesma coisa.
Terapeuta: (*resumindo a pergunta anterior*) O que você pensa da idéia de que pode influenciá-lo agora?
Jodi: Ele é assim com a sua mãe também.
Terapeuta: Jodi, como você se sentiu quando eu sugeri que você poderia ter alguma influência? (*pausa*) Você se sentiu ansiosa?
Jodi: (*Pensa; suspira.*) Eu não sei.
Terapeuta: O que você pensou quando eu disse isso?
Jodi: Eu não sei.
Terapeuta: Eu sei, não seria bom.
Jodi: Não. (*Pensa.*) Veja, penso que eu ainda não sei se devo ficar com ele ou deixá-lo.

Neste caso, a terapeuta conceituou que Jodi não respondia suas perguntas diretamente porque ela estava em dúvida em relação ao seu casamento. Embora não houvesse uma ruptura na aliança terapêutica, Jodi deixou claro que queria que a terapeuta explorasse a possibilidade dela conseguir melhorar o relacionamento com seu marido.

Exemplo 3: O paciente muda de assunto

Em um outro caso, o terapeuta descobriu que o fato do paciente não responder às suas questões diretamente não estava relacionado a um problema com a aliança terapêutica, mas sim ao estilo verbal do paciente:

Terapeuta: Eu senti que o interrompi muito hoje. Isso te irritou?
Paciente: Não, tudo bem.
Terapeuta: Eu estava tentando descobrir, quando você mudou de assunto algumas vezes, se você não queria falar sobre isso, quero dizer, sobre o problema com a sua irmã.
Paciente: Eu não queria falar sobre isso. Suponho que eu estava tentando desconversar novamente. Minha esposa diz que eu costumo fazer isso.

Conceitualização do problema e planejamento de estratégias

Para tomar decisões terapêuticas sobre como fortalecer a aliança, os terapeutas devem avaliar a gravidade do problema, os benefícios de ignorá-lo, focá-lo imediatamente ou deixá-lo para mais tarde. Para formular uma estratégia, os terapeutas devem conceituar a causa do problema. Como mencionado anteriormente, alguns problemas ocorrem em conseqüência de erro do terapeuta, outros em razão das crenças centrais do paciente e alguns são uma combinação dos dois casos.

Determinar a extensão e a urgência do problema

Quando os terapeutas julgam que um problema está relacionado à aliança terapêutica, eles devem decidir quanto tempo e esforço aplicarão nele. Um bom método, simples e prático, é tornar a relação *forte o suficiente* para que os pacientes se disponham a colaborar com o terapeuta e trabalhar para alcançar suas metas. *Gastar mais tempo na relação terapêutica do que é necessário, significa passar menos tempo ajudando os pacientes a resolverem seus problemas da vida real.* (Por outro lado, conforme descrito no final deste capítulo, uma relação terapêutica positiva pode ser um instrumento poderoso para modificar as crenças centrais disfuncionais dos pacientes sobre eles mesmos e sobre os outros – e isso pode ser um bom motivo para se concentrar mais nela).

Algumas vezes é visível que o problema na aliança terapêutica é sério e precisa ser imediatamente resolvido – como no caso de um paciente que expressa raiva do terapeuta, uma paciente muito ansiosa com dificuldade para falar ou um paciente que domina a sessão de forma que o terapeuta não consegue proferir uma palavra. Freqüentemente, esses problemas requerem muita atenção e cuidado. Harold, por exemplo, estava chateado com sua terapeuta por sentir-se pressionado a solucionar seus problemas. A terapeuta precisou fazer várias intervenções para restabelecer a relação: ela demonstrou mais empatia, negociou a estrutura da sessão (oferecendo a ele a oportunidade de falar, ininterruptamente, por um período de tempo) e precisou modificar a percepção de Harold de que ela não se preocupava realmente com ele, querendo apenas realizar seu trabalho profissional, "consertando-o".

Alguns problemas na aliança, porém, ocorrem raramente ou são relativamente pequenos. Muitos desses problemas podem ser solucionados durante a sessão. Martin ficou muito perturbado quando a terapeuta não se lembrou de uma questão importante da sessão anterior. Um simples pedido de desculpas – "Desculpe-me, eu devia ter me lembrado disso" – resolveu o problema. Holly se irritou em sua segunda sessão terapêutica, quando o terapeuta sugeriu várias tarefas; ela previu que não conseguiria realizá-las adequadamente e que aborreceria o terapeuta. O terapeuta conseguiu resolver o problema rapidamente, sugerindo que duas das tarefas fossem opcionais. Sabiamente, ele não interferiu neste momento, concluindo que se a reação dela se confirmasse mais tarde como típica e problemática, aí então ele se concentraria nela.

Outros problemas podem ser ignorados, pelo menos no momento. O adolescente George, através de uma expressão facial, demonstrou descontentamento quando a terapeuta sugeriu uma tarefa com a sua professora. Ela ignorou essa pequena reação negativa e perguntou sobre os colegas de classe que poderiam ajudá-lo a realizar a tarefa, agradando assim a George.

Quando os terapeutas encontram *padrões* disfuncionais na aliança terapêutica, é necessário trabalhar mais a relação. Michael (cuja transcrição aparece no final do capítulo) demonstrou certa irritação quando a terapeuta o apoiou positivamente e deu a ele algumas informações básicas sobre depressão. Após as primeiras reações negativas, ela desculpou-se e mudou de assunto. Quando ele reagiu negativamente pela terceira vez, ela investigou qual era o significado para ele do que ela havia acabado de dizer, trazendo à tona uma crença disfuncional e modificando-a no contexto da relação deles (e de vários outros relacionamentos que ele tivera).

Conceituar a causa do problema

Após conceituar a importância de trabalhar um problema na aliança terapêutica, os terapeutas precisam saber se o problema ocorreu porque eles cometeram um erro, porque as crenças disfuncionais dos pacientes foram ativadas, ou as duas coisas.

Quando o terapeuta comete um erro

É importante para os terapeutas reconhecerem que as dificuldades na relação terapêutica podem estar ligadas aos seus próprios comportamentos ou atitudes. Embora seja possível obter esta informação pedindo um *feedback* sincero aos pacientes, às vezes é importante que o terapeuta peça aos seus colegas que analisem as gravações da sessão terapêutica para definir até que ponto eles são a causa do problema.

É adequado se desculpar quando eles percebem que cometeram um erro. Desculpar-se de maneira não-defensiva é uma habilidade importante para moldar muitos pacientes difíceis. Por exemplo, Bob se irritou ao ser interrompido várias vezes em um curto período de tempo. Quando ele disse que não estava tendo permissão de relatar aquilo que achava ser necessário, a terapeuta se desculpou. Na verdade, Bob estava correto; sua terapeuta havia subestimado a necessidade dele de se colocar. Sua desculpa serviu para fortalecer a aliança entre os dois.

Keith ficou ansioso porque não conseguiu realizar a tarefa terapêutica. A terapeuta percebeu que havia cometido um erro; ela havia sugerido uma tarefa muito difícil para ele. A ansiedade do paciente diminuiu e sua confiança na terapeuta aumentou quando ela reconheceu e desculpou-se pelo erro.

Quando as crenças disfuncionais dos pacientes interferem na aliança

As dificuldades na aliança terapêutica podem também estar relacionadas às crenças disfuncionais gerais do paciente sobre eles próprios, sobre os outros, sobre os relacionamentos e as estratégias que utilizam para lidar com estas crenças. Alguns pacientes podem achar, por exemplo, que o terapeuta é crítico em relação a eles. Se esta crença é específica ao terapeuta e não às pessoas em geral, ela pode ser facilmente mudada. Se por outro lado, a crença é um subgrupo de uma crença maior sobre as pessoas em geral ("Provavelmente, as outras pessoas também são muito críticas"), ela pode interferir na terapia cognitiva padrão.

Primeiro os terapeutas identificam as crenças do paciente que interferem na terapia e então planejam a estratégia, baseada em conceituação sólida. A elucidação direta e o teste das crenças podem ser indicados para alguns alguns pacientes. Para outros pacientes, é conveniente identificar e trabalhar discretamente ao redor das crenças (por exemplo, modificar o tratamento para evitar a ativação da crença). Nos dois casos, os terapeutas normalmente precisam usar várias intervenções durante o tratamento, como é ilustrado nos exemplos de caso a seguir.

Exemplo de caso 1

Brent, um paciente depressivo de 35 anos, com transtornos de personalidade narcisista, acreditava ser inferior e considerava as outras pessoas como superiores, embora escondesse essa crença de inferioridade agindo com superioridade e exigindo tratamento especial. Freqüentemente, ele achava que os outros seriam desrespeitosos com ele. Pequenos acontecimentos, ou acontecimentos comuns, normalmente o deixavam furioso: um vendedor esqueceu de agradecê-lo pelo pagamento; um atendente apenas indicou o lugar para se sentar em vez de acompanhá-lo; um homem no elevador, não segurou a porta para ele; o gerente de uma loja o avisou que eles estavam fechando.

As mesmas crenças ativadas no relacionamento com os outros também apareceram durante o tratamento. Como ele veio para a terapia em busca de ajuda, automaticamente se sentiu inferiorizado. Ele achou que a terapeuta se colocaria em posição superior – e o trataria como inferior. Ele estava hipervigilante aos comentários críticos e interpretava as intenções da terapeuta. Tentou diminuí-la fazendo "piadas" sobre os móveis do seu consultório, perguntando sobre termos psicológicos incomuns, demonstrando surpresa por ela não conhecer o seu músico clássico favorito e dizendo que o terapeuta anterior era mais habilidoso que ela. Ele também se irritou quando a terapeuta não concordou em atender seus pedidos especiais, como marcar sessões fora do horário de trabalho. Brent tentou impressioná-la com sua superioridade de várias maneiras: usando vocabulário sofisticado, mostrando suas roupas caras, orgulhando-se de pequenas realizações profissionais.

Sua terapeuta não respondeu aos seus comentários críticos no início do tratamento, provavelmente isso ativaria ainda mais sua crença de inferioridade. Em vez disso, ela esforçou-se para não reagir defensivamente. Quando Brent afirmou que ela era menos habilidosa que o terapeuta anterior, ela perguntou: "Você pode me dizer o que ele fazia que eu não faço, para que eu possa ajudá-lo mais?" Quando ele perguntou sobre os conceitos psicológicos com os quais ela não tinha familiaridade, ela disse: "Eu não sei. Mas eu deveria saber. A que se refere?". Quando ele fez piadas sobre a aparência do seu consultório, ela riu com ele e também brincou: "Pois é, eu deveria ter feito um doutorado. Assim eu conseguiria uma mobília melhor!".

Assim, a terapeuta alcançou várias metas terapêuticas. Ela desenvolveu diretamente um modelo de comportamento não-defensivo e demonstrou que é possível fazer críticas e comentários críticos sem diminuir a auto-estima do outro. O fato de não criticar ou inferiorizar Brent diminuiu seu senso de vulnerabilidade e aumentou seu senso de confiança na terapeuta, conseqüentemente, reforçou a aliança terapêutica. Com o tempo, depois de diferentes intervenções, Brent começou a mudar suas crenças. Cada vez menos ele sentiu necessidade de usar estratégias compensatórias disfuncionais com a terapeuta. Também começou a pensar que, talvez, nem todas as pessoas tivessem a intenção de lhe fazer mal. Dispôs-se a fazer experiências comportamentais fora da terapia e somente quando as pessoas tentavam diminui-lo primeiro é que ele usava esse mesmo tipo de comportamento.

A terapeuta de Brent decidiu trabalhar, inicialmente, ao redor das crenças do paciente. O simples fato de identificar estas cognições ativou-as fortemente. Mais tarde, na terapia, ela conseguiu extrair e modificar essas crenças centrais de maneira direta, usando estratégias-padrão de modificação de crenças (veja Capítulo 13).

Exemplo de caso 2

Claire, uma paciente de 42 anos, apresentava depressão associada a uma distimia permanente e traços de personalidade passivo-agressivas. Ela se via como uma pessoa fraca, inútil e preguiçosa, enquanto percebia os outros como pessoas fortes, invasivas e exigentes. Geralmente, ela tentava exercer controle demonstrando irritabilidade ao ser solicitada a fazer algo que não queria ou concordando superficialmente com o pedido, realizando parte dele, de maneira inadequada, ou simplesmente não realizando. Freqüentemente, quando seu marido pedia para fazer algumas coisas das quais ela não gostava, como controlar talões de cheques ou terminar uma tarefa, ele mesmo acabava tendo que fazê-las. Por ser muito sensível ao controle, ela achou meios de minar a autoridade de seu marido quando ele estabeleceu limites para seu filho.

Claire manteve um emprego de meio período com certa facilidade, mas no emprego anterior, poucos meses antes, havia sido demitida por atrasos e por não atender às expectativas de seu chefe. Ela havia se afastado do relacionamento com sua família; diferentemente de seus irmãos, ela não comparecia aos encontros familiares ou fazia visitas posteriores; ela também não ajudou a cuidar dos seus pais idosos.

As crenças disfuncionais de Claire sobre controle ativaram-se durante as sessões terapêuticas. Ela se viu como uma pessoa fraca e que a terapeuta estava tentando controlá-la. Passou grande parte da sessão reclamando do marido, do chefe e de outras pessoas. Ela resistia à tentativa de solucionar problemas. Embora ela e a terapeuta tivessem estabelecido as tarefas em conjunto, Claire não as realizava, dizendo que havia perdido suas anotações terapêuticas, que sua semana havia sido muito cheia ou que achava que aquela tarefa realmente não a ajudaria.

A terapeuta logo concluiu que Claire estava usando estratégias compensatórias para evitar a ativação de crenças perturbadoras. Ela confirmou sua hipótese diretamente: "Claire, algumas vezes, quando eu sugeri a outros pacientes, tarefas que eles podiam fazer em casa, eles se sentiram controlados. (*pausa*) Você já se sentiu assim?" Quando Claire confirmou sua suspeita a terapeuta demonstrou empatia: "Isto deve ser ruim. Nós devemos tentar alguma coisa diferente. Você tem alguma idéia?". Claire balançou a cabeça negativamente, então a terapeuta disse: "Bem, eu imagino que seja conveniente rever suas metas na terapia e certificar-se de que você realmente quer atingi-las. Se você quiser alcançá-las, nós podemos descobrir como fazer isso sem se sentir tão controlada. (*pausa*) Tudo bem?".

Quando elas revisaram a lista de metas, a terapeuta pediu que Claire as colocasse em ordem de importância. Claire relatou que gostaria de fazer atividades agradáveis como ver amigos, ler e explorar assuntos interessantes na *internet*. Ela quase abandonou tudo isso quando sua depressão se agravou. A terapeuta então lhe deu uma chance de escolher entre discutir na sessão o que ela podia fazer naquela semana ou pensar sobre isso em sua própria casa. Claire escolheu a última alternativa e relatou na sessão seguinte que, de fato, havia participado de várias atividades.

Assim que Claire começou a se sentir melhor, o progresso na terapia tornou-se lento. Sua terapeuta ajudou-a na identificação e na reação a uma crença que estava interferindo: "Se eu me sentir melhor, a terapeuta e o meu marido esperarão cada vez mais de mim". A avaliação desta crença, a simples solução de problemas e a troca de papéis tranqüilizaram Claire no sentido de que ela conseguiria se defender se ocorresse um problema e de que ela era capaz de progredir ainda mais.

Uma lição fundamental a ser aprendida por muitos pacientes com problemas desafiadores é que os problemas interpessoais podem ser melhorados ou resolvidos através da adoção de uma perspectiva funcional mais precisa sobre o comportamento dos outros e/ou através da solução direta de problemas, por exemplo, mudando o seu comportamento em relação aos outros ou pedindo aos outros que modifiquem os seus comportamentos.

USO DA RELAÇÃO TERAPÊUTICA PARA ATINGIR METAS

Há muitas estratégias que podem ser utilizadas para fortalecer a aliança terapêutica e simultaneamente, alcançar outras metas terapêuticas. Nesta seção, são descritas estratégias em três importantes áreas: fornecer experiências positivas de relacionamento, elaborar problemas na aliança terapêutica e generalizar aquilo que o paciente aprendeu com a solução de problemas na relação terapêutica, para outros relacionamentos importantes na vida dele.

Oferta de experiências de relação positivas

Os pacientes com problemas difíceis podem ter relacionamentos conturbados, acompanhados por crenças disfuncionais sobre si mesmos e os outros. A sessão terapêutica oferece várias oportunidades, aos terapeutas, de corrigir as crenças negativas dos pacientes. Eles podem ajudar os pacientes, de muitas maneiras, a reforçar uma visão mais positiva (na verdade mais realista), deles mesmos e dos outros, incluindo:

- Utilizar o reforço positivo.
- Utilizar a auto-revelação.

- Reduzir a desigualdade na relação terapêutica.
- Discordar da auto-imagem negativa do paciente.
- Oferecer expectativas realistas.
- Expressar empatia e atenção.
- Lamentar as limitações terapêuticas.
- Ajudar os pacientes a reconhecer a parceria do terapeuta.

Os terapeutas também podem ajudar o paciente a mudar sua visão sobre os outros, mostrando que eles não são prejudiciais e fazendo uma boa solução de problemas interpessoais (Safran e Muran, 2000).

Uso do reforço positivo

É importante que o terapeuta expresse empatia e apoio diretamente, mas também reforce positivamente quando os pacientes fizerem mudanças adequadas no pensamento, humor e comportamento, ou quando eles demonstram atitudes ou comportamentos que salientam suas qualidades positivas. Assim como na prática-padrão, os terapeutas cognitivos pedem aos pacientes, no início da terapia, para falarem de si (além das dificuldades que eles estão vivenciando), das coisas positivas que fizeram ou que aconteceram a eles, desde as primeiras sessões. Eles também investigam sobre as tarefas mais adequadas ao paciente. Esta revisão propicia ao terapeuta oportunidades de estimular o paciente.

- "Estou feliz por você... [ter ido à festa e se divertido]."
- "Eu espero que você esteja orgulhoso por ter conseguido... [realizar seus exames]."
- "Que maravilhoso que você... [ajudou sua vizinha quando ela precisou]."
- "É notável que você... [respondeu aos seus pensamentos negativos quando eles surgiram e sentiu-se melhor]."
- "Você tem uma qualidade maravilhosa, é capaz de... [confortar as pessoas dessa forma]."
- "Nem todos podem... [lidar com aquele tipo de crítica tão bem quanto você]."
- "Foi bom que você... [esforçou-se para sair da cama quase todos os dias esta semana]."
- "Você deu um crédito a si mesma por... [fazer estas coisas em vez de se aborrecer]?"
- "Se todos pudessem... [descobrir o que os seus filhos realmente precisam, como você descobriu]."

Encorajar o paciente dessa maneira pode minar crenças centrais de desesperança, não ser amada e não ter valor. Elas podem também reforçar as crenças dos pacientes de que seus terapeutas podem ser continentes e atenciosos.

Uso da auto-revelação

O uso cuidadoso da auto-revelação pode ajudar a fortalecer a aliança terapêutica e oferecer um veículo importante de aprendizagem. Claudia estava bastante aborrecida porque seu marido iria assumir um cargo com mais responsabilidades, sendo assim ele não estaria em casa para o jantar, por muitas noites, com ela e seus filhos. A terapeuta relatou como ela havia lidado com este mesmo problema alguns anos antes: pensando nisso como se fosse uma mudança de trabalho, com uma jornada mais longa e que ele não tinha escolha, se quisesse manter o seu emprego. Claudia apreciou a disposição da terapeuta em dividir questões pessoais e sentiu uma forte ligação com ela.

A revelação da terapeuta, indiretamente, ajudou Claudia a reconhecer que ela não era a única a enfrentar esta situação e que podia continuar sofrendo com o problema ou pensar de uma outra forma e sentir-se melhor. Claudia conseguiu adotar o mesmo ponto de vista sobre as horas de trabalho do seu marido e de fato, sua angústia diminuiu. Ela conseguiu então interessar-se pela solução produtiva de problemas, para descobrir meios de entreter seus filhos no início da noite.

Em um outro caso, Eileen, uma paciente bastante depressiva se sentia dominada pelo pensamento de que precisava repor alguns móveis que havia perdido em uma inundação. A terapeuta estabilizou o problema relatando que ela própria, assim como outras pessoas que conhecia, teve um problema semelhante. Ela explicou que conseguiu resolver o problema pedindo a ajuda de amigos e também aceitando comprar uma mobília razoável e não necessariamente a mobília perfeita. Eileen sentiu-se animada por descobrir que sua dificuldade era comum e que ela também poderia pedir ajuda, assim como fez a terapeuta.

Redução da desigualdade na relação terapêutica

É importante ajudar os pacientes que se sentem abatidos a restabelecer o equilíbrio na relação terapêutica. Gil, que sempre se viu como fracassado ao se comparar aos outros, sentiu-se capaz e menos inferior quando a terapeuta questionou sobre o seu emprego no serviço de proteção ao consumidor e ressaltando sua paciência e capacidade de trabalhar com supervisores difíceis e consumidores irritados. A terapeuta de Keith demonstrou o quanto ela estava impressionada com o seu conhecimento sobre ópera e música clássica. Laura, uma paciente com depressão crônica, tinha muita dificuldade de viver a rotina diária e algumas vezes, não conseguia cuidar de sua casa. Normalmente, ela se sentia melhor quando a terapeuta perguntava sobre os seus cães. Como dona recente de um pequeno cão, a terapeuta não sabia muitas coisas sobre cuidados e treinamento para cães, um assunto dominado por Laura. Solicitar conselhos e dizer a ela como as suas sugestões funcionaram bem ajudou Laura a se sentir mais competente.

Discordância de crenças negativas dos pacientes

É importante que o terapeuta reconheça que pela natureza das experiências do paciente as crenças têm sentido – mas que o terapeuta, como um observador mais objetivo, não precisa necessariamente concordar com elas. Quando June disse não ter esperança de se sentir melhor, sua terapeuta tranqüilizou-a dizendo que não tinha a mesma visão:

> *Terapeuta:* Ah, *agora* eu entendo porque você estava tão sem esperança em relação a se sentir melhor. Tenho certeza de que se aquelas situações tivessem acontecido comigo e eu pensasse em mim como uma má pessoa, eu ficaria muito desesperançosa também. Mas, embora *você* acredite ser má por causa da maneira como o seu pai a tratou, eu quero que saiba que eu não acredito nisso, nem por um *instante*. É claro que *ele* tinha problemas – *não você!* (*pausa longa*) O que você pensa sobre isso?

Propiciar compreensão e otimismo realista

Os pacientes que passaram por privação emocional, freqüentemente precisam de muito cuidado, empatia e apoio de seus terapeutas. É importante reconhecer que somente a empatia, algumas vezes, pode levar o paciente a se sentir pior, se ele perceber corretamente, ou não, que o terapeuta acredita que ele foi afetado, de maneira permanente, pelos acontecimentos adversos (e algumas vezes devastadores) da vida. Para evitar essa percepção, o terapeuta deve fazer afirmações empáticas juntamente com afirmações que expressem, ao menos, algum otimismo em relação ao futuro.

- "Eu estou chateado com o que aconteceu a você. *Ninguém*, muito menos você, merece uma coisa assim. (*gentilmente*) Mas *eu estou* feliz por você me procurar, assim eu posso ajudá-lo."
- "Deve ter sido muito difícil – e eu sei que você ainda está sofrendo muito por causa disso. (*pausa*) Talvez você não esteja otimista, mas eu quero que saiba que *eu* estou confiante que nós podemos diminuir a dor."
- "Não pensei que fosse tão difícil para você... Agora está claro que temos que parar com isto [tarefa], ir mais devagar, relaxar... O que você acha?"

É importante observar as reações dos pacientes a essas declarações. Alguns podem suspeitar ou ignorar o que o terapeuta está dizendo, ou mesmo sentir que o terapeuta está banalizando seus problemas. Os pacientes com estas percepções geralmente mostram uma mudança no humor, se o terapeuta estiver alerta ele pode aproveitar a oportunidade e elucidar seus pensamentos, significados associados e responder adequadamente a eles.

Exemplo de caso

Meredith, uma paciente com depressão crônica e transtorno de estresse pós-traumático, foi agredida física e sexualmente pelo pai quando criança. Sua mãe apoiou e encorajou o pai na agressão. Meredith desenvolveu crenças centrais muito fortes de que ela era má, que não merecia amor e que era insignificante. A terapeuta utilizou várias estratégias durante o tratamento para ajudá-la a modificar estas crenças centrais, incluindo intervenções na relação terapêutica. Por exemplo, a terapeuta fez um grande esforço para que Meredith se interessasse por uma discussão sobre o seu trabalho voluntário na igreja, sobre o relacionamento (muito positivo) com seu filho e seu interesse pela situação dos refugiados. Nessas discussões a terapeuta teve a oportunidade de mostrar seu interesse e respeito por Meredith e de reforçar positivamente a compaixão, um dos traços da personalidade da paciente. Posteriormente, a terapeuta conseguiu utilizar dados, coletados nessas conversas, no tratamento, evidenciando a validade da nova crença, que Meredith era uma pessoa boa.

Lamentar as limitações terapêuticas

Algumas vezes, é conveniente que o terapeuta demonstre desapontamento por não poder fazer mais pelo paciente: "Eu gostaria de ter o poder de eliminar a sua dor", ou "Sinto muito não poder ser sua terapeuta *e* sua amiga". Acrescentando uma declaração mais positiva: "Contudo, eu gostaria de saber o que nós podemos fazer para *reduzir* a sua dor". "Se eu tivesse que escolher entre um e outro, ficaria feliz em ser sua terapeuta, assim poderia continuar me esforçando para ajudá-la".

Ajudar os pacientes a reconhecer a parceria do terapeuta

Algumas vezes o terapeuta precisa expressar sua ligação contínua com o paciente, direta e indiretamente. Por exemplo, ele pode demonstrar ao paciente que não o esqueceu entre as sessões.

> ■ "Eu pensei em você esta semana. Ocorreu-me que ajudaria se nós _____ nesta sessão."

Esse tipo de declaração passa a mensagem de que o terapeuta está cuidando do paciente, de que não se esquece dele quando termina a sessão, que está motivado a pensar no paciente quando está fora do consultório e dedica-se a ajudá-lo mais do que ele imagina.

Em geral, quando os pacientes estão depressivos, sentem-se menos próximos às pessoas. O mesmo ocorre em relação ao terapeuta. Os terapeutas precisam estar alertas a esta possibilidade, particularmente quando trabalham com pacientes cuja depressão piora durante o tratamento. Normalmente, os pacientes reconhecem que estão mais distantes e pensam que o terapeuta também está se sentindo assim. É possível identificar esse problema através de questões diretas:

Terapeuta: Você está um pouco diferente esta semana. Acho que você está mais distante em relação à terapia e a mim.
Paciente: Sim, eu acho que sim.
Terapeuta: Você também acha que *eu* estou distante?
Paciente: (*Pensa.*) Sim.
Terapeuta: Eu fico feliz por você ter me falado isso. Assim eu posso dizer a verdade a você. Acima de tudo, eu me sinto mais próximo a você agora. Eu me sinto muito mal por você estar mais deprimida – e quero ajudá-la ainda mais. (*pausa*) Tudo bem?
Paciente: Tudo bem.

SOLUÇÃO DE PROBLEMAS DA ALIANÇA TERAPÊUTICA E GENERALIZAÇÃO PARA OUTROS RELACIONAMENTOS

Quando as dificuldades na relação terapêutica estão relacionadas às crenças centrais disfuncionais dos pacientes, os terapeutas têm a oportunidade de compreender sobre o modo distorcido como os pacientes os vêem – e muito provavelmente, também às outras pessoas. Elucidar e avaliar a autenticidade das crenças sobre o terapeuta pode fortalecer a aliança terapêutica. Freqüentemente, o terapeuta também tem a oportunidade de criar um bom modelo de solução de problemas interpessoais. Muitos pacientes não aprenderam esta habilidade; muitos nunca tiveram a experiência de resolver problemas de relacionamento de uma maneira razoável. Na verdade, uma das lições mais importantes para pacientes com um histórico de dificuldades interpessoais é que quando as pessoas têm boa vontade elas conseguem resolver seus problemas. Generalizar essa aprendizagem na interação com outras pessoas ajuda os pacientes a desenvolver relacionamentos mais funcionais, fora da terapia.

A primeira parte desta seção mostra um formato apropriado para pacientes que se irritam com o terapeuta. A segunda parte descreve como usar a relação terapêutica para fazer um *feedback* construtivo do comportamento interpessoal do paciente.

Quando os pacientes se irritam com o terapeuta

Estas sugestões podem ser úteis no caso de um problema mais sério na relação terapêutica. O exemplo descreve a sessão de um paciente que se aborreceu quando a terapeuta tentou limitar as chamadas telefônicas, entre as sessões, que não estavam relacionadas a momentos de crise do paciente.

- Elucidar e resumir os pensamentos automáticos distorcidos do paciente, no contexto do modelo cognitivo, ("Quando eu falei sobre as chamadas telefônicas você pensou '[Minha terapeuta] não se importa' e se sentiu ofendido e irritado. Certo? Você realmente acreditou nesse pensamento naquele momento? Você acredita nele agora?").
- Ajudar o paciente a testar a validade dos pensamentos automáticos e pontos de vista alternativos através do questionamento Socrático ("Qual é a evidência de que eu não me importo? Existem evidências contrárias? Existe uma explicação alternativa para o que aconteceu aqui?").
- Estimular o paciente a questionar o terapeuta diretamente ("É muito *importante* para você descobrir se a idéia de que eu não me importo é verdadeira ou não? Como você poderia descobrir? E se você me perguntar diretamente?").
- Oferecer *feedback* positivo e direto ("É *claro* que eu me preocupo com você. A razão de eu limitar as chamadas telefônicas entre as sessões é que eu preciso manter um equilíbrio em minha vida, para que eu possa estar bem, conseguir ajudá-lo e também ajudar outros pacientes").
- Solucionar problemas ("E se nós pensarmos em *outras alternativas* para quando você estiver realmente perturbado? Eu não quero que você fique sofrendo enquanto espera pela próxima sessão").
- Identificar/modificar regras disfuncionais ("Resumindo, parece que você teve um pensamento incorreto, 'Se [a terapeuta] *realmente* se importa comigo, ela sempre me ajudará quando eu estiver me sentindo mal, independente do que ela esteja fazendo'. De que outro modo nós podemos analisar isso?").
- Avaliar regras no contexto de outros relacionamentos ("Você já pensou dessa forma sobre outras pessoas? Se *eles* realmente se importassem com você eles fariam qualquer coisa quando você estivesse se sentindo mal? Este pensamento já fez com que você se magoasse com eles também? Em relação a quem você teve esse pensamento? Você pensa de maneira diferente agora?").
- Orientar o paciente para resumir o novo aprendizado e escrevê-lo para reler em casa.

Quando os pacientes precisam de *feedback* sobre seu estilo interpessoal

O terapeuta pode usar suas próprias reações negativas com os pacientes, como uma pista para avaliar quanto os comportamentos e atitudes dos pacientes na sessão, representam seus comportamentos e atitudes fora da sessão. Dessa forma o terapeuta pode compreender as dificuldades do paciente e o modo como as pessoas reajam em seu ambiente. Se o terapeuta desenvolve uma resistência ao paciente no pouco tempo em que estão juntos, provavelmente as pessoas que passam mais tempo com ele, tenham uma resistência ainda maior (Newman e Ratto, 2003).

Aproveitando a relação terapêutica, o terapeuta pode ensinar ao paciente algumas habilidades interpessoais importantes, por exemplo, mudar o estilo de comunicação quando eles estão perturbados (Layden, Newman, Freeman e Morse, 1993). Após vários meses na terapia, Carrie, uma paciente com transtorno da personalidade *borderline*, desenvolveu uma boa relação com o terapeuta. Contudo, em uma única sessão, Carrie ficou muito perturbada quando o terapeuta perguntou sobre suas idéias em relação à solução de um problema com Henry, seu colega de trabalho. O terapeuta ofereceu várias sugestões. Carrie se acalmou e se envolveu na discussão sobre as opções. Depois disso, o terapeuta fez um *feedback* de como ela havia expressado sua irritação inicialmente – porque ele sabia que Carrie costumava culpar os outros quando ela estava nervosa, o que resultava em seu isolamento.

Terapeuta: Você concorda com o plano para lidar com Henry?
Carrie: Sim.
Terapeuta: Nós podemos retomar a situação? Você se lembra o que aconteceu quando você contou o problema e eu perguntei se você tinha alguma idéia de como resolvê-lo?
Carrie: Sim.
Terapeuta: O que você estava pensando?
Carrie: Eu pensei que você tinha expectativas de que eu soubesse como resolver – mas eu não podia! Por isso eu falei sobre esse assunto primeiro!
Terapeuta: Eu não pensei que você estivesse tão perturbada. Esse sentimento foi igual ao que você, algumas vezes, sentiu com Peter [seu marido]? Ou com sua mãe?
Carrie: Provavelmente.
Terapeuta: Então eu tenho algumas idéias de como você poderá conseguir mais ajuda deles.
Carrie: Certo.
Terapeuta: Quando você estiver realmente perturbada, você pode repetir o que disse hoje, "Você não está me ajudando realmente! Você não entende!". Ou você poderia dizer, "Eu estou me sentindo muito sobrecarregada. Eu preciso muito da sua ajuda". (*pausa*) Você vê a diferença? Na primeira fala a outra pessoa poderá ficar defensiva. Na segunda, elas ficarão muito mais motivadas a ajudar você. (*pausa*) O que você acha?
Carrie: (*vagarosamente*) Eu suponho que sim.
Terapeuta: Você quer pensar sobre isso durante essa semana?
Carrie: Sim.

RESUMO DO EXEMPLO DE CASO

Este exemplo de caso exemplifica vários princípios citados neste capítulo: desculpar-se com o paciente, trabalhar inicialmente a ativação da crença central disfuncional do paciente, identificar seu modo de reagir ao terapeuta, modificar uma crença disfuncional sobre o terapeuta e aplicar a aprendizagem na interação com outras pessoas.

A terapeuta de Michael o envolveu numa longa discussão sobre a questão da relação terapêutica, *após* várias ocorrências de irritação durante a terapia, quando ela o reforçou positivamente. Na terceira sessão terapêutica, Michael, um paciente depressivo, se irritou pela primeira vez com a terapeuta. Ele havia acabado de contar o resultado de uma experiência comportamental que havia realizado como tarefa: ser assertivo com uma colega de trabalho que o irritava com sua tagarelice.

Michael: Ela pareceu surpresa e ficou um pouco distante por alguns dias, ela está perturbando menos agora.
Terapeuta: Então, essa idéia de que seria muito desconfortável dizer alguma coisa...?
Michael: Não era boa no começo, mas agora tudo bem.
Terapeuta: Eu acho que isso foi muito importante. Você tinha uma regra negativa, você a testou fora da terapia e descobriu que ela não era verdadeira. Agora as coisas estão melhores para você no trabalho... Isto é muito bom.
Michael: (*pareceu descontente*).
Terapeuta: O que você pensou enquanto eu falava?
Michael: (*respira fundo*) Que você está me protegendo.
Terapeuta: (*elaborando uma desculpa*) Lamento se eu fiz isso. Eu não tive a intenção. (*pausa*) Há mais alguma coisa sobre o trabalho que devemos falar?
Michael: Não, não há. (*suspira*) Eu quero apenas que ela me deixe.
Terapeuta: (*com empatia*) Sim, isto pode resolver muitos problemas. (*pausa*) Podemos falar sobre a organização em sua casa?
Michael: Sim, certo.

Nesse resumo, a terapeuta não se ateve na reação do paciente para com ela. Ela simplesmente se desculpou e prosseguiu. Eles conseguiram restabelecer a colaboração para trabalhar em um outro problema importante. Na próxima seção a terapeuta examina algumas tentativas (*frustradas*) do paciente para praticar exercícios físicos, assunto discutido na sessão anterior. O paciente se sentiu novamente protegido pela terapeuta. Indiretamente, ela assume a responsabilidade pelo problema e coloca o paciente novamente no foco.

Michael: (*suspira*) Eu não sei o que está errado comigo. Eu *sei* que preciso me exercitar. Eu estou ficando gordo e flácido. Eu *sei* que eu me sinto melhor quando me exercito. Mas não sei como me manter motivado.
Terapeuta: (*normalizando sua experiência e educando psicologicamente*) Veja, muitas pessoas pensam que precisam *primeiro* estar motivadas, *para então* fazer alguma coisa. Na verdade, é o contrário. As pessoas precisam apenas começar a *fazer* alguma coisa, então elas se sentem mais motivadas.
Michael: (*irritado*) Eu sei, eu sei. Você não está me contando nenhuma novidade.

Terapeuta: (*reconhecendo a reação negativa do paciente*) Não foi proveitoso, não é?
Michael: Não.
Terapeuta: (*esperando restabelecer a colaboração para focar o problema de uma maneira diferente e mais aceitável*) Bem, talvez seja conveniente descobrirmos o que você estava pensando essa semana que o impediu. Em que exato momento, nessa semana, você pensou realmente em fazer ginástica?

A terapeuta então ajudou o paciente a identificar os pensamentos destrutivos e desenvolver uma resposta concreta, a qual ele escreveu em uma ficha para ler diariamente em casa. Mais tarde, na sessão, o paciente se sentiu descontente novamente.

Michael: Então eu disse a mim mesmo que talvez a culpa não fosse completamente minha, pelo fato de Julia [ex-namorada] não estar bem.
Terapeuta: Como você se sentiu quando conseguiu admitir isso?
Michael: Um pouco melhor. Eu penso que ela também não é a Miss Perfeição.
Terapeuta: Isso é muito bom. Você realmente foi capaz de mudar seu humor.
Michael: (*parece amargurado*).
Terapeuta: O que passou pela sua mente?
Michael: Parece que você está me protegendo quando diz coisas assim.
Terapeuta: Como... ?
Michael: É como se você estivesse me dando tapinhas na cabeça (*demonstrando com um tom de desagrado*) e dizendo "Bom menino".
Terapeuta: Bem, estou feliz por você me dizer isso... Pareço falsa? É isso?
Michael: Não, é como se você estivesse me elogiando por coisas banais. Quase como um insulto. (*pausa*) Não que eu ache que você realmente *quis* me insultar.
Terapeuta: Isso é verdade. Eu não quis fazer isso. Mas, se fosse verdade que eu estou te elogiando por coisas banais, o que há de tão ruim nisso?
Michael: (*parece chateado*) Eu não sei.
Terapeuta: (*conjeturando*) Isso faz com que você se sinta inferior? Como se eu fosse uma pessoa sábia, superior, sendo boa com alguém inferior?
Michael: (*pensa*) Sim, algo assim.
Terapeuta: Você está apenas concordando ou você realmente acha que é isso?
Michael: Não, eu penso que está certo. É como se você fosse a professora e eu o aluno.
Terapeuta: Bem, eu posso perceber como isso é difícil. De certo modo você está certo. Eu tenho coisas para ensinar a você... Por outro lado, eu nos vejo como uma equipe.
Michael: Ah!
Terapeuta: Como equipe, nós temos um problema para resolver. Penso que eu poderia evitar os elogios... Mas nós temos que descobrir como

	você saberá que está no caminho certo. Ou você pode encarar os elogios de alguma outra forma?
Michael:	O que, por exemplo?
Terapeuta:	Eu não sei... Talvez que nós estamos trabalhando bem como uma equipe?
Michael:	(pensa) Não... Acho que eu não conseguiria.
Terapeuta:	Bem, isso é um problema. Você poderia pensar sobre isso essa semana? Pensar em como você poderia se sentir melhor quando eu reconhecer o que você faz?
Michael:	Certo.

Neste resumo, a terapeuta percebe que não será produtivo continuar focando o problema naquele momento, então ela orienta o paciente a refletir sobre isso entre as sessões. Na sessão seguinte, a terapeuta avalia a necessidade de investigar as crenças centrais que causam o problema na aliança terapêutica.

Terapeuta:	(cooperativamente) Eu pensei um pouco mais sobre o problema que nós tivemos na última sessão, quando você sentiu que eu o estava protegendo – podemos falar sobre isso agora?
Michael:	Sim.
Terapeuta:	Você conseguiu ver essa questão de uma outra forma?
Michael:	Não, acho que não.
Terapeuta:	Eu te pergunto: Essa sensação de estar sendo protegido, já aconteceu outras vezes com outras pessoas? Ou é apenas comigo?
Michael:	(pensa por alguns momentos) Não, não é apenas com você. Acho que sinto isso com meu chefe. Ele está sempre me explicando detalhadamente as coisas. Talvez pense que eu sou estúpido. (pausa).
Terapeuta:	E com as outras pessoas?
Michael:	Meus pais é claro. Eu já disse a você, eles sempre pensam que sabem mais que eu. Eles estão sempre me dizendo o que fazer.
Terapeuta:	E com Sharon [sua namorada]? Já se sentiu protegido por ela?
Michael:	(pensa) Não muito... Espere... Sim, algumas vezes.
Terapeuta:	Por exemplo?
Michael:	Quando ela tem uma opinião sobre qual filme nós devemos assistir, porque leu na seção de lazer [do jornal]. Se eu disser que quero assistir a um outro filme, do qual ouvi bons comentários, ela dirá que não é muito bom, porque ela leu uma crítica. Uma crítica – a opinião de uma única pessoa, ela acredita nessa crítica e não assisti ao filme que eu quero.
Terapeuta:	Bem, isso pode ser irritante. Então eu penso que essa sensação de ser pequeno e protegido aparece de tempos em tempos.
Michael:	Sim, acho que sim.
Terapeuta:	(antecipando e rebatendo sua resposta) Você acha que conseguirá fazer uma grande mudança em seu chefe, seus pais e em Sharon?
Michael:	Talvez em Sharon, uma pequena mudança.

Terapeuta:	E uma pequena mudança em mim?
Michael:	Talvez.
Terapeuta:	Mas, seu chefe e seus pais continuarão a irritar você?
Michael:	Sim, provavelmente. E minha irmã.
Terapeuta:	Você gostaria de ter como objetivo aprender um meio de não se irritar tanto? Não deixar que eles o façam se sentir pequeno?
Michael:	Sim, penso que seria bom.

Neste exemplo, a terapeuta descobre que as reações do paciente para com ela fazem parte de um modelo maior. Ela julga importante trabalhar o problema na aliança terapêutica, assim então, ela tem a oportunidade de melhorar o relacionamento entre eles e ajudar o paciente a transferir essa aprendizagem para outros relacionamentos importantes. Observe como ela facilitou a concordância do paciente para fazer do problema uma meta, demonstrando empatia com sua irritação e oferecendo a ele um meio de se sentir melhor. No próximo resumo, a terapeuta oferece um ponto de vista alternativo.

Terapeuta:	Então nós podemos começar comigo. Eu suponho que você tem uma escolha. Quando eu faço um elogio, explico detalhadamente alguma coisa ou discordo de você, você pode pensar "[A terapeuta] está me protegendo", e você se sentirá irritado, mesmo que eu não esteja tentando fazê-lo sentir-se inferior... Ou você pode pensar ["A terapeuta] não está tentando me proteger, ela está tentando me ajudar para que eu me sinta melhor" ou "Esse é apenas o jeito dela". (*pausa*) Eu imagino que você possa pensar "O fato dela achar que eu não sei alguma coisa ou pensar que um pequeno gesto é realmente bom, não me inferioriza. Existem coisas que eu tenho que aprender para sair dessa depressão. Eu mereço crédito por qualquer coisa que eu faça". (*pausa*) O que você acha?
Michael:	Eu não sei.
Terapeuta:	Bem, se você conseguisse dizer para si mesmo "Ela está certa – eu realmente mereço crédito". Ou "Que bom que eu já sabia disso" você se sentiria menos irritado?
Michael:	Sim, eu suponho que sim.
Terapeuta:	Pense sobre isso. Talvez possamos falar mais sobre isso na próxima sessão.
Michael:	Certo.

A terapeuta sente que o paciente não está pronto para adotar uma perspectiva mais funcional (e mais precisa) naquele momento. Ela plantou uma semente e avaliará, na próxima sessão, a necessidade de continuar trabalhando diretamente esse problema. Uma vez que o paciente modificou verdadeiramente sua percepção com relação à terapeuta, ela pode ajudá-lo a transferir esse novo entendimento sobre o sentimento de proteção para outros relacionamentos fazendo uma combinação do treinamento de assertividade (para que ele possa ser assertivo com os outros de maneira adequada) e responder às suas crenças disfuncionais.

RESUMO

Muitos pacientes que representam um desafio reagem positivamente quando os terapeutas utilizam, ou modificam a aplicação dos princípios padronizados da terapia cognitiva para construir uma aliança terapêutica sólida. Outros pacientes apresentam um desafio maior. No entanto, as suas dificuldades oferecem ao terapeuta uma oportunidade de conceituar melhor suas crenças centrais disfuncionais e compreender o efeito dos seus comportamentos sobre os outros. A relação terapêutica pode ser um agente poderoso de mudança, assim os terapeutas ajudam os pacientes a modificar suas visões negativas a respeito deles mesmos e do terapeuta e então utilizam essa aprendizagem na modificação de pensamentos negativos sobre as outras pessoas.

capítulo **5**

Problemas na relação terapêutica
Exemplos de caso

Os exemplo de caso a seguir ilustram dificuldades comuns que podem ocorrer na relação terapêutica. Os primeiros exemplos mostram pacientes que se irritam com seus terapeutas por várias razões: por acharem que o terapeuta os estava anulando, que iria rejeitá-los, que estava tentando controlá-los, que não os entendia ou não se preocupava com eles. Outros exemplos mostram pacientes que duvidam do tratamento, se sentem coagidos ou resistem à estrutura do tratamento. A próxima série de exemplos retrata um paciente que faz um *feedback* negativo no final de uma sessão e um paciente que não consegue fazer o *feedback* negativo para o terapeuta, mesmo quando apropriado. Finalmente, um paciente que evita revelar informações importantes ao terapeuta.

EXEMPLO DE CASO 1: A PACIENTE SE SENTE ANULADA PELO TERAPEUTA

Em uma sessão, Rosalind descreveu uma situação em que se sentiu anulada pela forma como seu irmão a tratou. Quando o terapeuta começou a questionar sua percepção, ela se sentiu da mesma forma. O terapeuta percebeu a dificuldade e então mudou sua estratégia.

Terapeuta: (*resumindo*) Então quando David [irmão de Rosalind] disse que não mudaria os planos da sua família você pensou "Lá vai ele novamente, nunca favorecendo a *mim* ou a *minha* família, sempre fazendo o que *ele* quer". E você se sentiu realmente ofendida e irritada. (*pausa*) Certo?
Rosalind: Sim. Ele *nunca* considera meus sentimentos, nunca pensa sobre como *ele me* afeta!
Terapeuta: O que isso significa? Ou, o que há de pior nisso?
Rosalind: Significa que eu não sou importante.
Terapeuta: Há alguma outra explicação para ele não querer mudar os seus planos – outra explicação além desta, que ele pensa que você não é importante e que ele não se preocupa com você?

Rosalind:	Você não entende! Ele sempre faz assim! Ele sempre se coloca em primeiro lugar!
Terapeuta:	Oh, então ele se vê como a pessoa mais importante.
Rosalind:	Sim!
Terapeuta:	E isso é muito ofensivo para você?
Rosalind:	Sim.
Terapeuta:	Eu gostaria de tentar ajudar você a se sentir menos irritada com isso. O que você acha?
Rosalind:	(*irritada*) Você está dizendo que eu não devo ficar irritada? Isso é o que todas as pessoas falam! Você é igual a todo mundo! Você simplesmente não entende!
Terapeuta:	(*calmamente*) Bem, você pode estar certa quando diz que eu não entendo, mas eu *não* disse que você não deveria se irritar. Levando em consideração o que você está pensando, você realmente deveria estar irritada!
Rosalind:	Agora você está dizendo que o meu *pensamento* estava errado.
Terapeuta:	Na verdade, eu não sei – você pode estar 100% certa. O que eu tenho *certeza* é que você está muito aborrecida com seu irmão – e eu gostaria de saber se nós podemos fazer alguma coisa para você se sentir menos aborrecida. (*pausa*) Não é bom se sentir menos aborrecida?
Rosalind:	É como se você dissesse que eu estou errada. Como todo mundo diz (*imitando*) "Rosalind, você está exagerando", "Rosalind, você está muito sensível".

O terapeuta compreendeu que era preciso mudar a estratégia. Tentou investigar se o irmão teria outros motivos para ativar a crença central de Rosalind de não ser compreendida, ser vista como errada e anormal. Naquele momento, o terapeuta realmente não sabia o quanto a paciente havia sido precisa na avaliação do seu irmão. Ele não tinha como saber até que eles examinassem a evidência e talvez considerassem as explicações alternativas para o comportamento dele. O terapeuta, entretanto, julgou que essa atividade, naquele momento, provavelmente abalaria a aliança ente eles. Então ele demonstrou empatia com Rosalind e decidiu identificar a crença que causava sua reação de irritação com o irmão.

Terapeuta:	É horrível se sentir assim. (*Pausa*) Vamos supor que você esteja totalmente certa e que você *não* é importante para o seu irmão. O que isso significa para você?... O que há de pior nisso?
Rosalind:	(*entristecendo*) Você sabe, eu sempre me mantive longe da minha família. Meus pais sempre preferiram meu irmão. Ele é o favorito. Ele é o "queridinho". Ele tem toda a atenção. Eles pensam que ele "anda sobre as águas". Eles ainda agem dessa forma.
Terapeuta:	Não é de admirar que seja tão doloroso. Por que você acha que seus pais e seu irmão agem dessa forma com você?
Rosalind:	Bem, eles me fazem sentir como se eu fosse insignificante [crença central].

Terapeuta: (*balança a cabeça, concordando*) Insignificante. (*pausa*) Isso parece familiar? Parece-me que nós já conversamos sobre esta idéia anteriormente.
Rosalind: Sim.

A seguir eles discutem se Rosalind realmente *era* insignificante, se ela era mal tratada – ou se era uma pessoa importante independente do comportamento da sua família. O terapeuta ajudou Rosalind a identificar suas regras gerais: "Se as pessoas não me favorecem significa que elas não me acham importante" e "Se as pessoas não me acham importante, elas estão certas – eu sou insignificante". O terapeuta pediu que Rosalind o avisasse no caso de não se sentir bem tratada, para que eles pudessem solucionar o problema na mesma hora. Em outra sessão, o terapeuta ajudou Rosalind a perceber que ela era hipervigilante ao mau tratamento dos outros – às vezes interpretando mal a motivação dos outros – porque ela se sentia insignificante.

EXEMPLO DE CASO 2: A PACIENTE RECEIA A REJEIÇÃO DO TERAPEUTA

A crença central de Andrea era de ser má. Ela estava convencida de que o terapeuta também poderia vê-la desta forma extremamente negativa. No final da sua primeira sessão, demonstrando irritação, Andréa disse ao terapeuta que ela havia pensado que ele a rejeitaria. O terapeuta respondeu de maneira direta, empática e segura.

Andrea: Por que você concordou em me atender [como paciente]? Você provavelmente ficará enjoado de mim e me mandará embora como fez o meu outro terapeuta.
Terapeuta: (*com empatia*) Você deve ter vivido *alguns* momentos difíceis no passado. (*pausa*) Lamento que você tenha tido essas experiências.
Andrea: Provavelmente você fará a mesma coisa.
Terapeuta: Eu não me lembro de ter agido assim. Acho que eu nunca *dispensei* um paciente. Deixe-me pensar... Com alguns pacientes, conjuntamente decidimos que eles deveriam tentar um outro profissional... Embora eu não entenda porque isso aconteceria com você?
Andrea: Provavelmente acontecerá, então.
Terapeuta: O que faz você pensar assim? Você percebeu alguma coisa em mim nesse sentido?
Andrea: Você é um terapeuta. Vocês são todos iguais.

Na seqüência da sessão, o terapeuta reconhece que a paciente poderia estar certa, então ele a ajuda na avaliação do seu pensamento ("Vocês são todos iguais"), diferenciando-se e também ao tratamento das experiências terapêuticas prévias da paciente.

Terapeuta:	Eu acho que é *possível* que eu seja igual. Por outro lado, eu tenho um bom histórico em conseguir ajudar pessoas que tentaram primeiramente com outros terapeutas.
Andrea:	(*mudando o argumento*) De qualquer forma essa terapia não ajudará.
Terapeuta:	O que faz você pensar assim? [uma variação do "Qual é a evidencia para esta idéia?"].
Andrea:	Nenhuma das minhas terapias anteriores ajudou. Eu ainda estou depressiva. Minha vida ainda está horrível.
Terapeuta:	(*referindo-se aos elementos da terapia cognitiva discutidos anteriormente na sessão*) Bem, não sei porque você não confia muito na terapia. (*pausa*) Não lhe parece haver algo *diferente* nesta terapia? Outro terapeuta já estabeleceu uma agenda com você, entregou anotações para que você possa ler em casa, pediu que você fizesse um *feedback* no final das sessões?
Andrea:	(*vagarosamente*)... Não.
Terapeuta:	Na verdade isso é encorajador. Se eu estivesse planejando fazer *exatamente* o que os outros terapeutas fizeram, provavelmente, haveria menos chance de eu ser útil a você. (*pausa*) Eu *garanto* que posso te ajudar, eu não vejo *razão* para não conseguir isso. (*pausa*) Você está disposta a dar uma chance, quero dizer quatro ou cinco sessões – para ver o que acontece?
Andrea:	Eu não sei se posso prometer isso.
Terapeuta:	Então, eu proponho que nós nos preocupemos com cada sessão. (*pausa*) Nesse momento é *muito* importante que você me diga por que você pensa que eu vou dispensá-la da terapia. Eu preciso que você *sempre* me diga quando tiver este tipo de pensamento. Tudo bem?
Andrea:	Acho que sim. (*mudando de assunto*) Talvez você pense que eu sou um chato, você sabe, dificultando as coisas e tudo mais.
Terapeuta:	(*respondendo positivamente, da forma mais honesta possível*) Não, eu *não* acho que você é um chato. Eu penso que entendo porque isso é difícil para você.
Andrea:	O os outros pacientes... eles devem ser mais fáceis.
Terapeuta:	Sim, alguns deles. Mas isso não significa que eu não quero trabalhar com você. (*demonstrando que ela é especial*) Você *não* é uma paciente comum, previsível. Você me mantém alerta.

A seguir o terapeuta verifica a confiança de Andrea em sua honestidade:

Terapeuta:	Você acredita em mim quando digo que quero continuar trabalhando com você?
Andrea:	(*com olhar distante*) Eu não sei.
Terapeuta:	(*subestimando*) 10, 25%?
Andrea:	Talvez 25%.

Terapeuta: Ótimo, é um bom começo. O tempo dirá, eu suponho. Contudo, eu repito que eu não quero que *você me* dispense. Eu gostaria de continuar trabalhando com você.

Durante essa conversa, o terapeuta de Andrea percebeu que a crença central de Andrea de ser má e sua suposição de que os outros a rejeitatam foram ativadas. Então ele tentou mostrar a diferença entre ele e a terapia atual, dos terapeutas e experiências terapêuticas anteriores de Andrea, expressando o desejo de continuar tratando dela. Ele tentou, mas não insistiu com Andréa, firmar um compromisso de continuar o tratamento e reforçando-a por expressar os seus medos. Sutilmente, o terapeuta relembrou Andrea de que não havia usado todas as alternativas e que ela poderia parar o tratamento quando quisesse. Ao fazer isso, ele conseguiu que Andrea se acalmasse e retornasse para fazer tratamento.

EXEMPLO DE CASO 3: O PACIENTE SE SENTE CONTROLADO PELA TERAPEUTA

As dificuldades na aliança terapêutica apareceram na segunda sessão com Jason, um homem de 59 anos, quando eles discutiram uma maneira de Jason melhorar o seu humor através da mudança de comportamento. Jason aborreceu-se com a sugestão da terapeuta. Imediatamente ele optou por concordar com o paciente, porque a sua irritação na primeira sessão fez com que ela previsse uma reação defensiva no momento em que ela abordasse diretamente a questão do relacionamento.

Terapeuta: Você acha que ajudaria se você tentasse sair de casa todos os dias, mesmo que fosse por pouco tempo?
Jason: (*categoricamente*) Não!
Terapeuta: Então vamos esquecer isso. Você se lembra de algo que o ajudou a melhorar, mesmo que pouco, o seu humor?

Poucos minutos depois, ocorreu um problema semelhante. Imaginando que estas duas situações representaram um padrão disfuncional, a terapeuta abordou diretamente a questão. Na transcrição a seguir, Jason relata um problema que está lhe perturbando no momento.

Terapeuta: Você pensou em pedir novamente ao seu médico para ajudá-lo [com sua enxaqueca?].
Jason: Não.
Terapeuta: Você não acha que seria uma boa idéia?
Jason: Não!
Terapeuta: (*gentilmente*) Jason, o que passou pela sua mente quando eu fiz essa sugestão?
Jason: Você espera que eu enfrente o problema da enxaqueca, mas eu não quero tomar remédios – que não funcionam, de qualquer forma – então realmente não há nada que eu possa fazer!

Terapeuta:	(*demonstrando surpresa*) Jason, eu estou confusa... O que você me ouviu dizer?
Jason:	Bem, você disse que eu devia cuidar da minha enxaqueca – o que significa tomar remédio. Eu já estou farto!
Terapeuta:	Isso é realmente importante. Eu *não* quero que você cuide do seu problema de enxaqueca agora se isto te deixará estressado. (*pausa*) Você lembra o que eu *realmente* disse?
Jason:	Alguma coisa sobre tomar remédio. Mas, eu não quero fazer isso!
Terapeuta:	Então não faça. Lamento que você tenha se irritado. Mas você precisa saber que eu não penso que você deva automaticamente tomar remédio. Quando você estiver disposto, você pode apenas pedir mais *informações* ao seu médico sobre suas opções. Eu realmente *não* acho que você deva cuidar da enxaqueca agora.
Jason:	(*mudando de assunto*) Parece que todas as coisas que nós conversamos é apenas uma gota d'água no oceano.
Terapeuta:	Sim, você está certo. (*fazendo uma analogia*) É importante para você dar pequenos passos, assim não se sentirá sobrecarregado... Mas, pequenos passos todos os dias podem finalmente levar a uma longa distância. Pingar gotas d'água em um balde diariamente, finalmente o encherá.
Jason:	(*suspira*).
Terapeuta:	Parece que nossa conversa hoje não ajudou. Você tem uma idéia de algo melhor?
Jason:	(*balança a cabeça*).
Terapeuta:	Veja, eu tenho a sensação de que nós estamos de lados opostos. Você tem alguma idéia sobre como nós podemos ficar do mesmo lado?
Jason:	(*encolhe os ombros*).
Terapeuta:	(*Conjeturando*) Eu imagino que você pensa que eu não entendo realmente o que é bom para você, e de algum modo, eu estou te criticando ou culpando.
Jason:	(*murmura*) Sim.
Terapeuta:	Talvez a minha tentativa de orientá-lo na solução de problemas não funcionou hoje. Talvez eu deva ouvir mais e tentar entender.
Jason:	(*pausa*) Eu não sei.
Terapeuta:	O que você pensa de *não* continuar esse assunto, melhorar sua vida, hoje? (*pausa*) Em vez disso, talvez você pudesse me ajudar a entender melhor o que está acontecendo com você.
Jason:	(*encolhe os ombros*).
Terapeuta:	Você percebe que eu *quero* te ajudar?
Jason:	Acho que sim.
Terapeuta:	Você está certo. Eu quero ajudar.
Jason:	Mas *não* ajuda quando coloca todas essas expectativas em mim.
Terapeuta:	É bom saber disso. Certo, eu farei um acordo com você. Eu tentarei não colocar expectativas em você hoje. Mas, se você sentir que eu estou fazendo isso, como aconteceu no caso do remédio,

	você me dirá? Então eu te falarei honestamente se *cometi* um engano e tive alguma expectativa... O que você diz?
Jason:	(*vagarosamente*) Tudo bem.
Terapeuta:	Então me diga o que eu não entendi?

Jason se sentiu vulnerável e fraco na sessão. Hipervigilante aos sinais de controle e ofensa, rapidamente ele concluiu que a terapeuta discretamente o atacava. Sua terapeuta respondeu calmamente, corrigiu sua percepção incorreta e tentou demonstrar confiança quando Jason se sentiu desanimado e denegriu o tratamento. Reconhecendo a ruptura na aliança terapêutica, a terapeuta demonstrou seu entendimento imaginando porque o paciente estava se sentindo irritado e então sugeriu uma mudança de assunto. Ela demonstrou seu desejo de ajudar o paciente. Pediu que Jason a corrigisse no futuro, colocando-o assim em uma posição superior. Ao ouvir cuidadosamente, demonstrar empatia e entendimento preciso, a terapeuta ajudou a diminuir a expectativa de Jason por ofensas, conseqüentemente reduzindo sua tendência de usar estratégias compensatórias de ataque dos outros, antes mesmo que eles o atacassem. No final da sessão Jason estava mais calmo. A terapeuta então trabalhou diretamente na relação.

Terapeuta:	O que você acha? A segunda parte da sessão foi melhor?
Jason:	Sim.
Terapeuta:	Você acredita em mim quando eu digo que tentarei não colocar muitas expectativas em você?
Jason:	Acho que eu acredito que você tentará – mas, de qualquer modo, eu não estou certo de que você realmente conseguirá.
Terapeuta:	Bem, você pode estar certo. Como evitar isso?
Jason:	Eu não sei.
Terapeuta:	Nós concordamos que você me avisaria – para ver se eu cometi esse engano, para que eu pudesse repará-lo.
Jason:	Certo.
Terapeuta:	Você pode me dizer qual seria a pior possibilidade se eu tivesse tido muitas expectativas em relação a você.
Jason:	Eu me sentiria tendo que fazer o que você queria.
Terapeuta:	O que mais...?
Jason:	Ou você diria que não me ajudaria mais. (*murmurando*) Meu último terapeuta disse isso.
Terapeuta:	Então eu penso que seria melhor fazermos um outro acordo, se for bom para você. Eu gostaria de continuar trabalhando com você enquanto eu for útil, independente de você conseguir fazer o que nós estamos falando.
Jason:	Sim...
Terapeuta:	(*retomando o equilíbrio de poder*) E eu gostaria que você continuasse a trabalhar *comigo* – e analisasse minhas intenções se você sentir que de alguma forma eu não estou do seu lado.
Jason:	(*pausas*) Certo.

A terapeuta de Jason entendeu sua fragilidade. Suas crenças centrais dolorosas eram continuamente ativadas durante a sessão, mesmo com a terapeuta agindo normalmente. Ela reconheceu que precisava reforçar a aliança terapêutica e ajudar Jason a se sentir seguro – ou corria o risco dele decidir encerrar o tratamento. A seguir, a terapeuta perguntou a Jason o que ele podia fazer para ter uma semana melhor, em vez de ela própria sugerir a tarefa.

EXEMPLO DE CASO 4: A PACIENTE ALEGA QUE A TERAPEUTA NÃO A ENTENDE

June era uma mulher solteira de 37 anos, tinha um trabalho malremunerado e insatisfatório. Ela sentia muita inveja das pessoas que, a seu ver, pareciam estar em melhor situação que ela – então se sentia inferior na presença delas. No inicio da segunda sessão, a terapeuta perguntou se ela queria colocar mais algumas metas em sua lista.

June: (*com um tom de voz irritado*) Ouça, eu acho que você não entendeu.
Terapeuta: Eu não entendi... ?
June: O que isso significa para mim!... Afinal, você é uma profissional. Você ganha muito dinheiro. Você é casada e tem filhos... Você tem todas essas coisas. Todas as coisas que eu não tenho.
Terapeuta: (*com empatia*) Oh, isto deve parecer muito injusto para você.
June: E é! É!
Terapeuta: Você está certa; é injusto. (*pausa*) Você pode me falar um pouco mais sobre o que eu não entendo? Eu realmente quero ajudar você da melhor maneira possível.
June: (*um pouco mais calma*) Tudo é difícil. Eu tenho todos esses problemas com dinheiro. Não tenho ninguém em minha vida. Eu estou realmente sozinha. Minha família problemática está sempre "no meu pé". Eu odeio meu trabalho...
Terapeuta: (*com empatia*) Você realmente *tem* dificuldades. (*pausa*) Eu não posso prometer que farei com que as coisas fiquem mais fáceis para você, mas eu gostaria de tentar, se você estiver disposta. (*pausa*) Talvez nós devêssemos escolher *um* problema para trabalhar hoje – mas você terá que me falar sobre ele, para que eu *possa* entender melhor. (*pausa*) Tudo bem?
June: (*ressentida*) Acho que sim.
Terapeuta: Por onde você gostaria de começar?

Rever a lista de metas fez com que June se conscientizasse melhor dos problemas que ela enfrentou. Ela se comparou à terapeuta, que teve uma vida mais fácil e repleta que June. Quando esta comparação ativou sua crença central de inferioridade, June empregou sua estratégia compensatória habitual, que era culpar os outros. Sua terapeuta reagiu com empatia, declarou seu desejo de ajudar, pediu à paciente permissão para orientar a solução do problema e deixou claro o seu desejo de entendê-la. A paciente relutantemente concordou em focar apenas um problema. Elas conseguiram fazer algum progresso nesse problema e a paciente se sentiu melhor. No final da sessão, a terapeuta retomou o problema da relação terapêutica.

Terapeuta: Eu quero voltar a um assunto que nós começamos a falar no início da sessão. Eu tive a impressão de que é difícil para você vir semanalmente à terapia. Eu imagino que você está se comparando muito comigo.
June: Eu tenho a impressão que sim.
Terapeuta: Eu lamento que isto te irrite. Você tem alguma idéia de como nós podemos resolver esse problema?
June: Eu não sei se ele *pode* ser resolvido.
Terapeuta: (*pausa*) Bem, eu gostaria de tentar. *Minha* preferência é que nós trabalhemos juntas. Eu *realmente* acho que tenho alguma coisa a oferecer – como o assunto que nós conversamos hoje – estabelecer limites com seu pai para que ele não a aborreça tanto.
June: (*parece chateada e murmura*) Eu não sei.
Terapeuta: Você quer pensar sobre isso durante a semana e então conversaremos na próxima semana?
June: Acho que sim.
Terapeuta: Eu também farei isso. (*pausa*) Eu estou contente. Eu não quero que você me dispense antes que nós tenhamos a chance de resolver isto.

Nesta parte da sessão, a terapeuta esclareceu que ela preferia solucionar o problema do relacionamento delas e estava disposta a se esforçar para pensar sobre o assunto entre as sessões. A terapeuta também procurou analisar se a comparação com as outras pessoas era de um modo geral, um problema para a paciente.

EXEMPLO DE CASO 5: O PACIENTE ACREDITA QUE A TERAPEUTA NÃO SE PREOCUPA COM ELE

Alexandre, um homem de 68 anos, aborreceu-se com a terapeuta quando ela encerrou sua quarta sessão na hora marcada. A terapeuta esclareceu uma crença central específica do paciente sobre ela e também uma crença geral sobre as outras pessoas. Ela direcionou Alexandre na modificação da crença central no contexto da relação terapêutica e o ajudou a aplicar esse aprendizado nos relacionamentos com os amigos e com a sua família.

Terapeuta: Nós temos somente alguns minutos antes de encerrar. O que você achou da sessão de hoje?
Alexandre: (*tom de voz ansioso*) Mas eu tenho esse problema com a minha irmã. [Alexandre não havia colocado o problema na agenda ou

mencionado anteriormente na sessão]. Ela voltou a se comportar como antigamente, você sabe, diferente de quando eu saí do hospital pela primeira vez. Ela era tão atenciosa. Mas agora...

Terapeuta: (*interrompendo*) Oh, eu lamento que nós não tenhamos tempo para falar sobre isso agora. Nós podemos colocar esse assunto na agenda como o primeiro a ser falado na próxima sessão?

Alexandre: Mas você não entende, eu realmente não sei o que fazer!

Terapeuta: Eu lamento por não termos tempo. Eu posso ver o quanto você está perturbado com isso. Você quer marcar uma sessão antecipada para que possamos falar logo sobre isso?

Alexandre: Não! Eu quero falar sobre isso agora!

Terapeuta: Realmente você deve estar muito chateado. Contudo, eu prometo a você que este será o primeiro assunto a ser abordado na próxima sessão – e nós também falaremos sobre eu te irritar. Assim está bem?

Alexandre: (*murmura irritado*) Acho que eu não tenho escolha.

Terapeuta: Lamento que você esteja irritado com isso. Você sabe por que está irritado? Você gostaria de escrever alguma coisa para mim e deixar com a recepcionista? Eu tomarei conhecimento antes da nossa próxima sessão e isso me dará uma idéia do que nós devemos fazer.

Alexandre: (*com um tom de voz irritado*) Bem, eu não escreverei nada, mas eu direi a você na próxima sessão.

Terapeuta: Está bom.

Alexandre: (*murmura*) Certo.

Na próxima sessão, a terapeuta imediatamente abordou o problema.

Terapeuta: Alexandre, antes de fazermos qualquer outra coisa, nós podemos falar sobre o que aconteceu no final da última sessão? O que mais te perturbou?

Alexandre: Bem, eu realmente estava com esse grande problema e obviamente você não quis me ouvir.

Terapeuta: Se isso fosse verdade, que eu não queria te ouvir, o que isso significa?

Alexandre: Que você está apenas preocupada em cumprir seus horários.

Terapeuta: E se isto fosse verdade?

Alexandre: Que você não se preocupa comigo. O horário tem prioridade sobre todas as coisas.

Terapeuta: Eu estou feliz por você me dizer isto. Pois isto é muito importante para descobrir se eu realmente me preocupo com você.

Alexandre: Obviamente não.

Terapeuta: Certo, esta é uma possibilidade para explicar porque eu encerrei a sessão na hora certa – que eu não me preocupo com coisa alguma sobre você ou seus problemas. (*Escreve*) Qual é a outra possibilidade para eu ter encerrado a sessão no horário?

Alexandre: Eu não sei.

Terapeuta: Veja, é importante para você ter todos os fatos antes de formar pensamentos, especialmente sobre alguma coisa que causará a você muita irritação. (*pausa*) A razão para eu precisar encerrar minhas sessões terapêuticas no horário é para que eu possa terminar de escrever as coisas importantes sobre a sua sessão e alguma coisa que eu penso que nós devemos fazer em nossa próxima sessão. Então, eu pego a pasta do próximo paciente, assim como eu fiz há poucos minutos com a sua pasta, olho minhas anotações e procuro saber como eu posso ajudar você ainda mais.

Alexandre: Eu ainda penso que se você se preocupasse você teria arranjado tempo.

Terapeuta: De alguma outra maneira eu já demonstrei que eu não me preocupo?

Alexandre: (*parece triste*) Acho que sim.

Terapeuta: Como você explicaria? (*oferecendo evidência*) Meu tom de voz, quando eu digo o quanto eu lamento por você estar tão perturbado, (*pausa*) quando eu não me esforço para ajudar você a resolver problemas?

Alexandre: Acho que sim.

Terapeuta: Porque eu poderia ficar sentada, ouvir, falar pouco e não me esforçar para ajudar.

Alexandre: Sim (*pausa*) Mas se você *realmente* se preocupasse você me daria um tempo extra.

Terapeuta: O que mais eu faria se eu realmente me preocupasse?

Alexandre: Você permitiria que eu lhe telefonasse entre as sessões, mesmo quando eu não estivesse com ideação suicida.

Terapeuta: Alguma coisa mais?

Alexandre: (*pensa*) Você diria a minha irmã que ela tem que ser mais atenciosa comigo.

Terapeuta: (*escreve estas declarações*) Alguma coisa mais?

Alexandre: Eu não sei.

Terapeuta: E o fato de eu não estar fazendo todas estas coisas significa que eu não me preocupo?

Alexandre: Bem, se alguém realmente se preocupa, se dedica 100%.

Terapeuta: Oh, acho que eu entendi agora. Se alguém não se dedica a você 100% significa que...?

Alexandre: Que elas não se preocupam.

Terapeuta: Bem, *não é de admirar* que você tenha pensado que eu não me preocupei.

A seguir eles discutiram a dicotomia do pensamento de Alexandre – alguém se preocupa 100% com uma pessoa e se dedica 100% ou ela, na verdade, não se preocupa.

Terapeuta: O que aconteceria se eu me *dedicasse* 100% a você? Eu conseguiria agendar algum outro paciente? Depois você poderia querer falar

	comigo a todo o momento, de dia e à noite. Eu conseguiria fazer o que eu preciso em minha casa? Seria possível eu atendê-lo 100% do tempo?
Alexandre:	(*vagarosamente*) Eu acho que não.
Terapeuta:	Então *é* possível que embora eu não me dedique 100%, eu ainda me preocupe com você?
Alexandre:	Eu não tenho certeza. (*pausa*).
Terapeuta:	Há *alguém* que se dedique 100% a você?
Alexandre:	(*pensa*). Não.
Terapeuta:	Qual é a pessoa que você acha que se preocupa mais com você?
Alexandre:	Minha amiga Nadine, eu acho.
Terapeuta:	Ela se dedica 100% a você?
Alexandre:	Não.
Terapeuta:	Você já pensou que ela não se preocupa com você?
Alexandre:	Sim, algumas vezes.
Terapeuta:	Quando foi a última vez?
Alexandre:	Alguns dias atrás. Nós estávamos pensando em sair para jantar e no último minuto ela disse que precisava trabalhar e não podia ir.
Terapeuta:	E você pensou "Nadine não se importa comigo".
Alexandre:	Sim, eu penso que ela podia deixar o trabalho para depois. Ela já fez isso antes.
Terapeuta:	Você consegue ver isso de forma diferente agora?
Alexandre:	Não estou certo.
Terapeuta:	Nadine poderia se dedicar 100% a você ainda cuidar das suas próprias coisas?
Alexandre:	Acho que não.
Terapeuta:	*Você* se preocupa com *Nadine*?
Alexandre:	Sim, por isso eu fico tão magoado quando ela faz coisas como essa.
Terapeuta:	Você se dedica a Nadine 100%?
Alexandre:	(*pausa longa*) Acho que não.
Terapeuta:	Como é isso então? Se você realmente se preocupa com Nadine você não deveria reorganizar sua vida para se dedicar 100% a ela?
Alexandre:	(*pensa*) Não. Eu acho que eu não conseguiria fazer isso.
Terapeuta:	Então, talvez essa fórmula que você tem em mente não esteja muito certa? Você pode se preocupar com as outras pessoas ainda que não se dedique 100% a elas? E que as pessoas podem se preocupar com você, ainda que elas não se dediquem 100%?
Alexandre:	Talvez.
Terapeuta:	Então é possível que *eu* me preocupe com você, mesmo que eu não te dê um tempo extra?
Alexandre:	(*vagarosamente*) Acho que sim.
Terapeuta:	Mas se você *acredita* que eu não me preocupo, como fica isso então?
Alexandre:	Eu fico aborrecido.

Terapeuta:	Sim, eu não gosto de vê-lo perturbado.
Alexandre:	(*suspira*) Mas eu *desejo* que você me dê mais tempo.
Terapeuta:	Lógico. Deve ser difícil para você o fato de eu não poder te dar mais tempo. Mas você pode perceber que talvez eu me preocupe e que realmente há *razões*, que não é possível mudar, influenciando no fato de eu não atendê-lo ainda mais?
Alexandre:	Sim.
Terapeuta:	O que você acha que ajudaria a pensar em você mesmo nessa semana?

O paciente e a terapeuta discutiram uma resposta adequada. Alexandre escreve:

> [A terapeuta] não pode me assistir 100%. Isto não significa que ela não se preocupa comigo. Na verdade, ela diz que se preocupa e na maioria das vezes age dessa forma. Se eu digo a mim mesmo que ela não se preocupa, eu ficarei muito perturbado e isso pode não ser verdade.

Terapeuta:	Está ótimo. Agora me diga, esta mesma ficha também se aplica a Nadine?
Alexandre:	(*suspiro*) Sim.
Terapeuta:	Então você gostaria de adicionar o nome dela na ficha também?
Alexandre:	Certo. (completa a ficha)
Terapeuta:	Uma última coisa – isso que falamos hoje – se aplica as outras pessoas, além de Nadine e eu?
Alexandre:	Oh, talvez. Eu não tenho certeza. Talvez minha irmã.
Terapeuta:	Então quando você ler a ficha essa semana, em casa, você pode ver se isto se aplica a ela?
Alexandre:	Sim.

Nas sessões seguintes eles discutiram a crença subjacente de que alimenta esta regra. Alexandre acredita que não merece ser amado. Conseqüentemente, ele é hipervigilante à desatenção das pessoas – a falta de atenção das pessoas faz com que ele sinta que não é amado. Eles também discutiram uma outra estratégia de Alexandre: reagir com irritação e rejeitar as pessoas antes mesmo delas rejeitá-lo.

EXEMPLO DE CASO 6: O PACIENTE QUE É CÉTICO EM RELAÇÃO À TERAPIA

David havia sido tratado por vários profissionais da saúde mental antes de iniciar o tratamento com terapia cognitiva. Ele tende a abandonar precocemente seus tratamentos e progrediu pouco até então. Ele chegou à primeira sessão cético em relação à terapia. Além disso, quando o terapeuta falou da importância de aprender a responder aos seus pensamentos automáticos, sua crença central de incompetência se ativou e ele empregou sua estratégia compensatória habitual, a evitação – neste caso, talvez, evitando a terapia como um todo:

Terapeuta:	Você poderia resumir o que nós falamos?
David:	Bem, eu suponho que você estava dizendo que eu tenho que detectar meus pensamentos depressivos e pensar de maneira mais realista. Mas, você sabe, eu não estou certo de que essa terapia é realmente para mim. Eu penso que ela não funcionará. (*pausa*) Eu simplesmente não consigo ver como falar sobre o meu pensamento ajudará.
Terapeuta:	Bem, você está certo. Apenas vir e falar provavelmente *não* ajudará – ou não ajudará o suficiente. Mas fazer algumas pequenas mudanças na sua vida diária poderá ajudar.
David:	(*pausa*) Talvez.
Terapeuta:	Veja, eu penso que é *bom* você estar em dúvida. Você *não deveria* simplesmente acreditar no que eu digo. Você terá que tentar coisas fora daqui e ver o que acontece – ver se as questões discutidas na sessão e as tarefas que você realiza em casa o fazem se sentir melhor ou não. (*pausa*) Há alguma coisa *específica* sobre a terapia ou sobre mim que o faz pensar que ela não funcionará?
David:	Não sei se este mecanismo do pensamento automático se aplica a mim.
Terapeuta:	Bem, acredito que se você estiver disposto a voltar nas próximas semanas, nós podemos descobrir isso juntos. (*pausa*) Você acha que não tem pensamentos automáticos – ou você está pensando que os tem, mas pode não conseguir reagir a eles e se sentir melhor?
David:	A segunda alternativa, eu suponho.
Terapeuta:	Bem, este é o *meu* trabalho. Você *talvez não* saiba como reagir a eles. Você nunca fez este tipo de terapia antes. Nós caminharemos passo a passo – e você me dirá se eu estou ajudando suficientemente. Tudo bem?
David:	Sim.

A terapeuta foi cuidadosa no reconhecimento da descrença do paciente. Ela reduziu sua ansiedade pedindo a ele para retornar por mais duas semanas, assumindo a responsabilidade pelo progresso do paciente. Ele então se acalmou e conseguiu trabalhar de maneira mais cooperativa com ela.

EXEMPLO DE CASO 7: O PACIENTE SENTE-SE COAGIDO À TERAPIA

Roger, um adolescente de 16 anos, foi encaminhado pela sua escola e por seus pais para tratamento. Como muitos outros pacientes que entram em terapia pela insistência dos outros, ele estava bastante infeliz por estar no consultório da terapeuta. A terapeuta fez hipóteses sobre seus pensamentos automáticos, demonstrou empatia e normalizou suas reações, então tentou ressaltar as vantagens que a terapia podia trazer a ele.

Terapeuta:	Que problema você quer trabalhar hoje?
Roger:	(*olhando ao redor*)
Terapeuta:	O que está te aborrecendo ultimamente? Sua família, escola, outros adolescentes?
Roger:	(*parece irritado e não responde*).
Terapeuta:	Veja, se eu estivesse em seu lugar, esse consultório é o último lugar que eu queria estar. Eu aposto que não foi sua idéia vir aqui.
Roger:	Não.
Terapeuta:	E se eu fosse você eu pensaria "Por que eu tenho que falar com essa mulher? Ela não me conhece. Provavelmente ela pensa que pode me ajudar, mas não pode". (*pausa*) Acertei?
Roger:	Acho que sim.
Terapeuta:	Eu pensaria "O que eu preciso fazer para sair daqui? Eu odeio isso". (*pausa*) Estou certa?
Roger:	(*suspira*) Não sei.
Terapeuta:	Bem, deixe me dizer francamente: Eu não sei se posso te ajudar. Eu não o culpo por não querer estar aqui... Mas, já que você *está* aqui eu gostaria de saber em que eu posso te ajudar... Lógico, é *você que terá* que julgar isso – se vale a pena falar comigo ou se eu sou um fracasso total.
Roger:	(*parece surpreso*).
Terapeuta:	Então, já que você está aqui, você pode me dizer o que gostaria que fosse diferente em sua vida? (*pausa*) Por exemplo, Você quer que seus pais te deixem em paz?
Roger:	Acho que sim.
Terapeuta:	Tem mais alguém te atormentando? Professores? Outros adolescentes?
Roger:	(*com um tom de voz aborrecido*) Professores. Eu quero que eles me deixem em paz.
Terapeuta:	Certo, dois problemas. (*escreve-os*) Pais. Professores... Antes de começarmos, se você sente que seus pais e professores o estão atormentando poderá se sentir assim em relação a mim também. É muito importante caso você se sinta assim. (*pausa*) Porque senão esta terapia não funcionará. (*pausa*) Você está disposto a me dizer se eu fizer como seus pais ou seus professores?
Roger:	Sim.
Terapeuta:	Bom. Agora, sobre o que você quer falar primeiro, sua família ou sua escola?

A terapeuta de Roger teve que se diferenciar dos outros adultos na vida de Roger e demonstrar sinceramente que ela não queria controlá-lo, como ele corretamente percebeu que seus pais e professores fizeram. Sua postura surpreendeu Roger. Ele conseguiu então diferenciar a terapeuta dos outros e se mostrou mais disposto a colaborar.

EXEMPLO DE CASO 8: A PACIENTE DÁ UM *FEEDBACK* NEGATIVO

O terapeuta de Meredith não abordou seu desconforto durante a sessão e não reservou tempo suficiente, no final da sessão, para responder ao seu *feedback* negativo. Ele elogiou Meredith por expressar sua irritação e esclareceu que queria focar essa dificuldade na próxima sessão.

Terapeuta: Houve alguma coisa na sessão que você não gostou, que você achou que eu entendi mal ou não entendi?

Meredith: Na verdade sim. Eu realmente não gosto quando você me pergunta se eu realmente acredito em alguma coisa, ou o quanto eu sinto alguma emoção. Eu não gosto de mensurar coisas em escalas.

Terapeuta: Lamento ter irritado você, mas estou feliz por me dizer isso. Tudo bem se nós colocarmos esse assunto como o primeiro da lista na próxima semana? (*escreve nas anotações terapêuticas*) Se houvesse tempo nós poderíamos falar sobre isso agora, mas na verdade, eu gostaria de pensar sobre isso durante a semana. Eu não quero dar a você uma resposta qualquer. Então, se você concordar, nós falaremos sobre isso antes de qualquer outro assunto na próxima semana. Tudo bem?

Meredith: Sim, eu acho que sim.

Terapeuta: Alguma outra coisa te aborreceu na sessão?

Meredith: Não, eu acho que não.

Na sessão seguinte, o terapeuta de Meredith repetiu a avaliação pedindo que Meredith mensurasse o seu grau de crença e emoções. Eles concordaram que a terapeuta poderia obter informações para ajudar Meredith perguntando em termos mais gerais: "Você acredita nisto um pouco, mais ou menos ou bastante?"; "Agora você se sente melhor, do mesmo jeito ou pior?".

A sensibilidade de Meredith apareceu em diferentes situações no tratamento, criando muitas oportunidades para o terapeuta de trabalhar na solução do problema de relacionamento, o que reforçou a aliança terapêutica. O terapeuta logo reconheceu que Meredith reagia com irritação todas as vezes que sua crença central de incompetência se ativava – dentro da sessão e fora dela. Inicialmente, o terapeuta tentou evitar sua ativação na sessão, concentrando-se em ajudar Meredith na resolução dos problemas e na resposta adequada aos pensamentos de incompetência em situações *fora* da terapia (pagar suas contas, contratar serviços de reparos para a casa, comprar um computador usado). Então, ele ajudou Meredith a aplicar o que ela havia aprendido na solução destes problemas em outras situações em que ela se sentiu incompetente na sessão.

EXEMPLO DE CASO 9: A PACIENTE SE RECUSA A DAR UM *FEEDBACK* HONESTO

A terapeuta de Sheila suspeitou de uma reação negativa não expressada na sessão. No final da sessão, a terapeuta estimulou-a a dar um *feedback* franco.

Terapeuta: Esta sessão foi um pouco diferente hoje. Como se eu estivesse pressionando você demasiadamente. Você também sentiu assim?
Sheila: Não, não realmente. Eu sei que você está apenas tentando me ajudar.
Terapeuta: Você acha que eu estou indo rápido demais [com a hierarquia da agorafobia]?
Sheila: (*vagarosamente*) Não, eu acho que não. Eu acho que você tem que agir assim ou eu não ficarei melhor.
Terapeuta: Se você se sentisse muito pressionada você me diria?
Sheila: Eu acho que sim.
Terapeuta: Isto é bom, porque eu quero me certificar nós estamos fazendo esta terapia de maneira correta. Se em casa você pensar de uma outra maneira você me comunicará no inicio da nossa próxima sessão?

A terapeuta de Sheila foi cuidadosa ao dar a ela permissão para fazer um *feedback* negativo e dizer que ela estava disposta a mudar o rumo do tratamento se fosse necessário. Uma falha na demonstração dessa abertura e flexibilidade pode, algumas vezes, levar o paciente a desistir abruptamente da terapia.

EXEMPLO DE CASO 10: A PACIENTE EVITA REVELAR UMA INFORMAÇÃO IMPORTANTE

Mandy se mostrou muito nervosa na sessão, ela previu que o questionamento da terapeuta levaria a revelação do abuso físico que sofreu de sua mãe, quando ela era criança. Mandy estava apertando suas mãos e sua face demonstrava preocupação e tensão. Quando a terapeuta questionou seus pensamentos ela ficou triste e sussurrou "Eu não posso te contar". A terapeuta julgou que a aliança estava forte o suficiente para pressioná-la um pouco:

Terapeuta: Tudo bem, mas você pode me dizer se está se sentindo ansiosa?
Mandy: Sim.
Terapeuta: Você não tem que me contar o que está passando em sua mente, mas poderia me dizer do que você tem medo que aconteça se você *me contar*?
Mandy: (*ainda sussurrando e parecendo triste*) Você pode pensar que eu sou má. Talvez você não queira mais me ver.
Terapeuta: (*resumindo o fato nos moldes da terapia cognitiva*) Então a situação é que eu perguntei o que você estava pensando e você teve

	um pensamento automático "Se eu disser [à terapeuta] ela pode pensar que eu sou má. Talvez não queira mais me ver", e esses pensamentos a deixaram ansiosa. Certo?
Mandy:	Sim.
Terapeuta:	Bem, você não tem que me dizer o que está pensando, mas nós podíamos analisar estes pensamentos: "[A terapeuta] pensará que eu sou má. Talvez não queira mais me ver?".
Mandy:	(*acena afirmativamente com a cabeça*).
Terapeuta:	Você tem alguma evidência de que eu pensarei que você é má e que não vou querer vê-la mais?
Mandy:	(*se curvando na cadeira*) Bem, o que aconteceu foi realmente ruim.
Terapeuta:	(*oferecendo uma visão alternativa*) É possível que eu não veja como uma coisa ruim? (*pausa*) Ou se eu vir dessa forma, que eu não veja *você* como uma pessoa má?
Mandy:	(*sussurrando*) Eu acho que sim.
Terapeuta:	Você tem alguma evidência do contrário – que talvez eu não pense de maneira tão severa a seu respeito? Que talvez eu queira continuar te vendo?
Mandy:	Eu não sei.
Terapeuta:	Você já me disse algumas coisas ruins antes?
Mandy:	Eu não sei.
Terapeuta:	E o problema com a sua irmã? Você se lembra que também estava com medo de que eu a visse como uma pessoa má?
Mandy:	(*sinaliza afirmativamente*).
Terapeuta:	E como eu reagi? Eu a desaprovei?
Mandy:	(*em voz baixa e ainda sem contato visual*) não.
Terapeuta:	Você tem certeza?
Mandy:	Sim.
Terapeuta:	Então como eu a vi?
Mandy:	Na verdade você ficou do meu lado. Você achou que ela estava sendo irracional.
Terapeuta:	Certo. (*aprofundando*) Agora, o que de ruim poderia acontecer se eu *a visse* como uma pessoa má?
Mandy:	Você não iria me querer mais como sua paciente.
Terapeuta:	Certo, isso é a pior coisa que poderia acontecer. (*pausa*) Qual é a melhor coisa que poderia acontecer?
Mandy:	Eu não sei. Eu suponho que seria você continuar a me atender.
Terapeuta:	E qual é a visão mais real?
Mandy:	(*pensa*) Talvez que você pense que eu sou má, mas ainda assim estaria disposta a me atender?
Terapeuta:	Ou talvez que eu a veria como *humana* e não como má?
Mandy:	Eu não sei. (*pausa*).
Terapeuta:	Você quer me dizer apenas uma pequena parte desse problema e ver como eu reajo? Então, você poderia decidir se quer continuar me contando.
Mandy:	Acho que sim.

Quando Mandy ficou ansiosa por ter que revelar seus pensamentos, a terapeuta procurou esclarecer o medo de falar sobre eles. Ela ajudou a paciente a avaliar suas previsões de uma maneira mais real e ofereceu um ponto de vista alternativo – que ajudou a paciente a perceber que suas previsões negativas talvez não se concretizassem. A terapeuta ofereceu a ela a opção de revelar apenas uma pequena parte do assunto. Mandy então revelou um incidente da infância em que foi maltratada pela mãe. A terapeuta demonstrou entendimento e consideração. A crença central de que a terapeuta a julgaria negativamente e a rejeitaria se enfraqueceu e ela se dispôs a revelar um pouco mais sobre o assunto.

RESUMO

Os pacientes dos exemplos desse capítulo apresentam um momento difícil no desenvolvimento da aliança com seus terapeutas. Muitos pacientes não apresentam grandes dificuldades. Contudo, é importante estar preparado para as várias maneiras em que a relação terapêutica pode ser testada e pressionada. É vital para os terapeutas permanecerem calmos e não-defensivos. Quando as dificuldades ocorrem, eles precisam conceituar os problemas e concluir se os pacientes estão sentindo-se vulneráveis, coagidos, controlados, invalidados ou rejeitados. Os terapeutas podem expressar entendimento, empatia e cuidadosamente envolver os pacientes na avaliação da relação terapêutica, da maneira mais objetiva e construtiva possível. Eles precisam usar a melhor parte das suas próprias habilidades interpessoais para suportar os problemas, demonstrar honestidade, abertura, flexibilidade e otimismo na reparação da aliança terapêutica, para que a terapia possa progredir. Quando os terapeutas têm dificuldades de agir assim, talvez precisem ajustar suas próprias atitudes e comportamentos, conforme descrito no próximo capítulo.

capítulo **6**

Quando os terapeutas têm reações disfuncionais em relação aos pacientes

Por serem seres humanos, algumas vezes os terapeutas têm atitudes em relação aos pacientes (especialmente aqueles que representam um desafio), que podem interferir na terapia. Os terapeutas que esperam que tais atitudes, de tempos em tempos, possam ocorrer naturalmente e que não se culpam excessivamente, normalmente são capazes de utilizar a solução de problemas para lidar com a dificuldade. Aqueles que mantêm expectativas irreais ("Eu nunca deverei ter sentimentos negativos em relação ao paciente"), e que criticam a si próprios por terem reações negativas ("Isso mostra que eu não sou um bom terapeuta"), provavelmente enfrentarão um grande desafio para solucionar o problema (Leahy, 2001).

Tendo identificado uma reação disfuncional, o terapeuta deve tentar solucionar o problema. Como em muitos desafios terapêuticos, a questão pode ser prática (p.ex., o terapeuta está se sentindo extremamente responsável por não ter estabelecido limites apropriados com o paciente), psicológica (o terapeuta tem crenças interferentes como "Meus pacientes devem gostar de mim"), ou ambas. Finalmente, os terapeutas precisam monitorar o seu nível de autocuidado, certificando-se de que estão bem o suficiente para ajudar seus pacientes. A identificação e a solução de problemas nas reações do terapeuta em relação aos pacientes são apresentadas no início do capítulo, seguidas pelos exemplos que ilutram as dificuldades típicas.

IDENTIFICAÇÃO DE PROBLEMAS NAS REAÇÕES DO TERAPEUTA

Geralmente os terapeutas percebem suas próprias reações negativas com os pacientes observando uma mudança em seus pensamentos, emoções, comportamentos ou fisiologia (a menos que suas reações sejam leves ou crônicas). Contudo, algumas mudanças podem ser muito sutis para que eles reconheçam – por exemplo, mudanças no tom de voz, linguagem corporal ou expressão facial. Uma maneira rápida para os terapeutas avaliarem se estão reagindo negativamente aos pacientes é monitorar seus pensamentos e sentimentos quando eles verificam a lista de pacientes que estão agendados para um determinado dia. Sentimentos de desconforto são um sinal de aviso de que os terapeutas precisam examinar suas reações e responder adequadamente aos seus pensamentos, de forma que possam sentir e projetar uma atitude positiva para o paciente. Uma pergunta conveniente a ser feita é:

> ■ "Quem eu gostaria que cancelasse a sessão hoje?"

Se os terapeutas conseguem identificar os pacientes que se encontram nesta categoria, eles devem considerar a necessidade de se preparar diferentemente para eles e talvez mudar suas estratégias terapêuticas.

Continuamente os terapeutas precisam avaliar o nível de empatia para com um paciente. Eles precisam monitorar suas reações – uma mudança emocional, comportamental e psicológica – antes, durante e depois das sessões, perguntando a si próprios:

> ■ "Eu me sinto irritado, aborrecido, ansioso, triste, desanimado, sobrecarregado, culpado, desconfortável, humilhado?"
> ■ "Eu estou me envolvendo em comportamentos disfuncionais como culpar, dominar ou controlar o paciente? Ou eu estou sendo muito passivo?"
> ■ "O meu volume/tom de voz, expressão facial e linguagem corporal estão apropriados?"
> ■ "Eu estou me sentindo tenso? Meu coração está batendo mais rápido? Meu rosto está ficando quente?"

Freqüentemente os pacientes reconhecem esses tipos de mudanças em seus terapeutas – o que pode levar a uma ruptura na aliança. Algumas vezes, os pacientes percebem essas mudanças precisamente (Henry percebeu o desânimo do terapeuta) e algumas vezes incorretamente (Pam interpretou mal a ansiedade do terapeuta para se controlar quando ela o irritou). Essas mudanças normalmente indicam que os terapeutas estão tendo pensamentos automáticos sobre o paciente ou sobre eles próprios, que podem precisar de avaliação e enfoque. Antes das sessões, por exemplo, os terapeutas podem fazer previsões como:

> ■ "[O paciente]:
> se sentirá pior
> não fará nenhum progresso
> sugará muita energia
> irá me sobrecarregar
> me culpará, argumentará comigo, me fará sentir desconfortável
> será desagradável
> exigirá tratamento especial
> esperará que eu resolva todos os seus problemas
> não me deixará fazer o que eu planejei."

Eles podem cometer os mesmos erros cognitivos (com o paciente ou consigo mesmo), que seus pacientes cometem (Leahy, 1996).

Generalizar e rotular

"Como [esse paciente] não fez a tarefa de casa, isto demonstra que ele é preguiçoso."

"Eu devo ser estúpido para não ter percebido o nível de irritação do paciente."

"Dar tarefas é inútil para esse tipo de pacientes."

Catastofrizar

"Este paciente nunca ficará melhor."

"Eu nunca conseguirei atingir [esse paciente]."

"Este paciente está procurando um erro para então me processar!."

Desqualificar pontos positivos

"Como [essa paciente] fez apenas parte de sua tarefa de casa, ela ainda não está totalmente envolvida."

"Mesmo que o paciente esteja satisfeito com o seu progresso, eu devo ajudá-lo a conseguir muito mais."

"O progresso da última semana foi uma ilusão."

CONCEITUAÇÃO DE REAÇÕES NEGATIVAS

É importante que os terapeutas usem suas próprias reações emocionais e comportamentos disfuncionais como sinais para identificar problemas em potencial. Ao perceber seu próprio desconforto ou comportamento inadequado (p.ex. evitando assuntos importantes, supercontrolando ou não colocando limites para os pacientes, falando criticamente ou sem empatia), o terapeuta deve identificar seus pensamentos e crenças centrais e conceituar sua área de vulnerabilidade. Alguns terapeutas, por exemplo, sentem-se obrigados a solucionar todos os problemas do paciente. Alguns se sentem descontrolados quando seus pacientes são muito emotivos ou dominam excessivamente a sessão. Outros se aborrecem com pacientes que continuam agir de maneira disfuncional ou que violam sua moral.

Para conceituar suas próprias reações, comportamentais ou emocionais, disfuncionais, os terapeutas devem perguntar-se:

- "O que significa para mim o fato [desse paciente] ter esse comportamento?"
- "O que representa para mim o sucesso da terapia?"
- "Enfim, o que isso significa a meu respeito?"

Freqüentemente os terapeutas atribuem significados negativos aos pacientes: "[Esse comportamento significa que] o paciente é mau, fraco, insignificante". Ou eles podem atribuir significados negativos a si próprios: ["A falha do paciente em progredir significa que] eu sou inadequado, incompetente".

Exemplo de caso 1

Quando Harry descreveu vários momentos com seu filho na semana anterior, ficou claro para a terapeuta que o comportamento de Harry era muito aviltante. Sua reação inicial foi rotular Harry como um pai emocionalmente abusivo e uma pessoa má. Ela começou a se questionar se conseguiria influenciar o paciente o suficiente para "salvar" o filho. O sentimento de impotência da terapeuta, sensibilidade à rigidez moral rígida e um forte sentimento disfuncional de responsabilidade levou-a a sentir raiva e indignação, e ela começou a culpar o paciente e domina-lo. Suas atitudes e comportamentos interferiram com a capacidade de ajudar o paciente a controlar sua raiva com seu filho e aprender estratégias compensatórias mais adequadas.

Exemplo de caso 2

Mary começou a chorar quando contou sobre os maus-tratos que ela sofreu na infância, das crianças da vizinhança. O terapeuta catastrofizou a expressão emotiva de Mary: "É horrível que ela esteja tão aborrecida! E se ela continuar chorando? Eu tenho que fazê-la parar!" O terapeuta se sentiu sobrecarregado e incompetente para lidar com a tristeza da paciente. De maneira abrupta e agindo sem consultá-la ele mudou de assunto, levando a paciente a vê-lo como uma pessoa insensível e inútil.

Exemplo de caso 3

A terapeuta estava fazendo terapia de casal com, Craig um homem arrogante e controlador, e Amy, uma mulher tímida e submissa. Sempre que a terapeuta tentava interromper Craig para apontar o ponto de vista de sua esposa, ele se mostrava impaciente e indiferente com ela. Como a terapeuta freqüentemente sentia-se vulnerável emocionalmente, ela ficou ansiosa por provocar a irritação de Craig e então evitou essa situação, tornando-se muito passiva na sessão.

Exemplo de caso 4

Isabelle costumava inferiorizar os outros para se sentir superior. Quando ela desvalorizou a sugestão do terapeuta, primeiramente ele se sentiu ofendido e depois com raiva. As crenças centrais do terapeuta de ser fraco e incompetente foram ativadas. à sua *própria* maneira, a terapeuta começou a intimidar a paciente, num esforço de restabelecer o equilíbrio do poder na sessão.

ESTRATÉGIAS PARA MELHORAR AS REAÇÕES DOS TERAPEUTAS AOS PACIENTES

Os terapeutas podem empregar várias estratégias quando percebem que existe um problema na sua relação com o paciente:

- Melhorar sua competência.
- Responder às suas cognições.
- Desenvolver expectativas realistas para si mesmos e para os pacientes
- Moderar seu nível e expressão de empatia.
- Estabelecer limites.
- Dar *feedback* aos pacientes.
- Aprimorar o autocuidado.
- Encaminhar o paciente a outro terapeuta.

Melhorar a competência do terapeuta

Algumas vezes os terapeutas vivenciam uma reação negativa para com o paciente, simplesmente porque faltam a eles habilidades importantes e a precisam melhorar sua própria competência nos diagnósticos, na formulação cognitiva e na conceituação, na construção de aliança, no planejamento do tratamento, no desenvolvimento de estratégia em geral, na estruturação da sessão ou na aplicação de técnicas. Isso pode ser alcançado através de leitura, vídeos ou receber treinamento adicional, consultoria ou supervisão. O Apêndice A oferece uma série de recursos para melhorar a eficácia do terapeuta.

Responder às cognições disfuncionais

Um ponto importante para melhorar as reações negativas do terapeuta aos pacientes é reagir às cognições negativas. O Registro de Pensamentos Disfuncionais (J. Beck, 2005) pode ser útil. Pode ser proveitoso ler respostas alternativas, como os exemplos a seguir, em situações normais.

> Ele está me dificultando as coisas porque está passando por uma grande dor emocional e essa é a única maneira que ele conhece de agir. Ele realmente tem muitos problemas difíceis e precisará de terapia por um longo tempo. Eu não devo esperar que ele mude rápida e facilmente.
>
> Ela quer que eu resolva todos os seus problemas, sem que ela mesma tenha que fazer mudanças, pois ela realmente acredita ser impotente demais para fazer qualquer coisa por si mesma.
>
> Ela está bloqueando minhas tentativas de ajudá-la porque pensa que sua vida ficará pior se ela sentir-se melhor. Se eu não conseguir resolver esse problema sozinho, posso estudar esse assunto ou fazer uma consultoria com outros profissionais.

Embora os pensamentos automáticos dos terapeutas, a respeito dos pacientes que representam um desafio clínico, normalmente sejam *negativos*, alguns podem ser muito *positivos*:

- "Este paciente é especial e deve ser tratado de maneira diferente."
- "Eu quero mais que uma relação terapêutica com [este paciente]."

Quando os terapeutas têm reações muito positivas para com os pacientes, a relação terapêutica pode tornar-se muito semelhante a uma amizade, com uma conseqüente perda de foco nos problemas do paciente. Ou os terapeutas podem sentir-se sexualmente atraídos pelo paciente, então eles precisam reconhecer e administrar de maneira profissional, ética e responsável para que a terapia seja benéfica ao paciente (Pope, Sonne e Horoyd, 1993). Uma supervisão nessas situações pode ser bastante útil e algumas vezes essencial.

Desenvolver expectativas realistas para si mesmo e para os pacientes

Os terapeutas podem reconhecer, ou não, todas as suas expectativas. Quando elas são muito altas ou muito baixas os terapeutas podem desenvolver reações inadequadas. O terapeuta de Sonia frustrou-se porque ela resistiu a procurar um emprego de período integral; ele ainda não havia percebido o quanto Sonia tornava-se sintomática e disfuncional durante seus episódios depressivos e maníacos. As expectativas da terapeuta de Robert eram muito baixas; ela demonstrou empatia excessiva à infelicidade dele e falhou no momento de pressioná-lo, gentilmente, à mudança. O terapeuta de Sandy tinha expectativas irreais para si próprio, acreditando ser capaz de resolver todos os problemas de Sandy, ele sentiu-se muito ansioso quanto a sua atuação e ao progresso vagaroso de Sandy.

Moderar o nível e expressão de empatia

Em muitos casos, os terapeutas precisam aumentar sua empatia com os pacientes. É importante entender porque os pacientes estão agindo daquele modo, entendendo como as experiências anteriores da sua vida e predisposição genética contribuíram para o desenvolvimento de crenças centrais negativas sobre si mesmo, seus mundos e outras pessoas (incluindo o terapeuta) e o uso de um pequeno grupo de estratégias compensatórias (comportamentos disfuncionais que eles também empregam na terapia). Também é conveniente saber em que o nível de desenvolvimento os pacientes estão operando nas situações difíceis durante a sessão terapêutica. Muitos pacientes tornam-se bastante infantilizados na maneira de pensar, reagir emocionalmente ou no comportamento. Ver o paciente adulto como uma criança ou adolescente que está muito irritado pode aumentar a empatia do terapeuta.

Exemplo de caso 5

Nos primeiros três meses de terapia, Gary, 25 anos, muitas vezes foi crítico e arrogante com a terapeuta. Ela conceituou que quando Gary entrou em seu consultório, ele se sentiu como uma criança novamente. Ele teve a percepção de que a terapeuta o inferiorizaria, como seu pai e muitos outros em sua vida haviam feito à medida que ela crescia. Obviamente Gary não se comportou como um adulto maduro na sessão. Parecia um menino de 8 anos esperando ser inferiorizado, então ele se protegeu inferiorizando a terapeuta primeiro.

Em alguns casos, contudo, os terapeutas demonstram *muita* empatia para com os pacientes Os terapeutas podem, incorretamente, acreditar que a visão negativa do paciente sobre os problemas é totalmente precisa ou que seus problemas são insolúveis. Na verdade, em alguns casos muita expressão direta de empatia pode fazer com que o paciente se sinta pior.

Exemplo de caso 6

Connie, cronicamente depressiva por muitos anos, não tinha um bom relacionamento com seu marido e sentiu-se muito confusa e impotente. Demonstrando empatia com a irritação de Connie, a terapeuta achou que ela fosse incapaz de se impor ao marido, aprender novas técnicas para lidar com seu filho adolescente e desobediente ou buscar interesses fora de casa. Após fazer uma consultoria com um colega, a terapeuta testou suas regras e estimulou a paciente a tentar algumas experiências comportamentais. Na verdade, Connie conseguiu fazer apenas pequenas alterações nas três áreas, mas isso deu a ela esperança e motivação para seguir sua vida.

Exemplo de caso 7

A terapeuta de Amy expressou muita empatia. Quando Amy sentiu-se perturbada na sessão a terapeuta disse o quanto ela lamentava por Amy ter passado por problemas difíceis e ter se sentido tão mal. Amy sentia-se pior cada vez que a terapeuta demonstrava empatia. Somente quando a terapeuta orientou-a na solução problemas, Amy começou a sentir-se melhor.

Estabelecer limites adequados

Os terapeutas por vezes, se ressentem, quando os pacientes tomam muito tempo e energia deles. Nestes casos, ele deve avaliar se estabeleceu limites razoáveis com seus pacientes. Ele pode, por exemplo, ter dado um tempo extra na sessão, falado ao telefone com os pacientes que não estavam em crise ou prometido algum outro favor especial. Ao reconhecer essa dificuldade, o terapeuta talvez precise colocar o problema na agenda e tentar uma solução criativa juntamente com o paciente. Por exemplo, se um paciente telefona com muita freqüência, ele pode precisar de um número maior de sessões (talvez duas vezes por semana, meia sessão, em vez de uma vez por semana, sessão completa). Os pacientes podem responder negativamente quando os terapeutas levantam estes tópicos. O terapeuta deve estar preparado para corrigir regras incorretas do paciente como "[O terapeuta] não se preocupa comigo".

Dar *feedback* para o paciente

Geralmente os terapeutas não revelam suas próprias reações negativas aos pacientes. Quando o fazem, devem se certificar de antemão que é o paciente que está se comportando inadequadamente e que eles estão tendo uma reação esperada, embora negativa. Eles devem ter um bom motivo para expor essa reação negativa: a intenção é melhorar a aliança terapêutica e oferecer uma importante experiência de aprendizagem para os pacientes, para que possam também melhorar seus relacionamentos fora da terapia. Os terapeutas precisam observar cuidadosamente a sua linguagem, para que não pareça uma crítica e escolher um momento apropriado na terapia, quando a aliança terapêutica estiver suficientemente forte, antes de discutir uma reação negativa. No exemplo a seguir, a terapeuta discute como ela se sente quando percebe que está sendo manipulada pelo paciente – embora ela não use esse termo pejorativo.

Terapeuta: Eu observei uma coisa em nossa terapia sobre a qual eu queria falar com você – eu penso que ajudará no problema com sua irmã, sua amiga Bárbara e seu vizinho Toby. Posso falar sobre isso?
Paciente: (*encolhe os ombros*)
Terapeuta: Como eu costumo fazer, eu quero que você também observe o seu pensamento e sentimentos – talvez você fique irritada comigo. Certo?
Paciente: Certo.
Terapeuta: É importante que você me diga se acha que eu estou certa ou longe disso. (*pausa*) Eu observei que algumas vezes eu tenho que recusar certos pedidos como – ter um tempo extra na sessão quando você chega atrasada ou deixá-la usar o telefone do consultório. E quando eu digo não, é como se você tentasse me persuadir ou me pressionar para que eu mude de idéia. Eu sinto-me um pouco ressentida por você não aceitar um não como resposta. (*pausa*) Você percebeu alguma coisa assim?
Paciente: Não tenho certeza.
Terapeuta: Bem, a razão de eu querer trazer isto à tona não é por mim – mas eu estou imaginando se outras pessoas podem reagir a você da mesma forma. Você acha que pode estar acontecendo isso com sua irmã ou seus amigos? Você acha que pode ter problemas por não conseguir aceitar um não como resposta? (*pausa*) Talvez se nós pudéssemos descobrir como lidar com isso aqui na terapia, você conseguiria agir de maneira diferente com as outras pessoas também. (*pausa*). O que você acha?

Da mesma forma, os terapeutas podem escrever uma carta para seus pacientes (e pedir a eles que leiam na sessão), em que eles cuidadosamente esclarecem os problemas que precisam ser resolvidos em conjunto, para que possam avançar de maneira saudável e produtiva (Newman, 1997). Se possível, a carta deve ser um convite para resumir o tratamento num espírito de trabalho em equipe, com entendimento mútuo, compartilhando empenho favorável aos objetivos negociados. Escrever uma carta permite aos terapeutas a oportunidade de escolher suas palavras de maneira cuidadosa, potencialmente maximizando o valor do *feedback* corretivo e minimizando a chance de criar uma situação desagradável.

Melhorar o autocuidado

Os terapeutas devem avaliar suas práticas em atividades de *autocuidado*. Se elas estão sob controle, eles podem agendar estrategicamente, os pacientes com os quais eles possam reagir negativamente. Atender esses pacientes em sessões no início do dia, ou depois do almoço, pode proporcionar ao terapeuta mais tempo para se preparar mental e emocionalmente. Outra alternativa seria agendá-los no horário anterior ao almoço, ou no final do dia, o que permite ao terapeuta um tempo para refletir imediatamente sobre a sessão. Além disso, os terapeutas podem precisar mudar toda a sua rotina de casa e do trabalho, caso sua agenda esteja constantemente sobrecarregada ou excessivamente prolongada. Pode também ser conveniente colocar na rotina diária exercícios de relaxamento e meditação.

Encaminhar o paciente

Os terapeutas podem conversar com o paciente a respeito da possibilidade de encaminhá-los a um outro terapeuta, quando as vantagens compensam as desvantagens para o paciente. Uma decisão como essa deve ser tomada em conjunto. Algumas vezes, o recomeço com um novo terapeuta traz esperança, energia e uma nova perspectiva. É importante ter, tanto quanto possível, um fechamento positivo com o paciente; o terapeuta deve expressar desapontamento por não poder ajudá-lo mais, demonstrando confiança de que o paciente fará mais progresso com um outro profissional.

EXEMPLOS DE CASO

Os exemplos de caso a seguir ilustram como conceituar e elaborar estratégias quando os terapeutas têm reações negativas aos pacientes. Várias situações são descritas: (1) quando os terapeutas estão desanimados com os pacientes, (2) quando os terapeutas sentem-se sobrecarregados pelos pacientes, (3) quando os terapeutas acreditam que irão desagradar os pacientes e (4) quando os terapeutas sentem-se ansiosos, humilhados, defensivos, frustrados ou ameaçados.

Quando os terapeutas estão desanimados com os pacientes

Três problemas costumam ser a causa de reações negativas. Os terapeutas podem pensar:

- "Eu não sou competente o suficiente para ajudar [esse paciente]."
- "Os problemas [do paciente], simplesmente não podem ser resolvidos."
- "[O paciente] está experimentando uma reação normal de estresse com a vida e, conseqüentemente, não há nada que eu possa fazer para ajudar."

Algumas vezes os terapeutas se sentem incompetentes porque suas expectativas para com os pacientes são muito altas.

> O terapeuta de Stacy considerou-se incompetente, por ela não progredir rapidamente. Ele sentiu-se desanimado consigo mesmo e com o prognóstico da sua paciente ("Eu estou fazendo um péssimo trabalho – ela não ficará melhor"). Sem perceber ele transmitiu sua desesperança para Stacy, que também se desanimou ainda mais. O terapeuta precisou fazer supervisão com um colega para reconhecer que, na verdade, estava fazendo um trabalho razoável com sua paciente cronicamente depressiva e precisava modificar suas expectativas (e também da paciente) em relação à velocidade do progresso e duração do tratamento.

Algumas vezes os terapeutas sentem-se desanimados porque os tratamentos, na verdade, estão inadequados.

> Tyler sofria de transtorno obsessivo-compulsivo (TOC). Sem familiaridade com as orientações específicas para tratar o TOC na terapia cognitiva, o terapeuta manteve um tratamento indicado para transtorno de ansiedade generalizada. Tyler continuou muito sintomático e terapeuta sentiu aumentar o seu desânimo. Somente depois que o terapeuta aprendeu sobre o assunto e aplicou o tratamento para TOC, o paciente começou a melhorar e o desânimo do terapeuta diminuiu.

Algumas vezes os terapeutas desanimam-se porque eles aceitam a visão distorcida do paciente a respeito de seus problemas.

> Don era depressivo, tinha vários problemas e elementos estressantes em sua vida: dificuldades financeiras, problemas de saúde, um chefe difícil e um filho com uma doença crônica. A terapeuta pensou "Ele não está fazendo progresso porque seus problemas não têm solução", e se desanimou. Essa visão conduzia-a a um retrocesso oferecendo somente psicoterapia de apoio, modalidade na qual ela foi originalmente treinada. Ela parou de tentar ajudar Don a resolver seus problemas ou ensinar a ele as habilidades necessárias. Quando ela finalmente fez supervisão, o supervisor pontuou que embora alguns pacientes estejam angustiados, nem todos se tornarão clinicamente depressivos. Conseqüentemente, a terapeuta deveria considerar que Don tinha, pelo menos, alguns pensamentos e crenças centrais inadequadas que podiam ser modificadas para ajudá-lo a se sentir melhor e que provavelmente ele precisava de alguma ajuda na solução de problemas. Por exemplo, como muitos pacientes depressivos, Don se afastou das atividades que ele apreciava anteriormente e precisou da ajuda da terapeuta para descobrir como reiniciar essas atividades.

Quando os terapeutas se sentem sobrecarregados pelos pacientes

Os terapeutas podem estar sobrecarregados e com problemas práticos: a doença dos pacientes, por exemplo, pode ser muito severa para o nível de cuidado que eles estão recebendo.

> Larry tinha transtorno bipolar e precisava de hospitalização periódica. Freqüentemente ele chamava seu terapeuta quando estava em crise. Devido a restrições financeiras e limitações do seguro saúde, o terapeuta o atendia somente uma vez por semana, embora Larry necessitasse de um programa de hospitalização parcial. Com a ajuda do terapeuta Larry inscreveu-se em um programa público de atendimento médico e finalmente conseguiu um tratamento apropriado.

Normalmente, contudo, os terapeutas sentem-se sobrecarregados porque tentam responsabiliza-se e/ou não conseguem estabelecer limites apropriados.

> O terapeuta se sentia extremamente sobrecarregado com seus pacientes. Muitos deles tinham vidas caóticas e assim que eles relatavam uma lista de problemas ele pensava: "Há muita coisa errada. Isso é muito opressivo. Como eu progredirei com esses pacientes?" De maneira prática, o terapeuta precisou aprender a ajudar os pacientes na identificação de apenas um ou dois problemas para focar durante cada sessão. No nível psicológico, o terapeuta precisou modificar sua crença central exageradas de responsabilidade: "Eu preciso ajudar todos os meus pacientes, com todos os seus problemas, mesmo que fazer isso me custe muito". Ele precisou mudar as expectativas em relação a si mesmo, examinar os limites e fronteiras que ele estabeleceu e aumentar seu auto-cuidado.

Quando o terapeuta sente que não agradará o paciente

Alguns terapeutas se preocupam com o fato dos pacientes ficarem irritados se eles conduzirem a terapia de maneira padrão (p. ex, interromper, estruturar a sessão, confrontar gentilmente).

> Marta falou ininterruptamente quando seu terapeuta tentou obter a palavra ela o ignorou. O terapeuta pensou "Se eu tentar interromper de maneira mais firme ela ficará irritada". Ele teve medo de não saber o que fazer e da paciente desistir do tratamento. Após consultar um colega, o terapeuta reconheceu sua própria catastrofização. Ele fez uma dramatização da situação com o colega sobre como explicar de forma cuidadosa para o paciente a necessidade de interromper e estruturar a sessão. Ele fez uma experiência comportamental e para sua surpresa, descobriu que a paciente não se importava com o fato dele controlar a sessão. Marta ficou aborrecida, contudo, porque ele podia ter dito que lamentava por ela estar angustiada, podia ter discutido o problema diretamente e negociado um acordo.

Quando o terapeuta sente ansiedade em relação aos pacientes

É esperado que os terapeutas fiquem ansiosos quando os pacientes podem prejudicar-se ou prejudicar os outros. Algumas vezes, entretanto, eles transmitem exageradamente essa ansiedade ao paciente ou a ansiedade interfere no desenvolvimento adequado e eficaz da terapia.

> Doris fez três tentativas de suicídio nos últimos dois anos e atualmente apresentava, em alguns períodos, ideação suicida. O terapeuta estava ansioso, com medo de não conseguir ajudar suficientemente e que Doris fizesse uma outra tentativa – dessa vez, letal. Doris sentiu a angústia do terapeuta, mas entendeu mal a sua origem. Em vez de pensar que o terapeuta estava ansioso, ela achou que ele estava frustrado com ela. Doris pensou "Ele acha que eu não posso ser ajudada", Este pensamento aumentou seu senso de desesperança e a ideação suicida. Felizmente, o terapeuta conseguiu esclarecer o pensamento de Doris e reconheceu o seu próprio medo de que Doris pudesse fazer outra tentativa suicida antes que ele tivesse a chance de ajudá-la. Ele também fez consultoria com colegas, investigou como lidar com pacientes suicidas, aumentou a freqüência das sessões e fez duas sessões familiares. Uma vez que ele sentiu-se mais competente para lidar com a ideação suicida de Doris, sua ansiedade diminuiu a um nível mais controlável.

Quando o terapeuta sente-se humilhado pelos pacientes

Alguns pacientes que se sentem inferiores desenvolvem uma estratégia de humilhar as outras pessoas. Os terapeutas com propensão a se sentirem inferiores aos outros podem sentir-se desrespeitados e comportar-se de forma inadequada com estes pacientes.

> O terapeuta de Carly percebeu corretamente que a paciente o inferiorizava, desde as suas primeiras sessões. Ela o diminuiu o máximo que pode, tentou salientar sua própria inteligência e ridicularizá-lo por não saber as respostas para suas perguntas. A crença central do terapeuta sobre sua própria inferioridade se ativou e ele a criticou, em sua terceira sessão. Logicamente, Carly saiu da sessão e não retornou mais ao tratamento. O terapeuta deve ter dito para si mesmo: "Provavelmente Carly está se sentindo inferior a mim. Ela está reagindo como se fosse uma adolescente vulnerável que só sabe ignorar quando se sente inferiorizada. Eu devo buscar empatia com ela e tentar desativar sua crença central de inferioridade". Ele conseguiu conceituar Carly precisamente e responder às suas próprias crenças de inferioridade, mas ele podia ter lidado com esse desafio de maneira mais funcional.
>
> *Carly:* Quer dizer que você pensa que eu tive dificuldade para resolver o estágio oral do desenvolvimento psicosexual! Você não acha que precisa saber um pouco mais sobre a teoria psicanalítica? O doutor depois do nome não deveria *significar* alguma coisa?
>
> *Terapeuta:* De fato, provavelmente você está certa. Talvez eu devesse conhecer mais sobre a teoria psicanalítica. (*pausa*) Você está preocupada com isso?

Carly:	Lógico que eu estou. Eu não tenho certeza de que você realmente pode me ajudar. Talvez eu deva conversar com a diretora da clínica, saber o que ela acha.
Terapeuta:	(*sem defesa*) Claro. Eu estou certo de que ela lhe atenderia, ou a nós dois, se você preferir. Eu acho que duas cabeças pensam melhor que uma.
Carly:	(*murmura*) Bem, eu pensarei sobre isso.
Terapeuta:	Certo. Agora, com o adiantado da hora, você gostaria de voltar a falar sobre o incidente com sua mãe?

Quando o terapeuta sente-se culpado

Freqüentemente os sentimentos de defesa ocorrem quando os terapeutas se sentem criticados e acusados. Em vez de receber a crítica e a acusação como um problema a ser resolvido, eles também acusam o paciente.

Na quinta sessão, Evelyn disse num tom irritante "Veja, eu acho que eu devia estar me sentindo melhor agora. Estou vindo aqui há cinco semanas, mas ainda me sinto do mesmo jeito. Eu acho que você não sabe o que está fazendo". O terapeuta pensou "Eu estou fazendo a coisa certa. A falha é dela – ela não faz as tarefas". Ele diz em tom de voz alto: "Bem, eu não tenho certeza de que isso é verdade. Eu penso que se você tivesse realizado as tarefas entre as sessões, você estaria se sentindo melhor agora". A paciente naturalmente se sentiu acusada e a relação terapêutica deteriorou-se ainda mais. Um diálogo mais adequado começou quando houve uma resposta empática seguida de uma solução de problema em conjunto.

Terapeuta:	Eu lamento por você não estar se sentindo melhor. Deve ser realmente muito frustrante para você.
Evelin:	É!
Terapeuta:	Você pode me dizer onde você pensa que estamos errando – e como você acha que a terapia deve prosseguir?

Esse diálogo normalmente desarma o paciente e pode levar a um modelo de tratamento mais eficaz.

Quando o terapeuta sente-se frustrado ou zangado com os pacientes

- "O paciente deve ser cooperativo/agradecido/fácil de ajudar/participante ativo na terapia."
- "Ele não deve ser difícil/manipulador/exigente."

Na verdade, é conveniente reconhecer que os pacientes *devem* ser exatamente como eles são, dada a sua predisposição genética, experiências, crenças centrais e estratégias compensatórias. Os terapeutas precisam aumentar a empatia quando eles estão frustrados ou com raiva, reconhecendo que eles próprios precisam mudar suas atitudes (e algumas vezes sua estratégia e comportamento geral), se querem o progresso dos pacientes.

A terapeuta de Rodney ficou irritada quando ele tentou manipulá-la na prescrição da medicação ansiolítica, pois o paciente já havia abusado desse tipo de medicação no passado. Seus pensamentos foram: "Ele não deve me pedir medicação. Ele está tentando fazer com que eu me sensibilize com ele, me manipulando para que eu prescreva uma medicação. Ele esta quebrando nosso acordo". Uma visão mais adequada teria sido: "Isso era previsível. Logicamente ele está querendo remédio. Ele pensa que não pode sentir-se melhor de outra forma. Contudo, eu não tenho que argumentar com ele. Eu posso apenas demonstrar firmemente o limite". Com essa visão, a terapeuta consegue manter empatia com o paciente e exercer seu papel de maneira mais adequada:

Terapeuta: Eu lamento que você esteja se sentindo tão mal – provavelmente você já pensou que eu tenho que lembrá-lo que [essa medicação] foi um problema para você no passado. (*pausa*) Contudo, o que eu posso fazer é ajudar você a descobrir uma maneira de sentir-se melhor sem esse tipo de medicação. (*pausa*) Certo?

Os terapeutas freqüentemente se aborrecem com pacientes que se irritam com eles.

Sharon ficou bastante aborrecida quando a terapeuta novamente estabeleceu um limite para as ligações telefônicas entre as sessões. A paciente reagiu furiosamente: "Você não entende. Eu não chamo você o tempo todo, somente quando eu estou perturbada, eu não posso suportar! Você não se preocupa comigo. Você me trata como uma pessoa qualquer – Eu sou apenas mais um caso clínico para você". Os pensamentos automáticos da terapeuta são: "Sharon é insuportável. Ela reage excessivamente o tempo todo. Ela não percebe que eu tenho a minha própria vida!". Uma visão mais adequada mostraria empatia "Pobre Sharon, ela tem pouca tolerância a sentir-se mal. Deve ser realmente difícil para ela". Essa visão teria então conduzido a uma resposta mais adequada, começando com empatia:

Terapeuta: Eu realmente lamento por não poder estar presente todo o tempo. De qualquer forma, seria maravilhoso se você pudesse me contatar a qualquer momento, durante o dia ou à noite – e obter ajuda imediata. (*pausa*) Lógico que obter uma solução imediata tem o seu lado ruim também. Você provavelmente pensaria que seria impossível viver sem mim e ficaria muito amedrontada. (*pausa*) Então, que tal se nós pudermos solucionar esse problema juntas, de uma outra maneira. Você está disposta?

Quando o terapeuta sente-se ameaçado pelos pacientes

Devemos observar que há limites a serem mantidos pelo terapeuta. Especificamente quando há boas razões para crer que eles (ou suas famílias) estão correndo riscos, por causa do comportamento de um paciente, o terapeuta pode, sob o ponto de vista ético, optar por não continuar com o paciente (veja Thompson, 1990).

Embora seja verdade que o terapeuta tem maior responsabilidade por um comportamento maduro e responsável no controle das dificuldades de uma aliança terapêutica difícil, também é verdade que eles têm o direito a autopreservação. Em casos onde os pacientes representam um perigo real aos seus terapeutas, a responsabilidade final para com eles mesmos, suas famílias e seus outros pacientes se sobrepõe a necessidade de "consertar", a todo custo, o problema com os pacientes perigosos.

Quando o paciente aponta um problema na reação do terapeuta

Ocasionalmente, os próprios pacientes apontam um problema na reação do terapeuta, mostrando como eles percebem os sentimentos do terapeuta. Eles podem perceber precisamente que o terapeuta está desconfortável ou irritado, mas chegam a uma conclusão equivocada a respeito. Os terapeutas precisam corrigir honestamente esse mau entendimento.

Paciente: Você deve estar tão frustrado comigo.
Terapeuta: O que o faz pensar assim.
Paciente: Eu não sei. Você parece... tenso ou algo assim.
Terapeuta: Bem, eu estou feliz por você me dizer isso. Não, eu não estou me sentindo frustrado. (*pensa*) Mas eu penso que estou um pouco ansioso. Eu realmente quero ajudar você com [esse problema].

Algumas vezes os pacientes percebem *precisamente* a reação negativa do terapeuta. O terapeuta precisa ser o mais honesto possível, conforme ilustrado no capítulo anterior. A seguir uma boa resposta aos pacientes que são, na verdade, bastante desafiadores:

Paciente: Você acha que eu sou chato?
Terapeuta: Por que você diz isso.
Paciente: Eu sei que eu não sou um paciente fácil.
Terapeuta: Com certeza, você não é fácil. Para ser honesto, você pode realmente ser um desafio. Mas eu gosto de desafios. Sempre me fazem pensar.

RESUMO

Como os terapeutas são humanos, é inevitável e até mesmo proveitoso, que ocasionalmente eles tenham uma reação disfuncional com seus pacientes. Como profissionais, os terapeutas precisam conceituar porque o problema ocorreu, de forma que possam considerar sua parte no problema e resolvê-la. Elaborar o problema pode ser uma experiência importante de crescimento para os terapeutas, já que eles aprendem a modificar seus próprios pensamentos e comportamentos e expandem seus repertórios para controlar eficientemente os pacientes que representam um desafio. As consultorias ou supervisões contínuas podem ser muito valiosas – e essenciais, em alguns casos – a fim de avaliar, mudar um modelo disfuncional e maximizar as chances do terapeuta de responder, de maneira mais conveniente e confiante, no futuro.

capítulo **7**

Desafios no estabelecimento de metas

Os pacientes devem ter uma idéia clara do que está sendo trabalhado na terapia para que possam manter o tratamento no caminho certo e melhorar sua motivação. Geralmente os terapeutas estabelecem, com os pacientes, uma lista de metas na primeira sessão terapêutica e a incrementam quando problemas adicionais ou outros objetivos são identificados nas sessões futuras. É conveniente revisar a lista de metas periodicamente e perguntar ao paciente sobre a importância que cadaa uma delas ainda tem para ele. Este exercício faz com que os pacientes lembrem-se que estão em terapia para compreender o que é importante para *eles* e não para agradar o terapeuta ou simplesmente relatar os problemas. Na verdade, a lista de metas é o outro lado da lista de problemas, estabelecida de uma forma comportamental e específica que implica em soluções. Por exemplo, converter um problema de "Solidão", para "Conhecer novas pessoas" e "Fazer programas com os amigos", especifica metas concretas que o paciente pode trabalhar para alcançá-las.

Este capítulo foca a d*eterminação* de metas; o Capítulo 8 concentra-se no trabalho para *alcançar* estas metas por meio da solução de problemas e mudança de comportamento. Como na maioria dos problemas em terapia, eles podem ser de ordem prática (p. ex., o terapeuta não pede ao paciente para especificar uma meta geral), psicológica (o paciente tem crenças perturbadoras como "Se eu estabelecer metas, terei que fazer coisas que eu não quero fazer"), ou ambas.

Primeiramente nesse capítulo, há uma descrição de aplicações e variações de estratégias-padrão para determinação de metas. Crenças centrais disfuncionais típicas e comportamentos que interferem determinação de metas são apresentados a seguir. Finalmente, as estratégias para modificar – ou trabalhar – as crenças centrais que impedem a determinação das metas são apresetadas e ilustradas nos exemplos de caso.

UTILIZAÇÃO E VARIAÇÃO DAS ESTRATÉGIAS PADRONIZADAS PARA DETERMINAR METAS

Alguns problemas ocorrem na determinação de metas porque os terapeutas não estão empregando as técnicas padronizadas de forma eficaz e não por resistência dos pacientes. Por exemplo, os terapeutas podem determianr metas muitos amplas com os pacientes, podem não abordar adequadamente o desânimo do paciente, ou não ou podem não ajudá-los a mudar as metas que ele estabeleceu para outras pessoas em metas para si próprios.

Determinação de metas específicas pelo questionamento

Quando os terapeutas perguntam aos pacientes sobre suas metas para a terapia, invariavelmente eles respondem com algo amplo e geral: "Eu gostaria de ser mais feliz" ou "Eu não quero mais ser ansioso". É muito difícil para os terapeutas saberem precisamente como alcançar essas metas amplas. Um erro típico cometido pelos terapeutas é não questionar mais os pacientes para ajudá-los a *especificar* metas:

- "Em que você gostaria de ser diferente – ou como a sua vida poderia ser diferente – depois da terapia?"
- "Que mudanças você gostaria de fazer [no trabalho, nos relacionamentos, na administração do lar, na sua saúde física, seu lado espiritual/cultural/intelectual]?"
- "Como seria sua vida se você fosse mais feliz?"

Os terapeutas também podem usar cartões em forma de fatias, para ajudar os pacientes a comparar quanto tempo eles atualmente passam fazendo algumas atividades e o como eles gostariam de passar seu tempo. Este procedimento talvez leve a metas específicas que os pacientes gostariam de alcançar (J. Beck, 1995). A identificação de metas específicas para serem trabalhados semana à semana facilita a terapia; contudo, uma falha nesse processo pode atrasar a terapia, conforme ilustrado a seguir.

Exemplo de caso

Jessica, uma paciente com transtorno bipolar, estabeleceu apenas uma meta: ser mais feliz. Ela não percebeu uma conexão entre esse objetivo amplo e mudanças comportamentais específicas que ela precisava fazer; conseqüentemente, ela resistiu às tentativas do terapeuta de fazer com que ela controlasse melhor a sua vida planejando os seus dias, concluindo projetos e normalizando sua alimentação, sono e atividades. Na verdade, ela viu estas condutas como obstáculos na sua busca de felicidade, percebendo-os como bloqueios em sua espontaneidade e lazer. Somente depois que a terapeuta perguntou como seria sua vida se ela fosse mais feliz, Jessica traduziu em palavras suas metas a longo prazo: ela queria ter um relacionamento com intimidade e segurança; viver melhor com sua família; ter sucesso em um trabalho que desenvolvesse suas habilidades criativas e poupar dinheiro para comprar um carro. Depois de especificar suas metas, Jessica se dispôs a trabalhar nos primeiros passos para alcançá-las.

Determinação de metas específicas por meio da técnica de construção de imagem

Técnicas de construção de imagem podem ajudar os pacientes com dificuldades de estabelecer metas. Os terapeutas ajudam o paciente a criar uma imagem de um dia típico no futuro. Eles fazem perguntas direcionadas de forma que o paciente possa visualizar-se agindo de modo funcional e sentindo-se bem.

> ■ Você pode se daqui há um ano, você se sentindo muito melhor? Vamos falar sobre como está a sua vida. Vamos dizer que é a manhã de um dia de semana. Você está se sentindo melhor, dormiu bem, tem energia. A que horas você levantou? Você pode se ver levantando da cama? Como você está se sentindo? O que você fez a seguir? Você saiu logo da cama? Foi direto para a cozinha e tomou um café? O que você quer imaginar que fez a seguir? E depois?... Depois?

O terapeuta continua a questionar o paciente, estimulando-o a visualizar essas cenas. Eles podem precisar usar perguntas direcionadas adicionais:

> ■ "Certo, é hora do almoço. O que você quer imaginar que acontecerá depois? Você se vê convidando [sua colega de trabalho] Joan para almoçar? Você pode se ver caminhando para ir almoçar? Descreva isso para mim... Como você está se sentindo?... Sobre o que você quer falar no almoço?... O que quer imaginar depois?"

É conveniente continuar a representação até que o paciente encontre-se na cama para dormir, contemplando a satisfação do seu dia. Após esse exercício eles podem discutir as diferenças entre o cenário desejado e o que o paciente está fazendo atualmente para então estabelecer metas específicas.

A construção de imagens pode ser usada de outra forma também. Quando o paciente está muito desanimado para prever dias melhores no futuro, o terapeuta pode pedir a ele que pense e descreva um dia típico do passado, quando ele se sentiu bem. O terapeuta, então, ajuda o paciente a identificar diferenças específicas entre os comportamentos daquele período e o comportamento atual, para identificar mudanças que talvez o paciente precise fazer.

Exemplo de caso

Allen estava se sentindo tão desanimado que não respondia às perguntas-padrão para estabelecer as metas e não conseguia imaginar uma cena no futuro.

Terapeuta: Nós podemos falar sobre suas metas para a terapia agora?
Allen: (*suspira*) Sim.
Terapeuta: Que resultado você gostaria de alcançar com a terapia? No que você gostaria que sua vida fosse diferente?
Allen: (*em voz baixa*) Eu não sei. Eu não sei mais como é não estar sob pressão. Parece que eu sempre estive assim [depressivo].
Terapeuta: (*fazendo uma pergunta direcionada*) Eu imagino; você poderia pensar como pode ser um dia, vamos ver, daqui há um ano, se você voltasse ao seu antigo eu, sentindo-se muito bem, sem depressão, animado e motivado? (*sendo específico*) A que horas você levantaria da cama, por exemplo?
Allen: Eu não sei. Eu não consigo me imaginar diferente do que eu estou me sentindo agora.
Terapeuta: Você está se sentindo muito deprimido.
Allen: Sim.
Terapeuta: Você poderia me dizer então sobre a última vez em que se sentiu bem, como você era? Quando foi isso?
Allen: (*pensa*) Oh, cara... (*suspira*) Foi há muito tempo.
Terapeuta: Quando você ainda estava trabalhando na [empresa local]?
Allen: (*pensa*) Sim, acho que sim.
Terapeuta: Você pode me falar um pouco sobre como era sua vida naquela época? Como estava se sentindo?
Allen: Eu estava me sentindo muito bem, eu acho. Gostava do meu trabalho. Estava realmente em contato com os amigos...
Terapeuta: Como era a sua energia?
Allen: Boa. Sem problemas.
Terapeuta: O que você gostava no seu emprego?

A terapeuta envolveu o paciente, fazendo-o se lembrar de um período melhor em sua vida. Ela ajudou Allen a criar uma visão e coletar dados através de questionamentos sobre suas atividades, humor, relacionamentos e visão de si próprio. Assim que ela o ajudou a estabelecer as metas, através da identificação das atividades e comportamentos aos quais ele havia abandonado, ela também precisou ajudá-lo com seus pensamentos automáticos interferentes, fazer solução de problemas e sugerir meios alternativos de ver a situação.

Terapeuta: Então, o que você acha da idéia de começar a correr novamente?
Allen: Eu não sei. Demora muito para voltar à forma. Eu corria cerca de três a quatro quilômetros por dia.

Terapeuta:	Então, o que você acha? Seria melhor não correr? Ou talvez ter o objetivo de começar com uma pequena distância e aumentar aos poucos sua resistência, a cada semana?
Allen:	Acho que sim.
Terapeuta:	Certo, você poderia escrever isso? Eu acho que será importante dar crédito a você mesmo por praticar a corrida, mesmo que sejam apenas duas quadras. (*pausa*) Correr duas quadras é melhor do que nenhuma.
Allen:	Sim.
Terapeuta:	Certo. Isso parece bom. (*pausa*) Você também mencionou que visitava sua irmã algumas vezes, brincava com os filhos dela, a ajudava. (*pausa*). Haveria algum benefício em fazer isso novamente?
Allen:	(*parece abatido*) Talvez. Mas, seus filhos estão crescidos agora. Eu não tenho certeza de que eles iriam querer conversar comigo.
Terapeuta:	Bem, talvez você esteja certo. Ou você poderia mudar as atividades para fazer com eles. (*Forçando uma escolha*) Qual das crianças te parece mais receptiva?
Allen:	O mais novo, Joey.
Terapeuta:	Quantos anos ele tem agora?
Allen:	Eu não sei. Oito, nove?
Terapeuta:	O que você poderia fazer na companhia dele? (*pausa*) O que você costumava fazer quando tinha oito ou nove anos de idade?

A terapeuta continua a ajudar o paciente no estabelecimento de metas, baseando-se nas memórias que ele tem do seu "antigo eu", trabalhando criativamente o seu desânimo.

Transformar a lista de metas direcionadas aos outros em metas pessoais

Algumas vezes, os pacientes estabelecem metas para outras pessoas em vez de fazê-las para si mesmos. "Eu quero que meu patrão pare de me pressionar"; "Eu quero que meu marido pare de beber"; "Eu quero que meus filhos me ouçam". Se os pacientes não têm crenças disfuncionais perturbadoras como "Se eu estabelecer metas para mim mesmo, eu terei que me responsabilizar por fazer mudanças" ou "Não é importante que eu mude"), é relativamente fácil ajudá-los a entender que mesmo trabalhando em conjunto com o terapeuta eles não podem mudar uma outra pessoa diretamente. Normalmente eles se dispõem a aceitar uma meta que está sob seu controle.

Terapeuta:	Como você quer que a sua vida seja após a terapia? O que você quer fazer de maneira diferente?
Paciente:	Eu quero que a minha esposa goste mais de mim. Ela está sempre me irritando, faça isso, faça aquilo. Eu não compreendo porque

	ela não entende o *quanto eu faço por ela*! Você sabe, eu sempre saio da minha rotina para fazê-la feliz. Eu trabalho seriamente, eu não me relaciono [com outras mulheres], eu trago meu dinheiro para casa toda semana.
Terapeuta:	(*com empatia*) Parece muito frustrante. (*pausa*) Talvez uma boa meta fosse melhorar o relacionamento com a sua esposa. (*pausa*) Mas eu não quero enganar você e dizer que a terapia pode mudá-la *diretamente* – a menos que você pense que ela esteja disposta a vir também para a terapia e estabelecer essa meta para si.
Paciente:	(*infeliz*) Não, ela não faria isso.
Terapeuta:	Então, talvez nós devêssemos estabelecer metas sobre as quais você tenha controle. (*pausa*) O que você está fazendo neste momento para que ela valorize mais você?
Paciente:	(*pensa*) Sempre que entrego a ela o cheque do meu salário para ela depositar, eu a faço lembrar que estou trabalhando muito pela família.
Terapeuta:	Alguma coisa mais?
Paciente:	(*encolhe os ombros*).
Terapeuta:	Você diz a ela que ela deveria ter mais consideração por você?
Paciente:	Sim. Especialmente quando ela está me cobrando por não fazer alguma coisa.
Terapeuta:	Suas atitudes ajudam no sentido de fazer com ela tenha mais consideração por você?
Paciente:	(*ressentido*) Não.
Terapeuta:	Você acha que se continuar agindo dessa forma ela mudará de uma hora para outra e passará a valorizá-lo?
Paciente:	(*pensa*) Não, provavelmente não.
Terapeuta:	Então, uma meta para a terapia pode ser aprender a ter outras atitudes, outras coisas que *você* poderia dizer para sua esposa. (*pausa*) Talvez então ela responda de maneira diferente em relação a você. (*pausa*) O que você acha?
Paciente:	Acho que sim.
Terapeuta:	Certo, então uma meta pode ser "Aprender modos diferentes de falar com minha a esposa". Está bom?
Paciente:	Sim.

CRENÇAS DISFUNCIONAIS DOS PACIENTES SOBRE A DETERMINAÇÃO DE METAS

Alguns pacientes não respondem bem às técnicas-padrão descritas no parágrafo anterior. Freqüentemente, eles têm crenças disfuncionais sobre si mesmos, sobre os outros e sobre o terapeuta. Quando os terapeutas perguntam a esses pacientes sobre as metas que eles gostariam de alcançar, as crenças disfuncionais "Sou desamparado", "Sou incompetente", "Sou vulnerável", "Não tenho valor" podem ser ativadas. Os pacientes podem criar certas regras sobre o resultado ou o significado de estabelecer metas, mudar e/ou sentir-se melhor. Essas regras estão, por sua vez, associadas a um comportamento disfuncional que eles demonstram na sessão.

Regras sobre si mesmo

"Se eu determino metas, me sentirei mal (p. ex, eu ficarei sobrecarregado por todas as coisas que eu tenho que fazer)."
"Se eu determino metas, terei de mudar."
"Se eu tenho que mudar significa que eu estou errado ou que sou mau."
"Se eu tentar mudar, eu fracassarei."
"Se eu mudo, a mudança invalidará meu sofrimento."
"Se eu mudo, minha vida ficará pior."
"Não mereço mudar e ter uma vida melhor."
"Não é justo que eu tenha de mudar."

Regras sobre os outros

"Se eu mudo, isso deixará outras pessoas (que deveriam ser punidas), livres."
"Se eu mudo, as outras pessoas esperarão cada vez mais de mim."

Regras sobre o terapeuta

"Se eu estabeleço metas (conforme quer a terapeuta), significa que ela está no controle e eu sou fraco."
"Se eu determino metas, eu terei de me revelar à terapeuta (e isso pode me magoar)."

COMPORTAMENTOS DISFUNCIONAIS

Quando os pacientes têm estas regras, eles podem demonstrar comportamentos como:

- Ignorar que os problemas existem (e então estabelecer metas não é relevante).
- Culpar os outros pelos problemas e estabelecer metas para os outros.
- Declarar que a terapia não pode ajudar (então é inútil estabelecer metas).
- Demonstrar que eles são impotentes ou inadequados para mudar.
- Determinar metas irreais.
- Determinar metas relacionadas somente a uma procura existencial por significado.

ESTRATÉGIAS TERAPÊUTICAS

Várias estratégias podem ser úteis quando os pacientes resistem a estabelecer metas ou estabelecem metas inúteis devido as suas crenças disfuncionais.

- Elucidar e responder a pensamentos automáticos que interferem com o estabelecimento de metas.

- Admitir aos pacientes incrédulos que não se pode garantir que a terapia será um sucesso, mas que o terapeuta tem esperança, baseado no que ele/ela sabe sobre o paciente até agora.
- Ajudar os pacientes a entender que se continuarem a viver, agir e pensar do modo que normalmente fazem eles se sentirão pior e não melhor.
- Ajudar os pacientes a entender quais metas eles podem controlar e quais eles não podem; ajudando-os a transformar as metas que eles estabeleceram para outras pessoas em metas que eles próprios possam alcançar.
- Transformar as queixas e insatisfações dos pacientes em metas.
- Dar informações biológicas aos pacientes de como a terapia pode reduzir os sintomas físicos.
- Postergar o estabelecimento de metas existenciais até que o paciente esteja menos sintomático.
- Deixar que os pacientes tenham mais controle na sessão quando a pressão para estabelecer metas é prejudicial à aliança terapêutica (p. ex, aceitar inicialmente metas amplas ou vagas, identificar apenas uma meta ou postergar a determinação de metas).

Essas estratégias são ilustradas nos exemplos de caso a seguir.

Exemplo de caso 1: O paciente sente-se desanimado para determinar metas

Thomas era um homem de 32 anos com depressão severa recorrente. Ele havia acabado de ser demitido, sua família se afastou e ele não tinha amigos próximos ou relacionamentos amorosos. Além disso, ele estava sofrendo os efeitos colaterais da sua medicação, que era tomada esporadicamente. Inicialmente, ele não respondia aos esforços da terapeuta para estabelecer metas.

Terapeuta: Thomas, quais são suas metas para a terapia?
Thomas: (*parece chateado*) Eu não sei.
Terapeuta: No que você gostaria de ser diferente após a terapia?
Thomas: (*murmura*) Eu não sei.
Terapeuta: Parece que as coisas não estão bem para você agora.
Thomas: (*murmurando, parece chateado*) Não estão.
Terapeuta: Nenhum pouco?
Thomas: Não.
Terapeuta: Se houvesse alguma coisa em sua vida que você pudesse mudar, o que seria?
Thomas: Eu não sei.
Terapeuta: (*pausa*) Como você está se sentindo exatamente agora?
Thomas: (*chateado*).
Terapeuta: Não muito bem?
Thomas: Não.

Terapeuta:	Triste? Preocupado? Desanimado?
Thomas:	(*pensa*) Chateado. Muito chateado.
Terapeuta:	(*Conjeturando sobre seus pensamentos automáticos*) Você está pensando que a terapia não ajudará?
Thomas:	(*pausa*) Sim.
Terapeuta:	Por que não é o tipo certo de terapia? Por que eu não sou o tipo certo de terapeuta?
Thomas:	(*pensa*) Não.
Terapeuta:	É alguma coisa com *você*?
Thomas:	(*sutilmente, ainda parecendo chateado*) Sim.
Terapeuta:	Você está se sentindo impotente?
Thomas:	(*concorda acenando com a cabeça*).
Terapeuta:	Como se não houvesse nada que você pudesse fazer?
Thomas:	Sim.
Terapeuta:	O quanto você acredita nesse pensamento?
Thomas:	(*pausa*). Muito.
Terapeuta:	Você se sente confuso?
Thomas:	Sim.
Terapeuta:	Você estaria disposto a deixar que eu o ajude a descobrir se você pode se orientar?
Thomas:	(*pausas*) Acho que eu não consigo.
Terapeuta:	Bem, você pode estar certo... ou pode estar errado. A maioria dos pacientes com depressão que entram por aquela porta pela primeira vez, sentem-se muito desanimados... Mas eu tenho um bom histórico quanto a ajudar pessoas.
Thomas:	Hum!
Terapeuta:	Contudo, de uma coisa eu tenho certeza, é difícil avançar quando você não sabe o que está querendo... Por exemplo, você gostaria de encontrar um emprego que possa manter? Você quer se envolver mais com as pessoas?
Thomas:	(*ainda chateado*) Eu não sei.
Terapeuta:	(*coletando mais informações*) O que estaria por trás disso?
Thomas:	Eu apenas penso que nada acontecerá. Eu venho lutando há muito tempo. Nada funcionou.
Terapeuta:	(*conjeturando*) Você está com medo de realizar seus desejos?
Thomas:	(*acena afirmativamente com a cabeça*).
Terapeuta:	(*normalizando sua reação*) Eu suponho que se estivesse em seu lugar, poderia não querer que meus desejos se realizassem também... Tudo que eu posso dizer é que não há *nada sobre você* que me faça pensar que esta terapia *não* funcionará... Você está disposto a trabalhar comigo por pelo menos quatro sessões – e então nós podemos decidir juntos se a terapia está ajudando ou não?
Thomas:	(*acena afirmativamente com a cabeça*)
Terapeuta:	Então, nós podemos falar sobre algo razoável para tentar atingir nas próximas quatro semanas?

Thomas: Sim.
Terapeuta: Eu vejo neste papel que você preencheu [descrevendo sua atuação no momento] que você está tendo problemas para organizar a sua casa. Você pode me falar um pouco sobre isso?

Eles então discutem pequenas metas relacionadas à limpeza da casa (p. ex., retirar o lixo, reunir todas as contas num mesmo lugar, limpar a cozinha). A terapeuta também descobre que o paciente não conhecia os serviços sociais aos quais ele podia utilizar, então eles estabelecem a meta de procurar e solicitar informações. Outras metas incluíram telefonar para um primo, consultar seu psiquiatra para avaliar a medicação e ir ao boliche.

Por que estabelecer metas é tão difícil para Thomas? Nas próximas sessões, a terapeuta confirmou sua hipótese sobre ele. Thomas tinha uma crença central de que ele era incapaz, um fracasso; ele achava que independente do que tentasse, ele fracassaria. A estratégia que ele demonstrou na terapia era de evitação: ele evitou algumas atividades que na sua previsão resultariam em fracasso. Como se sentiu vulnerável ao entrar em depressão profunda, ele evitava ter esperanças. (Veja Moore e Garland, 2003, para mais detalhes sobre pacientes desanimados e cronicamente depressivos.)

Exemplo de caso 2: O paciente recusa-se a definir metas

Erica, uma mulher de 57 anos, era divorciada, tinha uma deficiência e passava a maior parte do seu tempo em casa, cuidando da sua mãe que a agredia verbalmente. Erica teve uma infância muito ruim em que sofreu abuso emocional, físico e sexual. Ela possuía um histórico longo de internações por tentativas de suicídio, hospitalizações parciais, atendimento ambulatorial em grupo e terapia individual. Na primeira sessão, sua nova terapeuta tentou estabelecer metas.

Terapeuta: Erica, quais são seus objetivos para a terapia? No que você gostaria de ser diferente após a terapia?
Erica: (*pausa longa, fala de maneira quase inaudível*) Eu não quero sentir essa dor.
Terapeuta: (*delicadamente*) Lógico. Isso é muito importante. (*pausa*) Se a sua dor fosse reduzida (*não querendo parecer extremamente otimista*) como seria a sua vida? Como ela poderia ser diferente?
Erica: Ela não seria diferente, eu acho.
Terapeuta: Então, você estaria fazendo as mesmas coisas, mas sentindo menos dor?
Erica: (*pausa*) Eu acho que sim.
Terapeuta: O que você gostaria de mudar em sua vida? (*pensando que oferecer uma questão com múltipla escolha pode ser mais fácil para a paciente responder, ao invés de uma questão de resposta única*). Interagir mais com as pessoas? Voltar a trabalhar? (*pausa*) Divertir-se?

Erica:	(*suspira, pausa*) Não, eu acho que não.
Terapeuta:	Por quê?
Erica:	(*um pouco irritada*) Isto não irá acontecer.
Terapeuta:	Você não acha que pode mudar?
Erica:	(*irritada*) Não.
Terapeuta:	Certo, e se nesse momento nós trabalhássemos apenas na redução da sua dor?
Erica:	(*acena afirmativamente*).

A terapeuta sentiu que se continuasse a falar sobre metas naquele momento, afastaria Erica. Elas tinham, na melhor das hipóteses, uma aliança tênue e o principal objetivo da terapeuta era criar uma atmosfera, na primeira sessão, que a paciente se sentisse segura e se dispusesse a voltar na próxima sessão.

Erica retornou na semana seguinte e forneceu dados que ajudaram a terapeuta a conceituar porque ela teve dificuldade para estabelecer as metas na primeira sessão. No momento de programar atividades, a paciente revelou que se via como uma pessoa má, não merecedora de alegria. Na verdade, ela acreditava que merecia ser *punida* se tomasse atitudes para se sentir melhor. Sua estratégia na sessão foi resistir às tentativas (incluindo estabelecer metas), para se sentir melhor. Na verdade, a terapeuta não conseguiu fazer com que ela estabelecesse metas antes de muitos outros acontecimentos na terapia:

- A terapeuta mudou sua pergunta de no que Erica gostaria de ser diferente após a terapia para "O que você acha que *poderia* fazer de maneira diferente?".
- A paciente demonstrou mais confiança na terapeuta (não continuou a pensar que a terapeuta tentaria forçá-la a fazer coisas desconfortáveis – especialmente atividades prazerosas).
- A paciente começou a modificar sua crença central sobre ser má e sua regra de que merecia punição por sentir-se feliz. (veja Capítulos 12 e 13)

Exemplo de caso 3: Paciente nega ter um problema

Lisa era uma garota de 15 anos com depressão leve, demonstrou traços de transtorno desafiante opositor. Sua mãe insistiu que ela viesse para a terapia. A mãe relatou que Lisa vinha apresentando um crescente comportamento não-cooperativo em casa. Ela era mal humorada e brigava constantemente com sua mãe e com seus irmãos mais novos. Lisa foi reprovada em várias disciplinas na escola e sua mãe suspeitava que ela estivesse usando drogas. Desde o inicio Lisa deixou claro que ela estava participando da terapia contra a sua vontade.

Terapeuta:	Lisa, nós podemos falar sobre o que você quer obter com a terapia?
Lisa:	(*encolhe os ombros*)

Terapeuta: De que maneira você gostaria de ser diferente – ou como você gostaria que a sua vida fosse diferente?
Lisa: Eu nem mesmo sei porque eu estou aqui. Eu já disse a você, é minha mãe é que precisa de terapia. Ela realmente é doida. Desde que meu pai foi embora – a propósito, *foi totalmente culpa dela*, ela está cada vez pior. Se você perguntar a qualquer um – meus irmãos, minha tia Flo, todos lhe dirão o quanto ela está fora de controle.
Terapeuta: (*calmamente*) Eu suponho que ela pensa de forma diferente?
Lisa: (*com raiva*) Ela pensa que *eu* tenho problema. (*sarcasticamente*) Isto é muito engraçado.
Terapeuta: (*com empatia*) Parece que você está realmente em apuros. Ela é a pessoa que tem problema, mas está fazendo com que *você* venha para a terapia.
Lisa: (*murmura*) Tudo estaria bem, muito bem, se eu não tivesse que lidar com ela.
Terapeuta: (*coletando dados*) Há alguma chance de acontecer isso?
Lisa: Não. De qualquer modo, é por pouco tempo.
Terapeuta: Então, você não tem saída quanto a lidar com ela.
Lisa: Sim.
Terapeuta: Você pode me dar alguma idéia de como é lidar com ela?
Lisa: (*falando em termos gerais*) Ela é impossível.
Terapeuta: (*tentando que Lisa seja mais específica*) O que te aborrece mais?
Lisa: Oh, tudo. Eu queria não olhar para ela nunca mais.
Terapeuta: (*com empatia*) As coisas estão realmente ruins?
Lisa: Sim.
Terapeuta: Bem, eu gostaria de saber se há algo que nós possamos fazer para melhorar a sua situação.
Lisa: (*parece estar no limite*).
Terapeuta: Eu concluo pelo seu silêncio que você não gosta dessa idéia?
Lisa: Não é justo que eu tenha que melhorar as coisas quando *ela* é o problema. Eu quero apenas que ela me deixe em paz. (*em tom acusador*) Mas provavelmente, você irá me dizer que eu preciso ser (*em tom sarcástico*) educada com a minha mãe, *cooperar* e ser uma *boa filha*.
Terapeuta: Ah, bem, Eu estou feliz que você tenha me dito isso. Eu tentarei *não* dizer essas coisas. Mas Lisa, eu posso errar. Se isso acontecer eu precisarei que você me diga, para que eu possa me corrigir. (*pausa*) Você estaria disposta a fazer isso?
Lisa: Sim, sim, eu farei.
Terapeuta: Ótimo, porque se você não fizer isso, eu acho que esta terapia não funcionará.

A terapeuta reconheceu que elas teriam que lidar com um problema na relação terapêutica antes que a paciente se dispusesse a estabelecer metas. PropositaImente a terapeuta tentou restabelecer o equilíbrio na relação concordando com o que a paciente queria e, na verdade, pedindo à paciente para corrigi-la quando ela cometesse um engano. Então, elas retornaram à lista de metas.

Terapeuta: Então, voltando ao que você espera da terapia.
Lisa: (*determina uma meta para outra pessoa*) Fazer com que minha mãe seja boa comigo.
Terapeuta: Você pensa que há alguma coisa que *você* possa fazer?
Lisa: (*infeliz*) Não.
Terapeuta: Então, não é uma coisa que você possa controlar *diretamente* (*sugerindo que ela possa ter controle indireto*).
Lisa: Não, mas *você* poderia falar com ela.
Terapeuta: Sim, eu definitivamente quero que *nós duas* falemos com ela. Lembra que eu disse a você que queria chamá-la aqui no final da sessão.
Lisa: (*balança a cabeça afirmativamente*).
Terapeuta: Por enquanto, nós podemos falar sobre o que você *realmente* tem controle?
Lisa: (*pensa um pouco*) Eu não sei. É tão desagradável. Desde o momento que ela chega em casa do trabalho, até à hora de dormir, ela briga comigo e com meus irmãos. Constantemente. É como se não houvesse um lugar em que eu pudesse ir e ficar em paz.
Terapeuta: (*com empatia*) Isto é horrível. (*usando a auto-revelação*) Quando eu trabalhava o dia todo e ia para casa, eu sabia que, algumas vezes à noite, eu conseguiria simplesmente sentar e relaxar. (*pausa*) Não acha que pode ser assim com você?
Lisa: Não. Minha mãe está sempre atrás de mim. Logo que eu entro pela porta ela me acompanha "Faça isso, faça aquilo". Antes mesmo de eu tirar o meu casaco. Ela odeia quando eu estou simplesmente sentada assistindo TV. Age com sarcasmo e me faz desligar a TV. Meus irmãos estão muito chateados também.
Terapeuta: Você realmente precisa de um momento tranqüilo em casa... Nós podemos fazer com que isso seja uma meta?
Lisa: Sim.

A terapeuta detém-se em uma reclamação e converteu-a em uma meta específica com o qual a paciente concordou.

Terapeuta: Você acha que sua mãe concordaria?
Lisa: Não. Provavelmente ela diria que eu não posso ter um momento tranqüilo até que termine todas as coisas que ela quer que eu faça. Ainda dirá que a tarefa de casa vem em primeiro lugar. Ela é muito difícil.
Terapeuta: Talvez então nós devêssemos descobrir o que nos duas podíamos dizer a ela.
Lisa: Certo.

Quais eram as crenças centrais e estratégias iniciais de Lisa que dificultou o estabelecimento de metas? Primeiro, ela tinha a crença central de que era desamparada e que os outros, especialmente sua mãe, a controlavam. Ela criou várias regras:

"Mesmo que eu tente mudar a minha vida, eu não conseguirei."
"Se eu reconhecer que tenho uma participação em minhas dificuldades, eu terei que assumir responsabilidades para mudar."
"Se eu mudo, minha mãe vence."
"Se eu mudo, não conseguirei punir minha mãe."
"Se eu faço o que a terapeuta diz, significa que ela está no controle e eu não."

A estratégia compensatória usada por Lisa na sessão era culpar a sua mãe por todos os seus problemas e inicialmente resistir a estabelecer metas para si própria. Em vez de continuar tentando estabelecer metas na primeira sessão, a terapeuta percebeu que trabalhar o desejo de Lisa para conseguir um momento tranqüilo reforçaria a aliança terapêutica e a tornaria mais receptiva à determinação de metas na próxima sessão. Conseqüentemente, elas formularam um plano razoável para conseguir a concordância da mãe, elas fizeram uma troca de papéis para que Lisa pudesse se familiarizar com o que ia dizer à sua mãe quando ela participasse da sessão, no final da terapia. A terapeuta ajuda Lisa a ver que esta nova maneira de falar com sua mãe, sendo educada e cooperativa, tinha como objetivo dar ela mais controle no relacionamento com sua mãe para obter o que queria.

Conseguir um pequeno sucesso em casa, ao ganhar um tempo para si mesma, influenciou a atitude de Lisa com a terapia. Ela passou a acreditar que talvez a terapia pudesse ajudá-la a melhorar sua vida. Na verdade, Lisa se mostrou, no mínimo, um pouco mais agradável nas próximas sessões terapêuticas para discutir suas metas a longo prazo e os passos a serem dados para encurtar o caminho.

Exemplo de caso 4: Paciente acredita que seus problemas são físicos

Greg, carpinteiro, solteiro, com 32 anos, iniciou o tratamento por causa de um transtorno de pânico. Entretanto, ele tinha certeza de que seu problema não era psicológico e veio para a terapia somente porque seu cardiologista insistiu. Greg tinha acompanhamento médico, fez ma ampla avaliação e passou pela sala de emergência quatro vezes nas últimas seis semanas. Na primeira sessão, a terapeuta começou a estabelecer metas e então descobriu que precisava fazer uma psicoeducação.

Terapeuta: Eu gostaria de falar um pouco sobre as metas para a terapia. Eu penso que o principal objetivo é controlar o transtorno de pânico.
Greg: Sim... mas para falar a verdade, eu não sei como você pode me ajudar com isso.

Terapeuta:	Você pensa que a terapia não pode te ajudar a controlar isso? Ou que *eu* não posso?
Greg:	Não, não, não é você, doutora. Mas para ser honesto, eu só estou aqui porque meu médico insistiu que eu viesse.
Terapeuta:	Você sabe por que ele queria que você viesse?
Greg:	Bem, ele disse que a terapia ajudaria. Mas veja, eu realmente não penso assim. Quero dizer, é claro que há alguma coisa errada comigo. Mas falar não ajudará a resolver.
Terapeuta:	(*esclarecendo*) Alguma coisa errada *física?*
Greg:	Sim.
Terapeuta:	Você tem razão. Obviamente *há* alguma errada com o seu funcionamento físico. Pelo que você disse, seu coração se acelera e começa a bater forte, o peito fica apertado, você tem dificuldade para respirar. É claro que isso é físico.
Greg:	Então, por que...?
Terapeuta:	Por que eu penso que eu posso ajudá-lo?
Greg:	(balança a cabeça afirmativamente).

A terapeuta então discute o modelo cognitivo do pânico e explica a evolução de um sistema ativo de alarme embutido no cérebro (Clark e Ehlers, 1993). O paciente ainda se mostra incrédulo.

Terapeuta:	Bem, eu suponho que existem duas possibilidades. Uma é que você realmente *está* em perigo quando você tem aquelas sensações terríveis... Ou, como eu disse antes, você *não* corre perigo de ter um ataque cardíaco, mas seu corpo se torna cada vez mais agitado porque você se *convence* de que está tendo um ataque cardíaco.
Greg:	Sim.
Terapeuta:	Penso que você tem duas escolhas. Você pode *pensar* que há alguma coisa grave com você que os médicos não descobriram ainda e continuar fazendo exames – embora você tenha me dito que eles fizeram todos os exames possíveis e os médicos da emergência nunca encontraram nada errado com seu coração.
Greg:	(*balança a cabeça afirmativamente*).
Terapeuta:	Ou você pode voltar na próxima semana (*sugerindo que o paciente não precisa assumir um compromisso maior*) e juntos nós tentaremos descobrir se você precisa somente do atendimento médico ou se o atendimento na terapia cognitiva pode ajudar. (*pausa*) O que você acha?

A crença central de Greg era de vulnerabilidade. Sua regra era que ele seria prejudicado se concordasse com a terapeuta ao invés de seguir a rotina médica. Então a estratégia compensatória usada na sessão é insistir que o problema é puramente físico, resistindo em aceitar as explicações alternativas para seus sintomas. A terapeuta fornece uma orientação psicológica adicional e sugere como meta uma exploração em conjunto para encontrar o melhor método de tratamento. Greg aceita esse objetivo, embora relutantemente, quando a terapeuta sugere a terapia cognitiva por apenas um número limitado de sessões.

Exemplo de caso 5: Paciente estabelece metas irreais

Stephanie é uma mulher de 40 anos, casada, com dois filhos no ensino fundamental. Ela é depressiva e bastante sobrecarregada. Ela é totalmente responsável pela educação das crianças e cuidados com a casa. Trabalha em tempo integral na seção de panificação de um supermercado. Seu marido, Gene, é mecânico de automóveis no posto de gasolina local. Recentemente Stephanie se envolveu amorosamente com seu vizinho casado, Hal. Ele é 15 anos mais jovem que Stephanie e parece interessado somente em um relacionamento sexual temporário.

Terapeuta: O que você quer obter com a terapia? Em que você quer ser diferente?

Stephanie: Eu quero que Hal passe mais tempo comigo. Eu quero que Gene me dê o divorcio, pelo menos eu penso que eu faria isso. Eu sei que ele não quer. Ele diz que ainda me ama. Eu não sei como ele pode – quero dizer, depois de descobrir sobre o Hal. Eu não quero magoar Gene. Eu desejo somente que ele veja que nós temos que nos separar. Ele não é um mau marido. Alguém se *apaixonará* por ele. De certa forma eu ainda o amo. Eu apenas não quero continuar casada com ele. Eu não quero que as crianças sejam prejudicadas. Elas já estão chateadas porque eu não estou muito tempo em casa. Elas são realmente apegadas. Eu tenho medo que Gene cause problemas com a custódia.

Terapeuta: (*anotando as metas*) Certo, deixe-me certificar de que eu entendi direito e que está realmente sob seu controle alcançar essas metas. Um, você quer que Hal passe mais tempo com você. Dois, você quer, ou pensa que quer, divorciar-se sem que isso magoe Gene. Três, você não quer que as crianças sejam prejudicadas. Eu entendi certo?

Stephanie: Sim.

Terapeuta: Veja Stephanie, eu não quero enganar você. Eu não tenho certeza de que está sob seu controle fazer com que as coisas aconteçam.

Stephanie: (*com um tom de voz desapontado*) Oh.

Terapeuta: (*antecipando seu pensamento automático*) O que *não* significa que eu não posso ajudá-la – obviamente você está deprimida, ansiosa e *precisa* de ajuda – mas nós vamos precisar mudar as metas.

Stephanie: Você acha que Hal deixará sua esposa para ficar comigo?

Terapeuta: Para ser honesta, eu ainda não sei o suficiente sobre sua relação com ele, mas não me parece boa. Talvez isso possa ser uma meta: descobrir quais são as intenções de Hal. (*pausa*) O que você acha?

Stephanie: Não. (*pensa*) Eu tenho medo. Eu não quero pressioná-lo. Eu penso que ele me deixará se eu começar a falar sobre isso.

Terapeuta:	Não me parece que você tenha muito controle sobre isso.
Stephanie:	Não, ele é a pessoa que decide as coisas – como os momentos em que ficaremos juntos.
Terapeuta:	Então essa meta de ter Hal passando mais tempo com você – pode não ser algo que *você* possa decidir, já que ele é a pessoa que está comandando.

Depois, por meio de um questionamento Socrático do terapeuta, Stephanie concluiu que era irreal esperar que Gene não se sentisse magoado por ela estar se relacionando com Hal e por discutir a possibilidade de se divorciar dele. A terapeuta também ajudou Stephanie a ver que seus filhos provavelmente continuariam chateados, possivelmente cada vez mais, se Stephanie continuasse a passar seu tempo com Hal em vez de estar com eles e se as discussões e tensão constantes entre Stephanie e Gene continuassem.

Terapeuta:	(*dando permissão a Stephanie para expressar sua irritação*) Se eu fosse você Stephanie, eu estaria realmente desapontada com esta discussão.
Stephanie:	Sim, eu sei o que você está dizendo, mas eu não posso enfrentar a idéia da vida sem Hal.
Terapeuta:	Oh. Deixe-me pensar um instante. Eu realmente quero ajudar você – eu espero que você saiba disso. Eu estou com medo de dar a você uma falsa esperança... Certo, isso é o que eu penso. Você me disse que a única hora em que você se sente bem, atualmente, é quando você está com Hal ou quando está pensando em encontrá-lo. Certo?
Stephanie:	(*balança a cabeça afirmativamente*).
Terapeuta:	Por outro lado, nós não sabemos se ele quer um futuro com você da maneira que você quer com ele. Na verdade, *parece* que ele não quer – faz planos com sua esposa para ter um outro bebê.
Stephanie:	(*faz uma expressão irônica*).
Terapeuta:	Parece-me que nós temos que descobrir como você pode se sentir bem em outras situações também. Então, se Hal terminar o relacionamento com você, você ainda conseguirá ter uma vida boa. (*pausa*) O que você acha?
Stephanie:	(*apática*) Eu suponho que sim. Contudo, eu não sei com o que mais eu poderia me sentir bem.
Terapeuta:	Isso pode ser uma meta para trabalharmos juntas? Descobrir maneiras de você se sentir melhor?
Stephanie:	Sim, suponho que sim.
Terapeuta:	E Gene. Parece que uma parte de você quer se divorciar dele, mas a outra parte não está completamente certa disso. Essa decisão poderia ser uma meta?
Stephanie:	Sim, eu sei que devo protelar isso. Eu apenas desejo que Gene aceite e *me* deixe. Isso tornaria tudo tão mais fácil.
Terapeuta:	Provavelmente sim. (*pausa*) Mas isso me deixa um pouco confusa. O objetivo é decidir se você quer ou não o divórcio? Ou se

	você já decidiu, a meta é ajudar você com isso e tentar não devastar Gene?
Stephanie:	Acho que sim. Eu não estou certa.
Terapeuta:	Então a primeira meta é decidir. (*escreve*) Independente do resultado eu suponho que você deve tentar reduzir a discussão e tensão com Gene?
Stephanie:	Sim.

Neste ponto elas discutiram as metas para lidar de maneira mais eficaz com as crianças, reduzir as obrigações diárias com a casa e planejar atividades mais agradáveis que não envolvam a presença de Hal ou fantasiar sobre ele.

Terapeuta:	(*após resumir a lista de metas*) Você ficou desapontada porque as metas não incluem fazer Hal passar mais tempo com você? E obter o divórcio sem prejudicar Gene e as crianças?
Stephanie:	(*reflete*) Eu *estou* desapontada.
Terapeuta:	Tão desapontada que não voltará na próxima semana?
Stephanie:	Não, eu voltarei.

Aqui a terapeuta precisou ajudar a paciente a determinar metas realistas. Ela precisava estar consciente, contudo, de que Stephanie poderia se afastar da terapia se ela a confrontasse energicamente. No final, ela deu à paciente permissão para expressar seu desapontamento e confirmar sua disposição de retornar à terapia.

Por que Stephanie tem dificuldade para determinar metas realistas? Ela possuía crenças centrais de desamparo, vulnerabilidade e não ser amada. Sua principal regra era: "Eu só posso ser feliz se eu tiver o Hal. Seu eu parar de vê-lo e fantasiar sobre ele, eu me sentirei mal e não conseguirei reagir". A principal estratégia compensatória que ela usou foi fantasiar, todo o tempo que se sentiu irritada, evitando pensar nos problemas.

Exemplo de caso 6: Paciente estabelece metas existenciais

Arthur era um homem de 31 anos que sofria principalmente de depressão, distimia crônica do Eixo I e transtorno da personalidade esquiva com fortes traços narcisistas do Eixo II. Ele estava desempregado, nunca conseguiu manter um emprego por mais de um ano, tinha poucos amigos, estava vivendo e sendo mantido financeiramente por seus pais, com os quais tinha um relacionamento conflituosa. Na segunda parte da primeira sessão, Arthur falou sobre suas preocupações existenciais:

Terapeuta:	Quais são suas metas com a terapia?
Arthur:	Tenho que confessar que eu realmente não tenho nenhuma meta. Na verdade, eu não sei se a terapia pode ajudar. Eu estou lutando há muito tempo. Já consultei muitos terapeutas. (*pausa*) Mas

	minha vida não melhorou. Muitas vezes eu sinto que ela não tem nenhum sentido.
Terapeuta:	Então, uma meta importante seria ajudar você a encontrar um sentido para a vida.
Arthur:	Sim. (*suspira*) Ma eu não tenho esperança que isso aconteça.
Terapeuta:	Bem, deixe-me perguntar. Você já imaginou uma cena em que você levanta e pensa sobre o seu dia e automaticamente sente como se você tivesse uma proposta – que você fará algumas coisas importantes?
Arthur:	(*pensa*) Não, eu acho que se eu pudesse fazer isso eu não estaria aqui.
Terapeuta:	Você tem a sensação de que outras pessoas têm um propósito?
Arthur:	Sim, eu acho que sim... Elas têm empregos que consideram importantes, ou famílias ao qual precisam prover.
Terapeuta:	Isso é algo que você gostaria de ter?
Arthur:	Não, eu acho que não.
Terapeuta:	Por quê?
Arthur:	Eu não consigo me ver mantendo um emprego. A maioria dos trabalhos são maçantes. Eu sei que eu não estou trabalhando agora, mas eu tive muitos empregos no passado. Eu sempre os odiei. Quero dizer, qual é problema? Você se escraviza por um pouco de dinheiro enquanto que seu chefe, ou o proprietário da companhia, está ganhando milhões. Então você vai para casa e as horas passam até que você vá dormir, levantar e voltar para o trabalho novamente. Isso é ainda pior se você tem uma esposa e filhos, ou alguma coisa, você tem que continuar trabalhando senão eles ficarão famintos.
Terapeuta:	Estou convencida, isso me parece desanimador! Não é de admirar que você não saiba se pode melhorar sua vida.
Arthur:	De qualquer modo, para que tudo isso? Você trabalha, você come, você dorme e então morre.

O paciente continuou a descrever suas crises existenciais por alguns minutos, questionando seu lugar no mundo e a futilidade de trabalhar e tentar agradar alguém, sabendo que a pessoa morrerá um dia. A terapeuta resumiu as preocupações do paciente e confirmou a sua compreensão sobre as dificuldades dele. Depois, ela fez uma orientação psicológica:

Terapeuta:	Veja, suas dúvidas são importantes, são questões essenciais. Eu penso que a terapia pode ajudá-lo a descobrir algumas respostas, embora muitos de nós lutemos com elas, de alguma forma, durante a nossa vida. (*pausa*) Contudo, o que vemos é que as pessoas acham que essas questões são quase *impossíveis* de responder quando elas estão depressivas. (*pausa*) Uma vez que elas são tratadas e a depressão cede, as pessoas obtêm mais sucesso.
Arthur:	Hum!

Terapeuta: O que você pensa sobre isso?
Arthur: Eu não sei. (*pausa*) Eu preciso pensar. (*pausa*) O que eu tenho que fazer para ficar menos depressivo?
Terapeuta: (*antecipando que Arthur rejeitará o plano*) Agora, eu não estou dizendo que uma fórmula-padrão funcionará para você. Mas muitas pessoas, com ou sem estas questões, precisam reorganizar o que elas estão fazendo. Por exemplo, você me disse que passa grande parte do seu dia assistindo TV, lendo jornal ou na internet. Esta fórmula funciona para você? Ela tem feito com que você se sinta cada vez menos depressivo?
Arthur: (*pensa*) Não, eu acho que não.
Terapeuta: Então, provavelmente será muito importante mudar suas atividades.
Arthur: Eu não estou certo de que eu *quero* fazer isso. Quero dizer, eu tentei isso anteriormente e realmente nunca me levou a lugar nenhum.
Terapeuta: Arthur, eu não posso *garantir* que isso levará você a algum resultado desta vez também. Mas me diga, em suas experiências prévias de terapia você determinou metas como ter mais satisfação durante o dia ou aprender o que fazer quando você percebe que está pensando de maneira depressiva? O terapeuta estabeleceu uma agenda com você para todas as sessões, como eu estou fazendo e sugeriu coisas para fazer em casa toda semana?
Arthur: Não...
Terapeuta: Isso é bom. Porque se esta terapia fosse exatamente como as outras experiências eu ficaria menos esperançosa. (*antecipando que Arthur possa ficar nervoso com as mudanças que ele terá que fazer*) Mas eu quero dizer uma outra coisa. É difícil para eu prever se precisamos trabalhar mais rápido, ou mais vagarosamente. Se você encontrar dificuldades com essa maneira de pensar e se comportar, nós teremos que ir mais vagarosamente. (*fazendo Arthur se sentir no controle*) Você deverá estabelecer a velocidade. (*pausa*) Você se dispõe a pensar sobre isso durante a semana e voltar na próxima semana para me dizer o que pensou sobre essa forma de trabalhar – ou se nós precisamos de um novo método?

A terapeuta conceituou que Arthur poderia estar focando as questões existenciais como uma estratégia para evitar progredir em sua vida (p. ex, conseguir um trabalho), já prevendo que poderia falhar como havia acontecido no passado. A terapeuta o orientou psicologicamente e explicou detalhadamente sobre um plano de tratamento *evitando* pedir a Arthur, naquele momento, que se comprometesse com a terapia. Em vez disso, ela tentou que ele se comprometesse em voltar na semana seguinte para trabalhar num plano terapêutico que se ajustasse a ele. Arthur retornou para a segunda sessão, mas ainda não tinha certeza sobre como devia ser a terapia. A terapeuta o envolveu na avaliação das vantagens e desvantagens de focar inicialmente as questões existenciais e as vantagens e desvantagens de focar um método-padrão para tratar sua depressão, antes que eles abordassem as questões existenciais.

Após essa discussão, Arthur concordou em tentar o método-padrão por quatro sessões, até que ele pudesse avaliar se estavam no caminho certo. Em vez de determinar metas abrangentes nesta sessão, eles estabeleceram duas metas relativamente confortáveis: (1) Arthur tentaria estruturar seu tempo para que pudesse ter mais satisfação e alegria no que ele fazia e (2) tentaria monitorar e reagir aos pensamentos automáticos que interferiam na sua satisfação e alegria. A terapeuta postergou a determinação de metas adicionais por várias sessões, até que Arthur tivesse um sucesso inicial com essas metas e ambos ganhassem credibilidade aos olhos um do outro.

As crenças centrais de Arthur eram de inadequação, inferioridade e fracasso. Sua regra é que ele falharia se tentasse melhorar sua vida. Conseqüentemente, ele usou uma estratégia compensatória de enfoque excessivo nas questões existenciais para evitar o confronto com problemas atuais.

Exemplo de caso 7: Paciente evita estabelecer uma meta importante

Jenna era uma jovem de 19 anos que vivia com seus pais. Sua mãe a trouxe para tratamento por causa de depressão e irritação. Inesperadamente Jenna havia desistido do seu trabalho como garçonete, três semanas antes, tentando o suicídio por causa de um comentário maldoso de uma colega de trabalho. Na primeira sessão, Jenna antecipou que a terapeuta tentaria fazê-la voltar ao trabalho e então declarou que ela não tinha esta intenção.

Terapeuta: O que você quer obter com a terapia?
Jenna: (*com um tom de voz zangado*) Eu não sei.
Terapeuta: Bem, em que sentido você gostaria que a sua vida fosse diferente?
Jenna: Eu sei que eu deveria dizer que quero voltar ao trabalho, mas a verdade é que eu não quero. (*com veemência*) E eu *não* voltarei. (*Olha firmemente para a terapeuta*).
Terapeuta: Eu sei que o emprego foi muito ruim para você no último mês.
Jenna: (*demonstrando repulsa*) É uma saco. As pessoas que trabalham lá e os clientes também são um saco.
Terapeuta: Bem, não me admira que você não queira voltar.
Jenna: (*sarcasticamente*) Sim, sem brincadeira. De qualquer modo, eu *não* posso voltar. É muito ruim. Provavelmente eu ficarei depressiva e tentarei me matar novamente.
Terapeuta: Bom, eu posso ver que é melhor não tentar convencê-la a voltar. Quais são suas escolhas?
Jenna: Eu não sei. Acho que é ficar em casa.
Terapeuta: Você pode fazer isso?
Jenna: Minha mãe me mataria. Ela está muito brava comigo agora, porque eu não quero voltar para o meu trabalho. Ela ameaçou me colocar para fora de casa se eu não voltar atrás. Mas eu não acre-

	dito que ela faça isso. De qualquer modo, se ela fizer isso eu me mudo para casa da minha amiga Denise.
Terapeuta:	Então, uma meta para a terapia é ajudá-la a planejar o que você quer fazer – nas próximas semanas e depois a longo prazo.
Jenna:	(*zangada*) Qualquer coisa.
Terapeuta:	(*oferecendo uma escolha*) A menos que você prefira descobrir sozinha.
Jenna:	(*indiretamente reconhecendo que precisa de ajuda*) Eu sei que minha mãe tornará as coisas impossíveis para mim.
Terapeuta:	Então uma outra meta poderia ser lidar de maneira diferente com a sua mãe?
Jenna:	(*sarcasticamente*) Como se fosse possível!
Terapeuta:	Bem, você pode estar certa. Ou pode estar errada. Parece que você está muito frustrada com ela agora.
Jenna:	Sim.
Terapeuta:	Talvez você possa aprender como falar com ela de maneira diferente. Isso pode não surtir efeito – mas poderá novamente ajudar você a compreender o que quer.
Jenna:	(*reconhecendo que a terapeuta não insistirá na meta de voltar ao trabalho, começa a pensar mais seriamente sobre a alternativa*) Veja, eu realmente não sei sobre o trabalho. Eu definitivamente não quero voltar para *aquele* trabalho. Mas estou ficando sem dinheiro.
Terapeuta:	(*esclarecendo*) Talvez ajudasse se nós falássemos em conseguir um novo emprego, um emprego melhor?
Jenna:	Acho que sim.
Terapeuta:	(*antecipando que Jenna pode se sentir ansiosa com a possibilidade de voltar a trabalhar*) Mas Jenna, se você realmente decidir voltar a trabalhar, nós teremos que fazer alguma preparação. Seria realmente importante que você se sentisse mais confortável... Certo?
Jenna:	(*balançando a cabeça afirmativamente*).
Terapeuta:	(*escreve a meta*) Certo, deixe me ver. (*resumindo*) Nós tomamos uma decisão sobre o trabalho, talvez aprender como falar com sua mãe de maneira diferente e o que fazer para que o próximo emprego seja melhor...
Jenna:	Eu não sei. Todas as coisas são desgastantes.
Terapeuta:	Por exemplo.
Jenna:	(*suspira*) Eu faço a mesma coisa todos os dias. Minha mãe me telefona e me incomoda para levantar e fazer as coisas. Mas eu não tenho energia! Eu telefono para meus amigos, mas não tenho nada a dizer. Então eu ouço tudo o que aquele rapaz fez para aquela garota e como esta garota está zangada com aquela garota. É chato!
Terapeuta:	Parece que você precisa ter mais prazer em seu dia.
Jenna:	Sim, mas eu me sinto muito cansada para fazer qualquer coisa.

Terapeuta:	Oh, então talvez a meta devesse ser "Encontrar coisas prazerosas para fazer que não consumam muita energia". Isso parece bom?
Jenna:	Sim.
Terapeuta:	Tudo bem, essa é uma lista razoável de metas. Você estaria disposta a examiná-la essa semana e ver se há algo mais que você queira adicionar – alguma coisa que você queira fazer fora da terapia?
Jenna:	Certo.

A terapeuta estabeleceu algumas metas iniciais com uma paciente que não demonstrava disposição. Ela surpreendeu Jenna não insistindo com a volta imediata ao trabalho. A terapeuta acreditava que Jenna deveria retornar ao trabalho, mas sabia que elas precisavam trabalhar juntas para se certificarem de que a próxima experiência tivesse mais sucesso. Contudo, ela sabia que se impusesse essa meta na primeira sessão provavelmente Jenna se recusaria a voltar para o tratamento.

Na sessão subseqüente, a terapeuta conceituou as dificuldades iniciais apresentada por Jenna para estabelecer metas. Suas crenças centrais estavam relacionadas ao desamparo e à vulnerabilidade. Uma regra-chave foi "Se eu voltar a trabalhar, as pessoas poderão me humilhar e eu não serei capaz de lidar com isso". Conseqüentemente, sua estratégia compensatória era continuar evitando o trabalho e demonstrar firmemente, na terapia, que ela não tinha a intenção de retorna ao trabalho.

Exemplo de caso 8: Paciente se recusa a fazer terapia

Charlie, um administrador de 47 anos, apresentava transtorno da personalidade obssessivo-compulsiva, sem diagnóstico do Eixo I. Uma dificuldade potencial no estabelecimento de metas se tornou aparente na primeira sessão terapêutica. Antes da estrutura comum da primeira sessão, a terapeuta sugeriu que o primeiro tópico para discussão fosse o envolvimento do paciente no tratamento. A terapeuta rapidamente ofereceu uma meta que pensou ser agradável, fazendo com que Charlie se sentisse estimulado a permanecer na terapia.

Charlie:	Eu tenho que te dizer, eu não sei realmente porque eu estou aqui. Foi uma idéia da minha esposa. Ela diz que eu preciso de terapia. Na verdade, ela disse que poderia me deixar se eu não viesse.
Terapeuta:	Então, eu suponho que a primeira coisa que nós devemos abordar é se essa sessão é única ou se você pensa que a terapia poderia ajudar você de alguma forma.
Charlie:	Bem, como eu disse, foi idéia da minha esposa.
Terapeuta:	Você pode me dizer o que ela diria se estivesse aqui? Se eu perguntasse a ela: Por que você quer que Charlie faça terapia? O que ela diria... ?
Charlie:	Ela me culparia da sua infelicidade. Ela diria que eu não falo com ela o suficiente, que eu não "divido" as coisas com ela, ou coisas assim. Ela diria que eu trabalho muito e que me divirto pouco.

Terapeuta:	Você pensa que ela está certa?
Charlie:	Eu não sei o que ela quer de mim. Ela *sabe* que meu trabalho é realmente difícil. Mas ela *gosta* do dinheiro que eu ganho.
Terapeuta:	Você disse que ela está tão infeliz que poderia deixá-lo?
Charlie:	Bem, ela disse isso. Eu não sei ao certo.
Terapeuta:	E como você se sente – se ela se for?
Charlie:	Eu *não* quero que ela se vá. Eu realmente não quero. Eu quero apenas que ela me deixe em paz.
Terapeuta:	Então, sua meta na terapia seria descobrir o que fazer para melhorar as coisas? Talvez nós possamos descobrir algumas coisas relativamente fáceis que você pudesse fazer e que fossem significativas para ela.
Charlie:	Eu não sei. Eu preciso pensar sobre isso.
Terapeuta:	Tudo bem. (*conjeturando*) Neste momento, haveria algo ruim em fazer pequenas mudanças? Significaria, por exemplo, que ela venceu e você perdeu, ou alguma coisa assim?

Charlie estava se sentindo desamparado e como ele relatou alguns minutos mais tarde, desprezado e inferiorizado pelas críticas da sua esposa. Após alguns questionamentos ele insinuou que queria continuar casado, embora, inicialmente, ele não quisesse fazer nenhuma mudança para melhorar o casamento. De maneira inteligente a terapeuta sugeriu que ele pensasse em fazer algumas *pequenas* mudanças, mas não pediu que ele se comprometesse com essa meta. Ela o ajudou a examinar as vantagens e desvantagens desta meta e tirar sua própria conclusão quanto à mudança do seu comportamento para com a sua esposa.

RESUMO

O progresso dos pacientes na terapia melhora quando eles têm uma imagem clara do que eles querem e de como conseguir isso. Determinar metas comportamentais específicas é uma parte importante do processo. Muitas dificuldades no tratamento podem ser determinadas por uma falta de reciprocidade no acordo quanto às metas. Nesses casos, a terapia pode não ter um foco claro ou o terapeuta e o paciente podem estar, implicitamente, em disputa. Freqüentemente, um problema para ajudar os pacientes a determinar metas está relacionado aos tipos de questões que os terapeutas utilizam ou o quanto eles persistem quando as questões iniciais são ineficazes.

Contudo, em alguns casos o problema está relacionado às crenças centrais e estratégias problemáticas do paciente. É muito importante que os terapeutas identifiquem esses problemas, para que possam trabalhar com os pacientes na conceituação dessas dificuldades e modificação das intervenções, quando necessária, a fim de fazer um acordo quanto ao direcionamento da terapia.

capítulo 8

Desafios na estruturação da sessão

Os terapeutas cognitivos geralmente empregam uma estrutura-padrão nas sessões, planejada para oferecer um tratamento tão eficiente e efetivo quanto possível. Este capítulo ressalta a estrutura recomendada, descreve como usar e variar as estratégias-padrão para aderir à estrutura. São apresentadas regras disfuncionais dos pacientes e terapeutas juntamente com as soluções para problemas comuns que os terapeutas encontram ao praticar os elementos estruturais específicos da sessão. Finalmente, são descritas as condições sob as quais não se recomenda empregar a estrutura-padrão.

ESTRUTURA-PADRÃO

No início das sessões, o terapeuta restabelece a relação com o paciente e verifica as mudanças ocorridas em relação aos sintomas, ao nível de bem-estar e às atitudes. Por meios de perguntas eles descobrem como foi a semana, os pontos altos e baixos, os problemas e sucessos que seus pacientes experimentaram. Revisam a tarefa. Concluem se o paciente previu o aparecimento de problemas significativos antes da próxima sessão. A coleta destes dados por meio da lista de checagem de sintomas e o questionamento verbal ajuda o terapeuta a formular uma estratégia para a sessão. O principal pensamento do terapeuta é:

- "Como eu posso ajudar o paciente a se sentir melhor no final dessa sessão?"
- "Como eu posso ajudá-lo a ter uma semana (s) melhor (até que eu o veja novamente)?"

Esta primeira parte crítica da sessão terapêutica pode ser relativamente curta se os pacientes conseguem relatar, de maneira concisa, a informação que os terapeutas precisam – ou pode levar um quarto ou mesmo um terço da sessão, especialmente se o paciente tem muita informação para dar e/ou se o terapeuta cometeu um erro não interrompendo o paciente quando necessário.

Na próxima parte da sessão o terapeuta prioriza a agenda com o paciente e discute o primeiro problema. Ele coleta, novamente, dados sobre o problema para formular uma estratégia. Por exemplo, eles devem trabalhar diretamente com a solução de problemas? Descobrir e examinar as cognições-chave disfuncionais? Focar no treinamento de habilidades relevantes? Fazer alguma outra coisa? A discussão do problema naturalmente conduz a uma tarefa. Este procedimento se repete no segundo problema (e terceiro, se houver tempo).

No final da sessão, o terapeuta assegura-se de que eles têm o mesmo entendimento das idéias mais importantes discutidas na sessão e que eles registraram (em papel ou fita cassete), as conclusões mais importantes alcançadas na tarefa. Finalmente, o terapeuta pede um *feedback*.

Algumas vezes, os terapeutas têm dificuldades para instituir ou manter essa estrutura por várias razões. Pois, como em muitas questões terapêuticas, pode haver um problema prático (p. ex, o terapeuta não interrompe o suficiente), um problema psicológico (o paciente tem crenças interferentes como: "Se eu deixar que a terapeuta estruture a sessão, isso mostrará que ela é forte e eu sou fraco") ou os dois tipos de problemas. Neste capítulo, primeiramente são apresentadas à aplicação e variação das estratégias-padrão para estruturar a sessão terapêutica. Depois são discutidas as crenças centrais típicas inadequadas da terapeuta e do paciente. Finalmente são apresentadas as dificuldades de cada parte estrutural da sessão.

UTLIZAÇÃO E VARIAÇÕES DAS ESTRATÉGIAS-PADRÃO PARA ESTRUTURAR AS SESSÕES

Muitos problemas na estruturação das sessões ocorrem por erro do terapeuta. O terapeuta pode não familiarizar o paciente adequadamente para negociar a estrutura, uando houver necessidade, compassar a sessão de forma eficaz, ou interromper o paciente quando necessário. É importante educar os pacientes de forma que eles entendam que a estruturação da sessão capacita o terapeuta a ajudá-los na solução de seus problemas de maneira mais eficiente e efetiva.

Os pacientes que já estavam em tratamento, relativamente sem estrutura, de início podem achar desconcertante o método estruturado da terapia cognitiva. Mas se não há regras interferentes, eles estão sempre disposto a experimentar um método diferente, especialmente se os terapeutas são cuidadosos para dizer que pedirão um *feedback* e em conjunto concluir sobre a utilidade da estrutura para o paciente. É muito útil para alguns pacientes utilizarem o formulário "Preparação para Terapia" (J. Beck, 2005), pois ele facilita a organização dos seus pensamentos e reconhecimento do que é importante de ser relatado aos seus terapeutas no inicio da sessão.

Negociação da estrutura das sessões

Algumas vezes, os terapeutas precisam negociar a estrutura da sessão com os pacientes. Alguns destes realmente não têm ninguém em suas vidas com quem eles possam falar sobre seus problemas. Outros pacientes não conseguem concentrar-se na avaliação de suas cognições ou resolver problemas, até que desabafem com o terapeuta. Pacientes como esses, freqüentemente, se beneficiam de um período de tempo no inicio das sessões para falar ininterruptamente. Tendo conceituado esta necessidade, os terapeutas podem fazer um acordo para permitir que eles falem nos primeiros 10 ou 15 minutos de todas as sessões (pelo menos inicialmente). No final desse tempo, os terapeutas devem resumir os pontos mais importantes levantados pelo paciente, avaliar o seu entendimento preciso do relato do paciente e então usar o monólogo do paciente para criar os itens importantes da agenda. Eles podem então usar uma estrutura mais padronizada para o restante da sessão: avaliar o humor, estabelecer uma ponte entre as sessões, discutir itens da agenda, etc. Entretanto, é importante que os terapeutas estabeleçam uma variação quando necessário e jamais considerar inicialmente que o paciente não se beneficiará de uma estrutura-padrão.

Ritmo

Outra habilidade essencial para estruturar eficientemente as sessões é a velocidade. Terapeutas precisam, continuamente, monitorar o tempo restante da sessão e cuidadosamente orientar a discussão, de forma que eles possam ajudar os pacientes a se sentirem melhor no final da sessão e prepará-los para ter uma boa semana. É conveniente ter dois relógios no consultório para que os terapeutas e os pacientes possam se responsabilizar pelo monitoramento do tempo. Os terapeutas devem finalizar a discussão do último problema 5 a 10 minutos antes do final da sessão. Fazendo isso, terapeutas e pacientes chegam ao fechamento de um problema (ou concordam em discuti-lo na próxima sessão), revêem e registram as conclusões mais importantes da sessão, escolhem a tarefa e discutem o *feedback* do paciente sobre a sessão.

Interrupção

Os terapeutas não conseguem compassar as sessões e atingir as metas terapêuticas a menos que eles cuidadosamente interrompam o paciente. Inicialmente, os pacientes não sabem o que o terapeuta precisa saber para ajudá-los de maneira eficaz. Alguns pacientes (e terapeutas), pensam que os terapeutas precisam saber todos os detalhes sobre a história do paciente e sobre cada problema para poder ajudar. Ou que eles precisam saber todas as coisas que desafiam o paciente ou que está em sua mente. Na verdade, os terapeutas geralmente precisam ter informação suficiente para conceituar qual problema é mais importante de ser trabalhado no contexto da solução de problemas, que informação básica é mais importante e quais cognições e comportamentos precisam ser modificados.

Contudo, é importante que os terapeutas interrompam gentilmente os pacientes – por exemplo: "Eu posso te interromper por um momento? Eu quero me certificar se eu entendi o que você está dizendo"; ou "Eu posso te fazer uma pergunta sobre isso?"; ou "Lamento interrompê-lo, mas eu preciso saber..." Os pacientes que se irritam com a interrupção normalmente demonstram uma mudança no envolvimento, na linguagem corporal ou no tom de voz. Os Capítulos 4 e 5 descrevem o que fazer nestes casos. Se os terapeutas estão inseguros quanto ao efeito das suas interrupções no paciente, eles podem simplesmente perguntar:

> ■ *"Lamento interromper você, mas é importante para mim [ter uma imagem completa/ter a compreensão da extensão do seu problema/descobrir o que é mais irritante para você]. Isso te incomoda muito?"*

Se o paciente responde afirmativamente, o terapeuta pode negociar a estrutura da sessão ou saber se o paciente está disposto a tolerar as interrupções – e então decidir, no final da sessão, se há a necessidade de uma mudança na próxima sessão.

REGRAS DISFUNCIONAIS DE PACIENTES E TERAPEUTAS

Os pacientes possuem regras típicas que interferem com a execução de uma estrutura-padrão e freqüentemente reflete pensamentos disfuncionais a respeito de si mesmos, do terapeuta e do fato de estar em terapia:

- "Se a terapeuta me interrompe significa que ela não se importa/não quer ouvir o que eu penso/está tentando me controlar/está me humilhando."
- "Se a terapeuta me interrompe, ela perderá informações importantes que ela precisa saber para me ajudar/ não me entenderá."
- "Se a terapeuta estrutura a sessão, eu me sentirei desconfortável/tenho que me revelar/tenho que enfrentar e trabalhar meus problemas."

Algumas vezes, os terapeutas também produzem regras inadequadas:

- "Se eu interromper o paciente, eu perderei uma informação importante."
- "Se eu estruturar a sessão, eu prejudicarei nossa aliança."

Os terapeutas com esses tipos de regras precisam avaliar seus pensamentos e fazer experimentos para testá-los. Se os terapeutas perdem uma informação importante eles podem conseguir outras informações por meio de perguntas. Se a aliança é prejudicada, eles podem trabalhar para repará-la.

Quando os pacientes estão irritados, eles tendem a focar a situação perturbadora mais recente ou o fato que durou mais tempo. Algumas vezes, esses tópicos *são* de grande importância. Contudo, a menos que os terapeutas interrompam os pacientes, eles freqüentemente não reúnem dados suficientes para chegar a essa conclusão. *A falha em interromper o paciente priva os terapeutas da oportunidade de pensar sobre o que os ajudará mais, para que possam obter um maior benefício da sessão.*

Harriet, por exemplo, veio para a sessão muito perturbada; ela havia acabado de brigar com sua filha adulta. Se o terapeuta de Harriet não a tivesse interrompido, ele jamais descobriria que ela estava enfrentando um problema muito mais difícil: iria ficar sem o benefício saúde, por não ter preenchido os formulários necessários, além de não querer conversar com a assistente social responsável pelo seu caso.

Algumas vezes, os terapeutas se beneficiam das respostas bem ensaiadas para suas regras disfuncionais – por exemplo:

> Interromper esse paciente é desconfortável para mim. Mas eu sei, por experiência anterior, que *não* interrompê-lo significa que nós não conseguiremos realizar muita coisa. Eu posso tentar interromper e ver o que acontece. Se ele ficar perturbado, eu posso me desculpar e dizer a ele que eu o estou interrompendo porque é muito importante para mim ajudá-lo a resolver seus problemas. Por outro lado, isso pode não ser realmente um problema.

SOLUÇÃO DE PROBLEMAS NA ESTRUTURAÇÃO DA SESSÃO

Os problemas na utilização da estrutura-padrão são apresentados neste capítulo e no Capítulo 9. Esta sessão discute as dificuldades ocorridas no inicio das sessões (enquanto o terapeuta verifica o humor dos pacientes, estabelece a agenda, faz a ponte entre as sessões terapêuticas e prioriza os itens da agenda) e no final das sessões (enquanto resume e solicita *feedback*). O próximo capítulo descreve problemas no decorrer da sessão-padrão: discussão sobre os tópicos da agenda e determinação de tarefa.

É importante observar que os elementos-padrão do inicio da sessão terapêutica, são apresentados aqui como itens separados. Na realidade, os terapeutas experientes freqüentemente combinam esses elementos.

Checagem do humor

É valioso solicitar aos pacientes que preencham listas de verificação dos sintomas, como o Beck Depression Inventory (Beck, 1961), Anxiety Inventory (Beck, Epstein, Brown e Steer, 1988) e Hopelessness Scale (Beck, Weissman, Lester e Trexler, 1974), antes de cada sessão. Nossos pacientes podem mensurar numa escala de 0-10 ou 0-100, o seu humor ou simplesmente avaliar sua irritação como baixa, média ou alta. Além disso, os terapeutas devem pedir um relatório subjetivo sobre como o paciente se sentiu na semana anterior comparada às outras semanas. Algumas vezes, entretanto, os pacientes ficam irritados por ter que avaliar seu humor. O exemplo a seguir ilustra como o terapeuta adiantou a checagem-padrão do humor para manter intacta uma aliança terapêutica tênue.

Embora Andrea tenha preenchido a lista de checagem de sintomas e outros formulários na avaliação inicial ela se recusou categoricamente a fazê-lo novamente antes da primeira sessão terapêutica. ("Eu certamente não as preencherei").

Concluindo que esse problema não era tão importante comparado aos outros problemas de Andrea, a terapeuta retirou o pedido e tentou obter as informações de outra maneira.

Terapeuta: Você preencheu os formulários [de depressão e ansiedade]?
Andrea: (*relutantemente*) Não.
Terapeuta: Eu gostaria de ter uma idéia de como você está se sentindo desde a avaliação. Você poderia preenchê-los depois da sessão?
Andrea: Eu *realmente* não quero. Eles não servem para mim.
Terapeuta: Então, vamos descobrir uma outra maneira de você avaliar seu humor. Você pode me dizer se a pontuação 100 é a mais alta pontuação de depressão que você já sentiu e a pontuação zero significa que você não se sente depressiva, sendo assim, no geral, como você estima seu humor esta semana?
Andrea: (*irritada*) Eu não sei. (*pausa*) Eu odeio fazer isso. Parece tão artificial.
Terapeuta: Você prefere me dizer com suas próprias palavras como você está se sentindo esta semana, comparada às outras semanas?
Andrea: Eu não sei. Eu me sinto inútil, é assim que eu me sinto.
Terapeuta: (*com empatia*) Lamento – parece que você teve outra semana ruim.
Andrea: Sim.
Terapeuta: (*tentando ter informações mais específicas*) Qual foi o pior momento da semana?
Andrea: Ela foi toda ruim.
Terapeuta: Você pode me dar um exemplo de *um* momento ruim? (*oferecendo uma escolha*) Foi nos últimos dois dias da semana? Ou no inicio da semana?
Andrea: (*pensa*) Eu disse a você, tudo foi ruim.
Terapeuta: (*tentando a percepção oposta*) Quando houve um momento que não foi tão ruim como os outros? (*oferecendo uma escolha*). Assistiu alguma coisa boa na televisão, fez uma boa refeição?
Andrea: Eu assisti um [*reality show*]. Foi muito bom.
Terapeuta: Então houve pelo menos um momento um pouco mais positivo na sua semana. (*conversando*) Você assistirá ao programa novamente?
Andrea: Sim, eu sempre assisto.
Terapeuta: Isso é bom. (*oferecendo um raciocínio para a avaliação do humor*) Veja, uma das razões de eu perguntar a você como estava o seu humor durante a semana é descobrir o que estava bom – então você repetir isso. E o que foi ruim – nós podemos tentar consertar. Falando de uma maneira geral, você pensa que seu humor nessa semana foi tão ruim quanto à semana passada, o mês passado? Ou há pontos melhores agora? Você consegue apreciar outros shows como [o *reality show*]?
Andrea: (*pensa*) Eu acho que não. Eu não vejo muita diferença. Talvez um pouco pior agora.

Terapeuta: Ótimo, eu gostaria de continuar conversando sobre seu humor no inicio de todas as sessões, então eu saberei se nós estamos caminhando na direção certa ou se precisamos mudar alguma coisa na terapia. Certo?
Andrea: (*relutante*) Certo.

A terapeuta foi flexível e comprometida. Se ela pressionasse Andrea para mensurar seu humor a tênue aliança terapêutica provavelmente teria deteriorado. No inicio da segunda sessão terapêutica, a terapeuta gentilmente investigou a disposição da paciente para avaliar seu humor.

Terapeuta: O que você acha de eu pedir a você uma avaliação do seu humor, isso te irritaria?
Andrea: Sim, provavelmente.
Terapeuta: Então eu não pedirei isso hoje, mas eu posso pedir que você me diga o que você sente quando eu pergunto a você sobre o seu humor?
Andrea: É frustrante. Eu não posso dar a você uma resposta curta sobre como eu me sinto. É muito complicado.
Terapeuta: Você acha importante que eu entenda mesmo sendo complicado?
Andrea: Não, não. Eu prefiro falar sobre outra coisa.
Terapeuta: Tudo bem. (*mudando de assunto para preservar a aliança*) Nós podemos fazer a agenda? Que problema você quer abordar hoje?

Recusar-se a avaliar o seu humor foi apenas uma das dificuldades apresentadas por Andrea. Ela também mudou de assunto quando sua terapeuta pediu para descrever um dia típico da semana anterior. Ela insistiu na elaboração da agenda que incluiu somente uma descrição dos muitos traumas vividos por ela enquanto crescia em sua família "disfuncional". As dificuldades de Andrea em focar o seu humor atual, atitudes e problemas se originaram da regra "Se eu falar sobre meus problemas [atuais], eu me sentirei muito mal". Inicialmente, a terapeuta não utilizou a checagem-padrão do humor. Com o tempo, assim que Andrea se sentiu à vontade para discutir seus problemas atuais na terapia, ela se tornou mais cooperativa em toda a sessão, inclusive permitindo à terapeuta fazer a checagem-padrão do humor.

Determinação de uma agenda inicial

Os terapeutas podem pedir aos pacientes que listem os problemas para a agenda logo no inicio da sessão, então juntam os tópicos adicionais à medida que eles aparecem durante a ponte com a sessão anterior. Após a ponte, o terapeuta pode resumir os itens da agenda reunidos até esse momento e verificar se os pacientes têm outros itens que gostariam de discutir.

Perguntar aos pacientes o que eles gostariam de colocar na agenda resulta em tópicos de orientação de problemas. Mas fazer questões gerais para alguns pacientes, como "Sobre o que você quer falar esta semana?" ou "O que você acha que nós devemos discutir?", algumas vezes leva a itens da agenda que não ajudam no progresso do paciente. Com esses pacientes é melhor perguntar:

> ■ "Para quais problemas você quer a minha ajuda hoje?"

Essa pergunta, porém, ainda é muito abrangente para alguns pacientes, particularmente para aqueles que não estão reagindo bem ao tratamento. O terapeuta talvez precise direcionar os assuntos da agenda (p. ex, "Asher, tudo bem se nós verificarmos como você está administrando sua casa, tomando seus remédios e interagindo com os outros? Diga-me se existe alguma a coisa mais para a nossa agenda").

Várias dificuldades podem ocorrer ao tentar estabelecer uma agenda inicial com pacientes que representam um desafio. Eles podem:

- Não responder.
- Revelar uma relutância por estar em terapia.
- Evitar citar um problema importante.
- Descrever um problema em vez de citá-lo.
- Sentir-se sobrecarregado após citar muitos problemas.

Estas dificuldades são discutidas a seguir.

Quando o paciente diz: "Eu não sei"

Algumas vezes uma resposta "Eu não sei" é genuína; os pacientes podem sentir-se sobrecarregados por tantas dificuldades ou por uma emoção tão intensa que precisam de mais perguntas para que consigam especificar o assunto a ser trabalhado. Algumas vezes, uma falha na resposta indica um problema na aliança: (p. ex, "Se eu me mostro vulnerável contando a terapeuta os meus problemas, ela me prejudicará"). Algumas vezes reflete a estratégia compensatória de evitação do paciente: (p. ex., "Se eu colocar 'procurar um emprego' na agenda, eu terei que tentar encontrá-lo – e eu não quero fazer isso").

Exemplo de caso

Arthur, um homem de 31 anos, cronicamente depressivo, estava desempregado e ainda vivia com seus pais, inicialmente queria apenas discutir questões existenciais. No começo do tratamento ele se mostrava desinteressado e relutante em estabelecer a agenda. A terapeuta mudou a revisão da sua semana para tentar envolvê-lo e identificar problemas importantes para a agenda.

Terapeuta: Que problema você quer abordar hoje?
Arthur: (*hesita*) Eu não sei.
Terapeuta: (*olhando as anotações da sessão anterior*) Você acha que nós devemos falar sobre o problema com seus pais? Ou a falta de satisfação com a sua vida?
Arthur: Suponho que sim.
Terapeuta: Alguma coisa mais?
Arthur: Não realmente.
Terapeuta: (*fazendo a ponte com a última sessão*) Certo, vamos falar sobre isso. O que aconteceu esta semana que eu deva saber? Como foi a semana?

Depois de discutir os itens da ponte com a sessão anterior, a terapeuta fez uma segunda tentativa para estabelecer a agenda.

Terapeuta: (*resumindo*) Certo, parece que as coisas ainda estão muito ruins com seus pais, mas houve momentos, nessa semana, que você sentiu-se um pouco menos depressivo. Sobre o que nós devemos falar um pouco mais agora? Há algum outro problema que você queira trabalhar?

Quando os pacientes relutam para estabelecer uma agenda porque eles não querem se envolver na terapia

Arthur, o paciente discutido anteriormente, continuou relutante em estabelecer uma agenda porque ele não queria se tratar. A terapeuta precisou apresentar um motivo estimulante para o paciente para mantê-lo interessado na terapia.

Arthur: Veja, eu realmente não quero falar sobre nada. Na verdade eu não queria estar aqui.
Terapeuta: Então foi difícil para você vir hoje?
Arthur: Sim, mas eu tinha que vir. Meus pais insistiram.
Terapeuta: Então você não teve escolha. Se eu fosse você eu me sentiria muito ressentido.
Arthur: Sim, quero dizer, a terapia foi idéia *deles,* não minha.
Terapeuta: Você sente como se eles tentassem empurrar você para as coisas? Ou é apenas com a terapia que eles têm insistido?
Arthur: Não, eles sempre fazem isso.
Terapeuta: Você pode me dar mais alguns exemplos?

Aqui a terapeuta envolve o paciente demonstrando empatia com sua relutância e em vez de estabelecer uma agenda inicial, permite que ele se expresse. Depois, a terapeuta envolve o paciente com a escrita de um item na agenda, de maneira agradável a ele:

Terapeuta: Parece que seus pais estão realmente tentando controlar você – não apenas dizendo a você o que você precisa fazer e o que você não deve fazer – mas também fazendo com que você se sinta muito mal. Você quer falar sobre uma maneira deles não controlarem tanto seu humor?
Arthur: (*parecendo mais interessado*) O que você quer dizer?
Terapeuta: Parece-me que você continuará se sentindo irritado por muito tempo ainda, especialmente quando você estiver pensando sobre o quanto eles pressionam e criticam você. (*pausa*) Você gostaria de saber como estar no controle do seu próprio humor? Não ficar tão zangado – a menos que seja bom para *você*?
Arthur: Eu não entendi o que você disse?
Terapeuta: Bem, porque nós não colocamos na agenda "estar no controle do meu próprio humor" e "problema com os pais", para falar hoje. (*pausa*) Antes de falarmos sobre isso, há alguma outra coisa que você queira trabalhar?

Quando os pacientes evitam colocar um problema importante na agenda

Algumas vezes os pacientes, especialmente aqueles que tendem a ser evitativos, colocam itens na agenda, mas não expõem o problema crucial.

Exemplo de caso

Rosa tinha problemas antigos e crônicos com seu irmão. Como ela morava fora do estado e geralmente evitava o contato com ele, os problemas não ocorriam com freqüência. Embora Rosa quisesse falar sobre ele, a terapeuta achou mais importante ajudá-la a encontrar um emprego, já que suas economias logo se extinguiriam.

Terapeuta: Que problemas você quer trabalhar hoje?
Rosa: A briga com meu irmão, eu acho. Ele estava me perturbando para visitar meus pais, então eu briguei com ele.
Terapeuta: Alguma coisa mais?
Rosa: (*pensa*) Ah, se nós tivermos tempo, meu apartamento está uma bagunça.
Terapeuta: (*mencionando um problema contínuo*) E seu progresso na procura de um emprego?
Rosa: Sim, pode ser.

Podem ocorrer dificuldades com essa paciente quando for hora de *priorizar* os problemas na agenda.

Terapeuta:	Certo, vamos descobrir como utilizar o seu tempo. Há o problema com seu irmão, seu apartamento e procurar um emprego. Com qual desses problemas você acha que devemos começar?
Rosa:	Meu irmão. Ele realmente me aborrece.
Terapeuta:	Eu penso Rosa, que nós devíamos falar primeiro sobre o emprego. Preocupa-me o fato do seguro desemprego acabar esse mês. Você tem um plano de emergência no caso de você ainda não ter conseguido um emprego?

Neste ponto, a terapeuta dirige a discussão para o problema que ela considera mais preocupante. Em vez de cooperativamente tomar a decisão de falar sobre o emprego, ela apenas começa a falar sobre ele – procurando informação. Se a paciente se opõe, a terapeuta pode questionar o seu pensamento automático sobre discutir o problema.

Quando a paciente descreve o problema em vez de citá-lo

Os terapeutas precisam familiarizar os pacientes com a terapia, ensiná-los na essência, como obter o máximo de benefício do tratamento. Parte do processo de familiarização é ensiná-los a citar e não descrever seus problemas quando estabelecem a agenda. Freqüentemente os terapeutas têm que interromper e lapidar esta habilidade no paciente.

Exemplo de caso

Anita, uma mulher de 36 anos, doméstica, começou a falar antes mesmo de sentar-se: "Essa foi uma semana terrível. Você sabe, meu marido ficou desempregado no mês passado e está o tempo todo muito irritado. Ele está constantemente reclamando. Como na última noite, eu cheguei em casa um pouco atrasada do café com minhas amigas e ele estava realmente muito aborrecido. Ele está inflexível. Ele quer o jantar na mesa às 18 horas e se não está, ele...".

Terapeuta:	Deixe-me interrompê-la um instante Anita. Então, vamos colocar o problema com seu marido...
Anita:	... sai do normal. Se o jantar está atrasado, parece que isso o leva a uma reviravolta...
Terapeuta:	(*levantando o dedo*) Lamento interrompê-la Anita...
Anita:	Então, demonstrando sarcasmo ele...
Terapeuta:	(*balançando a mão gentilmente*) Anita! Espere um pouco. Isso é realmente importante. Nós podemos chamar isso de "Problema com o Bob?" Você pode escrever isso em uma folha? Eu quero ouvir sobre isso daqui a pouco, mas primeiro eu preciso saber como você está se sentindo, como foi sua semana e que outros

problemas você teve. Você pode me dizer, em poucas palavras, como estava o seu humor nessa semana?

A terapeuta teve que insistir ou não conseguiria obter a informação que precisava para planejar o tratamento para aquela sessão. Pedir ao paciente que escreva o item da agenda não é uma prática comum, mas a terapeuta precisou ser criativa para conseguir com que Anita focasse sua atenção. Isso ajudou a interromper a fluência verbal e permitiu que ela colocasse seu raciocínio em funcionamento de maneira a refletir sobre as questões feitas pela terapeuta. Anita então teve uma reação negativa ao comportamento da terapeuta, que poderia ter seguido as sugestões dos Capítulos 4 e 5, sobre relação terapêutica. Conforme mencionado anteriormente, se ela não tivesse interrompido Anita talvez não tivesse a oportunidade de saber o que era mais importante de ser discutido na sessão. Conseqüentemente, ela poderia não se sentir melhor ao fim da sessão e nem mesmo ter uma semana melhor.

Quando os pacientes colocam muitos problemas na agenda

Algumas vezes os pacientes falam de todos os problemas assim que entram no consultório do terapeuta, sobrecarregando a si mesmos e aos seus terapeutas. O terapeuta precisa interromper e resumir, agrupando os problemas afins sob um único título.

Exemplo de caso

Paciente: Eu tive uma semana difícil. Eu nem sei por onde começar. Estou tendo problemas com o meu vizinho. Novamente. Novamente! Ele está tornando minha vida um inferno. E tem esse problema no trabalho. Wanda – eu já falei sobre ela – ela está cada vez pior, sempre me dizendo o que fazer mesmo não sendo minha supervisora. Ela demonstra superioridade, mas o que eu faço é problema meu e não dela. E Simon [namorado], eu não sei o que está acontecendo com ele. Ele está tão inconstante. Ele disse algo essa semana que foi muito ruim, mas então se desculpou na mesma hora, eu não sei. Eu acho que ficarei sem dinheiro. Eu não sei quanto eu tenho no banco, eu excedi o limite do cartão de crédito e recebi uma carta da agência esta semana. Minha mãe está me deixando louca, me telefonando o tempo todo, ela espera que eu esteja à sua disposição. Eu estou me sentindo mal, acho que ficarei resfriada, mas eu não posso mais faltar ao trabalho ou eles podem me demitir. Quanto a minha colega de quarto, acho que ela está me roubando. Ela não faz a sua parte na limpeza. A cozinha está sempre desarrumada. É revoltante.

Terapeuta: (*interrompendo e resumindo*) Então, vamos ver o que nós devemos trabalhar primeiro. Há um problema com dinheiro, alguns problemas com relacionamentos e a possibilidade de você adoecer. Se nós tivermos tempo para trabalhar um problema, qual deles você acha que será mais importante?
Paciente: Eu não sei. Eu estou com tanta raiva do meu vizinho. E da minha colega de quarto. (*pensa*) Minha colega de quarto, eu acho. Eu posso ignorar meu vizinho, fingir que eu não o vejo.
Terapeuta: Certo, nós podemos começar com a sua colega de quarto. Se nós tivermos tempo para outro problema, qual seria?

Estabelecimento de uma ponte entre as sessões

Nesta parte da sessão, os terapeutas reúnem informações adicionais para estabelecer e priorizar toda a agenda, planejando a sessão de maneira eficiente. Talvez precisem seguir alguns, ou todos esses tópicos, embora não necessariamente nesta ordem:

- Avaliar o funcionamento atual do paciente, através de uma breve revisão da sua semana (incluindo os momentos melhores e piores da semana).
- Prever a aproximação de acontecimentos críticos.
- Discutir reações negativas das sessões anteriores (quando relevante).
- Avaliar a aderência à medicação (quando relevante).
- Rever a tarefa (incluindo a compulsão por/uso de álcool/drogas e a freqüência de comportamentos compulsivos se necessário, etc).
- Avaliar o nível de comprometimento do paciente para alcançar suas metas (quando relevante).
- Avaliar o quanto o paciente acredita em sua crença central (quando relevante).

Esses tópicos são descritos a seguir.

Revisão da semana

Os pacientes variam no grau em que eles relatam, espontaneamente, os dados importantes sobre suas semanas (ou sobre o período desde o último contato com o terapeuta). Alguns deles, mesmo aqueles que não representam desafios relatam muito pouco; outros relatam em excesso. A fim de ajudar o paciente o máximo possível em uma sessão, os terapeutas precisam ter uma visão ampla de como foi a semana e também investigar informações específicas sobre os momentos em que o paciente ficou mais irritado. Os terapeutas podem reconhecer problemas importantes para a agenda, extraídos dos relatos do paciente. É importante observar que alguns pacientes não conseguem relatar espontaneamente problemas em áreas essenciais. Pode ser conveniente revisar rapidamente aspectos específicos da sua atuação para saber se há um problema que deva ser colocado na agenda.

Exemplo de caso

Laura, uma paciente antiga com transtorno bipolar de ciclagem rápida, vinha para a terapia uma vez por semana quando estava em crise, menos freqüentemente quando estava se sentindo melhor e uma vez a cada seis semanas ou dois meses, quando estava relativamente estável. A terapeuta reconheceu o modelo de Laura de colocar na agenda somente o problema que a irritava mais no dia da consulta. Ocasionalmente, Laura não mencionou outros problemas importantes. Contudo, no início de cada sessão, a terapeuta repassava rapidamente uma lista de checagem das áreas críticas na vida de Laura: "Como está o relacionamento com seu namorado? Com sua filha? Quantas vezes você esqueceu de tomar seu remédio desde a última vez que eu nos vimos? Quando você consultou com a psiquiatra? O que ela lhe disse? Você conseguirá fazer a tarefa? Como está o seu relacionamento com sua mãe e sua irmã? Você ainda está lendo a Bíblia diariamente? Você está comendo regularmente? Dormindo? Saindo para caminhar? Fazendo suas obrigações? Uma falha para descobrir e trabalhar prontamente os problemas contribuiriam para o declínio de Laura.

Os terapeutas devem também inquirir sobre os aspectos *positivos* da semana do paciente. Isso permite a eles reforçar o envolvimento em comportamentos funcionais e mudança de seus pensamentos – também reforçar a idéia de que eles foram sobrecarregados, de várias maneiras, pelo seu humor, maneira de pensar e se comportar. Rever acontecimentos positivos pode também ajudar o paciente a perceber que sua vida não será eternamente negativa. Finalmente, os terapeutas podem coletar dados positivos para usar posteriormente na sessão ou nas sessões futuras, contradizendo assim as crenças centrais disfuncionais do paciente (veja Capítulo 13).

Antecipando respostas positivas, a terapeuta de Laura fez perguntas como: "Como foi a visita a igreja no último domingo? Como está o seu cachorro? Você está apreciando a temperatura amena? Você continua tricotando o cachecol para sua filha? O que foi prazeroso essa semana?".

Previsão de dificuldades futuras

Para estabelecer uma agenda eficiente é importante verificar a possibilidade da ocorrência de problemas sérios antes da próxima sessão terapêutica. Os terapeutas podem perguntar:

> ■ "Há alguma coisa para acontecer, antes da próxima sessão, que eu deva saber?"

Se os pacientes mencionam problemas em potencial, os terapeutas podem avaliar, com eles, se a discussão desses problemas deve preceder a discussão de problemas ocorridos na semana anterior. Por exemplo, Jerry e sua terapeuta decidiram que a discussão de como ele poderia lidar com a visita de um membro da família deveria preceder a discussão sobre um incidente lastimável com um cobrador, no dia anterior. O fato dos problemas em potencial estarem na agenda evita, pelo menos por algum tempo, que os pacientes mencionem problemas importantes no final da sessão – por exemplo, "Eu esqueci de lhe dizer que o proprietário da minha casa está me ameaçando de despejo há alguns dias!".

Reações negativas da sessão anterior

Se o paciente expressou uma reação negativa no final da última sessão, pode ser importante discutir esse problema logo no início da próxima sessão terapêutica, conforme descrito nos Capítulos 4 e 5, mesmo antes de fazer uma checagem de humor ou estabelecer a agenda. Por outro lado, os terapeutas podem julgar que é melhor, a menos que eles tenham prometido outra coisa, protelar essa discussão para o fim da sessão, prevendo que o paciente talvez esteja mais envolvido e a aliança mais fortalecida.

Adesão à medicação

Enquanto os pacientes não demonstram uma adesão consistente à medicação é bom verificar, no início de cada sessão, como está a sua responsabilidade quanto ao seu tratamento medicamentoso. Perguntar: "Você tomou seu remédio essa semana?", invariavelmente conduz a resposta "sim". Questões mais específicas trazem informações importantes:

> - "Quantos dias, nessa semana, você tomou seu remédio exatamente como ele foi prescrito?"
> - "Quantos dias você esqueceu de tomar sua medicação?"

Se o paciente não está completamente de acordo quanto ao tratamento medicamentoso, o terapeuta pode colocar esse problema na agenda.

Revisão de tarefa

Algumas vezes, a revisão de tarefa é rápida: os pacientes relatam o seu sucesso, são capazes de descrever, concisamente, o que eles aprenderam ou como eles se beneficiaram dela e rapidamente decidir, com o terapeuta, se haverá continuidade. Mais adiante estão situações em que a revisão de tarefa deverá ocupar mais tempo da sessão terapêutica, pois ela está ligada a problemas e crenças centrais do paciente para as quais ele ainda precisa de ajuda. Neste caso, "rever a tarefa" deve ser um tópico para a agenda, então o terapeuta pode continuar a ponte entre as sessões e ajudar o paciente a priorizar a agenda. Normalmente é difícil equilibrar o tempo entre a revisão da tarefa e a discussão dos itens da agenda que não estão relacionados com essa tarefa.

A tarefa de Marjorie tem sido um teste para a crença central "Se eu expressar minha opinião às pessoas [marido, irmã, amiga, vizinha], ficarão zangados comigo e me prejudicarão de alguma forma". Durante a ponte, a terapeuta descobriu que Marjorie havia feito várias experiências comportamentais, algumas tiveram bons resultados e outras não. A paciente concordou em esperar a organização completa da agenda para então discutir a tarefa mais detalhadamente. Na verdade, Marjorie e sua terapeuta decidiram que um problema no trabalho era muito mais urgente e após a sua abordagem elas se concentrariam na revisão das experiências comportamentais, mas fazendo uma revisão mais completa na próxima sessão.

Ao revisar a tarefa, o terapeuta precisa descobrir o quanto o paciente se envolveu na sua realização. Da mesma forma que a questão da medicação, a pergunta "Você leu as anotações terapêuticas?", freqüentemente trás menos informações que a pergunta:

> ■ "Quantas vezes você leu (ou conseguiu ler) as anotações?"

A terapeuta de Benjamin perguntou com que freqüência ele foi ao supermercado na semana anterior, um exercício importante para trabalhar sua agorafobia. Primeiramente Benjamin relatou que havia ido "muitas vezes". Após outras perguntas ele revelou que foi apenas duas vezes, que não foi o suficiente para praticar técnicas de proteção adequadas e obter experiência na tarefa. Essa foi uma informação importante para que a terapeuta pudesse planejar a sessão.

As pesquisas mostram que os pacientes que fazem a tarefa obtêm melhores resultados do que aqueles que não as realizam (Persons, Burns e Perloff, 1988). Conseqüentemente, os terapeutas devem reforçar a importância de realizá-las e revisar com o paciente que não costuma fazer as tarefas o que eles obtêm com isso (veja Capítulo 9).

O início da sessão também é um bom momento para avaliar o uso de substâncias, quando relevante.

> ■ "Quantos dias nesta semana, você [bebeu]? Qual foi a maior quantidade em um dia? A menor? A quantidade média?"

Quando trabalhar com um paciente que faz uso de substancias, também é importante perguntar sobre a freqüência e severidade da *compulsão*. Mesmo que os pacientes não tenham bebido ou usado drogas, discutir sobre como eles lidaram com suas compulsões pode indicar se esse tópico deveria ou não estar na agenda.

Também, os pacientes que relutam em fornecer dados honestos sobre a quantidade usada podem se dispor a confessar as compulsões, levando a uma discussão importante.

Comprometimento em alcançar uma meta

Se os pacientes não fazem suas tarefas, demonstram sentimentos opostos em relação a alcançar suas metas ou não focam em solução de problemas, o inicio da sessão terapêutica é um bom momento para avaliar o quanto eles ainda querem alcançá-las. O terapeuta pode dizer: "Fale-me sobre a sua meta de administrar melhor a casa, o quanto você realmente quer isso agora?" Se o comprometimento do paciente é baixo, o terapeuta pode focar outros itens da agenda ou procurar saber se o paciente está disposto a estabelecer, como um item, uma discussão sobre as vantagens e desvantagens de trabalhar essa meta naquele momento.

Selena, por exemplo, era uma mulher de 22 anos com anorexia e depressão, estava vivendo na casa de seus pais, freqüentando a escola em um período e trabalhando no outro. Embora ela estivesse se recuperando de um transtorno alimentar, ainda demonstrava uma restrição alimentar significativa e praticava exercícios em excesso. Ela tendia a minimizar e justificar seus pensamentos para o seu comportamento disfuncional. A terapeuta ajudou Selena a ser mais cooperativa e envolver-se menos com a justificação da derrota frente ao seu comportamento disfuncional, perguntando no início de cada sessão o quanto ela ainda queria alcançar a meta de independência.

A força da crença central

Uma vez que o terapeuta e o paciente começam a modificar uma crença central, o início da sessão terapêutica é um bom momento para monitorar o grau no qual o paciente ainda acredita em sua crença central tanto intelectual como emocionalmente (veja Capítulo 13).

> ■ "Então, nós estamos trabalhando na idéia de que você é 'nada'. O quanto você acredita nisso agora? No nível intelectual? No nível mais profundo? Quando, nessa semana, você acreditou mais nisto? Quando você acreditou menos nisso?"

Essa breve discussão pode oferecer importantes dados a serem usados mais tarde na sessão, assim que o terapeuta e o paciente discutirem evidências contrárias à crença central do paciente e o apoio a uma crença nova e mais adequada. Essa discussão também faz com que pacientes e terapeutas lembrem-se de ficar alertas à ativação da crença central durante a sessão para determinar se a crença encontra-se subjacente aos problemas da agenda.

Priorização da agenda

Alguns pacientes têm uma idéia clara dos itens mais importantes da agenda a serem discutidos. Outros pacientes, contudo, têm dificuldades de imaginar o que os ajudará mais – ou sempre evitam escolher quais são os problemas mais críticos de serem discutidos. Conforme mencionado anteriormente, o terapeuta considera dois tipos de estrutura: Qual estrutura tem maior probabilidade de ajudar o paciente a se sentir melhor no final da sessão? Qual estrutura tem maior probabilidade de ajudar o paciente na(s) próxima(s) semana(s)?

Quando os pacientes estão sobrecarregados por muitos problemas, o terapeuta pode utilizar várias técnicas. Alguns pacientes conseguem selecionar, sem muita orientação, um problema importante:

- "Parece que há muitas coisas perturbando você. Deve ser muito difícil... Como, provavelmente, só teremos tempo para trabalhar um ou dois desses problemas, você pode me dizer qual deles é mais importante para você?"

Para outros pacientes, é conveniente agrupar os problemas:

- "Então, há problemas [no trabalho, problemas com seu marido e filhos e problemas com o sentimento de ansiedade e solidão]. Por onde você quer começar?"

Ou o terapeuta pode ser mais diretivo, embora ainda de maneira cooperativa, caso tenha uma percepção clara do que é mais importante:

- "Você sabe, alguns desses problemas são realmente crônicos. Estou pensando se nós devemos discutir primeiro [a visita da sua mãe] nessa semana. Parece que no passado ela foi muito difícil para você. (pausa) O que você acha?"

Discussão de problemas da agenda e determinação de tarefa

Estes elementos são o coração da sessão terapêutica e são discutidos em detalhe no próximo capítulo.

Resumo

Durante a sessão terapêutica, é essencial perceber a experiência emocional do paciente, naquele momento, e o seu entendimento quanto ao conteúdo da sessão. Os terapeutas precisam saber o que os pacientes estão pensando e como estão reagindo – o que, normalmente, é difícil de estimar, a menos que o terapeuta faça perguntas diretas como:

> - "Você pode resumir o que nós acabamos de falar?"
> - "Qual é a mensagem principal aqui?"
> - "A seu ver, qual é o meu propósito nas sessões de terapia?"

Pode ser importante fazer questões como:

> - "O que você pensa sobre isso?... O quanto você acredita nisso?"
> - "Como você se sente a respeito do que nós acabamos de discutir?"

Se os pacientes resumem precisamente, mas parecem indecisos, os terapeutas devem incitar o ceticismo deles e elucidar seus pensamentos automáticos:

Terapeuta: Você pode resumir? O que você acha do que eu estou dizendo?
Paciente: Que um meio de se sentir melhor é ser mais ativo.
Terapeuta: Exatamente! E o que você pensa sobre isso?
Paciente: Eu não sei. Eu já tentei fazer coisas como você está sugerindo, mas nada ajudou realmente.
Terapeuta: Então o seu pensamento é "O fato de eu me tornar mais ativo não ajudará". E você está se sentindo desanimado?
Paciente: Sim.
Terapeuta: O quanto você acredita neste pensamento agora: "O fato de eu me tornar mais ativo não ajudará".

Os terapeutas podem então usar questionamento socrático do tipo padrão e instituir experiências comportamentais para que os pacientes possam testar suas regras. Se os terapeutas falham na investigação das reações dos pacientes, eles podem não descobrir suas descrenças – e, conseqüentemente, não terão oportunidade de resolvê-las.

Se o resumo do paciente não é preciso ou adequado, o terapeuta pode fazer uma pequena correção – e, se os pacientes ficaram perturbados, isso pode reduzir o seu desconforto.

Terapeuta: Você pode resumir o que nós acabamos de falar?
Paciente: (*irritado*) Bem, *você estava* dizendo que *eu* tenho, *apenas*, que ter uma posição firme, então minha família disfuncional não me deixará em pedaços.
Terapeuta: Bem, isso está correto em parte, mas eu absolutamente não *penso* que é um problema apenas de desenvolver uma postura mais

firme. (*pausa*) Eu penso que *nós* temos que trabalhar *juntos* para ajudar você a enfrentá-los – se você quiser. E aprender como ignorá-los – então, eles não conseguirão perturbá-lo tanto. (*pausa*) O que você pensa sobre isso?

Anotações terapêuticas

Tendo formulado um bom resumo, os terapeutas, freqüentemente, pedem aos pacientes que o escrevam ou se oferecem para escrevê-lo para eles. Os pacientes esquecem de muitas coisas que ouvem no consultório médico (para uma descrição das suas dificuldades, veja Meichenbaum e Turk, 1987). Por essa razão, os terapeutas devem supor que o mesmo é verdadeiro para os seus pacientes de psicoterapia. Para que os terapeutas saibam o que é importante que seus pacientes lembrem, eles podem continuamente perguntar-se durante a sessão:

- "O que eu desejo que [esse paciente] lembre nesta semana?"

O terapeuta, então, ajuda o paciente a criar anotações terapêuticas idiossincráticas. Essas anotações podem conter pensamentos adequados (respostas às cognições disfuncionais ou conclusões que o paciente elaborou), instruções para mudar seus comportamentos ou tarefas de casa. Os pacientes ou os terapeutas podem escrever esses lembretes importantes em fichas, em um caderno ou em uma folha. Os terapeutas podem, então, fazer cópia dessas anotações. (Não querendo usar a fotocópia, eles podem utilizar papel simples para impressão, em tamanho maior ou similar ao de um receituário.) Eles podem, como uma alternativa, gravar essas "anotações terapêuticas" em uma fita cassete.

Os pacientes terão, então, a oportunidade de rever em casa as conclusões mais importantes que eles elaboraram durante as sessões (na semana seguinte e também depois que terminarem o tratamento). Eles se beneficiam da leitura das suas anotações terapêuticas em situações normais (por exemplo, no café da manhã e no jantar) e também em situações especiais (se necessário). Algumas vezes, os terapeutas precisam ser criativos para ajudar os pacientes que não conseguem ler e não tem acesso a um gravador. Eles podem desenhar ou fazer símbolos que os ajudem a lembrar-se, ou podem pedir a pessoas, cuidadosamente selecionadas, que leiam as anotações para eles.

Essas anotações são, na verdade, a "remuneração terapêutica" do paciente. É de vital importância motivar os pacientes para que leiam suas anotações regularmente, facilitando assim à mudança das suas cognições e de seu comportamento. (Para mais informações sobre esse tópico, veja Beck, 2001).

Feedback

Conforme descrito nos Capítulos 4 e 5, é importante pedir um *feedback durante* a sessão se os pensamentos automáticos dos pacientes sobre o terapeuta, a terapia ou sobre eles próprios estão interferindo no trabalho em conjunto para resolver seus problemas. Alguns pacientes, contudo, mascaram seus descontentamentos durante a sessão, por isso é importante pedir um *feedback* no final da sessão:

- "O que você achou da sessão de hoje?"
- "Alguma coisa te incomodou nessa sessão?"
- "Tem alguma coisa que você achou que eu entendi mal?"
- "Existe alguma coisa que você gostaria de mudar na nossa próxima sessão?"

Os Capítulos 4 e 5 descreveram como lidar com pacientes que não revelam suas inquietações e com pacientes que as revelam vigorosamente. É importante deixar tempo suficiente para discutir um *feedback* negativo no final da sessão. Se os terapeutas excedem o tempo, eles precisam desculpar-se por não conseguir discutir o problema no momento e motivar os pacientes a retornarem na próxima sessão, mesmo que ainda estejam angustiados:

- "Eu estou muito feliz por você me dizer [que sente como se eu estivesse do lado da sua família nesse caso – eu nunca quis insinuar isso]. Isso é *realmente* importante e eu lamento que não tenhamos tempo para falar sobre isso agora. Você gostaria de discutir esse assunto, em *primeiro* lugar, na próxima sessão?"

QUANDO É IMPORTANTE *NÃO* ESTRUTURAR A SESSÃO

Algumas vezes, regras negativas que os terapeutas fazem sobre a estruturação das sessões são de fato precisas. Ao interromper um paciente, o terapeuta pode perder uma informação importante. Ele pode querer abordar um assunto no início da sessão, enquanto as crenças centrais do paciente estão ativadas, ao invés de inicialmente estabelecer toda a agenda. Os pacientes talvez precisem relaxar antes de estarem emocionalmente prontos para solução de problemas. Aderir a uma estrutura rígida pode prejudicar a aliança terapêutica. Quando os terapeutas acreditam, baseados em dados que foram observados, que isso pode ocorrer, eles devem reduzir o nível de estruturação, pelo menos inicialmente.

Alguns pacientes podem, simplesmente, não estarem dispostos a deixar que o terapeuta conduza a sessão, mesmo quando uma falta de direcionamento pareça, ao terapeuta, ser desfavorável. Freqüentemente, os terapeutas não têm escolha, exceto entrar em um acordo. De maneira menos drástica, eles podem negociar um período de tempo sem estrutura dentro da sessão, seguido por um período mais estruturado. De maneira mais drástica, eles talvez precisem oferecer várias sessões sem estrutura: "Dora, você pode estar certa. Talvez você se sentisse mais confortável com sessões menos estruturadas. O que você pensa disso? Vamos deixar as próximas três sessões sem estruturação. Se você se sentir muito melhor no final destas sessões, nós saberemos que algumas coisas precisam mudar. Talvez, então, possamos experimentar e nos concentrar na solução de problemas. (*pausa*) O que você acha?".

RESUMO

Algumas vezes, é difícil seguir uma estrutura-padrão e o terapeuta deve ser cuidadoso ao variar a terapia, de forma que ela seja aceitável para o paciente. Oferecer justificativas para a estruturação, testar o quanto às interrupções podem ser toleradas pelos pacientes e modificar as regras dos pacientes (e terapeutas) freqüentemente capacitam os terapeutas a estruturar as sessões de modo a conduzir a um tratamento mais efetivo e eficaz. A estruturação normalmente ajuda a maximizar um período curto de tempo selecionado para o tratamento, facilita o acompanhamento contínuo das metas, a aprendizagem gradual das habilidades psicológicas e comportamentais e a retenção das informações importantes na memória de longo prazo. Uma lealdade servil a uma estrutura pode ser inadequada, não sendo, necessariamente bom para todos os pacientes seguir um modelo de atividades em todas as sessões. A estrutura é um meio para chegar a um fim, e a estrutura-padrão deve ser avaliada por sua própria "facilidade de ajuste" aos pacientes.

capítulo **9**

Desafios na solução de problemas e tarefas

Um princípio fundamental da terapia cognitiva é que falar sobre suas dificuldades nas sessões não é o suficiente para os pacientes. Eles precisam concentrar-se em meios de resolver seus problemas *na* sessão e então tentar programar soluções *entre* as sessões. O primeiro desafio do terapeuta é conseguir que o paciente concentre-se em um problema importante e o descreva, juntamente com as cognições disfuncionais associadas. O segundo desafio é fazer com que o paciente adote uma estrutura mental para solução de problemas, de modo que ele possa colaborar ativamente com seu terapeuta respondendo às cognições interferentes, quando aplicável, e procurando uma solução para o problema. Os pacientes, especialmente aqueles que constituem um desafio, variam em suas capacidades e desejo para fazer isso, pelo menos inicialmente.

Algumas dificuldades em solucionar problemas foram abordadas no capítulo anterior: pacientes que relutam em estabelecer uma agenda e nomear os problemas, trazem à tona muitos problemas ou evitam falar sobre problemas importantes. Outras dificuldades associadas a relação terapêutica foram abordadas nos Capítulos 4 e 5: pacientes que, quando seus terapeutas tentam focar na solução de problemas, reclamam que a terapia não é adequada para eles, ou que se zangaram com os terapeutas.

Problemas adicionais são abordados neste capítulo. Primeiro, os exemplos de caso ilustram como os pacientes diferem em seus métodos de solucionar suas dificuldades e fazer a tarefa de casa. As seções seguintes descrevem como usar e variar as estratégias-padrão para ajudar os pacientes a resolver dificuldades e realizar suas tarefas. Depois, algumas descrições de crenças centrais típicas dos pacientes e sugestões de intervenção. Um Exemplo de caso extensivo ilustra várias estratégias apresentadas neste capítulo. Finalmente, há orientações sobre o que os terapeutas devem fazer quando os pacientes não estão progredindo e quando a solução de problemas não é adequada.

RESPOSTAS DOS PACIENTES AO TRABALHAR COM UM PROBLEMA

O exemplo a seguir ilustra como quatro pacientes diferem em suas abordagens a um problema. Eles compartilham uma meta em comum: limpar e organizar suas casas. Contudo, eles também apresentam o mesmo problema: passam grande parte do dia sentados no sofá assistindo TV. Na segunda sessão terapêutica cada um expressa uma visão diferente sobre a solução desse problema.

- O paciente "fácil" descreve claramente o problema e envolve-se na sua solução. Durante a sessão ele pensa: "É muito bom que estejamos trabalhando nisso. [Meu terapeuta] parece entender que eu estou me sentindo sobrecarregado. Provavelmente, eu possa fazer algumas dessas pequenas mudanças nesta semana. Posso ver como elas me ajudarão". Embora ele tenha uma crença central de que não ele não consegue lidar com o problema, está disposto a suspender a crítica e tentar o combinado.
- O paciente-problema 1 concorda superficialmente em tentar algumas pequenas tarefas como uma experiência comportamental, mas está pensando: "Eu sei que me sentirei muito cansado e muito chateado em fazer isso. Mesmo que eu tente, eu não conseguirei fazê-la muito bem". Como base ele tem uma forte crença central de que é desamparado e incapaz.
- O paciente-problema 2 continuamente muda de assunto quando seu terapeuta tenta envolvê-lo na solução de problemas. Ele está pensando: "Eu não quero fazer essas tarefas". Baseado em sua crença central "Se eu tiver que fazer essas tarefas que não quero fazer isso me diminuirá".
- O paciente-problema 3 demonstra que não está disposto nem mesmo a descrever o problema, dizendo que é comum e sem importância, comparado aos principais problemas em sua vida. Ele está pensando: "[Meu terapeuta] tentará fazer com que eu realize algumas tarefas". Como base está a sua crença central de que outras pessoas tentarão controlá-lo e que ele demonstrará fraqueza se ouvi-los.

Mesmo que o terapeuta consiga manter os pacientes concentrados no problema, na solução de problemas, na combinação de tarefa de casa e na *realização* da tarefa em si, a dificuldade pode não ser resolvida. Cada paciente descrito anteriormente tem uma perspectiva diferente sobre a experiência que influenciou sua motivação e disposição para envolver-se em *mais* soluções de problemas e mudanças de comportamento.

- O paciente fácil: "Isso foi muito bom! Eu consegui fazer todas essas tarefas. Acho que eu tenho energia suficiente. A terapia está realmente me ajudando".
- O paciente-problema 1: "Eu realizei essas tarefas, mas não as fiz muito bem e agora estou exausto. A terapia não está ajudando. Eu nunca me sentirei melhor".
- O paciente-problema 2: "Eu fiz todas essas tarefas, mas odiei fazê-las. Não é justo que eu tenha que passar a minha vida nessa luta".

- O paciente-problema 3: "Eu fiz essas tarefas, mas, na verdade, elas não ajudaram. É apenas uma gota d'água no oceano. E agora [meu terapeuta] e minha família esperarão que eu faça cada vez mais".

De acordo com esses exemplos, as cognições dos pacientes podem facilitar ou impedir suas capacidades ou disposições de fazer até mesmo pequenas mudanças em seus comportamentos. E tendo que fazer mudanças, seus pensamentos influenciam se farão novas mudanças ou não. *Quando os pacientes não estão atuando bem, mudar o que eles fazem diariamente é um elemento essencial para que se sintam melhor.* Para muitos pacientes, especialmente os depressivos, isso significa ser mais ativo, diminuir o comportamento evitativo e aumentar suas oportunidades de experimentar domínio e prazer. (Para os pacientes que estão tentando assumir muitas responsabilidades, o objetivo do terapeuta deve ser diferente, é claro: limitar tarefas sem importância e disponibilizar mais oportunidades de descanso, relaxamento – e divertimento).

Os pacientes "fáceis" geralmente acreditam que é proveitoso concentrar-se na solução de problemas, que eles são capazes de mudar e que fazer mudanças fará com que se sintam melhor e permitirá que tenham uma vida melhor. Os pacientes problemáticos, por outro lado, podem ter várias cognições disfuncionais. Eles podem acreditar que seus problemas são insolúveis ou que são incapazes de resolvê-los; que focar em solução de problemas fará com que sintam pior e não melhor; que seus terapeutas os prejudicarão de alguma forma se eles revelarem seus problemas, que concordar em fazer mudanças significa que são fracos ou inferiores; ou que, na verdade, fazer mudanças entre as sessões os rebaixará ou fará com que se sintam pior de alguma forma. Essas mesmas cognições podem ter sido ativadas e também ter interferido inicialmente quando se estabeleceu a meta (veja Capítulo 7).

Alguns destes pacientes, entretanto, podem modificar suas crenças centrais através das técnicas-padrão e progredir satisfatoriamente. Em um outro extremo estão os pacientes que precisam de uma modificação ampla da crença central antes de fazer qualquer mudança significativa.

UTILIZAÇÃO E VARIAÇÃO DE ESTRATÉGIAS-PADRÃO PARA FACILITAR A SOLUÇÃO DE PROBLEMAS

As dificuldades em conseguir que os pacientes concentrem-se na solução de problemas e façam mudanças por meio da tarefa de casa podem ser decorrentes das crenças centrais dos pacientes e de estratégias compensatórias. Muitos problemas, porém, estão relacionados às dificuldades dos *terapeutas* de empregar e variar estratégias para facilitar uma solução de problemas cooperativa. Essas estratégias, descritas a seguir, incluem ajudar os pacientes a se concentrarem em um problema, motivá-los por meio da psicoeducação, fazer uma conexão entre a solução de problemas individuais e os objetivos alcançados, dividir os problemas em etapas controláveis, ajudar os pacientes a avaliar o grau de controle e mudar o curso quando a solução de problemas não está funcionando.

Ajudar os pacientes a se concentrarem em um problema

Uma dificuldade comum em conseguir que o paciente efetue a solução de problemas ocorre quando os pacientes *saltam de um problema para outro* na sessão. A estratégia usual para o terapeuta é interromper e fazer com que o paciente conscientize-se da mudança (então, cooperativamente, decida em qual problema se concentrará):

> ■ "Lamento interromper, mas eu só quero me certificar sobre o que nós devemos falar. Nós começamos com [a solidão que você sente à noite], mas agora mudamos para [lidar com seu ex-marido] – o que você acha que é mais importante agora?"

Se os pacientes não têm cognições disfuncionais para se concentrar em um problema, eles provavelmente reagirão bem à tentativa cooperativa do terapeuta de dirigir a sessão de maneira mais produtiva.

Uma segunda dificuldade comum ocorre quando o *nível de irritação* do paciente *é muito alto* no momento de focar na solução de problemas. Roberta estava tão aborrecida por causa de uma discussão com um colega de trabalho que não conseguia adotar uma estrutura mental para a solução de problemas. O terapeuta, demonstrando empatia, ofereceu uma escolha à paciente:

> ■ "Lamento que você esteja se sentindo tão irritada – parece que quanto mais você fala sobre isso [o quanto Douglas lhe incomodou], pior você se sente. (*pausa*) Você acha que seria melhor falar sobre [um problema menor] agora e retomar o problema com o Douglas mais tarde?"

Motivar os pacientes por meio da psicoeducação

Alguns pacientes precisam de psicoeducação adicional antes que se disponham a envolver-se na solução de problemas. É importante dizer aos pacientes que o fato de virem ao tratamento não aliviará o sofrimento nem os ajudará a se sentirem melhor. Eles precisam fazer pequenas mudanças em seus pensamentos e comportamentos diários.

Os pacientes podem não prosseguir na discussão de como eles podem ser mais ativos, por exemplo, e precisar que o terapeuta explique a importância de se envolverem em atividades com potencial de aumentar sua satisfação e domínio, se eles querem se sentir melhor. Talvez precisem ajudá-los a reconhecer que *esperar* até que se sintam melhores para se envolver nesses tipos de atividades não funcionou para eles – afinal, ainda estão sintomáticos. Alguns pacientes acreditam que têm que estar motivados *antes* de fazer qualquer coisa. O terapeuta pode ajudá-los a reconhecer que provavelmente se sentirão mais motivados *depois* de começarem a atividade.

Quando os pacientes acreditam que não terão energia suficiente para realizar uma tarefa, os terapeutas podem oferecer uma analogia com a atividade de fazer uma fogueira. Para essa atividade é preciso certa quantidade de energia, coletar a madeira e arranjá-la apropriadamente. Mas é preciso relativamente pouca energia para acender o fósforo e para colocar madeira de tempos em tempos. Provavelmente, é preciso certa quantidade de energia mental (e algumas vezes física) para começar a tarefa, mas, uma vez iniciada, os pacientes podem achar mais fácil a sua continuidade.

A auto-revelação dos terapeutas ou revisão das próprias experiências do paciente podem também ajudar a demonstrar que, normalmente, o período mais difícil é aquele que antecede o início da tarefa (e talvez os próximos um ou dois minutos). Isso é particularmente verdadeiro se o paciente está lutando para tomar decisões de começar ou não a tarefa.

Um outro exemplo útil é perguntar aos pacientes o que eles fazem de maneira automática no momento, sem pensar sobre o quanto estão motivados ou o quanto querem fazer a atividade – por exemplo, escovar os dentes. Eles não lutam com a decisão; assumem a responsabilidade e a realizam. É importante para eles colocar outras atividades vitais para sua recuperação nesta mesma categoria "sem-escolha".

Fazer uma conexão entre solucionar problemas individuais e alcançar metas

Alguns pacientes precisam ser lembrados sobre a meta que estabeleceram para si próprios e que realmente desejam antes de se envolverem completamente na discussão de um problema da agenda, como mencionado no capítulo anterior. Antes de discutir um problema, Kyle colocou na agenda (uma discussão que ela havia tido com seu supervisor); seu terapeuta verificou a importância para ela, naquele momento, de alcançar a meta de melhorar sua situação no trabalho. Cathy, por exemplo, não estava motivada para tentar solucionar o problema de organizar sua casa (pagar as contas, fazer um balanço em seu talão de cheques, fazer as tarefas domésticas), até que seu terapeuta ajudou-a a ver a conexão entre essas atividades e a sua meta – que ela desejava muito – de mudar-se da casa de seus pais. Foi muito motivador quando o terapeuta a conduziu a visualizar sua entrada na casa nova, fazendo com que se sentisse orgulhosa e feliz.

Dividir problemas em etapas controláveis

Freqüentemente, os pacientes acreditam que um problema é insolúvel porque eles o percebem como uma sobrecarga. Sonia, uma paciente esquizoafetiva, estava se sentindo completamente sobrecarregada por ter que arrumar a casa, então ela esperou horas, sentada em uma cadeira, que Deus dissesse o que fazer.

Depois que seu terapeuta ajudou-a a ver que Deus, provavelmente, quer que ela seja produtiva em vez de ser passiva, ela concordou em tomar uma decisão prática. Ela e seu terapeuta discutiram três tarefas que deveriam ser feitas diariamente: arrumar sua cama, organizar o seu quarto e lavar a louça. Ela concordou em escolher as tarefas que pareciam mais fáceis naquele momento. Envolver-se na primeira tarefa geralmente desativava sua crença social de desamparo e ela conseguia continuar realizando outras tarefas que nem mesmo estavam na lista.

Quando os pacientes ficam irritados em relação a trabalhar com pequenos aspectos de um problema, os terapeutas devem ajudá-los a ver que um modo de se sentir melhor é fazer pequenas mudanças todos os dias, que pequenas mudanças somam-se às grandes mudanças e ajudam a fortalecer o paciente para que consiga fazer outras mudanças significativas no futuro.

Auxiliar os pacientes a avaliar o grau de controle sobre um problema

Alguns pacientes acreditam que a solução de problemas não os ajudará porque eles percebem a falta de controle sobre o problema. Lily estava com muito medo de perder seu emprego; ela se sentiu bastante desamparada, fora de controle e à mercê de um supervisor crítico. Depois de coletar mais dados sobre a situação ficou claro para o terapeuta que Lily não estava em perigo eminente de ser despedida, mas que ela, provavelmente, demonstrou alguns comportamentos inadequados no trabalho. Quando eles discutiram sobre o que Lily podia fazer para manter seu emprego e o que ela podia fazer para perder seu emprego, ela começou a sentir que tinha mais controle – e então conseguiu agir de maneira mais funcional no trabalho. Ela mantinha um registro que utilizava na sessão e também em casa.

Atitudes para manter o meu emprego	Atitudes para perder o meu emprego
• Marcar uma consulta com o [psiquiatra] para saber se a medicação precisa ser trocada. • Tomar a medicação. • Ir para a cama entre 23h e 23h30min. • Ser mais sorridente no trabalho, mantendo a cabeça erguida mesmo que eu não me sinta assim. • Ler as anotações terapêuticas. • Conversar mais com o supervisor. • Ser pontual.	• Não ir ao psiquiatra. • Não tomar a medicação. • Deitar-se depois da 1h da madrugada. • Ficar isolada no trabalho, não manter contato visual com as pessoas, não sorrir, manter a cabeça baixa. • Não ler as anotações terapêuticas. • Continuar falando para mim mesma que eu serei demitida. • Evitar contato com o supervisor. • Chegar atrasada no trabalho.

No final da folha (em uma cópia que Lily levou para casa, para ler diariamente), ela escreveu sua conclusão:

> **Quando eu pensar que não há nada que eu possa fazer para manter o meu emprego**
>
> Provavelmente, eu tenho mais controle sobre a manutenção do meu emprego do que penso. Eu posso controlá-lo de maneira mais apropriada agindo de acordo com os comportamentos listados no lado esquerdo, evitando os comportamentos da lista do lado direito. Eu realmente quero manter meu emprego e vale a pena ter essas atitudes mesmo que eu me sinta desconfortável ou irritada.

Mudar direcionamento quando a solução de problemas não funciona

Algumas vezes os terapeutas percebem que não estão progredindo em um problema em particular e precisam fazer um acordo cooperativo para mudar o foco da discussão ou para mudar o tópico.

Exemplo de caso

Olívia, uma paciente com transtorno esquizoafetivo, periodicamente ficava desconfiada das pessoas quando ela estava mais depressiva. Contudo, quando seu humor estava mais moderado, ela não suspeitava dos motivos maldosos dos outros; assim, seu terapeuta desconfiou que a visão negativa de Olívia em relação aos seus colegas de trabalho quando ela estava depressiva era distorcida.

A primeira vez que seu terapeuta discutiu seus pensamentos paranóicos sobre os outros, Olívia estava muito sintomática para avaliar suas cognições. O terapeuta sugeriu que eles mudassem o foco das discussões. Eles começaram a examinar como Olívia podia se proteger no trabalho, uma vez que as pessoas estavam sendo críticas com ela. Eles combinaram que seria melhor se ela pudesse mostrar uma expressão facial de satisfação e responder a eles de maneira neutra. Então, eles falaram sobre o *significado* da desaprovação deles – que a levaria a perda do seu emprego – e sobre a minimização do seu medo. Sua tarefa de casa, além da leitura das anotações terapêuticas, era tentar agir naturalmente e observar como os seus colegas de trabalho reagiam às suas expressões faciais, a sua linguagem corporal, suas palavras e seu tom de voz.

Quando Olívia estava menos depressiva e não acreditava mais que seus colegas de trabalho eram maldosos, seu terapeuta retornou ao problema original e preparou-a para a possibilidade de sua conclusão estar incorreta ao pensar que seus colegas tinham intenções negativas na próxima vez que ela ficasse depressiva.

UTILIZAÇÃO E VARIAÇÃO DE ESTRATÉGIAS-PADRÃO PARA FACILITAR A CONCLUSÃO DA TAREFA

Os pacientes que constituem um desafio são notórios por terem dificuldades de realizar suas tarefas. Freqüentemente, as estratégias descritas anteriormente são eficazes, *a menos* que o paciente tenha crenças interferentes (descritas no final deste capítulo). Os terapeutas devem planejar as tarefas cuidadosamente, verificar como os pacientes as realizam, eliminar e direcionar os obstáculos previstos e cognições interferentes, ajudar os pacientes a desenvolver expectativas realistas em relação à quantidade adequada de tarefas, direcionar os pensamentos negativos após as tarefas, revisar as tarefas na sessão seguinte e, quando apropriado, conceituar por que os pacientes apresentam dificuldades para executá-las.

Planejar a tarefa cuidadosamente

Os pacientes apresentam mais facilidade para realizar as tarefas quando o terapeuta:

- Planeja a tarefa para o indivíduo.
- Oferece uma justificativa.
- Estabelece a tarefa cooperativamente.
- Pede ao paciente para começar a tarefa na sessão (quando apropriado).
- Certifica-se de que a tarefa foi anotada pelo paciente.
- Ajuda a estabelecer estratégias de lembrança.
- Antecipa os problemas em potencial.

Conforme descrito a seguir, pode ser necessário sugerir tarefas mais fáceis ao invés de tarefas mais difíceis, especificar a freqüência e quanto tempo os pacientes devem gastar com cada tarefa, usar termos alternativos para "tarefa de casa" e rotular as tarefas como experiências.

Sugerir tarefas "fáceis"

Os terapeutas com pacientes que constituem um desafio precisam ser prudentes, especialmente no planejamento da tarefa e precisam sempre ter certeza de que as tarefas serão relativamente fáceis para os pacientes. Freqüentemente, os terapeutas subestimam a dificuldade da tarefa em si ou da capacidade do paciente de se motivar e se organizar suficientemente para realizá-la. No início da terapia, por exemplo, dificilmente os pacientes conseguem responder de forma eficaz aos seus pensamentos quando eles lêem as anotações terapêuticas (criadas na sessão terapêutica) antes de tentar completar os Registros de Pensamentos Disfuncionais (Beck, 2005). Para muitos pacientes faltam importantes habilidades como pré-requisitos, como, por exemplo, ser organizados e utilizar o tempo de maneira eficiente. Eles podem precisar de instruções nessas habilidades ou as tarefas podem precisar de modificações.

Especificar a freqüência e a duração da tarefa

Os pacientes que constituem um desafio freqüentemente superestimam a dificuldade de uma tarefa, o tempo e energia necessários para concluí-la. Quando apropriado, é conveniente que os terapeutas dêem aos pacientes um limite de freqüência e duração para cada tarefa: "Você acha que consegue ler essas anotações terapêuticas duas vezes por dia, digo, no café da manhã e na hora do jantar? Eu penso que você levará menos de um minuto". "Quantas vezes, nessa semana, você acha que pode telefonar [para alguns amigos e membros da família]? Duas ou três vezes?".

Mudar o rótulo "tarefa"

É conveniente decidir que nome os pacientes gostariam de dar às tarefas. Termos como "exercício de auto-ajuda", "plano de bem-estar", "extraterapia" ou "aprimoramento" algumas vezes são mais agradáveis ao paciente.

Formular as tarefas como experiências

É aconselhável estabelecer tarefas relevantes como experiências. As pesquisas mostraram que os pacientes depressivos geralmente se sentem melhor quando se tornam mais ativos (Hopko, Le Juez, Ruggiero e Eifert, 2003). "Você gostaria de fazer uma experiência nesta semana? Nós podemos pensar em algumas atividades – então você pode ver que efeito elas terão na maneira como se sente".

Estruturar uma mudança de comportamento por meio de uma experiência ajuda os terapeutas a manter a credibilidade se os pacientes não experimentam uma mudança positiva de humor. Se esse for o caso, os terapeutas poderão, na sessão seguinte, elucidar os pensamentos que interferiram na capacidade do paciente de obter uma sensação de satisfação ou de domínio ao envolver-se nas atividades. Eles podem também explicar que talvez os pacientes precisem de uma série ampla de intervenções, por um longo período de tempo, antes que experimentem uma mudança no humor.

Determinar a probabilidade de que os pacientes executem a tarefa

Tendo estabelecido a tarefa de casa, talvez a única e mais conveniente questão a ser feita pelo terapeuta é:

■ "Qual a probabilidade de você fazer [esta tarefa]?"

Os pacientes que respondem "90-100%" ou "muito provável" comumente completam a tarefa (a não ser que estejam muito otimistas ou que queiram evitar maiores discussões). Os pacientes que dizem "80%" ou "Provavelmente, eu acho" normalmente fazem parte da tarefa, freqüentemente apenas para agradar ao terapeuta. Os pacientes que dizem "50%" ou "Não tenho certeza" muito provavelmente não farão a tarefa. Ao receber uma resposta com percentagem menor que 90% o terapeuta precisa investigar os obstáculos práticos e as cognições que provavelmente vão interferir – ou mudar a tarefa que faz com que o paciente se sinta sobrecarregado. Com a probabilidade do paciente não realizar uma tarefa comportamental (por exemplo, telefonar para um amigo), é melhor fazer uma tarefa opcional ou mudar a tarefa (por exemplo, pensar sobre telefonar para um amigo, pensar sobre o que eu podia dizer; observar que pensamentos estão me impedindo de ligar para ele/ela).

Elucidar e responder antecipadamente às cognições interferentes

Pedir aos pacientes que se concentrem em suas emoções e pensamentos quando pensarem em fazer uma tarefa pode trazer à tona cognições interferentes. Depois de discutir uma resposta adequada e, então, pedir ao paciente para resumir a discussão, o paciente (ou terapeuta) deve anotar suas conclusões. (Como alternativa, o paciente ou o terapeuta podem gravar o resumo no momento ou no final da sessão.) Por exemplo:

Pensamento automático: Não sinto vontade de levantar da cama.

Resposta: É verdade que eu não tenho vontade de levantar da cama, mas eu também não quero continuar sentindo essa depressão. Eu preciso ver o que acontece se eu sair da cama e começar o meu dia.

Pensamento automático: Fazer essas coisas não vai me ajudar.

Resposta: Não estou me sentindo melhor por não fazer essas coisas e não tenho uma bola de cristal. Na verdade, eu posso me sentir melhor se eu fizer.

Pensamento automático: Fazer isso é uma gota d'água no oceano.

Resposta: O único meio de eu me sentir melhor é fazer pequenas coisas todos os dias. Com o tempo essas pequenas coisas podem se transformar em grandes coisas.

Pensamento automático: Eu não estou me sentindo melhor, então porque fazer essas coisas?

Resposta: Minha depressão não desaparecerá de um dia para o outro. Não espero sentir grandes mudanças agora. O importante é continuar fazendo coisas produtivas.

Pensamento automático: Se eu me sentir melhor, não terei nenhuma razão para ficar em casa.

Resposta: Quando eu me sentir melhor, terei a *escolha* sobre ficar em casa ou não. Agora, eu estou depressivo e não tenho nenhuma escolha.

Pensamento automático: Eu estou muito cansado ou estressado para fazer isso.

Resposta: Levará apenas 10 minutos. Eu posso fazer alguma coisa em 10 minutos. Não fazer me fará sentir como se eu estivesse muito desamparado para me sentir melhor. É importante provar para mim mesmo que eu posso fazer as coisas. Concentrar-me no meu nível de energia me deixará parado onde eu estou agora.

Pensamento automático: Tudo bem se eu não fizer isso [ou se eu fizer mais tarde].

Resposta: É importante fazer isso todo o tempo. *Não* é bom postergar. Sempre que eu faço alguma coisa que eu não quero fazer, eu encontro um estímulo que me conduzirá aos meus objetivos. Sempre que eu não faço, reforço meu sentimento de procrastinação que me conduz para longe do alcance das minhas metas.

Pensamento automático: Não é justo que eu tenha que fazer isso.

Resposta: É mais injusto comigo mesmo continuar me sentindo tão depressivo todos os dias.

Ajudar os pacientes a desenvolver expectativas realistas em relação à quantidade de tarefas necessárias para sua mudança

Alguns pacientes que constituem um desafio requerem intervenção significativa antes que comecem a observar mudança no seu humor. É importante que eles tenham uma expectativa realista; de outra forma, podem desanimar e abandonar a terapia prematuramente. O objetivo da tarefa para esses pacientes, contudo, não é se sentir melhor *imediatamente,* mas, ao invés disso, construir habilidades (por exemplo, programar atividades ou responder às cognições negativas) e criar experiências positivas que culminarão, com o tempo, em uma melhora no humor. É conveniente que esses pacientes anotem suas tarefas e suas justificativas. Por exemplo:

> "Andar por pelo menos 5 minutos todos os dias, mesmo que isso não me faça sentir melhor, pois é o primeiro passo no controle da minha depressão."

Também é importante para esses pacientes darem créditos a si próprios toda vez que fizerem uma tarefa e reconhecer que fazendo essas tarefas estão indo gradativamente na direção de suas metas. As anotações terapêuticas podem ajudá-los a se lembrar de fazer as tarefas.

"Sempre que eu faço minha tarefa de casa – ou alguma tarefa produtiva – me lembro que mereço crédito, especialmente se não vejo um resultado imediato."

Revisar pensamentos negativos após a tarefa

Alguns pacientes, entretanto, no lugar de darem créditos a si mesmos, enfraquecem seu progresso com pensamentos negativos após completar a tarefa. Se um paciente não se sente melhor depois de realizar uma tarefa potencialmente recompensadora, o terapeuta deve investigar se pensamentos interferentes ocorreram durante e depois da realização da tarefa para também ajudar os pacientes a elaborarem respostas adequadas que eles possam ler depois de fazer suas tarefas. Os exemplos a seguir foram extraídos de três pacientes problemáticos, descritos no início deste capítulo.

Pensamento automático: Eu fiz essas tarefas, mas não as fiz muito bem e agora estou exausto. A terapia não está ajudando. Eu nunca me sentirei melhor.

Resposta: Eu mereço crédito simplesmente por fazer essas tarefas. Afinal, eu não as realizava antes de começar a terapia. Demorará algum tempo para eu me sentir melhor. Eu quero que essas tarefas me façam sentir melhor imediatamente, mas isso é irreal. Eu preciso apenas continuar realizando-as e continuar o tratamento.

Pensamento automático: Eu fiz todas essas tarefas, mas odeio fazê-las. Não é justo que eu tenha que gastar minha vida nessa luta.

Resposta: Fazer essas tarefas é trabalhoso, especialmente porque eu estou depressivo e tenho menos energia. Será um pouco mais fácil fazê-las quando eu estiver menos depressivo. Eu preciso trabalhar na terapia para programar coisas positivas para minha vida e também para melhorar meu equilíbrio.

Pensamento automático: Eu fiz essas tarefas, mas elas não ajudaram. Elas são simplesmente gotas no oceano. E agora [minha terapeuta] e minha família esperarão cada vez mais de mim.

Resposta: Foi importante fazer essas tarefas, mesmo que eu não tenha me sentido melhor imediatamente. No fim, quando eu fizer mais mudanças, me sentirei melhor. [Minha terapeuta] quer que eu lhe diga se penso que ela espera muito de mim. Se Susie e as crianças começarem a criar muitas expectativas, posso dizer a elas que eu preciso de mais tempo.

Revisar a tarefa na sessão seguinte

Conforme descrito no capítulo anterior, é essencial revisar as tarefas de casa na sessão seguinte. Fazer isso enfatiza a importância da tarefa e motiva os pacientes na sua continuidade. Além disso, dá ao terapeuta uma oportunidade de coletar dados necessários, reforçar aquilo que o paciente aprendeu com a tarefa e avaliar se é conveniente para o paciente continuá-la na semana seguinte.

Conceituar a dificuldade quando os pacientes não realizam a tarefa

Primeiro é importante saber se há um obstáculo prático interferindo na capacidade do paciente de fazer a tarefa de casa – por exemplo, o paciente não entende o que fazer, adoece ou não tem oportunidade de fazê-la. Se não há um obstáculo, os terapeutas devem avaliar se eles mesmos seguiriam as orientações descritas acima. Finalmente, os terapeutas talvez precisem pedir aos pacientes que lembrem de um momento específico em que eles pensaram em fazer a tarefa, mas não fizeram. Imaginar a situação como se ela estivesse acontecendo no momento permite ao paciente ter um melhor acesso aos seus pensamentos interferentes. Responder a essas cognições, conforme descritas a seguir, será a chave para assegurar que os pacientes completarão suas tarefas no futuro.

CRENÇAS DISFUNCIONAIS QUE INTERFEREM NA RESOLUÇÃO DE PROBLEMAS E REALIZAÇÃO DA TAREFA

Apesar de uma preparação razoável, alguns pacientes ainda se recusam a focar a solução de problemas e a fazer a tarefa de casa. Freqüentemente, suas crenças muito enraizadas e rígidas interferem. Esta seção descreve como elucidar e modificar essas crenças.

Identificação de crenças-chave

Há vários meios de descobrir crenças que interferem na solução de problemas e na realização da tarefa: elucidar a regra condicional, identificar as desvantagens e utilizar uma listagem.

Elucidar a regra condicional

O terapeuta pode oferecer parte de uma regra condicional e perguntar ao paciente sobre o seu significado ou sobre um resultado temido:

- "Se você fosse [focar mais profundamente esse problema/a solução desse problema/avançar e fazer a tarefa de casa], o que isso significaria?"
- "Qual seria o resultado?"
- "O que poderia ser ruim em relação a isso?"

Elucidar desvantagens

Um outro meio de coletar o mesmo tipo de informação é descobrir, sob o ponto de vista do paciente porque solucionar problemas ou fazer a tarefa pode ser desvantajoso:

> ■ "Parece-me que há algumas vantagens em tentar resolver esse problema, mas suponho que haja algumas desvantagens também. (*pausa*) Quais seriam as desvantagens?"

Se o paciente não for cooperativo, o terapeuta pode tentar conjeturar e normalizar suas preocupações:

> ■ "Algumas pessoas não querem falar sobre [melhorar o relacionamento familiar] porque isso faz com elas se sintam [como se tivessem feito alguma coisa errada... ou sentem que solucionar o problema deixará a família sem punição]... Você tem essa mesma visão?"

Utilizar uma listagem

Os terapeutas também podem pedir aos pacientes para preencher uma lista de "Possíveis Razões para não Fazer as Tarefas de Auto-Ajuda" (Beck, Rush, Shaw e Emery, 1979). Alguns pacientes mostram-se mais dispostos a marcar os itens no formulário em vez de verbalizar suas preocupações. Eles podem completar o formulário na sessão ou em casa quando se virem postergando a tarefa.

Crenças típicas

As crenças típicas interferentes freqüentemente estão relacionadas ao significado que os pacientes empregam para:

- O *processo* terapêutico
- A *capacidade* de ter *sucesso* na terapia
- As *conseqüências* de *se sentirem bem*

As crenças típicas nessas três categorias estão descritas a seguir.

Crenças sobre o processo terapêutico

Essas crenças estão relacionadas à percepção do paciente de ser prejudicado pelo processo, também por causa da sua confusão interna ou do comportamento do terapeuta. Um exemplo foi apresentado no Capítulo 5: a paciente Mandy sentiu medo de ser prejudicada pela terapeuta se ela revelasse os maus-tratos sofridos quando criança. Outros exemplos incluem:

> "Se eu falar sobre o meu problema, me sentirei muito sobrecarregado [com emoção negativa], me sentirei 'em frangalhos.'"

Antes de a paciente Mônica começar a terapia, sua estratégia compensatória quando se sentia angustiada era evitar ou abandonar as situações ou se distrair. Nas sessões, ela usou várias manobras para tentar encobrir suas emoções. Freqüentemente, ela mudava de assunto, desconversava, evitava ter emoções negativas, tentava manter discussões sobre problemas superficiais e concordava, sem reflexão, com o que o seu terapeuta dizia. Entre as sessões, Mônica não fazia as tarefas de casa. Reconhecendo um padrão, seu terapeuta perguntou o que ela achava de focar mais cuidadosamente um problema e tentar resolvê-lo. Ela revelou uma crença disfuncional quanto a experimentar emoções negativas e seu terapeuta, então, conseguiu ajudá-la a avaliar e reagir a essa crença.

Mônica compreendeu que, embora tivesse tido, literalmente, centenas de experiências com sentimentos altamente angustiantes, ela tinha se esgotado e precisado ser hospitalizada somente duas vezes. Mesmo assim ela se recuperou. Sua terapeuta ajudou-a na percepção de como ela estava diferente (mais forte), de como ela estava conhecendo as ferramentas na terapia para manejar melhor sua angústia e de como, agora, ela não estava passando pelo tipo de estressores altamente provocativos que anteriormente culminaram em sua hospitalização. Depois de várias experiências nas quais ela estava muito aborrecida no início de uma sessão terapêutica, mas sentia-se melhor no final da sessão, ela ficou mais disposta a concentrar-se nos seus problemas. Ela compreendeu que podia fazer algumas coisas para aliviar sua angústia ou, ao menos, tolerá-la.

Estratégias adicionais para modificar estas regras estão descritas em detalhes no Capítulo 12.

> "Se eu deixar a terapeuta dirigir a sessão, significa que ela é forte e superior, e eu fraco e inferior."

Crenças como essas indicam um problema na relação terapêutica (veja Capítulos 4 e 5). Sean tentou controlar suas sessões. Quando sua terapeuta tentou dirigir a sessão ele continuou falando e não deixou que ela interrompesse para levá-lo à solução de problema. Ele também não aceitou que ela sugerisse uma tarefa: "[Monitorar meu humor] não ajudará. Eu me sinto confuso o tempo todo. Eu não preciso fazer uma anotação para dizer isso a você!" O que realmente ajudou foi que sua terapeuta, no momento que identificou essa crença, discutiu o dilema em que ele estava.

Terapeuta: Veja, eu observei algumas coisas. Você pode me dizer se você acha que eu estou certa nisso? (*ser responsabilizado*) Eu penso que eu te perturbo quando interrompo, faço perguntas, ou foco na solução de um problema. Certo?

Sean: Bem, sim.
Terapeuta: É realmente importante para mim que eu faça essa terapia corretamente com você. Você pode me dizer o que significa para você quando eu o interrompo ou faço uma sugestão. O que há de ruim nisso?
Sean: Você é como o meu antigo terapeuta. Ele estava sempre me dizendo o que fazer.
Terapeuta: Então, quando eu pergunto sobre os detalhes da discussão que você teve com seu filho adotivo, por exemplo, parece que eu estou dizendo a você o que fazer?
Sean: Sim, ou que você *irá* me dizer o que fazer.
Terapeuta: E se eu estivesse dizendo a você o que fazer o que seria tão ruim nisso?
Sean: (*irritado*) Eu não sei. É como se você tivesse todas as respostas. Como se eu fosse um perdedor estúpido.
Terapeuta: Bem, não é de admirar que minhas perguntas irritem você. (*pausa*) O que você acha que nós podemos fazer sobre isso?
Sean: Eu não sei.
Terapeuta: Bem, deixe-me fazer uma perguntar. Você pensa que eu sou sincera em querer ajudar você?
Sean: (*pensa*) Sim, eu acho que sim.
Terapeuta: Você acha que eu, deliberadamente, quero que você se sinta um perdedor?
Sean: Não, eu acho que não.
Terapeuta: Como você sabe disso?
Sean: (*suspira*) Eu suponho que se você realmente quisesse, você me insultaria. Você podia agir com superioridade e poder, como o meu primeiro terapeuta. Eu o deixei, você sabe.
Terapeuta: Bem, eu estou feliz porque você não me colocou na mesma categoria que ele. (*pausa*) Agora, voltemos à questão de como eu posso ajudá-lo se o que eu digo faz com que se sinta como um perdedor.
Sean: Eu não sei. (*pausa*) Posso pensar sobre isso?
Terapeuta: Com certeza. Talvez nós possamos pensar sobre isso durante esta semana.
Sean: Certo.

Na próxima sessão, a terapeuta e o paciente decidiram que colocar uma anotação dizendo "Categoria Diferente" sobre a mesa entre os dois, durante a sessão, lembraria Sean de que talvez a terapeuta tivesse boas intenções para com ele, e lembraria a terapeuta de evitar parecer dominadora ou pedante. Eles também discutiram muitas outras idéias para contradizer a crença disfuncional do paciente – por exemplo, que uma pessoa era esperta, e não estúpida, ao ouvir alguém competente que lhe aconselhasse; muitas pessoas na diretoria de companhias, ou líderes do governo procuram ajuda especializada.

"Se eu faço o que a minha terapeuta quer, significa que ela está me controlando."

Claire demonstrou crenças passivo-agressiva e estratégias comportamentais. Ela apresentava um comportamento reativo, refutando, automaticamente, o que os outros (incluindo sua terapeuta) diziam e recusando-se a fazer o que os outros pediam. Uma intervenção-chave implicou em ajudá-la a ver sua reação automática como indesejável – reação que indicava que outras pessoas estavam ainda "controlando seus cordões", controlando suas emoções e comportamento. Ela podia "cortar os cordões" ao reconhecer quando ela estava tendo uma "reação contrária" automática e então refletir sobre a questão: "Qual é o meu melhor interesse para falar ou fazer algo a longo prazo?" Sua terapeuta também conseguiu fazer um acordo com Claire de que se ela falasse ou fizesse alguma coisa que favorecesse outra pessoa, isso estaria certo, já que favoreceria a ela também.

"É indiferente se eu me sinto melhor [então porque eu vou me envolver na terapia/fazer a tarefa?]"

Quando os pacientes estão muito desesperançados, algumas vezes eles têm o pensamento automático "Tanto faz". Harriet, uma paciente bipolar, freqüentemente tinha esse pensamento quando ela estava muito depressiva e, conseqüentemente, permitia-se ficar na cama, sentindo-se doente para trabalhar e geralmente isolando-se das pessoas. Ao identificar esse pensamento sua terapeuta ajudou-a na avaliação deste. Elas formularam as seguintes anotações terapêuticas:

Resposta para "tanto faz"

Pode ser verdade que é indiferente nesse momento. Mas eu sei, de acordo com experiências passadas, que *me importarei* no futuro. Eu sempre me importo. Eu posso deixar esse pensamento me derrotar ou eu posso voltar para o meu plano antidepressivo agora e provavelmente me sentir melhor e me importar novamente.

Em uma outra sessão, elas incrementaram essa resposta tornando-a mais forte:

Não se importar é uma fase momentânea. Eu não *tenho* que me preocupar muito se eu me importo ou não. O mais importante é continuar seguindo o meu plano.

Em outra sessão, elas novamente reforçaram a anotação:

Tudo bem se eu não me importo, eu não tenho que me preocupar em fazer coisas.

Crenças centrais de desamparo ou fracasso

Os pacientes expressam seus medos ou preocupações de maneiras diferentes:

- "Não consigo mudar."
- "Sou desamparado."
- "Não tenho controle."
- "Meus problemas são insolúveis."
- "Eu só me sinto melhor se a minha medicação funciona [ou se alguém ou alguma coisa externa a mim muda]."

As técnicas descritas no próximo capítulo, como o questionamento socrático direto, podem ajudar os pacientes a mudar suas perspectivas quanto à probabilidade de fracasso. Além disso, é importante para os terapeutas formularem com os pacientes um plano concreto para que se sintam melhor e ajudá-los a desenvolver imagens realistas nas quais eles se vejam agindo funcionalmente, resolvendo problemas e se sentindo melhor. Freqüentemente, a realização de experiências comportamentais também demonstra que suas crenças centrais são imprecisas. Exemplos de caso dessas crenças negativas são mostrados a seguir.

"Se eu tentar resolver esse problema ou fizer essa tarefa, falharei porque sou muito incompetente."

Grace não tinha somente uma crença central muito antiga de que era desamparada e incompetente, ela também tinha uma estratégia compensatória infiltrada, de procrastinação e evitação. De alguma forma, ela pensava que era melhor viver com um problema, mesmo que ele a angustiasse. Embora a evitação inevitavelmente conduzisse ao fracasso, ela podia, pelo menos, dizer a si mesma: "Eu falhei porque não tentei", que era menos doloroso do que a alternativa: "Eu falhei porque sou incompetente". Rapidamente essa dificuldade ocorreu quando Grace falhou na exposição de um problema importante na terapia e em fazer a tarefa de casa. Sua terapeuta teve que ajudá-la a modificar sua crença central de incompetência antes que ela estivesse disposta a resolver os problemas e a fazer a tarefa de casa.

"Eu não tenho nenhum controle sobre o meu humor."

Freqüentemente, esses pacientes falham na realização da tarefa de casa por pensarem que ela não fará nenhuma diferença no modo como eles se sentem: "Não importa o que eu tente, nada funciona. Eu sempre me sinto mal". Uma tarefa importante para os pacientes é monitorar o humor e descobrir se eles experimentam alguma variação de humor baseada no que estão fazendo ou estão pensando.

Para que os pacientes sintam que têm pelo menos algum controle sobre o seu humor é conveniente, para alguns deles, manter uma lista de comportamentos que os fazem se sentir mal e outros que os levam a se sentir melhor. Larry, por exemplo, conseguiu mobilizar-se depois de ler uma ficha que o lembrou que ele normalmente se sentia bem quando se levantava logo ao acordar, tomava um banho, tomava o café da manhã e levava seu cão para passear – e sentia-se pior quando ficava na cama até tarde, não trocava rapidamente de roupa e passava várias horas do dia assistindo TV.

"Nada fará diferença."

Na transcrição a seguir, Ellen, uma paciente com depressão crônica, resistente ao tratamento, veio para a sua quarta sessão terapêutica muito desanimada. Inicialmente, a terapeuta tenta estabelecer uma agenda, mas o desânimo de Ellen interferiu.

Terapeuta: Então, que problema você quer trabalhar hoje?
Ellen: Oh, eu não sei. (*pausa*) É tão desanimador.
Terapeuta: Então, nós podíamos trabalhar o seu sentimento de desânimo? Você acha que nós devemos falar também sobre o trabalho ou sobre seu marido?
Ellen: Eu não sei. (*tentando deixar a responsabilidade para a terapeuta*) O que você acha?
Terapeuta: (*tentando devolver a responsabilidade novamente para Ellen*) Na verdade, não estou certa sobre o que faria mais diferença para você.
Ellen: Não importa. Eu não acho que alguma coisa fará diferença.
Terapeuta: Bem, parece que esse é um pensamento importante para trabalharmos quando ficamos desanimados.

A terapeuta continua com a ponte entre as sessões e a paciente concorda em colocar na agenda também o "problema com o marido". Depois, elas discutem o item inicial da agenda, o desânimo.

Terapeuta: Tudo bem se nós começarmos com o seu pensamento "Nada fará diferença"?
Ellen: Sim.
Terapeuta: O quanto você acredita, *agora* (*enfatizando a natureza cooperativa de trabalharem juntas*) que trabalhar um problema *comigo* – vamos dizer, [mencionando uma meta que a paciente deseja] ou ajudá-la a programar melhor sua vida, envolver-se em mais atividades agradáveis – não fará diferença?
Ellen: (*mudando um pouco o tom*) Bem, pode fazer uma pequena diferença, mas na prática não importará muito.
Terapeuta: (*concordando em parte com o que Ellen disse*) Bem, a verdade é que você está *parcialmente* certa. Se programar atividades for *tudo* o que fizermos juntas, não fará muita diferença. Programar atividades *somente* funciona se for parte de um *grande* pacote antidepressivo... Nós já falamos sobre isso antes – aprender a responder ao seu pensamento depressivo, resolver os problemas com seu marido, descobrir como se sentir mais confortável no trabalho. (*pausa*) Fazer *todas* essas coisas juntas é que levará a uma diferença permanente.
Ellen: (*Olhando em volta*).
Terapeuta: Ellen há alguma desvantagem em fazer essas tarefas para tentar vencer sua depressão?
Ellen: Parece que há muitas desvantagens.

Terapeuta:	(*concordando parcialmente com a paciente*) Você está certa. Há muitas desvantagens... *se* você pensar que precisa fazer *todas as coisas* de uma só vez. (*pausa*) O que você acha? Você se sentirá melhor esta semana dando alguns *pequenos* passos, como ir ao cinema ou tomar café com sua amiga Bonnie... ou *não* fazendo essas coisas?
Ellen:	Fazendo isso, eu suponho. (*pensa*) Mas caminhar ou ir ao cinema não me farão sentir melhor imediatamente.
Terapeuta:	Não, você está certa. Então, se você decidir fazer algo você terá que lembrar de *não* esperar se sentir muito diferente de imediato – mas, ao invés disso, dar a você um crédito por fazer coisas agora que trarão uma recompensa mais tarde.
Ellen:	Ah...
Terapeuta:	Ellen, você pode resumir para mim o que nós acabamos de falar?
Ellen:	(*suspira*) Bem, você está tentando me convencer de que eu devo fazer pequenas coisas porque eu terei recompensa mais tarde.
Terapeuta:	E o que você pensa?
Ellen:	Eu penso que pode ser assim.
Terapeuta:	Você estaria disposta a tentar algumas tarefas esta semana mesmo que você não esteja muito animada?
Ellen:	Eu acho que sim.
Terapeuta:	Você tem certeza? Ou há outros meios que você acha que serão mais úteis?
Ellen:	Não, eu acho que não. (*pensa*). Bem, claro, se meu marido de repente começar a me tratar bem...
Terapeuta:	Isso *seria* bom. É provável?
Ellen:	(*infeliz*) Não.
Terapeuta:	Então, se você quer se sentir melhor, eu suponho que está em *suas* mãos fazer mudanças em sua vida: ficar em casa no sofá ou levantar-se e sair para caminhar. Sentar-se em frente à TV ou convidar alguém para ir ao cinema com você.
Ellen:	(*pausa*) Sim.
Terapeuta:	Pronta para assumir alguma coisa como tarefa de casa?
Ellen:	Sim.
Terapeuta:	Bem, por que não discutimos sobre algumas possibilidades? Então nós saberemos se você quer comprometer-se com elas ou (*dando a ela uma alternativa para que não se sinta coagida*) se você deve, novamente, executá-las de maneira opcional esta semana.

Após essa conversa, Ellen comprometeu-se a fazer várias pequenas atividades. Ela e sua terapeuta criaram respostas alternativas que foram escritas em fichas para que ela lesse todos os dias. Essas fichas oferecem respostas para os pensamentos disfuncionais que Ellen prevê que poderão surgir antes e depois de realizar uma atividade. A terapeuta, então, investiga para saber se há outras desvantagens não-declaradas na mudança de Ellen: medo de ter muita esperança e então se frustrar; preocupações quanto a elevar suas expectativas; um impacto negativo em seu relacionamento com seu pai; ou algum significado especial (negativo) no fato de se sentir melhor. Nenhum item se confirmou. Ellen conseguiu realizar algumas tarefas e começou a sentir-se menos desamparada e desanimada, o que facilitou na continuidade do trabalho na sessão e entre as sessões.

Conforme ilustrado no resumo, alguns pacientes acreditam que não há nada a ser feito que importe ou fará diferença. Contudo, pode ser argumentado que é uma realidade física o fato de que *todas as coisas* que o paciente faz terão algum impacto no que acontecerá futuramente em sua vida e, assim, é inerentemente importante (McCullough, 2000).

"Eu preciso de uma Fórmula Mágica."

Samantha não acreditava que podia fazer alguma coisa para se sentir melhor. Ela estava sempre procurando por uma "fórmula mágica": uma nova terapia, uma nova medicação, um novo emprego, um novo namorado. Ela tornou-se uma pessoa sem coragem, desanimada. No momento em que começou a terapia cognitiva (sua sexta tentativa de psicoterapia em 15 anos), ela ainda esperava que sua terapeuta, magicamente, a "consertasse"; ela não acreditava que ela própria podia se "consertar". Na verdade, ela passava longos períodos, todos os dias, fantasiando que estava sendo salva: por um novo namorado ("um cavaleiro em uma armadura brilhante"), por um chefe bondoso que reconhecesse o quanto ela era especial, por um terapeuta. A terapeuta ajudou Samantha a reconhecer que fantasiar ajudava a se sentir melhor momentaneamente, mas que ela sempre se sentia pior no final do dia, quando percebia o pouco que havia realizado e o quanto se sentia infeliz. Sua terapeuta demonstrou empatia e lhe deu permissão para expressar seu desapontamento. "Eu *queria* me sentir melhor agora – mas isso não é possível. Deve ser frustrante para você que eu não consiga." Depois de uma conversa significativa elas formularam a seguinte resposta:

Quando eu fantasio sobre ser salva

É evidente que se eu esperar que alguém me salve, eu continuarei a me sentir infeliz. Com a [ajuda da terapeuta] eu posso "salvar" a mim mesma. Esse é o único modo de eu me sentir melhor. A fantasia de um salvador me faz sentir melhor apenas momentaneamente, depois eu me sinto pior.

Crenças sobre sentir-se melhor ou ficar bom

As crenças negativas podem estar relacionadas a um resultado negativo imediato percebido pelos pacientes ou a um resultado em longo prazo de recuperação do seu transtorno.

"Se eu descobrir meios de resolver esse problema isso mostrará que eu estava errado [o que é intolerável para mim]."

Hank não queria falar sobre um meio de tornar seu dia no trabalho mais tolerável, pois de alguma forma ele sabia que tinha alguma responsabilidade por problemas nesse ambiente. Ele tentou falar abertamente sobre a forma injusta como os outros o tratavam e evitou as perguntas da terapeuta quando ela tentou entender melhor o que havia acontecido, o que Hank havia dito e feito. A transcrição a seguir ilustra uma intervenção-chave:

Terapeuta: (*com empatia*) Obviamente seu colega de trabalho disse e fez alguma coisa prejudicial. Não é de admirar que você esteja tão perturbado! Para eu conseguir ajudar você, preciso saber o que você também disse e fez. É desconfortável falar sobre isso?
Hank: Eu não sei o que você quer dizer.
Terapeuta: (*normalizando*) Oh, alguns pacientes acham difícil falar sobre o que eles *fizeram*, especialmente se não se orgulham disso ou se pensam que contribuíram para o problema – ou se pensam que eu os culparei. (*pausa*) Eu estava pensando: isso é difícil para você?

"Se eu encontro uma solução para esse problema, parecerá que eu sofri desnecessariamente."

Kimberly está cuidando do seu pai idoso há muitos anos. Quando sua terapeuta sugeriu algumas soluções simples, como sair do quarto quando ele gritar com ela, estabelecer limites para ele, recompensá-lo por comportamento positivo e pedir a ajuda de outros membros da família e do serviço social, Kimberly criticou todas as idéias. Foi muito doloroso para ela admitir que podia ter resolvido algumas das suas dificuldades com seu pai anos atrás. Contudo, ela conseguiu reconhecer que esse foi o problema, quando seu terapeuta conjeturou sobre essa possibilidade ("Kimberly, eu imagino que é difícil para você considerar que você tem força para melhorar as coisas. Por exemplo, seria desconfortável para você descobrir que poderia ter melhorado a situação antes?").

Os pacientes podem experimentar uma crise existencial ao reconhecerem que perderam um tempo precioso sem necessidade, auto-impondo-se sofrimento (Yalom, 1980). Uma forma de suavizar o desapontamento é considerar a possibilidade de que somente agora o paciente está em uma fase de desenvolvimento psicológico, podendo saltar de um auto-reconhecimento como vítima para uma posição de auto-suficiência. Conseqüentemente, o tempo anterior (e talvez os anos anteriores na terapia), pode não ter sido uma perda de tempo – ao contrário, foram precursores naturais do estado mental atual do paciente – para melhorar suas possibilidades futuras.

"Se eu me mantenho animado, serei terrivelmente desapontado."

Embora fizesse sentido para Vince resolver os problemas na sessão e fazer a tarefa de casa, ele resistiu em fazê-las porque sentia medo de que ao resolver seus problemas iniciais ele ficaria esperançoso – e depois se sentiria *pior* quando previsse a incapacidade de se recuperar totalmente. Seu terapeuta o ajudou a ver que se as suas esperanças não fossem satisfeitas ele, provavelmente, se sentiria tão mal quanto já estava se sentindo naquele momento. Por outro lado, se ele tentasse novos comportamentos, provavelmente haveria uma recompensa substancial, o que valia o risco de um possível desapontamento.

"Se eu focar na solução de um problema e concordar em fazer a tarefa, terei que fazer coisas que não quero fazer."

Alaina usou grande parte da terapia tentando convencer seu terapeuta do quanto ela se sentia mal e de como a sua vida era ruim. Toda vez que seu terapeuta perguntava se ela queria tentar resolver seus problemas, Alaina respondia com a afirmação "Sim, mas": "Sim, mas veja, mesmo que eu fale com a minha mãe sobre isso, não acontecerá nada de bom porque ela..."; "Sim, mas eu sei que se eu tentar levantar mais cedo, ficarei exausta, eu me levantarei e então...". Seu terapeuta conceituou que as dificuldades de Alaina eram menos ligadas à crença central de que ela era desamparada do que com a sua indisposição para mudar. Ele conjeturava em voz alta:

Terapeuta: Então, Alaina, parece que você pensa que: "Não importa o que eu faça, não funcionará".
Alaina: Sim, talvez.
Terapeuta: Ou: "Eu não consigo fazer isso".
Alaina: Eu suponho que sim.
Terapeuta: Alaina, eu estou imaginando o quanto você pensa também "Eu não *quero* fazer isso"?
Alaina: (*pausa*) Eu não sei.
Terapeuta: Bem, o quanto você *quer* levantar da cama e começar o seu dia mais cedo?
Alaina: Não muito, eu acho.
Terapeuta: E o quanto você *quer* se relacionar melhor com sua mãe?
Alaina: Aquela bruxa! (*pausa*) Acho que eu não quero.
Terapeuta: Talvez nós devêssemos falar sobre o que você quer *realmente* e então como você se vê fazendo isso.

Antes de Alaina estar disposta a fazer um esforço significativo para resolver seus problemas e assumir mais responsabilidades em sua vida, seu terapeuta fez várias coisas: rever suas metas e estabelecer que Alaina realmente *não* queria continuar em seu estilo de vida insatisfatório e *queria* ter uma vida mais funcional; elucidar e reestruturar cuidadosamente as desvantagens de solucionar problemas e sentir-se melhor; reduzir a raiva de Alaina em relação à mãe; trabalhar previsões que traziam ansiedade sobre a sua capacidade de enfrentar desafios específicos (especialmente retornar ao trabalho); e ajudar Alaina a criar uma imagem positiva, realista e concreta de um dia típico, dentro de seis meses, quando ela não estivesse tão depressiva.

Outros pacientes não se preocupam imediatamente com as coisas que eles têm que fazer e não querem fazer, mas sentem medo de que *se* eles começarem a fazer eles terão, *por fim*, que fazer outras coisas que lhes desagradam. Tara teve medo de que ao se mostrar mais funcional, seu parceiro devolvesse a ela muitas responsabilidades que ele havia assumido e que, no passado, eram dela: pagar as contas, fazer compras, preparar as refeições. Tara reconheceu que ela teria que voltar a fazer coisas que ela não queria fazer.

"Se eu tentar solucionar esse problema produtivamente, não punirei os outros."

Abe acreditava que tinha sido maltratado por anos, por sua família de origem. Ele não quis falar sobre como ele podia fazer para que uma próxima visita a sua casa fosse melhor. A idéia de tratar sua família de maneira razoável o fazia se sentir anulado. Ele ainda queria puni-los por seus erros, mesmo com um custo emocional significativo para si próprio.

O terapeuta de Abe lembrou-o da sua última visita, quando ele puniu sua família recusando-se a participar de uma reunião familiar, acompanhá-los ao zoológico ou se juntar a um projeto da família para organizar fotografias. Ele se lembrou o quanto se sentiu isolado, desligado e mesmo rejeitado e como a dor persistiu por semanas. Seu terapeuta ajudou-o a compreender que os membros da família, provavelmente, sentiram-se menos feridos em comparação a ele. Depois da conversa, Abe reconheceu que se usasse novamente essa estratégia para puni-los, provavelmente acabaria sendo muito mais punido. Finalmente, Abe concluiu que isso era a pior coisa que podia fazer para reduzir a sua própria dor, já que a sua família provavelmente não se sentia tão aborrecida.

"Se eu me concentro em como eu preciso (parar de punir) para me sentir melhor, me sentirei triste novamente."

Amanda, assim como Abe, queria punir as outras pessoas. Ela estava bastante zangada com seu marido, que havia tido um breve caso amoroso dois anos atrás e, inicialmente, ela rejeitava discutir sobre como ela própria podia mudar para melhorar o relacionamento. Ela tinha vários pensamentos que interferiam em sua motivação:

- "Ele fez algo muito errado e não é justo comigo trabalhar na solução de problemas em vez de puni-lo."
- "Puni-lo me faz sentir no controle, mais poderosa."
- "Se eu não puni-lo, ele pode se desencaminhar e eu vou me ferir novamente."

O terapeuta de Amanda teve que ajudá-la a ver uma outra perspectiva antes de se dispor a mudar. Cuidadosamente, eles examinaram as desvantagens de continuar a punir seu marido: isso a mantinha excitada emocionalmente; ela estava oferecendo aos seus filhos um péssimo exemplo; talvez ela estivesse fazendo com que ele de fato se desencaminhasse novamente; embora ela se sentisse mais fortalecida, isso também fazia com que ela se sentisse "desvalorizada" por tratá-lo mal.

Seu terapeuta pediu que ela imaginasse três situações de um dia típico no próximo ano. Ele pediu que ela se concentrasse em cada momento para saber como ela se sentia e no sentimento de bem-estar geral. Na primeira situação, Amanda imaginou-se ainda tratando mal ao seu marido. Na segunda situação, imaginou que eles haviam se separado em conseqüência de um novo caso amoroso e que ela estava lidando bem com a separação. Na última situação, ela imaginou que eles tinham permanecido juntos e que ela o tratava bem durante o ano todo. Ela finalmente concluiu que era de seu interesse parar de puni-lo e tentar reconstruir um relacionamento razoável com ele (veja Spring, 1996, para mais detalhes sobre esse assunto).

"Se eu me sentir melhor, terei que enfrentar um grande desafio."

Diane compreendeu que ao ficar muito sintomática, ela não tinha escolha: precisava do seu marido para apoiá-la. Contudo, ao sentir-se melhor, sem precisar da ajuda dele, ela teria que enfrentar o fato de que seu casamento era bastante insatisfatório e *teria* que tomar a decisão de se divorciar. O terapeuta ajudou-a a ver que uma vez superado o seu transtorno crônico do pânico e agorafobia ela teria a escolha de se divorciar, ou não; não significava que ela *precisava* se divorciar. Ele também a ajudou na percepção de que não havia meios de saber naquele momento como o relacionamento com o seu marido podia mudar se ele não se sentisse mais tão sobrecarregado com a doença dela.

"Se eu me sentir melhor, significa que eu perdi."

Alguns pacientes sabem que sofrerão uma perda financeira se eles se sentirem melhor. Talvez não sejam mais elegíveis para benefícios ou podem receber uma redução nos benefícios em uma ação judicial para problemas de saúde. Outros prevêem que sofrerão uma perda diferente. Adam sabia que teria que voltar para a faculdade em tempo integral, em vez de receber um monitoramento mínimo em casa. Ava estava com medo de que seus pais não a apoiassem mais emocionalmente e de que sua terapeuta encerrasse o tratamento se ela se sentisse melhor. Linda reconheceu que ao se recuperar da sua depressão ela teria que fazer o seu papel: voltar às suas responsabilidades normais – sua "vida de trabalho" como dona de casa, mãe de dois adolescentes desobedientes e esposa de um marido que se dispunha a responsabilizar-se pelas tarefas domésticas somente quando Linda não estava se sentindo bem.

A terapeuta ajudou esses pacientes a se concentrarem nas metas que eles queriam atingir a longo prazo. Ela os ajudou a avaliar o quanto à perda poderia ser prejudicial e como eles podiam lidar ou se reestruturar por meio dela. Então, eles tinham que imaginar um dia no futuro em que haviam alcançado suas metas e eram recompensados pela perda.

A terapeuta de Evan precisou fazer algumas intervenções adicionais. Sentir-se melhor significava que Evan teria que conseguir um emprego. Ter um emprego significava que seu pai e sua esposa (que continuamente o questionavam sobre voltar ao trabalho) venceriam e ele perderia. Seu terapeuta ajudou-o a ver o quanto ele estava perdendo, atualmente, por *não* trabalhar: ele estava em má situação financeira, sua auto-estima estava sempre baixa, ele engordou, estava fora de forma, não tinha a amizade dos colegas de trabalho e sentia vergonha de dizer às pessoas que estava desempregado. Ela também fez uma troca de papéis com Evan para descobrir como ele podia dizer a sua esposa e a seu pai que ele voltaria ao trabalho, enfatizando que havia tomado sozinho essa decisão (e não porque *eles* queriam que ele fizesse isso).

Alguns pacientes não querem fazer mudanças até que enfrentam conseqüências desagradáveis. Kevin não estava disposto a pensar sobre pequenas mudanças em sua vida diária. Ele passava muito tempo na cama. Sua crença era que se ele provasse ao seu pai que estava absolutamente depressivo, seu pai não o faria procurar um emprego, mas em vez disso subsidiaria seus estudos na escola de comércio que ele queria freqüentar. Uma sessão familiar não o convenceu do contrário. Somente quando seu pai parou de lhes dar dinheiro – e assim ele não podia manter seu carro, comprar DVDs e CDs ou ir ao cinema – Kevin entendeu que seu pai pretendia uma ocupação para ele, então, ele se dispôs a fazer mudanças. Suas anotações terapêuticas o ajudaram a lembrar das escolhas que ele podia fazer.

Quando estou tentado a não fazer nada

A evidência é que papai mudou. Provavelmente, ele não me dará dinheiro nem mesmo se eu continuar a perturbá-lo ou gritar com ele. Eu posso continuar em meu quarto e me sentir infeliz *ou* eu posso tomar a decisão de controlar a minha vida. Eu posso começar com pequenas coisas como levantar cedo todos os dias, tomar um banho, comer adequadamente, fazer caminhada e outras coisas gratuitas até que eu esteja pronto para procurar um emprego.

"Se eu me sentir melhor, não saberei quem sou eu."

A identidade de Phil foi ocultada pela doença. Ele não podia imaginar quem ele seria se não mais sofresse de transtorno de pânico e de agorafobia severa. Pacientes como Phil, que se vêem completamente associados aos seus transtornos psicológicos, freqüentemente concebem o conceito de bem-estar como um grande desconhecido, uma noção ameaçadora que os mantêm paralisados (veja Mahoney, 1991). Em resposta a esse problema, o terapeuta de Phil utilizou as estratégias descritas no Capítulo 13 para ajudar os pacientes a lidar com a ansiedade quando eles a princípio questionam a validade de suas crenças centrais.

EXEMPLO DE CASO

Patrícia era uma mulher casada com 44 anos e um filho adolescente. Ela iniciou a terapia porque estava com depressão grave (seu terceiro episódio desde a infância), ansiedade e fortes traços passivo-agressivos. Um fator originário havia sido a perda do emprego do seu marido (sem justa causa). Primeiramente, ela ficou muito ansiosa com o declínio da situação financeira. Como Patrícia convenceu-se de que seu marido não conseguiria encontrar um emprego que pagasse mais do que um salário mínimo, ela ficou cada vez mais depressiva.

O desempenho de Patrícia deteriorou-se significativamente. Embora levantasse toda manhã para fazer o café para seu filho e mandá-lo à escola, ela ficava na cama grande parte do dia, negligenciando na arrumação da casa. Ela não levantava antes de o filho voltar para casa. Preparava o jantar para a família, mas se arrastava de volta para a cama tão logo seu marido voltava para casa do seu emprego de meio período.

Nas primeiras sessões terapêuticas, Patrícia concordou com a tarefa-padrão e, quando questionada, respondeu que provavelmente faria a tarefa. Contudo, ela retornou nas sessões subseqüentes tendo completado somente a metade de uma pequena parte da tarefa. Por exemplo, na segunda sessão ela relatou que podia se lembrar de alguns pensamentos automáticos da semana passada, mas não havia escrito nenhum deles, nem havia lido suas anotações terapêuticas que a lembravam de que alguns dos seus pensamentos podiam não ser verdadeiros, ou completamente verdadeiros, já que ela estava tão depressiva. Ela não havia feito nenhuma das mudanças comportamentais que havia combinado na primeira sessão.

Primeiro sua terapeuta tentou técnicas-padrão, como dividir as tarefas em etapas menores e ajudá-la a responder aos seus pensamentos automáticos. Inicialmente, todos os pensamentos tinham como tema o desânimo e, baseando-se em suas conversas, elas prepararam anotações para ajudá-la a reagir a eles.

Pensamento automático: Se eu tentar fazer atividades agradáveis, não me sentirei melhor.
Resposta: Na verdade, eu não sei se eu me sentirei melhor ou não – e não saberei a menos que eu tente. Mesmo que elas não me ajudem a sentir melhor em um curto espaço de tempo, elas podem ajudar a longo prazo.

Pensamento automático: Se eu realmente me sentir melhor, não durará por muito tempo.
Resposta: Inicialmente isso pode ser verdade, mas eu posso aprender habilidades que afetem o meu humor por períodos mais longos.

Pensamento automático: Eu não consigo cuidar da casa. Mesmo que eu tente organizar as coisas, eu não conseguirei fazê-lo. Há muito para fazer. Além do mais, eu não me importo se ela ficará desarrumada.
Resposta: Fazer *alguma coisa* a mais na casa do que eu já estou fazendo é realmente um sucesso. Eu posso manter a casa em ordem, pouco a pouco. Eu não posso fazê-lo de uma só vez – mas de qualquer forma não há uma exigência para isso.

Pensamento automático: Se eu simplesmente pudesse me esconder em algum lugar e não precisasse fazer coisa alguma, eu podia me sentir melhor.

Resposta: Não ter estrutura, atividades com outras pessoas, razão para sair da cama, oportunidade para realizar algumas coisas provavelmente me farão sentir pior, não melhor.

Pensamento automático: Essa terapia não é para mim. Eu não sou o tipo de pessoa que pode seguir um programa.

Resposta: O fato de eu não seguir um programa não ajuda a me sentir menos depressiva. Eu posso experimentar seguir um programa, por uma ou duas semanas, e ver se isso faz com que eu me sinta melhor ou pior.

Responder a esses pensamentos desanimadores por várias semanas ajudou levemente e Patrícia começou a cuidar um pouco mais da casa, embora ela não tentasse seguir ao menos o mínimo da programação. Independente dessas mudanças positivas, sua depressão não se alterou. Na verdade, ela ficou mais ansiosa. Uma cognição-chave era:

"Se eu faço mudanças, meu marido esperará cada vez mais de mim."

Patrícia também relatou um sonho desagradável. Alguém estava insistindo que ela brincasse com o jogo de dominó do seu filho. Ela havia colocado todas as pedras próximas uma das outras. A pessoa derrubou a primeira pedra de dominó iniciando uma reação em cadeia; todos os outros dominós caíram rapidamente, um a um. Para Patrícia, o sonho significava que ela teria que começar a fazer mudanças significativas e uma vez que começasse, não teria escolha a não ser manter as mudanças.

A terapeuta de Patrícia orientou-a a falar com seu marido sobre expectativas realistas em relação a ela. Como ela não conseguiu conversar sobre isso, a terapeuta sugeriu que elas o convidassem para participar da próxima sessão. Ao expressar o seu medo de que o marido esperaria que ela voltasse a ser como antes do dia para a noite, a terapeuta a tranqüilizou. Por duas ou três semanas, Patrícia fez algum progresso. Sua ansiedade e depressão também diminuíram um pouco, mas ela ficou mais irritada. O pensamento-chave disfuncional era:

"Se eu faço coisas que eu não quero fazer, me sentirei inferiorizada."

Depois de rever sua historia, ficou claro que Patrícia resistiu em fazer o que ela não queria desde a adolescência. Essa crença havia contribuído para a sua falta de sucesso nos empregos em que trabalhou antes do nascimento do seu filho. No momento, contudo, ela havia conseguido combater esse pensamento. Por exemplo, ela havia tido um sentimento muito forte quanto à importância de ser uma boa mãe para seu filho e conseguiu, por muitos anos, fazer coisas que ela particularmente não apreciava, mas que sabia que eram essenciais para o bem-estar dele.

Agora que ele já estava crescido e ela tão depressiva, ela não se sentia tão responsável por fazer coisas que considerava como secundárias. O terapeuta conseguiu ajudar Patrícia a perceber no nível intelectual que esse pensamento de inferioridade era disfuncional e impreciso. Demorou muito para que ela acreditasse nisso em nível emocional, embora ela ainda se debatesse com ele quando sua depressão diminuiu e o tratamento terapêutico acabou.

A terapeuta de Patrícia discutiu com ela o fato de haver dois problemas. Um deles eram as suas responsabilidades reais de vida, desgastantes, exaustivas, contínuas e sem recompensa. Contudo, para piorar a situação, ela debatia-se consigo mesma na decisão de fazer ou não algumas tarefas domésticas. A terapeuta tentou mostrar a ela que fazer as tarefas não a inferiorizavam tanto quanto a sua luta interna. Afinal, ela não acreditava que sua irmã e sua amiga Nan eram inferiorizadas por fazer as mesmas tarefas.

Assim que Patrícia tornou-se um pouco mais funcional em casa e a pilha de contas a pagar cresceu ela revelou uma outra desvantagem importante de se sentir melhor: teria que procurar um emprego. Ela estava muito relutante em voltar a trabalhar, sua ansiedade e depressão pioraram significativamente com a continuidade do declínio da situação financeira da família. Ela podia apenas calcular o alto custo de trabalhar, incluindo o impacto negativo sobre seu filho e sobre si mesma, que sofreria a injustiça de ter que trabalhar e desistir de um forte desejo de ser salva. Inicialmente, ela concentrou-se na preocupação com o afastamento de seu filho. Discutindo as implicações práticas de um emprego, Patrícia compreendeu que provavelmente retornaria para casa apenas uma hora depois de seu filho e talvez o impacto sobre ele fosse bem menor do que ela havia previsto.

Então, Patrícia expressou preocupações sobre o impacto em si mesma, os efeitos imediatos e a longo prazo: "Qualquer emprego será difícil. Provavelmente eu o odiarei. Ficarei exausta". Ela possuía uma auto-imagem (que era parcialmente uma memória) atrás de um balcão, no final da tarde, sentindo-se incapaz, exausta e aprisionada. A terapeuta rotulou essa imagem como o lado ruim e pediu a ela que imaginasse, em detalhes, uma imagem realmente melhor. Primeiramente, Patrícia resistiu em tentar criar uma imagem mais positiva. Quando sua terapeuta perguntou o que significava para ela imaginar um futuro melhor, ela respondeu:

Patrícia: Ele não acontecerá.
Terapeuta: (*conjeturando*) Você também está preocupada com o fato de que se nós descrevermos uma imagem melhor então você pode realmente ter que sair e procurar um emprego?
Patrícia: Sim, eu suponho que sim.
Terapeuta: O que significa para você procurar um emprego.
Patrícia: Eu serei aprisionada. Será fatal. Uma vez que eu tenha um emprego, terei que mantê-lo. Eu terei que desistir da esperança de uma vida feliz.

A terapeuta, então, discutiu com ela um meio de se proteger se ela conseguisse um emprego ruim e ajudou-a a perceber que ela não ficaria aprisionada, pois poderia tolerá-lo por alguns dias ou semanas, entretanto, procurando por um outro emprego. Ela podia deixá-lo no momento em que encontrasse um emprego melhor. Eles também discutiram que o fato de *não* ter um emprego também não estava trazendo felicidade a Patrícia; na verdade, ela estava cada vez mais triste e ansiosa nas últimas semanas. Finalmente, ela se dispôs a imaginar como seria um emprego melhor: um emprego onde ela se sentisse capaz, com colegas compatíveis e um patrão justo.

Patrícia, então, ressaltou o medo do impacto, a longo prazo, de estar empregada. Ela podia apenas visualizar um futuro doloroso, uma existência infeliz de ir para o trabalho, voltar para uma casa desorganizada, fazer o jantar, lavar a louça, ir para cama e então acordar e repetir o ciclo, por meses e anos até o fim da vida. Novamente, sua terapeuta ajudou-a no entendimento de que ela estava imaginando somente o lado ruim. Elas discutiram o lado bom e um resultado mais realista. Então, a terapeuta fez com que Patrícia visualizasse um dia relativamente satisfatório no próximo ano, quando ela estaria trabalhando por vários meses em um emprego razoável, estaria acostumada com o ritmo diário de trabalho, viria para casa sentindo-se feliz ao ver seu filho e sentiria-se bem por alcançar sucesso em seu trabalho, contribuindo financeiramente com a família.

A seguir, Patrícia falou sobre o seu medo de não ser competente no emprego. Ela havia tido um pesadelo, remanescente de um problema infantil, do qual não havia falado anteriormente. Na sexta série, ela fazia uma disciplina de língua estrangeira. Ela apresentou muita dificuldade com essa disciplina e, pior, demonstrou isso publicamente quando solicitada a fazer um diálogo em voz alta. Patrícia sentiu-se extremamente embaraçada e recusou-se a pedir a ajuda da professora. Sua terapeuta conceituou que esse *novo* "trauma" (ter que procurar um emprego) talvez estivesse reativando seus sentimentos de estar aprisionada, desamparada, incapaz de resolver seu problema. Ela ajudou-a a reconhecer que esses sentimentos (na verdade crenças) não se aplicavam particularmente no momento presente. Patrícia não precisava ter um emprego além das suas capacidades, ela podia tentar resolver os problemas que ocorressem no trabalho e podia deixá-lo se houvesse necessidade. A terapeuta deu a ela a esperança de que podia aprender, por meio da terapia, a ter satisfação no emprego e não se sentir ansiosa, autocrítica e infeliz.

Um outro grupo de pensamentos disfuncionais que interferiram na disposição de Patrícia para considerar um emprego estava relacionado à raiva em relação a seu marido, pois ele havia dito quando eles casaram que ela podia ficar em casa e cuidar dos filhos em vez de trabalhar fora. Patrícia estava zangada por ele tê-la aborrecido e sentiu que devia puni-lo. Sua terapeuta ajudou-a a ver que a perda do emprego não estava sob o controle de seu marido. Ela reconheceu que ele estava fazendo tudo que podia para encontrar um outro emprego e que estava trabalhando em um emprego alternativo de meio período para tentar manter o equilíbrio familiar. Patrícia conseguiu transferir um pouco da sua raiva em relação ao marido para a situação que eles estavam vivendo.

Finalmente, Patrícia revelou uma forte estratégia compensatória utilizada desde a infância, fantasiando ser acolhida: "Eu quero alguma coisa ou alguém que cuide de mim". Quando Patrícia era jovem, sua mãe era gravemente depressiva; seu pai trabalhava muitas horas, bebia todos os dias quando chegava em casa e era emocionalmente inacessível. Quando criança, ela desejava ser acolhida e imaginava alguém – sua mãe, seu pai, um parente ou alguém desconhecido – colocando-a no colo, provendo-a com atenção, amor e cuidando de todas as suas necessidades e desejos. Agora, 30 anos depois, ela ainda esperava de alguma forma ser resgatada: por seu marido, por sua terapeuta ou por alguém, ainda que desconhecido.

Patrícia reconheceu sua tristeza por não ter sido salva pela terapeuta. Ela também queria alguém para organizar as coisas, então ela poderia viver uma vida agradável, sem aborrecimentos. A terapeuta demonstrou empatia pela dor sentida por Patrícia já que esse desejo, provavelmente, não se realizaria. Na verdade, ela precisou lamentar a perda da sua fantasia com apoio da terapeuta antes de reconhecer que precisava aprender a cuidar de si mesma. As anotações terapêuticas ajudaram a lembrar:

Quando eu fantasio ser salva

Não há motivo para manter a fantasia de ser salva. Ela é destrutiva e em longo prazo me causará muita dor. Se eu trabalhar para me resgatar, posso ter uma vida melhor. Quando eu penso que não é possível, posso me lembrar que a depressão é como uma máscara preta sobre meu rosto, que me faz ver o futuro de maneira depressiva e irreal.

Por fim, Patrícia estava pronta para dar mais alguns passos em direção a sentir-se melhor. Nesse momento, as economias da família estavam quase no fim e ela não teve alternativa a não ser conseguir um emprego. Em quatro semanas de trabalho como digitadora sua depressão diminuiu. Embora ela particularmente não gostasse do trabalho, ela percebia o quanto ele era benéfico e não apenas porque estava oferecendo a renda necessária. Patrícia reconheceu que ir ao trabalho afastava sua luta interna sobre fazer ou não as tarefas domésticas. Ela não tinha mais escolha. Ela não podia voltar para a cama, ela tinha que se organizar pela manhã, deixar seu filho na escola a caminho para o trabalho, fazer as tarefas agendadas e o jantar para a família. Estruturar o seu dia, reconhecer seus compromissos no trabalho, experimentar interações positivas com seus colegas, receber uma resposta justa do chefe e contribuir para o bem-estar da família, foram fatores importantes na diminuição da depressão de Patrícia. No início, ela voltava aos seus velhos hábitos nos fins de semana, passando muito tempo na cama, sem cuidar da casa. Ela decidiu por si mesma fazer mudanças. E se convenceu de que precisava de mais estrutura.

Embora seus sintomas depressivos tivessem decrescido quase ao nível normal, Patrícia ainda não estava pronta para deixar a terapia. Ela precisou trabalhar mais as suas crenças disfuncionais sobre incompetência e injustiça e a prevenção de recaídas.

QUANDO OS PACIENTES PARECEM NÃO PROGREDIR

Finalmente, é importante reconhecer que os pacientes mudam de maneiras diferentes. Pode demorar para se investir em idéias novas e adequadas. Os pacientes podem precisar de semanas – e em alguns casos meses – para contemplar o que a mudança significa para eles, para revelar ao terapeuta seus medos de mudança, para lidar com seus medos de ver claramente as vantagens de mudar e se opor às desvantagens. Alguns pacientes simplesmente não estão prontos para fazer as mudanças necessárias quando procuram o tratamento, especialmente se a sua dor emocional é relativamente baixa. Quando os pacientes fazem pouco progresso ou não progridem depois de um período de tempo, é bom que se faça uma interrupção na terapia.

Antes de explorar as vantagens e as desvantagens de fazer uma pausa no tratamento, contudo, os terapeutas precisam certificar-se de que estão executando a terapia da maneira mais eficiente possível e/ou que não estão tendo uma reação negativa em relação ao paciente (conforme descrito no Capítulo 6). Os terapeutas precisam avaliar e responder a pensamentos como: "Os problemas [do paciente] são realmente insolúveis. Ela *tem* que ser depressiva, devido à seriedade de seus problemas. Ela está me evitando. Ela não está me dando uma chance. Eu não posso ajudá-la o suficiente". Então, eles devem considerar uma supervisão para saber se podem ser mais eficientes com o paciente.

QUANDO É IMPORTANTE NÃO PROMOVER A SOLUÇÃO DE PROBLEMAS

Embora a solução de problemas seja uma parte integrante da terapia cognitiva, há momentos em que ela é inadequada: quando os pacientes estão angustiados com uma perda, quando uma ênfase na solução de problemas causa um impacto negativo na relação terapêutica e quando os pacientes trazem problemas sobre os quais eles têm pouco ou nenhum controle.

Quando os pacientes sofreram uma perda (que pode ser concreta ou simbólica) os terapeutas devem oferecer apoio e aprovação. É importante que o terapeuta reconheça a perda e apóie o processo de luto. É importante falar sobre o significado da perda. Os terapeutas devem intervir, contudo, quando os pacientes ficam excessivamente severos com eles mesmos ou precisam de ajuda imediata para lutar de maneira mais eficaz.

Pode ser importante adiar a solução de problemas quando o terapeuta julga, baseando-se em dados do paciente, que a sua abordagem colocará a aliança terapêutica em perigo. Quando os pacientes resistem em acatar a solução de problemas, o terapeuta precisa dar um passo para trás, conceituar o problema e antes de tudo reparar a aliança, conforme descrito nos Capítulos 4 e 5.

Por último, é importante ajudar os pacientes a reconhecer que eles não podem resolver todos os problemas. Um paciente com uma companheira alcoolista, por exemplo, pode achar que ele deve ser capaz de controlar a maneira de beber de sua esposa. Uma paciente com um filho perturbado pode pensar que ela tem que proteger seu filho de situações angustiantes. Um paciente com uma família disfuncional pode achar que precisa fazer com que todos se relacionem. Tendo examinado as evidências e concluído que os pacientes não têm controle suficiente, o terapeuta deve ajudá-los a reconhecer que precisam aceitar a existência desses problemas e trabalhar em suas regras associadas, por exemplo: "Se eu não consigo resolver esse problema, significa que [há alguma coisa errada comigo]".

RESUMO

O ponto principal do tratamento na terapia cognitiva é ajudar o paciente a se sentir e a atuar melhor nas semanas seguintes, o que requer trabalhar na solução de problemas e motivar os pacientes na continuidade da realização das tarefas de auto-ajuda em todas as sessões. Quando os pacientes têm dificuldades de fazer essas tarefas terapêuticas essenciais, os terapeutas precisam especificar o problema e, então, avaliar se eles próprios programaram as estratégias-padrão de maneira ineficiente e/ou se as crenças disfuncionais dos pacientes interferiram, necessitando de uma variação no método do terapeuta.

capítulo **10**

Desafios na identificação de cognições

A maioria dos pacientes começam a terapia sem um entendimento do modelo cognitivo: eles desconhecem que não somente suas percepções das situações influenciam a forma como reagem (emocional, comportamental e psicologicamente), mas também que seus pensamentos são idéias (não necessariamente verdades), que seus pensamentos podem ser distorcidos e que avaliando e respondendo aos seus pensamentos eles podem se sentir melhor e se comportar de maneira mais funcional. Freqüentemente os pacientes acreditam que situações difíceis ou outras pessoas afetam diretamente suas reações, ou eles podem estar confusos por suas angústias, incapazes de entender porque elas ocorrem. É importante para os pacientes entender o impacto de seus pensamentos em suas reações ou não fará sentido para eles se envolver no processo de elucidar (e responder) as suas cognições.

Mesmo quando os pacientes entendem o modelo cognitivo, eles podem ter dificuldades para identificar seus pensamentos, imagens, regras e crenças centrais. Quando os terapeutas perguntam o que está se passando em suas mentes (quando estão estressados, comportando-se de maneira disfuncional e/ou experimentando sintomas físicos de estresse), os pacientes podem dizer que não sabem ou que não estavam pensando em nada. Podem mudar de assunto, dar uma resposta muito racional ou mesmo se recusar a falar. Também podem comportar-se desta forma quando o terapeuta está tentando descobrir o significado dos seus pensamentos a fim de elucidar crenças subjacentes. Assim como qualquer outro problema na terapia, quando os pacientes têm dificuldades de identificar suas cognições, os terapeutas precisam conceituar por que o problema ocorreu para que possam planejar uma estratégia apropriada.

Algumas dificuldades em elucidar cognições disfuncionais dos pacientes são decorrentes da utilização inadequada ou ineficaz das técnicas-padrão, embora, algumas vezes, os terapeutas precisem variar as abordagens padronizadas. Este capítulo descreve como elucidar pensamentos automáticos, imagens, regras e crenças de pacientes que são um desafio clínico; os próximos três capítulos descrevem como modificar essas cognições.

RECONHECER PENSAMENTOS AUTOMÁTICOS

É importante para os terapeutas reconhecer que há uma série de situações que causam pensamentos automáticos, que a escassez de relatos de pensamentos automáticos pode estar relacionada à baixa sintomatologia dos pacientes ou às suas evitações, que os pensamentos automáticos podem estar embutidos no discurso do paciente e que eles os rotulam como "sentimentos".

Reconhecer o leque de situações que evocam pensamentos automáticos

Muitas "situações" podem evocar pensamentos automáticos, conforme descrito no Capítulo 2. A terapeuta de Andrea, por exemplo, chegou 10 minutos atrasada para a sua sessão (situação 1). Andrea pensou "Ela não se preocupa comigo" e sentiu-se magoada. Ela reconheceu seu sentimento de mágoa (situação 2), pensou "Que ousadia ela me fazer sentir mal!" e ficou zangada. Quando entrou no consultório da terapeuta, ela expressou sua raiva. Antes mesmo da terapeuta falar, Andrea reconheceu que ela tinha reagido de maneira desproporcional (situação 3) e pensou: "Eu não devia ter dito aquilo [Minha terapeuta] pode não querer mais me tratar".

Os pacientes podem ter pensamentos automáticos sobre acontecimentos específicos, sobre seus próprios pensamentos (incluindo aqueles nas formas verbal e imaginária: sonhos, memórias, fantasias) e sobre suas reações (respostas emocionais, comportamentais e psicológicas). Os pacientes podem também ter pensamentos automáticos sobre mudanças em suas mentes ou em seus corpos – por exemplo, pensamento acelerado ou dor física. Eles podem ter pensamentos sobre a estimulação de seus sentidos: visuais (como alucinações visuais), auditivos (alucinações auditivas), olfativos (como um odor que os faz lembrar de uma experiência traumática) ou sinestésicos (como uma sensação tátil desagradável).

Reconhecer o momento em que os pacientes têm pensamentos negativos

Os terapeutas podem ter dificuldades em elucidar pensamentos automáticos dos pacientes cujos sintomas são relativamente leves. Os pacientes que estão em remissão parcial ou total de um transtorno de Eixo I, por exemplo, geralmente têm alguns pensamentos disfuncionais atuais e a terapia pode focar, pelos menos parcialmente, pensamentos disfuncionais que talvez eles possam ter no futuro (veja Beck, 1995, para técnicas de prevenção de recaídas).

Reconhecer a evitação comportamental

Alguns pacientes experimentam poucos pensamentos automáticos porque têm um modelo abrangente de evitação. Joel evitava se colocar em situações nas quais acreditava que poderia ser avaliado pelos outros. Ele trabalhava em casa e ficava recluso o máximo possível. Quando ele precisava sair, tentava limitar sua exposição às outras pessoas; por exemplo, ele fazia suas compras quando achava que as lojas estariam com menos movimento. Inicialmente, ele apenas relatava pensamentos automáticos de desânimo por nunca conseguir ter uma vida gratificante. (Sua terapeuta, na verdade, teve pouca dificuldade para elucidar os pensamentos automáticos quando ele discutiu com ela a ativação comportamental. Joel tinha muitos pensamentos prevendo resultados negativos).

Reconhecer a evitação cognitiva

Os pacientes que não demonstram uma evitação *comportamental* significativa, entretanto, podem ainda relatar alguns pensamentos automáticos se eles rotineiramente se envolvem em evitação *cognitiva,* isto é, afastam pensamentos que os conduzam a se sentirem angustiados. Normalmente, esses pacientes tentam distrair-se quando se sentem perturbados, assim, eles não se concentram em seus pensamentos e não se sentem pior. Eles podem envolver-se em atividades como navegar na internet, folhear uma revista, iniciar uma conversa, caminhar, comer alguma coisa, consumir bebidas alcoólicas ou drogas (veja Beck et al., 2004).

Reconhecer os pensamentos automáticos no discurso do paciente

Alguns pacientes expressam seus pensamentos nas descrições de uma experiência, mas nem eles, nem seus terapeutas percebem. Na transcrição a seguir, o terapeuta está alerta a esses pensamentos, já que o paciente inicialmente negou a ocorrência de pensamentos automáticos.

Terapeuta: O que você estava pensando enquanto falava com sua mãe ao telefone?
Paciente: Nada. Eu estava apenas muito zangado. Você sabe, ela *sempre* faz isso comigo. Ela sabe o quanto eu me aborreço quando ela fala sobre como eu abandonei a escola. Eu acho que ela faz isso de propósito. Ela sempre tenta me provocar.
Terapeuta: (*resumindo*) Então, a situação era que você estava falando com sua mãe ao telefone e pensou: "Ela sempre faz isso comigo. Ela sabe que eu fico aborrecido quando ela fala sobre a escola. Talvez ela esteja fazendo de propósito. Ela está me provocando". E esses pensamentos levaram você a sentir raiva. Certo?

Reconhecer pensamentos automáticos rotulados como sentimentos

Algumas vezes os pacientes chamam seus pensamentos automáticos de "sentimentos". Quando os pacientes usam a palavra "sentimento", o terapeuta precisa conceituar se o paciente expressou uma emoção ou uma idéia.

Terapeuta: O que significa para você o fato dela sempre fazer isso?
Paciente: Eu não sei. Eu apenas me sinto muito desamparado, como se eu nunca conseguisse vencê-la.
Terapeuta: E quando você tem esses pensamentos, "Eu sou desamparado; eu não consigo vencê-la", como você se sente emocionalmente?
Paciente: Frustrado.

Renomear as idéias do paciente como pensamentos e trocar a palavra "sentir" por "sentir emocionalmente", ajuda a fazer uma distinção esclarecedora.

UTILIZAÇÃO E VARIAÇÕES DE ESTRATÉGIAS-PADRÃO PARA ELUCIDAR PENSAMENTOS AUTOMÁTICOS

Os terapeutas empregam várias técnicas para que os pacientes identifiquem seus pensamentos automáticos, incluindo autorização de várias formas de questionamento, foco em sensações emocionais e somáticas, uso da técnica de construção de imagem e dramatização.

Questionamento

As perguntas mais comuns para elucidar os pensamentos automáticos dos pacientes são:

- "O que estava passando na sua cabeça?"
- "O que você estava pensando?"

Entretanto, essas questões simplesmente não funcionam com alguns pacientes, pelo menos inicialmente. Freqüentemente os terapeutas precisam, gentilmente, persistir para que os pacientes identifiquem seus pensamentos automáticos – sendo cuidadosos, é claro, para não irritá-los ou fazer com que se sintam inadequados. Eles podem perguntar:

- "O que você estava imaginando/prevendo/lembrando?"
- "O que essa situação significa para você?"
- "Qual era a pior parte da situação?"

Os terapeutas também podem ajudar os pacientes a focar seus pensamentos, de maneira mais clara, pedindo que eles primeiramente identifiquem e concentrem-se em suas reações emocionais em nível físico e, então, examinem seus pensamentos:

- "Como você estava se sentindo emocionalmente?"
- "Em que parte do corpo você sentiu a emoção?"

Pode-se oferecer uma questão de múltipla escolha, baseada no conhecimento que o terapeuta tem do paciente:

- "Você acha que pode ter pensando sobre _____ ou _____?"

Eles podem examinar suas explicações para as emoções relatadas:

- "Você sentiu-se [triste] porque estava pensando...?"

Ou oferecer um pensamento *contrário* ao pensamento que eles acreditam que o paciente realmente teve:

Terapeuta: Bem, eu aposto que você *não estava* pensando o quanto essas coisas são maravilhosas...
Paciente: Não!
Terapeuta: O que você estava pensando?
Paciente: Que a minha vida não presta! Eu odeio meu trabalho!

Ou os terapeutas podem oferecer possibilidades, usando os pensamentos que eles mesmos poderiam ter:

- "Se eu estivesse na sua situação, eu poderia pensar _____. Isso lhe trouxe alguma idéia?"

Ou outros pensamentos possíveis:

> ■ "Veja, eu ouço de outras pessoas nesta mesma situação que, algumas vezes, elas têm o seguinte pensamento _____ . Você teve pensamentos como este?"

A transcrição a seguir mostra a importância de persistir gentilmente e questionar pensamentos de diferentes formas. Observe que somente quando a terapeuta percebeu que não tinha informações suficientes sobre a situação e fez uma pergunta de múltipla escolha, o paciente finalmente conseguiu relatar o que estava pensando.

Terapeuta: (*resumindo*) Então você pensou em enviar um *e-mail* para sua irmã quando começou a se sentir mal. O que você estava pensando?
Paciente: Nada. Nada. (*pausa*) Eu apenas me senti mal. Muito mal.
Terapeuta: Mal significa...?
Paciente: Perturbado.
Terapeuta: (*procurando uma emoção específica*) Triste? Zangado? Ansioso? Confuso?
Paciente: Eu não sei, foi um sentimento horrível.
Terapeuta: (*procurando uma imagem*) Você tinha uma imagem em sua mente?
Paciente: Não, apenas um vazio.
Terapeuta: (*disponibilizando um pensamento contrário*) Você *não* estava pensando "Isso é bom. Estou tão feliz por estar enviando um *e-mail* para minha irmã"?
Paciente: Não.
Terapeuta: (*procurando uma lembrança*) Você se lembra de alguma coisa?
Paciente: Eu não sei.
Terapeuta: Bem, está difícil de entender... (*considerando que ela precisava de mais informações*) Penso que devo voltar ao início. Por que você enviou um *e-mail* para sua irmã?
Paciente: Eu precisava discutir alguma coisa com ela – sobre mamãe – e eu sabia [pensamento automático] que ela ficaria muito aborrecida. Por isso eu estava enviando um *e-mail* em vez de telefonar.
Terapeuta: Então, enquanto você escrevia o *e-mail* você imaginou qual seria a reação dela?
Paciente: Eu não sei. Eu estava apenas me sentindo muito mal.
Terapeuta: (*com empatia*) Sim, deve ter sido difícil de escrever esse *e-mail*. (*pausa*) Qual foi a pior parte desta situação?
Paciente: (*desanimado*) Eu não sei.
Terapeuta: (*oferecendo múltipla escolha*). Alguma coisa com a sua mãe? O que você tem que fazer? Lidar com sua irmã?
Paciente: (*parecendo abatido*) Tudo. Estou tão sobrecarregado.
Terapeuta: (*demonstrando empatia*) Nós podemos falar um pouco sobre esses assuntos?
Paciente: (*Balança a cabeça afirmativamente*).

Terapeuta: Quanto à sua mãe. Fale-me sobre isso.
Paciente: [pensamentos automáticos] Eu não sei o que fazer. Parece que ela está ficando cada vez mais fraco. Não sei se o médico a está tratando bem.
Terapeuta: E sua irmã?
Paciente: [pensamentos automáticos] Ela é tão difícil. Ela quer tomar até as mínimas decisões em relação à mamãe, mas ela não está aqui! Ela não sabe realmente o que está acontecendo. Ela está sempre me dizendo que eu tenho que fazer isso ou aquilo. E me criticando. Ela não tem idéia de como é difícil tudo isso.
Terapeuta: E você? Qual é o efeito de tudo isso em você?
Paciente: Eu estou muito sobrecarregado. [pensamentos automáticos] Eu tenho que cuidar da minha filha. Entretanto, se eu quiser manter o meu emprego, tenho que trabalhar dois turnos. As despesas médicas de mamãe são muito altas. Ela está quase sem reservas. Eu não sei o que acontecerá!
Terapeuta: Algo mais?
Paciente: [pensamentos automáticos] Não estou bem de saúde ultimamente. Eu não tenho tempo para me cuidar.
Terapeuta: (*reforçando o modelo cognitivo e demonstrando empatia*) Não é de se admirar que você estivesse se sentindo tão mal quando escrevia o *e-mail* para sua irmã. Você teve todos esses pensamentos perturbadores sobre sua mãe, sua irmã, sua filha e sobre você mesmo.

Focar em emoções e sensações somáticas

Os terapeutas podem pedir a eles que se concentrem em suas emoções e sensações associadas quando os pacientes têm dificuldades de identificar seus pensamentos. Fazer isso pode aumentar e intensificar as sensações e emoções, facilitando o acesso aos pensamentos.

Stan era um homem de 49 anos com transtorno obsessivo-compulsivo. Na sua primeira sessão, quando o terapeuta perguntou sobre suas compulsões, ele comprimiu seu estômago e ficou ansioso.

Terapeuta: O que passou na sua cabeça neste momento?
Stan: Eu não sei.
Terapeuta: Como você está se sentindo emocionalmente?
Stan: (*pensa*) Ansioso.
Terapeuta: Você colocou sua mão no estômago. Está se sentindo desconfortável?
Stan: (*pensa*) Sim.
Terapeuta: Como está o seu estômago?
Stan: Vazio, um pouco dolorido.
Terapeuta: Há algum outro sintoma?

Stan: Sim, meu peito está apertado.
Terapeuta: Você pode se concentrar na ansiedade e nos sentimentos em seu estômago e peito?
Stan: Sim.
Terapeuta: Quando eu perguntei a você "O que você faz quando se sente contaminado pelos germes", no que você estava pensando?
Stan: Que se eu lhe contar, você dirá que eu tenho que parar de me lavar. Acho que eu não conseguirei fazer isso.

Alguns pacientes, cujos pensamentos automáticos conduzem a uma reação fisiológica, concentram-se excessivamente nas mudanças em seus corpos ou mentes e têm pouco conhecimento, ou evitam sentir emoções ou pensamentos negativos. Pode ser conveniente ensiná-los a identificar seus pensamentos *depois* de sentirem uma sensação somática, por exemplo: "Oh, não! [A dor] está aqui novamente; provavelmente ficará pior" ou "Eu não vou suportar [estes sintomas]". Os pacientes podem então entender melhor como pensamentos como estes podem intensificar a irritação. Os terapeutas devem pedir aos pacientes que monitorem as situações em que experimentam sintomas e, juntos, eles podem procurar por padrões. Por exemplo, freqüentemente Carl relatava um desconforto abdominal logo após acordar, pouco antes de ir para o trabalho e também no final de um dia de trabalho. Ao ser orientado com pensamentos hipotéticos contrários, o paciente conseguiu identificar a ansiedade provocada pelos pensamentos que ele tinha naqueles momentos.

Técnica de construção de imagem

A técnica de construção de imagem é outro instrumento útil quando os pacientes não conseguem identificar seus pensamentos automáticos. O terapeuta de Cynthia já havia tentado, sem sucesso, várias maneiras de elucidar seus pensamentos sobre uma situação ocorrida no início da semana.

Terapeuta: Você pode imaginar a cena novamente, como se ela estivesse acontecendo exatamente agora? Você pode imaginá-la? (*resumindo*) Foi na última terça-feira à noite e você estava deitada em sua cama?
Cynthia: Sim.
Terapeuta: Você pode descrevê-la com alguns detalhes? Onde você estava deitada? O que você estava fazendo? Como você estava se sentindo?
Cynthia: Eu ainda estava vestida, deitada de bruços. Eu estava apoiada nos cotovelos, eu acho, porque tentava ler uma revista.
Terapeuta: Você pode imaginar a cena como se estivesse acontecendo agora? Você está vestida. Você está deitada na cama tentando ler uma revista, apoiada em seus cotovelos. Como você está se sentindo?

Cynthia: Muito triste.
Terapeuta: Você está pensando sobre o que está lendo?
Cynthia: Não, eu nem *sei* o que estou lendo. Eu não consigo me concentrar. Na verdade, eu joguei a revista longe.
Terapeuta: Você pode se ver jogando a revista?
Cynthia: Sim.
Terapeuta: Você está pensando...?
Cynthia: Oh, meu Deus, eu não consigo nem me concentrar nesta história estúpida!
Terapeuta: O que significa...?
Cynthia: Há alguma coisa errada comigo. (*pausa*) Acho que eu me senti aos pedaços!

Utilizar dramatização

Recriar uma situação interpessoal difícil na sessão pode facilitar o acesso aos pensamentos do paciente. Carol descreveu, resumidamente, uma discussão que teve com seu filho, mesmo com um questionamento cuidadoso a terapeuta não conseguiu descobrir o que Carol havia pensado.

Terapeuta: (*resumindo*) Então seu filho estava gritando com você. O que ele dizia?
Carol: Que me odeia. Veja, eu disse que ele não podia ir ao *shopping* com seus amigos. E, então, ele começou a dizer que eu o afastava dos amigos, que eu nunca permitia que ele fizesse suas vontades.
Terapeuta: E o que você respondeu?
Carol: Eu disse a ele para não falar comigo daquele jeito. Mas ele continuou discutindo.
Terapeuta: Nós podemos fazer uma dramatização, tentando recriar a situação?
Carol: Sim.
Terapeuta: Certo, você pode representar você mesma e eu represento o seu filho. Enquanto nós conversamos tente descobrir o que você está pensando.
Carol: Certo.
Terapeuta: Eu posso começar? Mamãe vou ao *shopping* com meus amigos.
Carol: Não, você não pode.
Terapeuta: (*zangado*) Por favor, mamãe, deixe-me ir!
Carol: Não, eu disse que você não pode. Você não fez sua tarefa e tem aula à noite.
Terapeuta: Eu farei quando voltar!
Carol: Não, você não pode ir.
Terapeuta: Você está me afastando dos meus amigos! Você nunca me deixa fazer o que eu quero! Eu odeio você! Eu odeio você!
Carol: (*depois da troca de papéis*) Eu acho que saí e comecei a chorar.

Terapeuta: O que você estava pensando?
Carol: Que Charlie é impossível! Eu não suporto o jeito como ele fala comigo. Ele nunca me ouve. É sempre assim. Eu não sei se ainda tenho forças para lidar com ele. E eu sei que a culpa é toda minha. Eu o mimei quando era criança.

PROBLEMAS NA IDENTIFICAÇÃO DOS PENSAMENTOS AUTOMÁTICOS

Vários problemas podem ocorrer na tentativa de ajudar os pacientes a identificar seus pensamentos automáticos. Eles podem responder de maneira intelectualizada, podem ser muito perfeccionistas ou ter pensamentos superficiais. Podem evitar a identificação dos seus pensamentos por medo de serem inundados por emoções negativas, medo de que os pensamentos indiquem alguma coisa negativa sobre eles ou de serem prejudicados pelo terapeuta. (Observe que esses mesmos problemas também podem ocorrer quando os terapeutas procuram identificar as imagens, as regras e crenças centrais).

Pacientes respondem de maneira intelectualizada

Algumas vezes os pacientes racionalizam excessivamente e, inicialmente, têm dificuldade de identificar os pensamentos em suas mentes. Pedir detalhes sobre a situação perturbadora normalmente traz pistas sobre quais eram realmente os pensamentos automáticos. Quando Len apresentou dificuldade em relatar seus pensamentos, o terapeuta tentou uma hipótese, baseando-se nas informações disponibilizadas pelo paciente:

Terapeuta: Então você estava se sentindo muito desconfortável antes do jantar?
Len: Sim.
Terapeuta: O que você estava pensando?
Len: Na questão da intimidade, medo da intimidade.
Terapeuta: O que você previu que aconteceria?
Len: Nada. É apenas a idéia da intimidade; é desconfortável para mim.
Terapeuta: Com quem você se sentia mais desconfortável?
Len: (*pensa*) Não era com meus filhos. Suponho que era com a minha cunhada.
Terapeuta: E você estava pensando "Ela provavelmente..."?
Len: ...Tentará falar comigo.
Terapeuta: Sobre...?
Len: Talvez apenas um comentário. Mas ela perguntará o que eu estou fazendo.
Terapeuta: E isso seria ruim?
Len: Bem, eu não consigo mais impressioná-la com minhas (*com tom de voz irônico*) realizações fantásticas.

Terapeuta: Então ela pode pensar ou dizer...?
Len: Eu não sei. Na verdade, isso não aconteceu. Ela estava ocupada na cozinha. Eu nunca conversei realmente com ela.
Terapeuta: Mas, se você *tivesse* falado com ela, você não se sentiria bem?
Len: Não.
Terapeuta: Certo, deixe-me ver se entendi direito. A família reuniu-se na sala de estar antes do jantar. Você estava pensando em falar com a sua cunhada e teve o seguinte pensamento: "Ela me perguntará o que eu estou fazendo e isso fará com que eu me sinta mal". Certo?
Len: Sim.

Pacientes são perfeccionistas

Alguns pacientes preocupam-se com o fato de que o terapeuta não tenha um entendimento completo e preciso dos seus pensamentos automáticos e, conseqüentemente, não consiga ajudá-los. Eles se preocupam excessivamente em dar ao terapeuta a "resposta certa" sobre seus pensamentos automáticos, refletindo muito antes de responder. Podem tentar relatar todos os pensamentos, sobrecarregando a si mesmos e ao terapeuta. Ou eles podem, continuamente, corrigir o terapeuta enquanto ele resume seus pensamentos. A menos que eles tenham regras muito rígidas sobre a necessidade de serem perfeitamente entendidos, freqüentemente eles precisam apenas de uma orientação.

Terapeuta: O que aconteceria se você apenas mencionasse seus pensamentos [ou "se você não relatasse todo o pensamento", ou "se eu não resumisse seus pensamentos exatamente como eles são"]?
Len: (*pausa*) Eu não sei.
Terapeuta: Você está preocupado que eu não tenha um bom entendimento?
Len: Sim, sim, eu acho que sim.
Terapeuta: Então, deixe-me tranqüilizá-lo. Eu preciso apenas ter uma idéia *geral* dos problemas e dos seus pensamentos. Eu não preciso saber todas as coisas e não preciso saber, necessariamente, os detalhes. Preciso apenas ter uma impressão geral. (*pausa*) Você acredita quando eu digo que não há problema se você não me der respostas perfeitas [ou "se eu não souber os detalhes"]?
Len: Eu não sei. Acho que eu pensei que você *não seria* capaz de me ajudar.
Terapeuta: Veja, não é isso que tem acontecido. E se você tentar me dar uma idéia geral e no final da sessão nós avaliarmos como foi?

Pacientes disponibilizam pensamentos automáticos superficiais

Alguns pacientes relatam somente pensamentos compensatórios– racionalização ou falsas garantias – que os fazem se sentir melhor *depois* dos pensamentos perturbadores iniciais. Ron costumava relatar esses pensamentos. O terapeuta perguntou o que ele havia pensado quando seu amigo não o chamou para ir ao jogo de basquete. Ele respondeu: "Eu não queria ir mesmo". Depois de muitas perguntas, o terapeuta descobriu que, na verdade, o pensamento automático inicial de Ron havia sido: "Talvez ele não goste mais de mim". Em outro momento, Ron falou da ansiedade quando sua esposa retornou mais tarde do trabalho. Ele identificou pensamentos como: "Está tudo bem com ela. Está tudo bem com ela". Esta afirmação compensatória (que na melhor das hipóteses era somente uma pequena ajuda) veio à mente depois de um pensamento e uma imagem da sua esposa envolvida em um acidente.

Outros pacientes demonstram pensamentos automáticos superficiais quando existem cognições muito mais importantes. Na transcrição a seguir, o terapeuta novamente investiga para então elucidar os pensamentos mais angustiantes do paciente:

Terapeuta: Então você volta hoje ao trabalho?
Paciente: (*vagarosamente*) Não... Eu acho que não.
Terapeuta: Por quê...?
Paciente: Eu não quero voltar [pensamento superficial].
Terapeuta: Qual é a pior coisa que poderia acontecer se você voltasse?
Paciente: Nada.
Terapeuta: Como você se sente quando pensa em voltar?
Paciente: Não me sinto bem. É... é frustrante. Você sabe, eu estou deixando o emprego. Eles realmente não gostam de mim.
Terapeuta: Você irá amanhã?
Paciente: Sim, eu irei amanhã.
Terapeuta: Mas amanhã será frustrante também, não será?
Paciente: Sim, mas eu tenho que fazer algumas coisas em casa.
Terapeuta: Então, há alguma coisa que te aborrece em voltar *hoje* e não realizar as tarefas em casa?
Paciente: (*Suspira*).
Terapeuta: (*conjeturando com base no modelo identificado anteriormente*) Eu imagino que em algum lugar no fundo da sua mente está a idéia de que você tem quer ser cuidadosa hoje, cuidar de você. Mesmo que, intelectualmente, você saiba que está bem, que nada acontecerá, talvez pense que deve estar em segurança e não se expor?
Paciente: Eu não sei. (*Pensa*) Acho que será melhor ir para casa e dormir um pouco.
Terapeuta: Porque se não for cuidadosa, ir para o trabalho e não dormir um pouco...?
Paciente: Pode não ser bom para mim.
Terapeuta: Qual a pior coisa que pode acontecer?
Paciente: Eu não sei. (*pausa*) O supervisor pode dificultar as coisas de novo.
Terapeuta: E se ele fizer isso, o que pode acontecer?
Paciente: Eu apenas não quero me aborrecer.
Terapeuta: Porque se você ficar muito aborrecida...?
Paciente: Eu posso me descontrolar.

Agora o pensamento-chave automático do paciente está claro: "[Se eu for ao trabalho hoje, o supervisor pode dificultar as coisas para mim], eu ficarei muito aborrecida e me descontrolarei".

Pacientes que utilizam evitação cognitiva (e emocional)

Alguns pacientes evitam relatar – e algumas vezes reconhecer – pensamentos automáticos angustiantes porque temem sentir uma emoção negativa. Eles podem ter uma crença como: "Se eu pensar sobre isso, eu me sentirei pior (serei oprimido, perderei o controle de minhas emoções, me sentirei arrasado, ficarei louco)". Além disso, algumas vezes, eles têm imagens que acompanham estes pensamentos. Eles podem ver-se derrotados pela emoção. Freqüentemente os terapeutas precisam distinguir se o paciente tem uma regra disfuncional como esta e avaliá-la antes que o paciente se disponha a identificar cognições angustiantes. O ex-namorado de Lorraine propositalmente ignorou-a em um bar. Isto aconteceu dias antes da sessão, ela pensou sobre o incidente e sentiu-se bastante aborrecida. Quando o terapeuta perguntou sobre isso, Lorraine teve uma imagem dela mesma falando sobre o assunto então chorou copiosamente.

Terapeuta: Certo, vamos falar sobre o que aconteceu a você quando viu Travis?
Lorraine: (*parece triste*) Eu não sei se devo falar sobre isso.
Terapeuta: Está certo. Mas você pode me dizer o que você pensa que podia acontecer se você me falasse sobre isso?
Lorraine: Eu não sei. Provavelmente, eu ficaria triste.
Terapeuta: Você tem uma imagem em sua mente do que aconteceria se você ficasse triste?
Lorraine: (*pensa*) Sim, eu iria chorar, chorar e chorar.
Terapeuta: E então o que aconteceria?
Lorraine: Eu não sei.
Terapeuta: Qual é o seu maior medo?
Lorraine: Que nunca mais eu pare de chorar, eu acho. Que eu tenha uma crise.

O terapeuta então pediu que ela pensasse em alguma coisa semelhante que ocorreu na terapia. Lorraine respondeu que não havia acontecido nada. Ele pediu que ela relatasse momentos em que havia se concentrado em seus pensamentos e se sentido triste. Lorraine descreveu, rapidamente, dois incidentes nos últimos meses quando ela estava sozinha em seu apartamento, à noite, e chorou por mais de uma hora, com algumas interrupções. O terapeuta ajudou-a a ver que mesmo naqueles momentos ela havia parado de chorar e não teve uma "crise nervosa". Eles também discutiram como a sua experiência, provavelmente, seria diferente na sessão, pois Lorraine não estava sozinha e eles se concentrariam no alívio da dor. O terapeuta então fez com que Lorraine se lembrasse de momentos na terapia quando ela falou sobre uma situação angustiante e então ter se sentido melhor e não pior. Após a conversa, Lorraine dispôs-se a falar sobre o incidente com o ex-namorado. No final da sessão o terapeuta ajudou Lorraine a concluir que a discussão do problema, na verdade, melhorou seu humor.

Um método de exposição gradativa é indicado para alguns pacientes que hesitam em identificar seus pensamentos automáticos. Os terapeutas podem pedir a esses pacientes que revelem apenas uma parte do fato para ver o que acontece a eles. Ou eles podem pedir que foquem seus pensamentos negativos por apenas alguns minutos e então, gradualmente, aumentem o período de tempo que eles conseguem refletir sobre estes pensamentos negativos. No Capítulo 12 são apresentadas técnicas adicionais para controlar o medo de sentir emoções negativas.

Pacientes empregam um significado especial em seus pensamentos

Os pacientes podem hesitar em relatar seus pensamentos em razão dos significados que eles dão a estes pensamentos. Drew não queria admitir seu medo de sair da zona de conforto porque não queria se ver como fraco. Tyler sentiu medo de que seus pensamentos obsessivos significassem que ele estava louco. Jeremy depreciou a si próprio por ter pensamentos negativos sobre suas expectativas no emprego de vendedor: "Somente perdedores pensam assim". Quando os terapeutas sentem essa hesitação é importante perguntar aos pacientes:

> ■ "Você acha que há algo ruim em pensar desta forma?"

Então o terapeuta pode ajudá-los a reestruturar a conotação negativa que eles associaram a seus pensamentos.

Os pacientes receiam a resposta do terapeuta

Algumas vezes, a falha na identificação das cognições está relacionada a problemas com a relação terapêutica (veja Capítulos 4 e 5). Os pacientes podem evitar revelar pensamentos automáticos por sentirem-se muito vulneráveis frente ao terapeuta:

"Se eu disser ao terapeuta o que estou pensando...".

- "Ele pensará que eu sou louco/mesquinho/repugnante/um caso perdido".
- "Ele me criticará/inferiorizará/rejeitará".
- "Ele me denunciará à polícia/me internará em um hospital/não me atenderá novamente".
- "Ele me controlará/usará meus relatos contra mim".

Quando os terapeutas suspeitam de um problema na aliança, podem questionar o paciente diretamente:

> ■ "Se você me disser o que está pensando pode acontecer alguma coisa ruim?"
> ■ "Você acha que, de alguma forma, eu posso julgá-lo negativamente?"

Mesmo assim, alguns pacientes têm dificuldade em expressar suas preocupações. Neste caso, talvez os terapeutas precisem fazer uma negociação.

Exemplo de caso

Don, um homem de 52 anos e com depressão crônica, não queria identificar seus pensamentos automáticos na primeira sessão, temendo que a terapeuta o achasse estúpido ou fraco. Em vez de responder às questões sobre seus pensamentos automáticos durante um incidente no trabalho, ele inferiorizou a terapeuta. Ela precisou ajudá-lo a se controlar para que então se dispusesse a colaborar na identificação de seu pensamento.

Dan: Veja, todo esse enfoque em meus pensamentos não é proveitoso. É tão superficial.

Terapeuta: Ah. (*pausa*) Você tem uma idéia do que te ajudaria mais?

Dan: (*não respondendo realmente a questão*) Meus problemas são realmente muito difíceis. Eu me senti deprimido a vida inteira. Ninguém consegue me ajudar, quer dizer, não por muito tempo. Tenho certeza de que está relacionado com a negligência de meus pais. Eu não tinha aquilo que precisava. Isso me afeta ainda hoje. Então, falar sobre esse assunto é, é... normal.

Terapeuta: Eu entendo que pareça assim. (*com empatia*) E imagino que deva ser angustiante para você.

Dan: Bem, sim. Eu pensei que você abordaria questões mais profundas.

Terapeuta: Você está absolutamente certo. Nós *temos* que trabalhar em um nível mais profundo. É apenas uma questão de tempo. Muitas pessoas não progridem se nós *começamos* em nível profundo. É como correr uma maratona para a qual você treinou por um ano. É melhor começar a andar alguns quarteirões e criar músculos sem se machucar.

Dan: Eu ainda acho que falar sobre o que eu estava pensando no trabalho não será muito produtivo.

Terapeuta: Bem, você pode estar certo sobre isso... ou errado. Mas eu estou disposta a dividir nosso tempo na terapia – falar um pouco sobre as situações angustiantes como o trabalho e depois abordar questões mais profundas, como o que aconteceu com seus pais. (*pausa*) O que você acha?

Dan: (*pensa, em tom de voz hesitante*) Acho que sim.

Terapeuta: Nós podemos começar com suas experiências da infância?

A terapeuta, então, dividiu o tempo entre as experiências infantis do paciente e aprendizado do modelo cognitivo, usando o incidente no trabalho como um exemplo.

ADIAR A IDENTIFICAÇÃO DOS PENSAMENTOS AUTOMÁTICOS

Algumas vezes, é importante *não* persistir em tentar ajudar os pacientes a identificar seus pensamentos automáticos quando fazê-lo evoca pensamentos automáticos sobre eles mesmos, sobre o terapeuta ou sobre o processo terapêutico. Nestes momentos, os terapeutas devem minimizar a importância de elucidar os pensamentos de uma situação em particular:

- "Algumas vezes é difícil entender estes pensamentos. Nós podemos falar sobre isso mais tarde." ["Nesse meio tempo, você pode me falar mais sobre o problema?" ou "Em vez disso, talvez devêssemos falar sobre o problema com _____. O que você acha?"]

Contudo, se os terapeutas observam um *padrão* de dificuldade na identificação das cognições, eles devem investigar se também há um problema prático ou se o paciente tem crenças interferentes, conforme descrito a seguir, neste capítulo.

IDENTIFICAR IMAGENS

De acordo com citações anteriores (Beck, Emery e Greenberg, 1995; Beck, 1995), muitos pacientes não relatam espontaneamente suas imagens visuais negativas. Como essas imagens, freqüentemente, são bastante angustiantes, os pacientes tendem a mantê-las submersas. Aumentando ainda mais esse problema, muitos terapeutas também não *perguntam* aos pacientes sobre as imagens, muito menos as examinam. É importante identificar as imagens dos pacientes, pois eles podem se sentir desamparados se elas não forem trabalhadas.

As imagens podem ser previsões, memórias ou representações metafóricas.

Previsões

Freqüentemente os pensamentos dos pacientes são acompanhados por imagens, conforme ilustrado nos exemplos a seguir. Danielle, uma estudante do ensino médio, viu um grupo de garotas da sua escola, do outro lado da rua. Pareciam estar rindo e Danielle pensou: "Eu aposto que elas estão falando de mim". Ela estava muito longe para vê-las claramente ou ouvi-las, mas teve uma imagem rápida dos risos e expressões de desdém em suas faces, concordando entre si que Danielle era uma "perdedora". Randy estava bastante nervoso no trabalho. Um colega lembrou-o que sua avaliação anual estava próxima e Randy pensou: "Eu terei uma péssima avaliação". Ele teve uma imagem de seu patrão chamando-o no escritório, criticando-o por não trabalhar com mais empenho e despedindo-o imediatamente. Sua esposa de o chamou para dizer que sua mãe havia voltado para o hospital e Brian pensou: "O que esperar se ela estava adoentada?" Ele imaginou sua mãe morrendo na cama do hospital. Al sentiu-se muito angustiado e pensou: "Eu não suporto sentir isso". Ele teve uma imagem de estar correndo pela rua, gritando e sentindo-se totalmente descontrolado. Então se viu forçado, por homens vestindo casacos brancos, a entrar em uma ambulância.

Os terapeutas podem perguntar diretamente pelas imagens quando ouvem uma previsão:

> ■ "Quando você pensou ['Eu acabarei na rua'], você teve uma imagem desse acontecimento em sua mente?"

Eles podem também perguntar indiretamente. Marjorie relatou seu pensamento: "Eu nunca me sentirei melhor". A terapeuta sugeriu:

> ■ "Vamos imaginar que nós estamos no futuro próximo, dentro de alguns anos, e você não se sente melhor. Onde você se vê? O que você está fazendo?"

Os terapeutas podem também assumir que o paciente formou uma imagem e pedir detalhes:

> ■ "Então você pensou 'Quando eu me levantar, for para frente da sala e tentar falar, não conseguirei'. Como era a sala? Quem estava lá? Como você se sentia? Como você estava? O que os ouvintes pensavam?"

Memórias

As memórias dolorosas estão freqüentemente encapsuladas em imagens específicas. Algumas vezes, quando estava confusa, Jenny imaginava-se sentada em sua sala de aula da primeira série, sentindo-se sobrecarregada e humilhada por não conseguir entender os exercícios que a professora solicitava.

Na sessão, a terapeuta de Teresa perguntou pela evidência de que ela não conseguiria sobreviver se o marido morresse. Ela relatou uma lembrança visual, ocorrida há vários anos, de quando ela se mudou da casa de seus pais para morar sozinha pela primeira vez. Era sua primeira noite no apartamento novo e ela sentiu-se triste, só e extremamente oprimida.

Representações metafóricas

Algumas vezes, os pacientes têm imagens espontâneas de natureza metafórica. Mitchell relatou: "Quando eu penso em tentar fazer mudanças em minha vida, eu não sei, é como se eu estivesse correndo ao encontro de uma parede". Na verdade, ele se via batendo violentamente em uma parede de tijolos, alta e ameaçadora. Carla falou à sua terapeuta sobre uma dor opressiva sentida durante a semana e disse: "Parecia que eu estava morrendo". Ao questioná-la, a terapeuta percebeu que Carla havia tido uma imagem de estar afundando em um lago profundo.

ELUCIDAÇÃO DE REGRAS

Conforme descritas no Capítulo 2, as regras podem ser situações específicas ("Se eu tentar fazer com que as crianças façam aquilo [ter mais responsabilidade com a casa], simplesmente não funcionará; elas não me ouvirão"). As regras podem estar em um nível mais profundo e geral ("Se tentar influenciar outras pessoas, eu falharei"). Regras como essas podem ser previsões. Ou podem estar diretamente e tematicamente associadas a crenças centrais ("Se eu não consigo que as pessoas me ouçam, isso mostra que eu sou fraca").

Conforme descrito nos capítulos anteriores, os pacientes que representam um desafio clínico freqüentemente têm regras disfuncionais sobre fazer mudanças em geral e mudanças na terapia, no processo terapêutico e em relação ao terapeuta – por exemplo:

- "Se eu tentar fazer mudanças, eu falharei".
- "Se eu me sentir melhor, minha vida ficará pior".
- "Se eu discutir coisas angustiantes, me sentirei oprimido".
- "Se eu me relacionar bem com o terapeuta, isso mostrará que eu sou fraco".

UTILIZAÇÃO E VARIAÇÕES DAS ESTRATÉGIAS-PADRÃO PARA ELUCIDAR REGRAS

Muitas regras são relativamente fáceis de identificar: os pacientes as expressam diretamente (por exemplo, "Se eu não cobrar do meu colega, ele nunca fará nada"). O terapeuta pode também usar uma das técnicas a seguir.

Oferecer parte da regra

Terapeuta: (*resumindo*) Então você se sente mal quando pensa que não está podendo ajudar no abrigo?
Paciente: Sim.
Terapeuta: Porque "Se eu não consigo ajudar..." O que isso significa? Ou o que pode acontecer?
Paciente: Eu os desaponto.

O terapeuta pode decidir aprofundar mais e continuar perguntando o significado das regras do paciente ("E se você realmente os chatear, isso significa...?"), até que o paciente revele suas crenças centrais.

Outras estratégias são apresentadas a seguir.

Iniciar a frase

Uma vez que o terapeuta identificou um padrão de comportamento disfuncional é particularmente conveniente pedir ao paciente que complete as regras que se incluem neste comportamento:

> - "Se eu [uso minha estratégia de proteção], então _____ [que coisas boas acontecem ou o que significa de bom?]"
> - "Se eu [não uso minha estratégia de proteção], então _____ [que coisas ruins acontecem ou o que significa de ruim?]"

Por exemplo, o terapeuta de Patrícia ajudou-a a identificar uma regra de um pequeno subgrupo (uma previsão) e outra regra mais geral, associada a sua crença central:

Terapeuta: Patrícia, como você responderia a isso: Se eu tivesse que fazer tarefas corriqueiras como lavar roupas, pratos e limpar banheiro, o que aconteceria de ruim?
Patrícia: Sentiria-me esgotada, sem energia, isso não teria fim.
Terapeuta: E o que *significa* para você ter que fazer essas tarefas?
Patrícia: Eu me sinto insignificante, aprisionada.
Terapeuta: (*reunindo dados para saber se a regra é apenas uma situação específica ou se há uma regra mais profunda*) Você se sente dessa maneira ao fazer todas as coisas em casa?
Patrícia: Muitas coisas. (*pensa*) Exceto cozinhar – eu gosto dessa atividade.
Terapeuta: Então, o problema é fazer coisas das quais você não gosta e se sente obrigada a fazer?
Patrícia: Sim.
Terapeuta: E coisas fora de casa? É parecido?
Patrícia: Sim. Eu sempre me sinto assim.
Terapeuta: Então se eu faço coisas que eu não quero fazer, significa que eu sou insignificante, aprisionado. Certo?
Patrícia: Sim, eu penso que sim.

Traduzir atitudes e regras em crenças intermediárias

Conforme descrito no Capítulo 2, é mais fácil conceituar e testar crenças intermediárias quando elas estão na forma de uma regra, ao contrário de atitudes e regras. Além disso, freqüentemente as regras ajudam a explicar a associação entre estratégias compensatórias e crenças centrais. A atitude de Liz era "É horrível perturbar as pessoas" e sua regra era "Eu jamais devo perturbar as pessoas". A terapeuta perguntou a ela o significado de perturbar as pessoas e Liz respondeu: "Se eu perturbar as pessoas, elas podem me prejudicar".

ELUCIDAR AS CRENÇAS CENTRAIS

As crenças podem ser elucidadas de várias maneiras. É importante reconhecer que a identificação das crenças centrais pode ser bastante perturbadora para os pacientes. Os terapeutas podem elucidá-las gentilmente no início da terapia, o que os ajudará a conceituar os pacientes, mas devem cuidar para que os pacientes não se sintam muito suscetíveis ou vulneráveis ao fazê-lo.

UTILIZAÇÃO E VARIAÇÕES DAS ESTRATÉGIAS-PADRÃO PARA ELUCIDAR AS CRENÇAS CENTRAIS

Os terapeutas podem usar várias técnicas para identificar as crenças centrais do paciente. Eles podem investigar o significado dos seus pensamentos, examinar suas regras, reconhecer quando as crenças são expressas na forma de pensamentos automáticos ou oferecer uma lista de crenças centrais (veja Capítulo 2).

Questionar o significado dos pensamentos automáticos

Os terapeutas podem examinar temas entrelaçados aos pensamentos automáticos dos pacientes ao longo das situações e do tempo, perguntando o *significado* dos pensamentos.

> ■ "Se esse pensamento automático for verdadeiro..."
> "O que ele significa?"
> "Qual é a pior parte dessa situação?"
> "O que é tão ruim nisso?"
> "O que ele quer dizer sobre você?"
> "O que ele quer dizer sobre os outros ou o mundo?"

Se os pacientes apresentam dificuldades com essas questões, os terapeutas podem, como tentativa, oferecer uma hipótese educativa, baseada nos modelos observados no pensamento dos pacientes.

Terapeuta: Se é verdade que seu irmão o culpa por não ajudar a cuidar dos seus pais, o que isso significa?
Paciente: (*pausa*) Não tenho certeza.

Terapeuta: Qual seria a pior parte disso?
Paciente: (*pausa*) Eu não sei.
Terapeuta: Você pensa que ele está certo? Que você merece a culpa?
Paciente: Sim, sim.
Terapeuta: E se você merece a culpa...?
Paciente: (*Parece chateado*).
Terapeuta: Isso significa que você é mau?
Paciente: (*sussurra*) Sim.

Examinar regras

Os pacientes podem demonstrar regras desaptativas que são situações específicas e não estão profundamente enraizadas em suas crenças centrais. Freqüentemente, essas regras modificam-se rapidamente. Outras vezes, as regras desaptativas dos pacientes são reflexos de crenças centrais mais gerais, tornando estas regras problemáticas mais difíceis de mudar.

Compare dois pacientes cuja teoria é "Se eu estabeleço limites para o meu amigo ele não gostará mais de mim".

Terapeuta: Robert se é verdade que seu amigo não gostará mais de você, o que isso significa?
Robert: Ele não ficará mais comigo. Eu o perderei como amigo.
Terapeuta: E se você o perder como amigo, o que isso significa?
Robert: Eu não poderei mais passar o tempo com ele. É muito divertido estar com ele. Eu perderei isso.
Terapeuta: Então, significa que se você perdê-lo como amigo não poderá ficar com ele e se divertir?
Robert: Acho que devo sair mais com meus outros amigos.
Terapeuta: Isso revelaria algo ruim sobre *você*, se você perdê-lo como amigo?
Robert: (*sem muita emoção*) Não, eu acho que não.

Robert não tem uma crença central associada à regra de que seu amigo não gostaria mais dele. Contudo, a paciente Marcy apresenta esse perfil.

Terapeuta: Marcy se é verdade que seu amigo não gostará mais de você, o que isso significa?
Marcy: Que eu o perderei.
Terapeuta: E se você o perder como amigo, o que isso significa?
Marcy: Que eu... não sou merecedora de amor.
Terapeuta: Você costuma ter esse pensamento – ou somente em relação a Bruce?
Marcy: Eu sempre penso assim.
Terapeuta: Por exemplo...?
Marcy: Quando eu estou com minha família, (*pensando*) quando eu estou no trabalho, na igreja, no [meu grupo social].

Terapeuta: Quando você não é amada?
Marcy: Eu não sei. Quase nunca. (*pensando*) Talvez quando eu estou com a minha sobrinha.

Diferentemente de Robert, Marcy tinha a crença central de que não era uma pessoa digna de ser amada, que se ativou quando ela pensou em ser mais assertiva com seu amigo – e em várias ocasiões, situações e momentos.

Reconhecer quando as crenças centrais são expressas como pensamentos automáticos

Alguns pacientes identificam facilmente suas crenças centrais no início do tratamento, especialmente pacientes depressivos que naquele momento expressam as crenças centrais como pensamentos automáticos ("Eu sou um fracasso. Eu não sou bom. Eu me sinto insignificante"). Os terapeutas podem confirmar se esses pensamentos são crenças centrais ao determinar se eles são idéias generalizadas e não apenas situações específicas, conforme ilustrado no exemplo anterior.

Especificar crenças centrais ambíguas

Alguns pacientes expressam crenças gerais centrais sobre o si mesmo que não são facilmente categorizadas sem maiores questionamentos: "Há alguma coisa errada comigo", "Eu não sou bom o suficiente", "Eu sou imperfeito". Para conceituá-los melhor, os terapeutas podem questioná-los e concluir se são crenças centrais da categoria do desamparo, de não ser bem-amado ou da categoria de não ter valor.

Terapeuta: Se as pessoas não vierem conversar com você na festa, o que isso significa?
Paciente: Que elas estão me ignorando. Não querem falar comigo.
Terapeuta: Se for verdade que eles não querem falar com você, o que isso revela sobre você?
Paciente: Que há alguma coisa errada comigo.
Terapeuta: Se *há* alguma coisa errada com você, qual seria a pior parte? Que você não é tão *bom* quanto às outras pessoas [crença de inferioridade na categoria de desamparo], que você nunca terá o *amor e a amizade* que você quer das outras pessoas [crença na categoria da impossibilidade de ser amado] ou que você é *mau ou insignificante*?
Paciente: Que eu não sou tão bom quanto elas. Elas são interessantes, têm bons empregos, muitas são casadas, algumas têm filhos.
Terapeuta: E você?
Paciente: Eu não tenho nenhuma dessas coisas.

Terapeuta: E o que isso quer dizer?
Paciente: Que eu sou inferior.

PROBLEMAS NA IDENTIFICAÇÃO DAS CRENÇAS CENTRAIS

Quando as estratégias descritas anteriormente são ineficazes, pode ser particularmente difícil identificar as crenças centrais dos pacientes, especialmente se eles temem sentir emoções negativas ou supõem que o terapeuta pode prejudicá-los. Quando questionados sobre o significado de seus pensamentos, esses pacientes podem continuar enfocando pensamentos automáticos mais superficiais ou parecerem perplexos e dizer: "Eu não sei". Eles podem ter hipóteses sobre suas crenças centrais, mas se sentem muito vulneráveis e perturbados para falar sobre elas e, por isso, evitam maiores discussões. Quando isso acontece, os terapeutas devem avançar vagarosamente, usando um método exploratório brando e gradual.

RESUMO

Os pacientes podem ter dificuldades em identificar seus pensamentos automáticos, imagens, regras e crenças centrais, por várias razões. Assim como em outras dificuldades, os terapeutas devem avaliar se o problema ocorreu porque eles não usaram as técnicas-padrão de maneira eficaz e/ou se eles deveriam ter usado estratégias alternativas, em razão das crenças disfuncionais dos pacientes em relação a pensar ou expressar suas cognições negativas.

capítulo **11**

Desafios na modificação de pensamentos e imagens

Uma parte importante da terapia cognitiva é mudar as cognições dos pacientes que irão proporcionar mudanças emocionais, comportamentais e psicológicas. Freqüentemente os terapeutas cognitivos começam trabalhando com o pensamento automático porque este nível superficial de cognição é mais aberto à mudança do que as regras e crenças centrais. A modificação das crenças subjacentes ocorre o mais rápido possível porque assim que o paciente experimenta uma mudança fundamental nas visões distorcidas sobre si mesmo, seu mundo e sobre os outros, ele tendem a ter menos pensamentos distorcidos, sentir-se melhor emocionalmente e comportar-se de maneira mais funcional. Entretanto, solicitar que alguns pacientes, que representam um desafio, avaliem suas crenças no início do tratamento, normalmente resulta em uma experiência malsucedida.

Robin, por exemplo, tem uma crença central de que é má e imperfeita e de que os outros são críticos e a rejeitam. Se a terapeuta pudesse ajudá-la a mudar essas crenças na primeira sessão – se Robin pudesse acreditar imediatamente que te valor, é normal, perfeita e que os outros são igualmente bons e receptivos – ela teria menos pensamentos negativos sobre si mesma e menos medo de como as outras pessoas poderiam vê-la e tratá-la. Provavelmente, ela se envolveria em comportamentos mais funcionais e seu humor melhoraria. Contudo, as crenças centrais de Robin eram tão rígidas que não fazia sentido questioná-las. Se a terapeuta tentasse, muito precocemente, ajudá-la a avaliar essa visão negativa de si mesma, Robin poderia ficar bastante confusa e ansiosa ou pensar que a terapeuta não a entendia, que não tinha boas intenções ou que era imatura e incompetente.

Alguns pensamentos automáticos e imagens dos pacientes que representam um desafio são relativamente fáceis de se modificar; outros, especialmente aqueles fortemente associados às crenças centrais dos pacientes, são mais difíceis. A primeira parte desse capítulo contém estratégias-padrão com variações para ajudar os pacientes a modificarem seus pensamentos automáticos *na* sessão. São apresentadas crenças centrais típicas que levam os pacientes a resistirem na modificação de seus pensamentos. A segunda parte do capítulo discute a modificação de pensamentos automáticos *entre* as sessões.

UTILIZAÇÃO E VARIAÇÕES DE ESTRATÉGIAS-PADRÃO PARA MODIFICAR PENSAMENTOS AUTOMÁTICOS

Os pacientes que representam um desafio, a menos que sejam evitativos, comportamental ou cognitivamente, podem ter muitos pensamentos automáticos no período de uma semana. Os terapeutas precisam de um bom trabalho de conceituação (veja Capítulo 2), que os ajude a decidir juntamente com os pacientes, que problema(s) focar durante uma sessão – e, no contexto da discussão do problema, quais pensamentos automáticos avaliar e tentar modificar, durante a sessão.

Antes de iniciar o processo de avaliação

Antes de iniciar o processo de ajudar os pacientes a avaliar seus pensamentos, os terapeutas precisam certificar-se de que eles estão abordando o pensamento automático principal e que os pacientes ainda acreditam muito nesses pensamentos. Eles também precisam reconhecer que, normalmente, não ocorre uma mudança cognitiva significativa quando o sentimento associado é fraco.

Selecionar os pensamentos automáticos principais

Ao selecionar pensamentos automáticos (ou imagens) para avaliar com o paciente, os terapeutas precisam estabelecer qual, dos muitos pensamentos automáticos semanais do paciente, será mais importante modificar. Como alternativa, terapeutas e pacientes podem concentrar-se nos pensamentos automáticos principais que eles prevêem que o paciente experimentará na semana seguinte. É conveniente selecionar pensamentos que:

- Estejam associados ao problema que eles estão trabalhando na sessão.
- Sejam típicos do paciente.
- Sejam realmente distorcidos ou disfuncionais.
- Sejam reflexos de uma importante crença central.
- Estejam relacionados a um afeto negativo significativo (Beck, 1995).

Verificar o grau de crença no pensamento automático

Antes de avaliar um pensamento automático, os terapeutas devem perguntar:

- "Quanto você acredita nesse [pensamento automático] agora?"
- "Quanto você acredita intelectualmente? E emocionalmente?"

Se a crença dos pacientes for relativamente baixa, tanto em nível intelectual quanto emocional, os terapeutas podem simplesmente perguntar:

> - "Você conseguiu responder àquele pensamento?"
> - "Como você o vê agora?"

Se os pacientes já mudaram seus pensamentos não é preciso fazer uma reestruturação cognitiva. Por exemplo, Marlene ficou bastante perturbada por ter que falar ao seu filho que não poderia cuidar dos netos na semana seguinte, pois teria uma consulta médica. Seu pensamento automático principais na semana anterior havia sido "Eu tenho que fazer isso por ele. Ele está contando comigo. Eu realmente o deixarei chateado". Felizmente, o terapeuta verificou e descobriu que ela não acreditava muito nesses pensamentos e, assim, reconheceu que ela não precisava da sua ajuda para responder a eles.

Terapeuta: O quanto você acredita, agora, que deve atender seu filho em vez de ir à sua consulta médica e que você o está chateando?
Marlene: Não muito, eu acho.
Terapeuta: Como você vê isso agora?
Marlene: Acho que de um modo geral não é tão ruim. Eu já cuido bastante dos filhos dele. E eu não estou cancelando para ir ao cinema ou algo assim.
Terapeuta: Isso é bom. Estou feliz que você possa ver dessa maneira.

O terapeuta de Marlene então pensou que poderia aproveitar melhor o tempo falando sobre pensamentos automáticos ou problemas que eram mais angustiantes para a paciente.

Assegurar um grau apropriado de afeto negativo

O afeto do paciente pode ser baixo se:

- Eles já mudaram seu pensamento (como no caso de Marlene).
- Eles são cognitivamente evitativos.
- Eles sentem-se perturbados somente quando estão em situação angustiante.

Pacientes que apresentam características dos dois últimos grupos precisam ser estimulados a reforçar seu afeto; o terapeuta pode então pedir a eles que imaginem a situação como se estivesse acontecendo naquele momento.

Por outro lado, ocasionalmente, os afetos dos pacientes podem estar *muito* fortes e então eles não conseguem avaliar seus pensamentos. Normalmente, suas crenças centrais são fortemente ativadas durante a sessão. Talvez os terapeutas precisem mudar de assunto ou encorajar o paciente a fazer relaxamento, respiração mais lenta ou técnicas de distração, até que ele esteja menos perturbado e mais controlado, antes de retornar ao pensamento automático original.

Utilizar o questionamento-padrão

A principal técnica usada pelos terapeutas para ajudar os pacientes a modificarem seus pensamentos é o questionamento socrático. Os terapeutas normalmente usam algumas questões básicas – ou variações delas – para ajudar os pacientes na avaliação dos seus pensamentos:

> - "Qual é a evidência de que esse pensamento é verdadeiro? Por outro lado, qual é a evidência de que esse pensamento pode não ser verdadeiro ou completamente verdadeiro?"
> - "Qual é a explicação alternativa ou um modo diferente de analisar essa situação?"
> - "Que distorção cognitiva eu posso estar fazendo?"
> - "O que poderia acontecer de ruim nessa situação (e se apropriado, como eu poderia me *proteger* se isso acontecesse)? Qual é a melhor coisa que poderia acontecer? Qual o resultado mais realista?"
> - "Qual a conseqüência de acreditar nesse pensamento automático? O que aconteceria se eu mudasse meu pensamento?"
> - "O que eu diria [a um amigo específico ou a um membro da família] se ele/ela estivesse nessa situação e tivesse esse pensamento?"
> - "O que devo fazer agora?".

Essas questões são descritas no livro *Terapia cognitiva: teoria e prática* (Beck, 1995) e podem ser encontradas no final do Registro de Pensamento Disfuncional (Beck, 2005). Observe que nem todas as questões são aplicáveis a um determinado pensamento automático. Christy, por exemplo, pensava: "Eu não quero levantar e começar o dia". Esse pensamento era verdadeiro, então a terapeuta não utilizou a primeira questão.

Utilizar outros tipos de perguntas e técnicas

Algumas vezes, o terapeuta precisa usar várias técnicas para que o paciente adquira um ponto de vista mais funcional. Lucy estava muito ansiosa em relação a um encontro de jovens em sua igreja. Ela estava com vários pensamentos automáticos: "E se eu não conhecer ninguém? E se eu não souber sobre o que eles falam? E se eu ficar vermelha e gaguejar? E se eu parecer estúpida?" A terapeuta utilizou o questionamento socrático padrão para ajudá-la a avaliar e a responder a esses pensamentos. Ela descobriu que a ansiedade de Lucy era mais aparente para ela própria do que para as outras pessoas e que Lucy sabia o que falar; ela apenas sentia-se inibida. Após essa discussão, Lucy ficou menos ansiosa. Mas seu próximo pensamento automático foi: "Se eu falar sobre mim mesma, eles pensarão que eu sou arrogante". A terapeuta poderia ajudar Lucy a avaliar e a responder a esse pensamento usando perguntas-padrão:

- "Como você sabe que eles acharão você arrogante? Você teve muitas experiências nas quais teve a certeza de que as pessoas pensaram assim? Ou você, na verdade, está muito quieta?"
- "É possível que as pessoas achem você interessante, agradável, ao invés de arrogante?".
- "Você poderia estar se equivocando nessa adivinhação?"
- "Qual seria o lado ruim das pessoas te acharem arrogante? O que você faria se isso acontecesse? Qual seria o lado bom nessa situação? Qual seria o resultado mais realista dessa situação?"
- "Qual é a conseqüência de acreditar que as pessoas te acharão arrogante? O que aconteceria se você mudasse o seu pensamento?"
- "Se a sua amiga Daphne estivesse nessa situação e tivesse esse pensamento, o que você diria a ela?"
- "O que você pensa que deve fazer?"

Há muitas outras maneiras de a terapeuta de Lucy trabalhar esse pensamento automático. Por exemplo, ela poderia questionar Lucy de maneira *persuasiva*:

Terapeuta: Então, parece que todas as pessoas lá são solteiras e intencionalmente procuram encontrar outras pessoas?
Lucy: Sim.
Terapeuta: Elas não estão lá com a intenção de se mostrar às outras pessoas, aborrecê-las ou fazê-las sentirem-se desconfortáveis?
Lucy: (*pensa*) Não, eu suponho que não.
Terapeuta: De qualquer modo, há muitas pessoas assim na sua igreja?
Lucy: Oh, não, é um lugar muito agradável.
Terapeuta: É possível que haja outras pessoas tímidas lá?
Lucy: Eu suponho que sim.
Terapeuta: Se você se dirigisse a alguém e conversasse você acha que as pessoas ficariam irritadas ou *contentes* por alguém demonstrar interesse por elas?
Lucy: Talvez fosse bom.

A terapeuta poderia oferecer uma *perspectiva alternativa*:

Terapeuta: Então, você prevê que as pessoas a considerarão arrogante se você falar sobre si mesma. (*pausa*) E se acontecer o *contrário*, Lucy? Você encontra um rapaz, faz a ele algumas perguntas para mostrar que está interessada nele como pessoa. Caso ele não dê continuidade, você facilita a conversa oferecendo informações sobre você mesma: há quanto tempo você freqüenta a igreja, o que você gosta na igreja, onde você trabalha... coisas assim. (*pausa*) Talvez, ao invés de vê-la como *arrogante*, ele a veja como uma pessoa *agradável*, que está conduzindo a conversa, especialmente se *ele* for um pouco tímido. (*pausa*) O que você acha?

A terapeuta poderia trabalhar o pensamento de maneira *extrema,* apontando sua distorção:

Terapeuta: Veja, você está certa em não querer se *impor* a ele ou *dominar* toda a conversa demonstrando o quanto você é notável – mas honestamente, Lucy, você consegue imaginar isso? Eu penso que nós teríamos que fazer um completo transplante de personalidade para que você parecesse narcisista ou orgulhosa. (*pausa*) Você não acha que eu estou certa?

Poderia usar a auto-revelação:

Terapeuta: Sabe, quando eu converso socialmente com as pessoas, sinto-me desconfortável se tenho que conduzir a conversa. Mesmo que eles se mostrem interessados e façam muitas perguntas, parece-me desequilibrado se, voluntariamente, eles não fazem alguma coisa ou não falam muito quando eu os questiono. Eu *gosto* quando eles falam de si – a menos, é claro, que *monopolizem* toda a conversa. (*pausa*) O que você pensa disso?

A terapeuta de Lucy poderia elaborar um diagrama para que ela entendesse esse conceito.

Não fala nada sobre si mesma	(Linha do equilíbrio)	Domina completamente a conversa

Terapeuta: Veja, eu penso que muitas pessoas não se sentem confortáveis quando a outra pessoa encontra-se em um dos extremos do diagrama. O que você pode almejar é o meio termo.

A terapeuta também poderia trabalhar o pensamento de maneira *experimental*. Pedir a Lucy que interpretasse o papel de um homem, que ela supostamente encontrou na igreja e que observasse a reação dele enquanto a terapeuta representava o papel de Lucy. Na primeira dramatização, a terapeuta representa Lucy como uma pessoa bastante reservada, não fornece informações voluntariamente e faz apenas algumas perguntas em voz baixa, sem contato visual. Na segunda dramatização, a terapeuta interpreta Lucy de maneira mais sociável. Depois da dramatização, elas discutem o quanto a segunda interpretação foi mais confortável.

Pode-se fazer um trabalho com a *técnica de construção de imagem*, descrito posteriormente neste capítulo, Lucy identificaria uma fantasia perturbadora em sua mente, de acontecimentos na igreja e recolocaria essa fantasia de maneira mais realista.

A terapeuta de Lucy poderia ser positiva e *apoiadora*:

> *Terapeuta*: Sabe Lucy, eu penso que as pessoas na igreja seriam *afortunadas* se você se dispusesse a falar com elas. Você é uma pessoa encantadora!

Finalmente Lucy e sua terapeuta poderiam estabelecer uma *experiência comportamental* como tarefa; uma tarefa em que a terapeuta previsse o sucesso da paciente. Antes de ir à reunião social da igreja, Lucy leria suas anotações terapêuticas (que continham conclusões elaboradas na sessão e instruções comportamentais sobre o que fazer). Ela então tentaria falar com duas pessoas para testar sua crença de parecer arrogante. Depois da reunião, ela avaliaria o quanto seus pensamentos automáticos eram precisos, usando orientações desenvolvidas na sessão (tom de voz das pessoas, expressões faciais e linguagem corporal para julgar se as reações foram positivas ou neutras – ou se as pessoas haviam reagido explicitamente de maneira negativa). No caso da experiência ser ruim, Lucy estaria preparada com as anotações terapêuticas lembrando-a que, talvez, ela precisasse de mais prática (nas sessões) de aproximação e conversa com as pessoas. Se o resultado fosse negativo, na próxima sessão a terapeuta elucidaria e avaliaria as conclusões elaboradas por Lucy para se certificar de que suas crenças centrais não haviam se fortalecido.

PROBLEMAS NA MODIFICAÇÃO DOS PENSAMENTOS AUTOMÁTICOS

Pode ser difícil ajudar os pacientes a mudar seus pensamentos quando eles não acreditam que os pensamentos são distorcidos e quando não experimentam uma diminuição dos sentimentos negativos depois de avaliar e responder aos seus pensamentos automáticos. Estes dois problemas são discutidos a seguir.

O paciente não acredita que seus pensamentos são distorcidos

Primeiro é importante reconhecer que os pensamentos dos pacientes podem ser precisos e que uma meta terapêutica importante é fazê-los aprender a avaliar eles próprios a validade e utilidade de seus próprios pensamentos. Algumas vezes é conveniente fornecer aos pacientes uma lista de distorções cognitivas com exemplos (Beck, 1995) e perguntar a eles se alguns daqueles pensamentos incorretos parecem familiar. Também pode ser proveitoso pedir aos pacientes que relembrem ocasiões passadas em que seus pensamentos foram imprecisos. (Muitos pacientes fizeram previsões, acompanhadas de ansiedade, que não se concretizaram).

Se os pacientes estão convencidos da validade absoluta dos seus pensamentos, independente da evidência contrária, eles podem também ter uma crença central. Por exemplo, quando Hugh ficava deitado na cama muitas vezes pela manhã, ele sempre pensava: "Eu sou um fracasso". Este pensamento não era específico para uma situação (por exemplo, "Eu sou um fracasso porque eu não tenho um emprego"). Uma situação após a outra ele se via como fracassado. Como a sua cognição não era somente um pensamento automático, mas também uma crença rígida, fixa e generalizada, foi preciso uma longa intervenção para mudá-la. Inicialmente, o terapeuta de Hugh rotulou esta cognição de crença e o ajudou a desenvolver uma resposta adaptativa.

Terapeuta: Eu posso ver o quanto é forte essa idéia de que você é um fracasso. Na verdade, parece que não é somente um pensamento, mas realmente uma crença profunda. E ela o faz se sentir muito infeliz! (*pausa*) Eu penso que da próxima vez que tiver esse pensamento você pode se lembrar: "Não é de admirar que eu me sinta um fracasso. Eu estou depressivo. Essa idéia pode não ser tão verdadeira como eu penso. A terapia pode me ajudar a viver melhor". (*pausa*) Isso te parece bom?
Hugh: Eu poderia tentar.
Terapeuta: O que você acha de escrever isto na ficha? Como você gostaria de escrevê-lo?

O paciente não se sente melhor após avaliar e responder aos seus pensamentos

Os pacientes talvez não se sintam muito bem se os terapeutas não os ajudam a identificar os pensamentos automáticos e as imagens que são centrais para suas dificuldades. Por exemplo, Ann relatou que estava com muito medo de ir a uma entrevista de emprego para ser assistente em uma creche. Ela e a terapeuta avaliaram seu pensamento: "O entrevistador verá o quanto eu estou depressiva e ansiosa e não me admitirá". Examinar os prós e contras deste pensamento e praticar a entrevista utilizando dramatização ajudaram a reduzir sua aflição ao mínimo. Mais tarde, a terapeuta descobriu que Ann havia tido um outro pensamento angustiante: "Se eu conseguir o emprego, eu ficarei sobrecarregada. Eu não saberei o que fazer. Farei coisas erradas e talvez prejudique as crianças". E também teve a imagem de uma criança, que estava sob seus cuidados, cair do balanço e sangrar muito por fazer um corte na cabeça. Sua ansiedade quanto ao que poderia acontecer no emprego superou a ansiedade em relação à entrevista.

Os pacientes também podem sentir-se mal se o pensamento é mudado em nível intelectual, mas não emocional. É importante que os terapeutas perguntem aos pacientes o quanto eles acreditam em seus pensamentos nestas duas áreas. Algumas vezes, os pacientes podem demonstrar essa discrepância em respostas "Sim, mas": "*Sim*, eu posso ver que as chances serão boas quando eu voltar a trabalhar, *mas* em meu íntimo eu não sinto dessa forma"; "*Sim*, intelectualmente eu sei que sou uma boa mãe, *mas* de qualquer modo, eu ainda me *sinto* como se não fosse". Pode ser útil pedir ao paciente que faça um diálogo entre o seu lado intelectual e o emocional:

Terapeuta: Então você ainda acredita que não foi uma boa mãe? O que diz o seu íntimo?
Paciente: Eu deveria passar mais tempo com os meninos.
Terapeuta: O que diz a sua mente?
Paciente: Eu fiz o melhor que pude. Eu era mãe solteira, tinha que pagar as contas, tive muito estresse em minha vida.
Terapeuta: O que diz o seu íntimo?
Paciente: De qualquer modo, eu devia ter feito diferente.
Terapeuta: O que diz sua mente?
Paciente: Eu não sei.
Terapeuta: Talvez, você deva lembrar-se do que disse anteriormente, que no geral você foi uma boa mãe e não uma mãe perfeita, mas isso ninguém é, nem mesmo a sua irmã. (*pausa*) O que o seu íntimo diz sobre isso?
Paciente: (*pensa*) Eu não sei. Acho que acredito nisso.

CRENÇAS DISFUNCIONAIS SOBRE MODIFICAR PENSAMENTOS AUTOMÁTICOS

Os pacientes que representam um desafio freqüentemente têm os mesmos tipos de regras disfuncionais, sobre a modificação dos seus pensamentos, que as crenças relacionadas a estabelecer metas, focar um problema ou elucidar cognições, apresentadas nos capítulos anteriores. Essas regras podem, por exemplo, estar relacionadas ao medo de resolver problemas e sentir-se melhor ("Se eu corrigir meu pensamento, eu me sentirei melhor – mas se eu me sentir melhor, alguma coisa ruim acontecerá"). Eles podem ter medo de descobrir que seus pensamentos *são* verdadeiros. Ou podem dar um significado especial para a descoberta de que seus pensamentos *não são* verdadeiros ou completamente verdadeiros ("Se meus pensamentos estão errados significa que eu sou mau ou imperfeito").

É difícil ajudar os pacientes a responder efetivamente aos seus pensamentos automáticos quando eles se esquivam cognitivamente, já que as mudanças cognitivas significativas ocorrem na presença de sentimentos negativos. Freqüentemente os terapeutas precisam usar algumas das técnicas descritas nos capítulos anteriores para reforçar o sentimento desses pacientes.

Uma relutância em avaliar seus pensamentos pode também estar relacionada às dificuldades na aliança terapêutica: "Se a terapeuta me ajuda a ver que meus pensamentos estão errados, significa que ela é superior e eu inferior"; "Se a terapeuta questiona a validade dos meus pensamentos, ela está me anulando como pessoa".

A terapeuta de Gordon observou sua agitação quando ela usava questionamento socrático para ajudá-lo a avaliar pensamentos negativos de que seus colegas tratavam-no com desprezo.

Terapeuta: Gordon parece que isso não está ajudando muito.
Gordon: Não, não está.
Terapeuta: Você pode me dizer por que isto te aborrecendo?
Gordon: (*pensa*) É como se você estivesse dizendo que eu estou errado.
Terapeuta: Lamento se eu causei esta impressão. Você acha mais conveniente se falarmos como você poderia agir com eles? Como você poderia mostrar que eles não estão te afetando?
Gordon: Sim, acho que sim.

Depois de praticar a solução de problemas, a terapeuta voltou a trabalhar no processo de reestruturação cognitiva:

Terapeuta: Quero fazer uma pergunta Gordon. Nós falamos como alguns de seus pensamentos são 100% verdadeiros, mas, como você está *depressivo,* alguns não são verdadeiros, ou não são *completamente* verdadeiros. (*pausa*) Por exemplo, vamos dizer que não era completamente verdadeiro que você não poderia administrar sua casa. Na verdade, você faz coisas todos os dias, *mesmo estando depressivo,* como abrir a correspondência, cozinhar, lavar os pratos. Está certo?
Gordon: (*cautelosamente*) Sim.
Terapeuta: Quando você pensa que está fazendo mais do que imaginou, você se sente um pouco melhor?
Gordon: Sim.
Terapeuta: Mas sente-se mal, de alguma forma, por descobrir que alguns de seus pensamentos não são corretos?
Gordon: (*pensa*) Sim. (*pausa*) Veja, meu pai estava sempre me inferiorizando, sempre me dizendo que eu estava errado. Ele era tão teimoso. Não importava o que eu dissesse, ele tinha que dar uma opinião contrária. Se eu dissesse que era um bom dia para sair, ele dizia: "Não, o calor irá aumentar". Se eu dissesse que o *Eagles* venceria o jogo de futebol, ele dizia: "Bem, eu espero que você saiba que de qualquer modo é um time perdedor".
Terapeuta: Então você nunca vencia.
Gordon: Não.
Terapeuta: Bem, fico feliz por me dizer isso. Então nós temos um problema aqui. Se eu concordo totalmente com tudo o que você diz eu não serei útil. Eu nunca o ajudarei a enfrentar sua depressão se concordar que você é um fracasso, que você nunca faz nada. Certo?
Gordon: (*Concorda balançando a cabeça*).
Terapeuta: Mas quando eu tento ajudá-lo a descobrir se os seus pensamentos depressivos estão certos ou não, você se sente mal – como se eu estivesse dizendo que você está errado. O que, de alguma forma, acho que eu *estou* fazendo.

Gordon: Sim.
Terapeuta: Certo, há duas coisas que nós podemos fazer. Posso dizer? Então você pensará sobre elas para saber se funcionarão – ou talvez, você tenha algumas idéias também.
Gordon: Sim, certo.
Terapeuta: Meu primeiro pensamento é sobre uma lista de perguntas que *você* possa fazer a *si mesmo* quando tiver pensamentos automáticos. Talvez seja melhor que *você* comece a avaliar o seu pensamento.
Gordon: (*brandamente*) Certo.
Terapeuta: A segunda idéia é para quando você reconhecer pensamentos automáticos – você pode dizer a si mesmo: "Talvez estes pensamentos não sejam completamente verdadeiros. Talvez sejam como a voz do meu pai dentro da minha cabeça, fazendo-me sentir mal comigo mesmo". (*pausa*) Da mesma forma com este pensamento, "Ninguém em casa quer fazer um programa comigo". Parece com as críticas que seu pai teria feito? É possível que esse pensamento não seja completamente verdadeiro?
Gordon: (*pensa*) Eu... eu não estou certo.
Terapeuta: Bem, talvez possamos usar alguns outros exemplos comentados anteriormente. Seu pai teria observado sua pilha de contas a pagar e dito que você era um fracasso? Ele teria criticado você por deixar o pneu furado?
Gordon: Sim, sim, ele diria coisas assim.
Terapeuta: Certo, apenas para resumir, você pode descobrir que alguns de seus pensamentos negativos são verdadeiros – e então nós faremos uma resolução de problemas. Mas quando você descobrir que alguns pensamentos *não são* verdadeiros, talvez você possa lembrar-se que esses pensamentos são como críticas do seu pai e será *bom* descobrir que eles estão errados.
Gordon: Sim, eu suponho que sim.

Finalmente, não é suficiente ajudar os pacientes a *modificar* seus pensamentos distorcidos: o terapeuta precisa facilitar a capacidade de *lembrar* de uma nova perspectiva no restante da semana e no futuro. Conforme já mencionado, é essencial que os pacientes voltem para casa com suas anotações terapêuticas, fichas ou fitas contendo as coisas mais importantes que eles precisam lembrar ou fazer na semana seguinte.

PROBLEMAS NA MODIFICAÇÃO DOS PENSAMENTOS ENTRE AS SESSÕES

Os pacientes podem ter dificuldades para avaliar e responder aos seus pensamentos fora da sessão, decorrentes de problemas práticos ou cognições interferentes.

Problemas práticos

O paciente se sente muito angustiado

Como mencionado anteriormente, se o nível de emoção negativa do paciente é muito alto, talvez ele não consiga avaliar e responder aos seus pensamentos. Talvez precise se distrair, fazer exercícios de relaxamento, envolver-se em uma atividade produtiva ou falar com outras pessoas até que suas emoções diminuam o suficiente para permitir que ele responda de maneira eficaz ao seu pensamento.

Talvez o paciente não consiga questionar a validade de seus pensamentos por meio de instrumentos como o Registro de Pensamento Disfuncional (Beck, 2005), especialmente no início da terapia, quando ele está muito angustiado. É muito mais fácil ler as fichas com as anotações terapêuticas formuladas na sessão, que contêm respostas incisivas para os seus pensamentos automáticos típicos.

Os instrumentos-padrão são inadequados

Instrumentos como o Registro de Pensamento Disfuncional são muito complicados para alguns pacientes. Pode ser conveniente dar a eles uma lista-padrão de perguntas, ou talvez, apenas uma ou duas questões que o terapeuta julgue mais proveitosas. Candace, uma paciente com transtorno de ansiedade generalizada e transtorno obsessivo-compulsivo, freqüentemente previa acontecimentos terríveis. Normalmente ela conseguia reduzir sua ansiedade entre as sessões perguntando a si mesma: "Qual é a melhor coisa que poderia acontecer? Qual é o resultado mais realista?" Foi mais proveitoso para Howard perguntar-se: "É possível que esse pensamento não seja completamente verdadeiro?" James sentiu-se melhor quando perguntou: "Se meu irmão tivesse esse pensamento o que eu diria a ele?" Dolores sentia-se melhor perguntando: "O que o meu terapeuta diria sobre isso?".

Um outro problema pode ocorrer com alguns pacientes cujo pensamento é obsessivo. Em vez de usar instrumentos como o Registro de Pensamento Disfuncional, talvez eles precisem nomear seus pensamentos como "obsessivos" e continuar suas atividades, em vez de tentar modificá-los. Dena tinha pensamentos obsessivos continuamente, até mesmo quando precisava tomar decisões banais como escolher uma roupa para vestir, o que comer, uma programação social e o que comprar. Ela não respondia de maneira eficaz ao pensamento: "Será ruim se eu [tomar a decisão errada]". Foi mais proveitoso aprender a dizer: "Esse é apenas outro pensamento automático. Eu não tenho que dar muita atenção a ele. Ele me faz pensar que essa decisão é vida ou morte e na verdade não é. Eu devo simplesmente tomar a decisão de maneira prática – aquilo que for mais fácil de ser feito".

O nível de expectativas do paciente é muito alto

Às vezes os pacientes fazem um trabalho razoável respondendo aos seus pensamentos automáticos entre as sessões, mas não consideram este fato – porque esperam *eliminar* suas emoções negativas. Uma boa orientação é que mesmo uma redução de 10% em suas angústias, no processo de responder aos seus pensamentos, tem um significado valioso. (Logicamente, muitos pacientes reduzem suas emoções negativas muito além dessa percentagem.) Os pacientes também precisam saber que pode ser preciso esforçar-se mais por um bom período de tempo para mudar os pensamentos automáticos que estão muito ligados às crenças.

Terapeuta: Veja Joe, não me surpreende que você ainda pense, diariamente, que não está fazendo o suficiente. Afinal, somente no ano passado, quantas vezes por dia você disse isso a si mesmo?
Joe: Muitas.
Terapeuta: Talvez dúzias de vezes ao dia, todos os dias? Então, é hora de você realmente pensar que o que você está fazendo *é* razoável ou *é* suficiente.

Pensamentos interferentes

Alguns pacientes resistem em tentar modificar ou responder aos seus pensamentos automáticos em casa, em conseqüência das suas idéias disfuncionais. Algumas dessas idéias foram descritas no item "Tarefa" no Capítulo 9. Na transcrição seguinte, o terapeuta investiga os pensamentos interferentes e ajuda o paciente a responder a eles.

Terapeuta: Então, quando você teve todos aqueles pensamentos negativos essa semana, você pensou em tentar responder a eles?
Paciente: Sim, mas pareceu muito difícil. Eu não queria fazer isso. Eu queria apenas dormir e me sentir melhor quando acordasse.
Terapeuta: Você conseguiu fazer isso? Você conseguiu dormir? Sentiu-se melhor ao acordar?
Paciente: Não, ainda me sentia mal.
Terapeuta: Repensando isso, você acha que teria se sentido melhor ou pior lendo as anotações terapêuticas que nós escrevemos juntos?
Paciente: Eu não sei.
Terapeuta: Você está com as anotações aqui? [Se o paciente não estiver com as anotações o terapeuta pode oferecer a sua cópia.] Você pode ler em voz alta?

Após a leitura das anotações o terapeuta pergunta:

Terapeuta: Então, o que você pensa? *Se* você tivesse lido as anotações e *se* tivesse acreditado nelas, você teria se sentido melhor, pior ou do mesmo jeito?
Paciente: Do mesmo jeito, ou melhor, eu acho. Não me sentiria pior.
Terapeuta: Nós podemos falar sobre o que você deve fazer para conseguir ler as anotações esta semana?

Paciente: Sim.
Terapeuta: Imagine que nesta noite, após o jantar, você pensará em ler as fichas? O que passa pela sua mente?

A seguir estão outros pensamentos típicos que podem ajudar os pacientes a responder aos seus pensamentos automáticos em casa. Os terapeutas podem discutir estes pensamentos com os pacientes e ajudá-los a criar anotações terapêuticas (formuladas de maneira idiossincrática) conforme o exemplo:

Pensamento interferente: Eu não tenho que me esforçar muito.

Resposta: Eu não gostaria de fazer isso, mas não fazê-lo me impedirá de progredir. Provavelmente, eu estou superestimando a dificuldade de fazê-lo [ler as anotações terapêuticas ou fazer o Registro de Pensamento Disfuncional]. Eu posso suportar fazer isso por alguns minutos.

Pensamento interferente: Meu terapeuta pode me curar.

Resposta: Intimamente eu sei que ele não pode me curar, que eu me sentirei melhor somente se fizer um grande esforço.

Pensamento interferente: Eu sou muito desamparado/incompetente para mudar meu humor.

Resposta: Eu consegui mudar meu humor algumas vezes no passado. Na verdade, eu não saberei se posso me sentir melhor até que eu tente. Na pior das hipóteses [responder aos meus pensamentos] não ajudará em nada. Vale a pena arriscar.

UTILIZAÇÃO E VARIAÇÕES DE ESTRATÉGIAS-PADRÃO PARA MODIFICAR IMAGENS ESPONTÂNEAS

Conforme descrito no capítulo anterior, normalmente os pacientes experimentam três tipos de imagens: imagens do pensamento automático, imagens metafóricas e imagens em forma de memórias. Várias técnicas, descritas extensivamente no livro *Terapia cognitiva: Teoria e prática* (Beck, 1995), podem ser usadas para ajudar os pacientes a modificar suas imagens ou o significado delas. Algumas dessas técnicas são apresentadas a seguir.

Imagens do pensamento automático

Embora se possa testar a veracidade das imagens através de questionamento socrático padrão, normalmente os pacientes experimentam um alívio adicional quando aprendem a substituir a imagem, a acompanhá-la através de uma conclusão segura ou verem-se lutando contra a infelicidade que eles imaginam que ocorrerá.

Substituir a imagem

Randy, descrito rapidamente no capítulo anterior, ficava muito ansioso quando pensava e formava uma imagem de ser demitido. Sua angústia diminuiu quando o terapeuta ajudou-o a examinar a veracidade dos seus pensamentos e ele reconheceu que, embora tivesse perdido alguns prazos no trabalho, no geral, ele havia trabalhado adequadamente. Contudo, sua ansiedade diminuiu ainda mais significativamente, quando o terapeuta ajudou-o a substituir a imagem. Inicialmente, ele via seu chefe chamando-o no escritório, criticando energicamente seu desempenho profissional e pedindo que ele deixasse o prédio e nunca mais voltasse. O terapeuta ajudou-o a ter uma visão mais realista do seu chefe, verificando com ele a sua avaliação, pontuando os aspectos positivos do seu desempenho profissional e dizendo o que precisava ser melhorado.

Dar seguimento a imagem de uma forma mais positiva

Justin teve uma imagem espontânea onde se sentia muito ansioso ao caminhar por uma rua movimentada da cidade, tendo um ataque de pânico e desmaiando. A terapeuta fez algumas perguntas para ajudá-lo a continuar na imagem até que ele chegasse a um lugar seguro.

Terapeuta: Certo, então você se vê deitado no chão? (*pausa*) O que você gostaria de imaginar a seguir?
Justin: Eu não estou certo.
Terapeuta: Você gostaria de imaginar alguém chegando para ajudá-lo?
Justin: (*Concorda acenando com a cabeça*).
Terapeuta: Você gostaria que fosse um homem ou uma mulher?
Justin: Uma mulher, eu acho.
Terapeuta: Certo, você pode vê-la se curvando até você? O que ela diz?
Justin: Eu acho que ela diz: "Oh, você está bem? Eu posso ajudar?".
Terapeuta: E o que você diz?
Justin: Eu não sei.
Terapeuta: Você gostaria de se imaginar levantando e dizendo: "Acho que eu estou bem. Mas você poderia me ajudar a encontrar um lugar para sentar?".
Justin: Sim, parece bom.
Terapeuta: Onde você quer que ela te leve? Algum lugar próximo?
Justin: Algum lugar não muito cheio. (*pensa*) Talvez a recepção de algum prédio comercial.
Terapeuta: Você pode vê-la ajudando-o a levantar? Conduzindo-o para dentro do prédio comercial? O que acontece depois disso?

A terapeuta continua facilitando essa extensão da imagem de Justin até que ele se sinta mais calmo; neste caso, Justin imagina-se entrando no prédio comercial e sentando-se em um banco. A mulher solícita traz um copo com água. Então Justin vai para sua casa, entra na sala de estar e assiste o noticiário na TV. Neste momento, ele imagina que a ansiedade desapareceu quase que completamente.

Imaginar-se lidando com um acontecimento

A mãe de Brian era muito doente e ele sentiu-se bastante angustiado ao imaginar-se sozinho ao lado da mãe morta. A terapeuta ajudou-o a imaginar uma cena mais realista. Ele viu sua família entrando no quarto para confortá-lo. Então ele fala com uma enfermeira para saber que providencias tomar. Ele se imaginou telefonando para o seu melhor amigo, cujo pai havia falecido recentemente, para perguntar sobre a agência funerária e saber o que mais ele precisava fazer naquele dia. A terapeuta o fez avançar rapidamente no tempo imaginando o funeral. Ela pediu que ele descrevesse o que estava acontecendo, o que ele estava pensando e sentindo. Ele imaginou que seria uma dor insuportável, mas que sobreviveria à experiência. Então a terapeuta pediu que ele se imaginasse seis meses depois. Brian viu-se de volta à vida normal, sentindo-se infeliz, mas não com a dor intensa que havia sentido anteriormente. Ver-se lidando com uma experiência muito difícil, como a morte da sua mãe, diminuiu os sentimentos imediatos de devastação.

Imagens metafóricas

Quando os pacientes fazem declarações metafóricas é conveniente questioná-los sobre uma imagem e ajudá-los a mudar a imagem de alguma forma. Em certo ponto da terapia, Mitchell relatou que se sentia desanimado, como se ele estivesse correndo de encontro a uma parede. A terapeuta pediu que ele descrevesse a parede. Ela então perguntou como ele poderia lidar com esse obstáculo: passar por cima, por baixo, em volta ou através da parede. Mitchell respondeu que ele precisaria de um martelo para quebrar a parede. A terapeuta explicou a representação do martelo – e o ajudou a entender que, talvez, o martelo fosse uma ferramenta que ele estava criando no tratamento. Como ele havia feito somente algumas sessões terapêuticas, as habilidades que ele havia aprendido equivaliam a um pequeno martelo de madeira, para crianças. Contudo, ele podia aprender mais habilidades a cada semana, até que o martelo se transformasse em um grande martelo. Quando Mitchell imaginou-se quebrando a parede com o martelo ele se sentiu confiante e o desânimo diminuiu.

Os terapeutas podem usar as imagens para estender uma representação metafórica negativa em direção a uma representação positiva. Carla estava muito irritada naquele momento, especialmente quando pensava: "Eu estou afundando", este pensamento estava acompanhado por uma imagem dela desaparecendo em um lago profundo. A terapeuta ajudou-a a visualizar um bote salva-vidas com pessoas conhecidas resgatando-a e mais tarde ensinando-a a nadar. O uso de metáforas para modificar crenças é ilustrado com detalhes no Capítulo 13.

Estender a memória

As lembranças angustiantes freqüentemente são compreendidas como um acontecimento discreto em um determinado momento. Os pacientes lembram-se do que estava acontecendo enquanto eles se sentiam muito perturbados, mas normalmente, suas memórias espontâneas não incluem o período subseqüente ao acontecimento – quando eles sobreviveram e sentiram-se melhor.

Algumas vezes, Kay tinha uma lembrança perturbadora sobre um acontecimento na escola, aos 8 anos. Um grupo de garotas no *playground* ridicularizou-a por suas roupas e seu "sotaque simplório". Kay sentiu-se humilhada. Espontaneamente relembrou esse acontecimento visualmente, imaginando somente o acontecimento perturbador. Sua rápida visão *não* incluiu a seqüência imediata, relativamente mais positiva: ela foi para a sala de aula, concentrou-se em seus trabalhos escolares e depois voltou para casa e assistiu TV. Nesta época, de fato, esse grupo de garotas a ignorou. Vários anos depois, no ensino médio, ela trabalhou com uma delas no jornal da escola e a pessoa foi bastante amigável. Esta lembrança causou a Kay uma grande angústia então a terapeuta conduziu-a a lembrança do que aconteceu imediatamente após o evento e mais tarde.

Quando Teresa falava sobre o medo de que não sobreviver se o seu marido morresse, ela também relatou a lembrança de um momento em particular, quando tentou passar a noite sozinha pela primeira vez em sua vida. Ela ficou tão amedrontada que deixou seu apartamento novo, depois da meia noite, e voltou para casa. A terapeuta ajudou-a a se lembrar de uma imagem mais importante: mais tarde ela morou no apartamento de uma amiga, por um período, e embora a experiência não lhe agradasse, passava vários finais de semana sozinha quando a amiga viajava.

RESUMO

Os pacientes apresentam dificuldades para modificar seus pensamentos automáticos na sessão por várias razões. Quando as perguntas do questionamento socrático padrão são insuficientes, os terapeutas precisam usar tipos diferentes de questões e técnicas e apurar se os pacientes têm crenças que interferem no processo de avaliação dos seus pensamentos. Os terapeutas podem também averiguar se os pacientes experimentam dificuldades para modificar seus pensamentos através da tarefa, e assim como em outros problemas, especificar e remediar as dificuldades. Técnicas especiais de imaginação podem ser úteis para ajudar os pacientes a responderem às imagens angustiantes.

capítulo **12**

Desafios na modificação de regras

Algumas regras de pacientes que representam um desafio são relativamente fáceis de modificar, especialmente as que são situações específicas. Na verdade, essas regras estão no nível do pensamento automático e costumam ser de natureza previsível. As regras de um nível intermediário de crenças são mais difíceis de modificar e constituem o foco principal deste capítulo. Elas são mais amplas, arraigadas e normalmente incorporam uma estratégia compensatória, ou refletem uma crença central. A primeira seção deste capítulo diferencia estes dois grupos de regras. A próxima seção descreve o uso e variação das estratégias-padrão para modificar regras e crenças intermediárias e ressalta crenças disfuncionais que interferem na modificação das regras. Finalmente, são apresentadas intervenções, através de um Exemplo de Caso na íntegra, para três regras disfuncionais que freqüentemente interferem no tratamento.

DIFERENCIAÇÃO DAS REGRAS DO PENSAMENTO AUTOMÁTICO DAS REGRAS DAS CRENÇAS INTERMEDIÁRIAS

Na verdade, algumas regras são pensamentos automáticos que surgem na mente dos pacientes em situações específicas. Os terapeutas sempre trabalham primeiramente essas regras premonitórias antes de trabalhar as regras mais amplas com as quais elas estão associadas. Por exemplo, Audrey, uma paciente com transtorno da personalidade esquiva, tinha os seguintes pensamentos automáticos na forma de regra:

"Se eu pedir à minha colega de quarto para baixar o volume da música ela ficará zangada."
"Se eu pedir ajuda na [loja de roupas], as vendedoras ficarão irritadas."
"Se eu pedir à [minha colega de trabalho] para atender os telefonemas para mim, ele se recusará."

A terapeuta usou estratégias-padrão, discutidas no Capítulo 11, para ajudar Audrey a avaliar essas regras premonitórias, então sugeriu que ela tentasse algumas experiências comportamentais para testá-las diretamente. Após essas experiências comportamentais bem sucedidas elas descobriram e avaliaram uma regra mais ampla, que era uma crença intermediária:

"Se eu expresso minhas necessidades ou desejos, as pessoas se sentirão constrangidas e me rejeitarão".

Audrey nunca colocou seu pensamento em palavras antes. Essa regra não surgia em sua mente em situações especificas. Ao invés disso, ela refletia uma compreensão geral. Regras de nível mais profundo como essa, normalmente são mais rígidas e generalizadas do que as regras em nível de pensamento automático. Essas regras de nível intermediário podem ser premonitórias ou relacionadas a um significado.

Heidi, por exemplo, teve a seguinte regra *premonitória* de nível intermediário:

"Se eu não for uma 'Supermãe', meus filhos não terão sucesso na vida".

Ela também teve as seguintes regras relacionadas a um significado:

"Se meus filhos estão infelizes, significa que eu estou fazendo alguma coisa errada".
"Se eu não faço as coisas de maneira perfeita, eu não sou uma boa mãe".

UTILIZAÇÃO E VARIAÇÕES DE ESTRATÉGIAS-PADRÃO PARA MODIFICAR AS REGRAS

Os terapeutas usam os mesmos tipos de técnicas para modificar as regras que utilizam para modificar os pensamentos automáticos. Elas incluem:

- Educar os pacientes sobre regras.
- Utilizar o questionamento socrático.
- Examinar as vantagens e desvantagens de acreditar em uma regra.
- Planejar experiências comportamentais.
- Agir "como se".
- Criar um continuum cognitivo.
- Formular uma regra mais funcional.
- Fazer dramatizações razão-emoção.
- Utilizar técnicas de construção de imagem.
- Usar metáforas.
- Questionar outras pessoas sobre suas regras.
- Examinar a origem das regras na infância.

Muitas dessas técnicas e suas variações estão descritas nos exemplos de caso a seguir, no contexto da modificação de três regras-chave que interferem no tratamento:

1. "Se eu me permito sentir mal, vou ficar arrasada (Ficarei sobrecarregado, não vou agüentar, não conseguirei agir. Serei infeliz para sempre, ficarei louco)".
2. "Se tentar resolver problemas, eu falharei".
3. "Se eu me sentir melhor (com a terapia) minha vida ficará pior".

Algumas vezes, regras como estas são rigidamente mantidas, então os terapeutas precisam ajudar o paciente a modificá-las antes que ele se disponha a se envolver no tratamento. No Exemplo de Caso a seguir, o terapeuta identificou essas regras no início do tratamento e ajudou a paciente a modificá-las. Ao contrário de muitos pacientes, Helen precisou de trabalho intenso, usando muitas estratégias terapêuticas para modificar suas regras, particularmente a primeira delas. A paciente conseguiu – vagarosamente e com o tempo – aumentar seu comprometimento para trabalhar em terapia. Essas regras foram incessantemente trabalhadas no durante o tratamento.

EXEMPLO DE CASO NA ÍNTEGRA

Helen, uma mulher de 30 anos, era cronicamente depressiva e ansiosa desde os 20 anos. Ela tinha trabalhado de forma intermitente como vendedora em diferentes estabelecimentos comerciais. Seu pai era alcoolista e abusava fisicamente da paciente durante sua infância. Sua mãe era deprimida, bastante isolada, negligente com ela e sua irmã e emocionalmente distante. No início do tratamento, o desempenho de Helen era mínimo: ela estava desempregada, dormia grande parte do dia e assistia TV quase a noite toda. Normalmente ela saía de casa para fazer algumas tarefas, ir à casa de amigos ou ajudar sua irmã. Seu apartamento era desorganizado; ela estava com as contas atrasadas. Certos dias ela nem mudava de roupa pela manhã. Antes de começar o tratamento com a terapia cognitiva seu grau de ansiedade era baixo, principalmente em decorrência da sua grande evitação. Helen relatou um longo histórico de consultas com profissionais da saúde mental.

As três regras listadas na seção anterior interferiam significativamente na capacidade de Helen de se envolver no tratamento. Ela chegava atrasada para as sessões e resistia em estabelecer metas, responder à suas cognições e fazer as tarefas. Embora as intervenções para estas três regras sejam apresentadas separadamente na discussão a seguir, na verdade, o terapeuta costumava focar mais que uma regra em cada sessão, para estabelecer a agenda, planejar e revisar a tarefa e fazer solução de problemas.

Para superar a evitação de Helen na realização da tarefa, por exemplo, o terapeuta teve que trabalhar com todas as três regras. Ele fez várias intervenções ao longo do tempo para modificar suas regras disfuncionais e ajudá-la a desenvolver e reforçar novas regras, mais funcionais. Ela progrediu vagarosamente e conseguiu terminar a terapia com sucesso, após um ano de tratamento.

REGRA 1: "Se eu me sentir mal, vou ficar arrasada (mas, se eu evitar me sentir mal, ficarei bem)".

Essa regra era, em grande parte, responsável pela vida limitada de Helen. Ela evitava pensar sobre coisas que a angustiavam e também se envolver em comportamentos que ela achava que trariam sentimentos de ansiedade ou depressão. Na verdade, havia uma evidência que apoiava essa regra. O "melhor" período em sua vida, no final da adolescência, foi seguido pelo "pior" período da sua vida, quando um namorado ("o único e mais perfeito" para ela), a rejeitou. Durante os próximos meses, ela se sentiu profundamente deprimida, tentou o suicídio e foi hospitalizada. Seu nível de depressão diminuiu, mas nunca ocorreu uma remissão completa. Helen também se tornou dependente do álcool, tentando eliminar suas emoções negativas, pois não acreditava que podia controlá-las. Várias anos antes dela começar o tratamento com o terapeuta cognitivo, ela entrou em remissão completa da sua dependência do álcool, com a ajuda de vários tratamentos de reabilitação e psicoterapia. Depois disso, sua principal estratégia para evitar emoções negativas foi se envolver em uma significativa evitação cognitiva e comportamental. Quando se sentia perturbada, ela distraia-se assistindo TV ou comendo.

O terapeuta de Helen primeiro coletou evidências dessa regra na segunda sessão, quando Helen relatou que não havia feito nenhuma das tarefas na semana anterior. Quando questionada sobre seus pensamentos automáticos ao pensar em fazer as tarefas, Helen relatou que ficou preocupada porque podia sentir-se pior e não melhor, ao ler um folheto sobre depressão. Ela considerou fazer a segunda parte da tarefa – sair mais vezes do seu apartamento, mas novamente relatou sua preocupação em sentir-se muito ansiosa. Na sessão seguinte, novamente Helen não havia feito a tarefa (planejada cuidadosamente nas sessões anteriores), pela mesma razão. O terapeuta pediu que ela completasse a segunda parte de uma regra condicional.

Terapeuta: Helen, como você responderia a isso: "Se eu faço coisas que poderiam me fazer sentir mal, eu teria uma sensação de 'vazio'?" Qual é a sua maior preocupação?
Helen: Que (*pausa*) eu simplesmente... fique destruída.
Terapeuta: O quanto você acredita nisso.
Helen: Eu não sei... Muito. Eu sinto como se estivesse à beira de um precipício quase todo o tempo.
Terapeuta: Bem, não é de admirar que você não queira fazer essas tarefas.

Coletar dados atuais sobre a regra

Mais tarde na sessão, e em algumas outras sessões, o terapeuta coletou mais informações sobre a regra de Helen:

> **Determinar o grau de crença na regra**
> - "O quanto você acredita nessa idéia agora: Se eu me sentir mal ficarei totalmente arrasada?"
> - "O quanto você acredita nela intelectualmente e emocionalmente?"
>
> **Definir os termos**
> - "O que significa 'ficar arrasada?" Como seria isso?
>
> **Avaliar o maior medo**
> - "Você tem medo de que alguma coisa pior do que 'ficar arrasada' possa acontecer a você – ou isso é o pior?"
>
> **Avaliar as conseqüências posteriores**
> - "Se você ficar arrsada, quanto tempo você acha que pode durar isso?"
> - "O que você tem medo que aconteça depois?"
> - (*Buscando por uma imagem*) "O que te parece isso?"
>
> **Avaliar as estratégias compensatórias**
> - "O que você poderia fazer para se recompor o mais rápido possível?".
>
> **Avaliar a abrangência da regra**
> - "Em que situações você pensa isso?"
> - "Em que situações você *não* pensa isso?"
>
> **Avaliar a abrangência das estratégias compensatórias desadaptativas**
> - "Que situações você evita para não se sentir mal?"
>
> **Avaliar os comportamentos de segurança**
> - "O que você faz nas situações que você *realmente* tem que enfrentar – ou quando você, tem que fazer coisas que podem fazer você se sentir mal – para que não 'desmorone'?"

Desenvolver uma crença mais realista

O terapeuta de Helen revisou vários dados que ele havia coletado até o momento para ajudar Helen a considerar um ponto de vista mais adaptativo e válido. Freqüentemente ele verificava o quanto ela acreditava em sua nova crença através da revisão das experiências da semana anterior, tarefa e problemas que ela havia colocado na agenda.

> **Apresentar uma nova crença**
> - "Baseando-se em nossas conversas, você acha que seria mais preciso dizer que se você se sentisse mal você odiaria esse sentimento, mas não ficaria arrasado?"

> **Avaliar a força da nova crença**
> - "O quanto você acredita, intelectualmente e emocionalmente, nessa nova idéia?"

Coletar dados sobre a regra continuamente

O terapeuta de Helen continuamente pedia que ela mensurasse (em nível intelectual e emocional) o quanto ela ainda acreditava que ficaria "arrasada" ao se envolver em atividades específicas temidas e o quanto ela acreditava que podia "sentir" que estava "arrasada", mas na verdade, estava ansiosa, mas em segurança. Eles também coletaram uma evidência contrária à sua regra disfuncional que apoiava a sua nova regra, listando situações em que ela havia se angustiado, mas que não ficou arrasada. Além disso, eles coletaram e reestruturam evidências que pareciam apoiar a regra disfuncional.

O terapeuta perguntava continuamente o motivo pelo qual ela ainda acreditava que a sua regra era verdadeira, auxiliando-a na reestruturação de cada parte da evidência. Por exemplo, Helen foi à farmácia para comprar duas medicações. Embora ela estivesse muito nervosa, ela conseguiu fazer uma pergunta importante ao farmacêutico. Ao voltar para casa, percebeu que o farmacêutico lhe havia dado somente uma das medicações. Ela voltou à farmácia, mas não perguntou sobre a outra medicação. O terapeuta ajudou-a a ver que ir à farmácia pela primeira vez foi uma experiência de sucesso e que sua decisão de não falar com o farmacêutico, na segunda vez, não confirmou que a muita ansiedade a deixaria arrasada – confirmou somente que ela *acreditou* que a muita ansiedade a deixaria arrasada. A seguir a observação do terapeuta sobre essa distinção.

Estabelecer uma hipótese terapêutica

Quando Helen referiu que não se sentia "arrasada" porque evitava situações ou usava comportamentos compensatórios, sua terapeuta sugeriu a seguinte hipótese:

> - "Eu acho que há duas possibilidades para o que aconteceria se você *não tivesse* evitado a situação ou usado um comportamento de proteção. Ou sua ansiedade aumentaria e você se sentiria arrasada. Ou, mesmo que você *sentisse* que estava arrasada, na realidade isso não aconteceria, pois a ansiedade não faz isso a ninguém."

Apresentar o plano de tratamento

Quando o terapeuta de Helen ensinou técnicas para serem usadas em momentos de ansiedade, ele foi cuidadoso na distinção entre proteger-se da emoção negativa e tolerá-la:

> "Helen, o primeiro passo no tratamento é ensinar-lhe habilidades para que você se proteja da ansiedade em vez de evitá-la. Contudo, é muito importante que você prove a si mesma, cada vez mais, que você consegue tolerá-la. E então, em um determinado momento, você *não* mais precisará usar essas novas habilidades e poderá superar, de uma vez por todas, o medo de ficar ansiosa."

Fazer testes comportamentais durante as sessões

Inicialmente Helen evitou discutir problemas que pudessem causar mais ansiedade, como procurar um emprego ou participar de reuniões sociais. Ela concordou em fazer um teste comportamental e de fato descobriu que enquanto estava moderadamente ansiosa, discutir esses assuntos não a deixaria excessivamente ansiosa. O terapeuta estruturou experiências que provocavam ansiedade durante as sessões, como testes comportamentais (que nunca confirmavam sua regra).

Examinar as vantagens e as desvantagens da regra disfuncional

Após as discussões, Helen e o terapeuta criavam tabelas que listavam as desvantagens e as vantagens da crença – com uma reformulação (perspectiva alternativa) para cada vantagem.

Desvantagens de acreditar que me sentirei "arrasada"	Vantagens de acreditar que me sentirei "arrasada" (com reformulações)
• Minha vida permanecerá ruim. • Continuarei deprimida. • Não conseguirei emprego. • Não terei muito dinheiro. • Não terei um namorado. • Ficarei bastante ansiosa ao me ver forçada a fazer algumas coisas. • Não me sentirei bem comigo mesma.	• Eu posso continuar evitando situações, *mas* isso me trará confiança somente a curto prazo e me sentirei mal a longo prazo. • Eu não correrei riscos, *mas,* de qualquer modo, muitas das situações que eu evito são de baixo risco e o terapeuta pode me ajudar com as outras. • Eu posso manter o *status quo*, *mas* isso me manterá deprimida.

Oferecer psicoeducação

O terapeuta de Helen desenhou um diagrama para ajudá-la a compreender porque seu padrão evitativo era tão persistente (Figura 12.1). Representar seu ce-

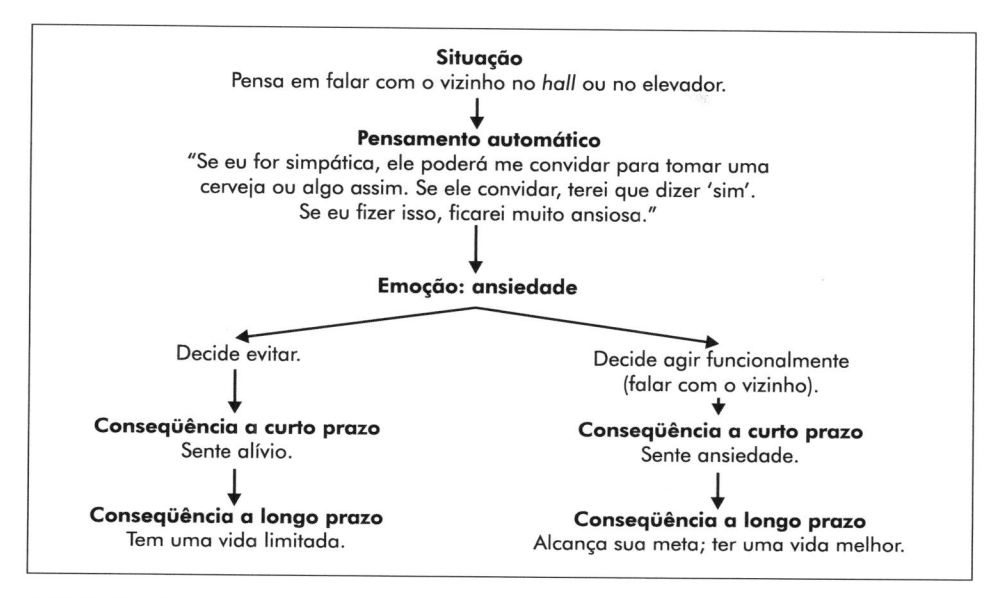

```
                            Situação
           Pensa em falar com o vizinho no hall ou no elevador.
                                ↓
                       Pensamento automático
           "Se eu for simpática, ele poderá me convidar para tomar uma
           cerveja ou algo assim. Se ele convidar, terei que dizer 'sim'.
                    Se eu fizer isso, ficarei muito ansiosa."
                                ↓
                         Emoção: ansiedade
                         ↙              ↘
              Decide evitar.          Decide agir funcionalmente
                    ↓                  (falar com o vizinho).
                                              ↓
        Conseqüência a curto prazo      Conseqüência a curto prazo
              Sente alívio.                 Sente ansiedade.
                    ↓                              ↓
        Conseqüência a longo prazo      Conseqüência a longo prazo
           Tem uma vida limitada.       Alcança sua meta; ter uma vida melhor.
```

FIGURA 12.1 Cenário do comportamento evitativo de Helen.

nário típico de evitação desta maneira ajudou Helen a ver porque seu padrão de evitação era fortalecido (devido a uma imediata cessação da ansiedade e a uma imediata sensação de confiança). Contudo, isso também a fez lembrar das conseqüências extremamente *indesejáveis* da sua evitação a longo prazo e das conseqüências bastante positivas de tolerar a ansiedade e de reformular o comportamento evitativo, a longo prazo.

O terapeuta também utilizou um diagrama para que Helen entendesse que ao invés de protegê-la da ansiedade, na realidade, a evitação mantinha a ansiedade.

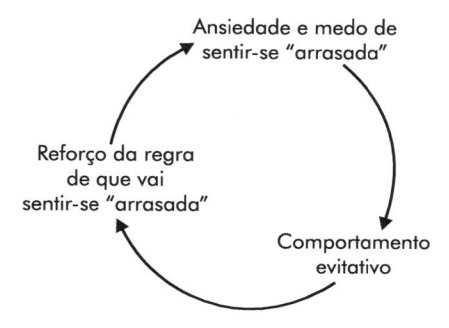

```
                    Ansiedade e medo de
                 → sentir-se "arrasada"
                ↗                      ↘
     Reforço da regra
     de que vai
     sentir-se "arrasada"
                ↖                      ↙
                      Comportamento
                        evitativo
```

Continuamente Helen era lembrada de que o medo de sentir-se arrasada baseava-se em períodos em que ela estava *desanimada* e *deprimida*, não necessariamente ansiosa.

Procurar por explicações alternativas para o comportamento (evitativo)

Eles também discutiram outras razões para o comportamento evitativo de Helen. Algumas vezes Helen evitava atividades por medo de sentir-se mal; outras vezes, porque não *queria* fazer algumas coisas, ou por temer não fazer as coisas direito e também por temer a obrigação de assumir desafios ainda maiores no *futuro,* em conseqüência de realizar algumas coisas *agora.* (Mais adiante, neste capítulo, serão apresentadas intervenções para trabalhar esses medos.)

Utilizar a técnica de construção de imagem

O terapeuta usou técnicas de construção de imagem com Helen. Entre outras coisas, ele a induziu a produzir uma imagem construtiva, pedindo a ela que se imaginasse em determinadas atividades preocupantes, inicialmente sentindo-se ansiosa, mas depois, após usar técnicas de controle da ansiedade aprendidas no tratamento, sentindo-se melhor.

Identificar/modificar distorções cognitivas

Após identificar os pensamentos disfuncionais de Helen, o terapeuta ajudou-a a rotular os erros cognitivos que ela cometia de forma a responder, de maneira mais eficaz, ao seus pensamentos. Por exemplo, Helen mostrava muitos pensamentos dicotômicos. Eles discutiram a natureza "tudo ou nada" da sua visão sobre a emoção ("Eu me sinto calma e no controle [das minhas emoções] ou me sinto mal e correndo o risco de ficar "arrasada").

Modifica a tarefa

Helen não fez nenhuma tarefa em duas semanas de tratamento. Ela e o terapeuta concordaram em remarcar tarefas importantes. Na terceira sessão, em vez de estabelecer uma tarefa para mudança no comportamento, o terapeuta sugeriu que ela apenas pensasse sobre o comportamento adequado e a monitoração do pensamento. A regra disfuncional de Helen sobre vivenciar emoções negativas rapidamente tornou-se aparente. A próxima tarefa (mantida por vários meses) foi relatar situações vividas durante a semana nas quais se sentiu angustiada, mas não "destruída". Duas semanas depois, Helen concordou com tarefas comportamentais "simples".

Uma parte importante da tarefa era a leitura das anotações terapêuticas. Inicialmente, Helen apenas lia as fichas com conclusões formuladas na sessão. Por exemplo, uma ficha inicial elaborada para responder às suas regras negativas ao experimentar angústia:

> Eu penso que se eu me sentir mal, ficarei "arrasada". Mas eu já me senti mal muitas vezes nos últimos anos e nunca fiquei arrasada. Eu estava em uma situação completamente diferente quando fui hospitalizada.

Inicialmente, Helen lia as fichas somente duas ou três vezes por semana, mas logo começou a lê-las quase que diariamente.

Fazer experiências comportamentais

Helen fez muitas experiências comportamentais como tarefa para testar sua regra, começando com atividades simples (por exemplo, cuidar da correspondência por apenas 10 minutos, pedir informação na biblioteca). As fichas ajudaram a motivá-la:

> Talvez eu sinta algum desconforto, mas eu posso suportar. Isso não me fará ficar "arrasada". Nos últimos meses fiz coisas *mais* angustiantes que não me deixaram "arrasada".

Ler a ficha *depois* de testar sua regra também foi importante:

> Eu tolerei a ansiedade e não fiquei arrasada.
> Talvez minhas previsões não sejam verdadeiras.
> Eu mereço créditos por fazer isso.

Fazer experiências comportamentais mais simples aumentou consideravelmente a probabilidade de Helen realizá-las. Outra importante intervenção inicial foi permitir – na realidade encorajar – que Helen usasse estratégias de controle da ansiedade para reduzir sua angústia. Outra ficha, elaborada anteriormente no tratamento, lembrava-a do que ela poderia fazer:

Quando me sinto mal posso: coisas a fazer

- Ler as anotações terapêuticas.
- Telefonar para Jean, Annette.
- Caminhar.
- Fazer pão.
- Ver um novo *site* de humor.
- Fazer exercícios de relaxamento.
- Fazer mentalmente um RPD (Registro de Pensamentos Disfuncionais).
- *Ou* posso me sentar; conscientizar-me de que não estou "arrasada"; observar quanto tempo isso dura.

Contudo, o terapeuta revelou a importância de Helen experimentar a angústia, sem utilizar nenhum desses comportamentos; assim, ela poderia testar completamente sua regra de sentir-se "arrasada" e aprenderia a tolerar emoções negativas. Uma ficha ajudou-a nessa lembrança:

> Usar (essas técnicas) pode me deixar mais confortável. Mas eu não preciso disso, porque me sentir mal não acaba comigo.

Geralmente as anotações terapêuticas ajudavam Helen a realizar experiências comportamentais. Fichas específicas ajudaram-na a achar um meio de superar uma sucessão de situações que ela havia evitado por medo de se angustiar. Por exemplo, Helen não telefonou para o médico falando a respeito de um problema alérgico que havia piorado. Ela imaginou que se sentiria desconfortável ao ser criticada pelo médico, pela enfermeira, pelos funcionários do consultório e por outros pacientes. O terapeuta falou sobre a extensão de seus pensamentos automáticos nessa situação. As conclusões de Helen (veja a seguir) serviram como modelo para outras experiências comportamentais realizadas posteriormente.

Se eu evitar telefonar para o terapeuta

Lembrar que eu previ sentimentos de ansiedade antes da primeira sessão da terapia [cognitiva], mas foi tudo bem e agora eu tenho muito mais técnicas para lidar com estas situações que antes. Mesmo que eu me sinta desconfortável, não ficarei "arrasada". Eu posso suportar. Provavelmente eu me sinta desconfortável antes da consulta e nos primeiros minutos; depois, me sentirei um pouco melhor. Eu posso me sentir pior se me concentrar na sensação de desconforto, ou melhor se olhar ao redor para sentir exatamente o que está acontecendo. As pessoas que trabalham no consultório estarão concentradas em suas ocupações – e não me avaliarão como pessoa. Os outros pacientes podem me olhar quando eu entrar na sala, mas provavelmente me olharão somente por um momento.

Em todas as sessões o terapeuta elogiou Helen por completar a tarefa e reforçou positivamente seu novo aprendizado. Ele a ajudou no reconhecimento de que suas previsões de sentir-se arrasada estavam incorretas. Freqüentemente, ele perguntava: "O que essa experiência mostrou sobre a sua capacidade de lidar com sentimentos ruins?"

Diminuir os comportamentos de segurança

À medida que Helen diminuía a crença em sua regra disfuncional, o terapeuta ajudava-a na identificação de comportamentos que ela ainda apresentava para reduzir a sua angústia. Embora muitas atitudes esquivas fossem bastante aparentes, outras eram sutis, como, por exemplo, andar com a cabeça baixa para não ver os vizinhos enquanto caminhava ou não estabelecer contato visual com as vendedoras de uma loja. Ele encorajou-a a fazer experiências comportamentais com essas situações, as quais ela evitava ao usar comportamentos de proteção.

Fazer intervenções baseadas no histórico

As técnicas descritas acima concentram-se principalmente na análise da regra de Helen assim que ela se ativava nas situações atuais. Foi bastante útil para Helen rever sua história determinando, assim, quando e como ela começou a desenvolver essa regra, para encontrar dados contrários e para reformular o significado dos acontecimentos passados relacionados à regra.

- "Há quanto tempo você tem esse pensamento? Quando você acha que ele apareceu pela primeira vez?"
- "Em que situações atuais você sentiu-se "arrasada" e quanto tempo durou?"
- "Como você enfrentou essa experiência?"

O terapeuta também pediu que Helen relembrasse momentos de sua vida em que estava perturbada, mas não completamente arrasada. Ela fez, com o tempo, uma lista com mais de três páginas.

Reconhecer a origem da regra disfuncional na infância

Foi bom para Helen reconhecer que parte do seu medo de sentir uma emoção negativa originou-se quando ela era criança. Ela se lembrava de sentir-se tomada pela tristeza e angústia quando seus pais discutiam (freqüentemente em voz alta), quando ela previa que o pai *poderia* maltratar a ela ou a sua irmã e quando ele estava bêbado e a *agredia* fisicamente. O terapeuta ajudou-a na percepção de que naquele momento ela realmente não tinha instrumental para lidar com a emoção extrema que sentia. Por outro lado, ela não ficou completamente arrasada em função disso.

Utilizar a técnica de construção de imagem para obter uma perspectiva mais ampla

Algumas vezes, Helen lembrava-se do dia em que esteve hospitalizada, sentindo uma grande dor emocional. O terapeuta mostrou que essa imagem era como uma "brecha" no tempo – ela não incluía o período anterior, que a levou à hospitalização, e o período posterior, quando ela recuperou-se vagarosamente. Ela lembrou-se de que não ficou arrasada instantaneamente (que era o seu medo atual). Em vez disso, ela foi decaindo ao longo de várias semanas, e, finalmente, sentiu-se melhor, embora a depressão não tivesse acabado completamente.

Posteriormente o terapeuta pediu que ela relembrasse uma imagem de melhora gradual durante a hospitalização e a retomada da confiança quando ela foi para casa. Ele também pediu que ela visualizasse detalhadamente um dia típico dos seis meses seguintes a hospitalização, época em que ela estava trabalhando e interagindo com sua família.

Regra 2: "Se tiver um problema, não conseguirei resolvê-lo (mas se ignorá-lo ou evitá-lo, eu ficarei bem)."

O terapeuta de Helen descobriu essa regra no início do tratamento, quando Helen resistiu a estabelecer metas e a nomear os problemas para a agenda. Helen tinha algumas evidências de que essa regra era válida. Geralmente ela evitava resolver problemas, desistindo prematuramente ou confiando nos outros para resolver suas dificuldades. Faltavam-lhe habilidades para resolver problemas interpessoais. Após se indispor com alguém, ela se isolava (por exemplo, deixava o emprego, decidia unilateralmente encerrar a terapia com os terapeutas anteriores, parava de ver os amigos, recusava-se a ver o pai).

Tendo identificado essa importante regra, o terapeuta de Helen usou as técnicas listadas a seguir para ajudá-la na reformulação do seu pensamento:

- Coletar dados atuais e passados para identificar a origem, a abrangência, a freqüência e a força da crença ao longo do tempo.
- Discutir o *significado* para Helen de tentar resolver os problemas e falhar ("Isso mostra o quanto eu sou incompetente"); identificar razões alternativas para a falha na solução de problemas; reformular resultados negativos como demonstração de déficits de capacidades específicas em vez de deficiências globais.
- Discutir vantagens e desvantagens da regra e reformular as vantagens.
- Resumir experiências infantis relevantes para normalizar o desenvolvimento da crença; prever como Helen poderia ter se comportado diferente, com o passar do tempo, se ela não mantivesse essa crença ("Se você não tivesse acreditado que era incapaz e que não conseguia resolver seus problemas, o que teria feito quando [estava sob pressão na escola]?").
- Desenvolver uma crença mais funcional.
- Fazer dramatizações razão-emoção (veja p.295-297), primeiro com o terapeuta, depois consigo mesma, para elucidar e então responder à evidência de que Helen ainda utilizava a regra.
- Revisar e tirar conclusões sobre as experiências *positivas* de Helen, passadas e atuais, por meio da solução de problemas ("O que isso mostra a respeito da sua capacidade de resolver problemas? O que isso mostra sobre você?"). Ela registrou suas conclusões nas fichas:

> Creio que não consigo resolver um problema. Mas isso é um pensamento e não necessariamente uma verdade. Se continuar dizendo isso a mim mesma, não sairei do lugar, não tentarei resolver os problemas e minha vida continuará con-

fusa. Se eu tivesse acreditado que *poderia* resolver os problemas, teria pensado em me inscrever para conseguir uma bolsa para o programa de treinamento ou em arranjar um apartamento melhor.

Se eu tentar resolver um problema e falhar, o que isso quer dizer? Não significa que eu sou incompetente. O problema pode estar fora do meu controle (por exemplo, o modo como o meu pai trata a minha mãe). Na pior das hipóteses significa que eu não fiz alguma coisa *específica* muito bem (como convencer o proprietário a repintar o apartamento onde moro). Eu posso abordar esse tipo de problema na terapia sempre que quiser.

Quando penso que não consigo resolver um problema, analiso se eu simplesmente não *quero tentar* ou se realmente não consigo resolvê-lo.

Enquanto eu crescia, acreditei que não conseguia resolver problemas, mas isso não era completamente verdadeiro. É verdade que eu não podia mudar o comportamento do meu pai. Mas eu resolvia outros problemas diariamente, me relacionando com a minha irmã, indo para a escola, etc.

Também não tive um exemplo de pessoas que resolviam problemas – minha mãe e meu pai evitam resolver os deles.

Não é de admirar que eu tenha crescido com essa crença.

Hoje, quando penso que não consigo resolver meus problemas, procuro me lembrar que essa é uma idéia remanescente da infância e que pode, ou não, aplicar-se ao problema que estou enfrentando atualmente.

Regra 3: "Se eu me sentir melhor, minha vida ficará pior (mas se eu ficar como estou, ao menos manterei o *status quo*)"

A terceira regra estava relacionada às duas primeiras. Helen temia que ao sentir-se melhor tivesse que enfrentar desafios angustiantes nos quais ela falharia e, então, ficaria arrasada demais. Para ela, sentir-se melhor significava correr riscos, ficar vulnerável, expor sua incompetência e sentir-se mal. Também significava que ela não poderia mais depender do terapeuta, da sua irmã e da amiga Jean. Ela demonstrava um pensamento dicotômico:

> Eu estou mentalmente insana e não tenho esperança de conseguir um emprego ou agir funcionalmente – então é natural depender das outras pessoas. Ou estou mentalmente sã e tenho que agir de maneira completamente funcional e com total independência – e isto eu não consigo fazer.

O terapeuta continuou fazendo intervenções durante o tratamento – por exemplo, coletando dados atuais e passados sobre a regra, monitorando a força da regra em situações normais, coletando evidências contrárias à regra, reformulando a evidência que parecia apoiar a regra, desenvolvendo uma nova regra e concluindo como e quando a regra apareceu pela primeira vez. Outras intervenções-chave incluíram:

Utilizar a técnica de construção de imagem

O terapeuta perguntou qual era o receio de Helen se ela melhorasse com o tratamento e sua vida piorasse. Ela relatou duas imagens espontâneas que pareciam resumir os seus medos. Na primeira imagem ela se via sobrecarregada enquanto fazia um balanço na loja. Visualizava seu supervisor gritando com ela e seus colegas de trabalho rindo. Nessa imagem ela parecia muito ansiosa, encabulada e humilhada, um completo desastre, ridícula. Na segunda imagem, ela se via em uma reunião social, isolada em um canto, incapaz de manter uma conversa, sentindo-se diferente e ansiosa. As duas imagens tinham elementos de situações reais vividas no passado.

O terapeuta ajudou-a na modificação das imagens. Ela se viu, em detalhes, trabalhando em uma pequena loja com um chefe humano e justo. Mais tarde, durante o tratamento, ela se imaginou sendo assertiva se não tivesse um bom chefe e indo embora se a situação se tornasse intolerável. O terapeuta também pediu que ela se imaginasse circulando entre as pessoas em uma reunião social, sentindo-se nervosa no início, mas corajosamente apresentando-se a algumas pessoas que também estavam sozinhas. Ela se viu conversando, sentindo-se um pouco nervosa no início, mas, gradualmente, mais confortável.

Decatastrofizar

Como havia feito anteriormente, o terapeuta de Helen ajudou-a a ver que ela não *teria,* necessariamente, que enfrentar grandes desafios quando se sentisse bem. Ela poderia *escolher* fazer, ou não, alguma coisa.

Aumentar recursos

Helen e o terapeuta também discutiram os recursos que ela teria antes de enfrentar um grande desafio. Ela estava aprendendo novas habilidades na terapia para responder aos pensamentos sabotadores, diminuir a angústia, enfrentar tarefas difíceis e tornar sua vida mais significativa em todos os aspectos. Ela sempre teria uma saída; ela poderia, por exemplo, deixar o emprego ou telefonar para Jean, sua irmã, ou para o terapeuta.

Expor-se gradualmente aos desafios

O terapeuta fez com que Helen reconhecesse que antes de estar pronta para enfrentar grandes desafios, ela já teria enfrentado desafios menores. Ele desenhou uma escada para ilustrar essa idéia (veja p. 272) e pediu que Helen marcasse os passos intermediários antes de obter um emprego. Ajudou-a a perceber que, para nenhum dos pensamentos sobre um emprego, ela se imaginava dando um grande salto do início para o topo da escada. Ela sentiu-se melhor quando o terapeuta mostrou que ela poderia dar um passo de cada vez. Ele também assegurou que ela poderia avançar meio passo ou um quarto de passo se percebesse que os passos planejados inicialmente eram muito grandes.

RESUMO

Modificar regras amplas de nível intermediário é mais difícil do que modificar situações específicas de pensamentos automáticos ou regras no nível do pensamento automático. Os terapeutas usam várias técnicas na modificação de regras, as quais também são usadas na modificação de pensamentos automáticos, e enfrentam quase que os mesmos desafios. Com o tempo, se faz necessário o uso de várias estratégias. O acompanhamento e a manutenção são importantes para reassegurar que os pacientes aplicam o que aprenderam na terapia frente a novas situações estressantes, impedindo, assim, a reativação de antigas regras.

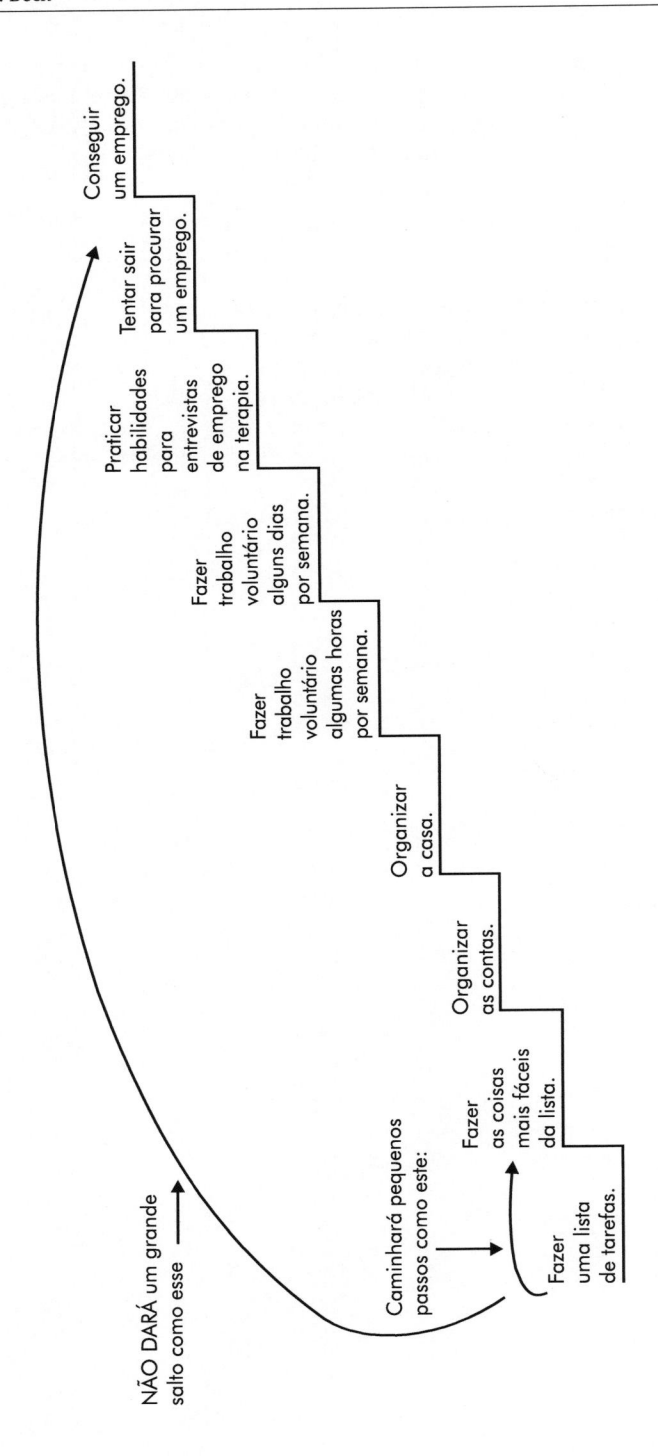

NÃO DARÁ um grande salto como esse

Caminhará pequenos passos como este:

- Fazer uma lista de tarefas.
- Fazer as coisas mais fáceis da lista.
- Organizar as contas.
- Organizar a casa.
- Fazer trabalho voluntário algumas horas por semana.
- Fazer trabalho voluntário alguns dias por semana.
- Praticar habilidades para entrevistas de emprego na terapia.
- Tentar sair para procurar um emprego.
- Conseguir um emprego.

capítulo **13**

Desafios na modificação das crenças centrais

A modificação das crenças centrais exige um trabalho consistente e sério durante meses de tratamento para muitos pacientes com problemas de difícil manejo. É importante ter uma visão realista de quanto os pacientes podem modificar suas crenças centrais. Provavelmente as crenças dos pacientes não mudem inteiramente; na verdade, muitas pessoas têm crenças de desamparo e de não ser amada que se ativam de tempos em tempos. São metas terapêuticas para os pacientes:

- Enfraquecer o poder das crenças centrais e reduzir a freqüência das suas ativações.
- Reduzir a angústia, pensar e comportar-se mais adequadamente quando as crenças forem ativadas.
- Desenvolver e reforçar crenças mais realistas e funcionais.

Os terapeutas precisam avaliar cuidadosamente as crenças centrais. A terapia seria muito mais rápida se eles pudessem ajudar os pacientes a mudar suas crenças centrais na primeira sessão, mas muitos pacientes mantêm firmemente suas crenças, sendo muito difícil modificá-las. No início do tratamento os terapeutas podem fazer hipóteses sobre as crenças centrais dos pacientes verificando o significado dos pensamentos automáticos (veja Capítulo 9). Eles podem avaliar a força dessas crenças e tentar algumas modificações.

Entretanto, quando os pacientes representam um desafio, talvez os terapeutas não tenham sucesso inicialmente. Freqüentemente, as crenças centrais são mais fáceis de modificar na etapa intermediária da terapia, quando os pacientes estão menos sintomáticos e fizeram várias experiências positivas, testando e modificando seus pensamentos automáticos e suas regras. Ao descobrir outras cognições imprecisas e reconhecer que a mudança dessas cognições conduz a uma melhora, normalmente os pacientes consideram que suas crenças centrais também podem ser imprecisas e esforçam-se para avaliá-las e para modificá-las.

Na etapa intermediária da terapia, a aliança terapêutica também está mais forte. É importante que os terapeutas entendam o quanto alguns pacientes se sentem vulneráveis e ansiosos quando se envolvem no processo de questionamento das crenças centrais que compõem o seu eu. Embora Helen (descrita no capítulo anterior) não gostasse de pensar que era anormal, ela ficava mais angustiada quando, juntamente com o terapeuta, começava a questionar sua crença. Ela expressava claramente o seu medo: "Se eu não sou anormal, o que sou eu?"

De um certo modo, contudo, os terapeutas estão trabalhando indiretamente na crença central desde o início do tratamento. Uma crença de desamparo, por exemplo, pode ser atenuada quando os pacientes estabelecem metas, modificam seus pensamentos automáticos tematicamente relacionados, envolvem-se com sucesso nas experiências de domínio e dão crédito a si mesmos. As crenças centrais de que não são amadas podem começar a mudar quando os terapeutas ajudam seus pacientes a se envolver em interações sociais compensadoras e os tratam de maneira amistosa, empática e atenciosa.

Provavelmente a modificação das crenças tenha mais sucesso quando os pacientes acreditam que (1) podem confiar em seus terapeutas, (2) o processo ajudará e (3) a modificação da crença conduzirá a uma vida melhor. Por outro lado, os pacientes podem ter uma reação negativa quando os terapeutas os envolvem na avaliação de suas crenças centrais. O paciente narcisista, por exemplo, pode se sentir depreciado, o paciente *borderline* pode se sentir vulnerável, o paciente histriônico pode se sentir muito desvalorizado. Esses pacientes podem, então, usar suas estratégias compensatórias, ficar zangados na terapia, evitar o assunto, discutir crenças superficiais ou mesmo faltar às sessões ou abandonar o tratamento.

A primeira parte deste capítulo descreve como usar e variar estratégias-padrão para ajudar os pacientes na modificação de suas crenças centrais sobre o si mesmo (veja também o Capítulo 2). A seção final foca a modificação das crenças centrais sobre outras pessoas. Helen, a paciente apresentada no capítulo anterior, também serve de exemplo neste capítulo.

UTILIZAÇÃO E VARIAÇÕES DE ESTRATÉGIAS-PADRÃO PARA MODIFICAR AS CRENÇAS CENTRAIS

Talvez os terapeutas precisem usar várias estratégias por um longo período de tempo para ajudar pacientes que representam um desafio na alteração de suas crenças centrais. Entre outras técnicas, os terapeutas podem usar o questionamento socrático, agir "como se", utilizar o *continuum* cognitivo, mudar uma comparação do eu", desenvolver papéis-modelo, fazer dramatização razão-emoção, adotar intervenções ambientais, envolvimento familiar, terapia em grupo, sonhos, metáforas e técnica de construção de imagem para reestruturar o significado das experiências infantis traumáticas. Essas técnicas são descritas a seguir.

Instruir os pacientes sobre crenças centrais e estratégias compensatórias

Os terapeutas precisam instruir seus pacientes sobre as crenças centrais, incorporando conceitos importantes como:

- As crenças, assim como os pensamentos automáticos e as regras, são idéias e não verdades.
- Os pacientes podem acreditar tão firmemente em suas crenças centrais que expressam essas idéias como se elas fossem emoções ("Eu me *sinto* totalmente incompetente"; "Eu me *sinto* inferior"; "Não me *sinto* amado").
- Os pacientes desenvolvem comportamentos para se protegerem dessas crenças, comportamentos que os levam a agir de maneira disfuncional em algumas situações.
- Em razão das experiências adversas na infância, é possível entender porque eles desenvolveram essas crenças disfuncionais extremas e estratégias compensatórias. Suas crenças podem, ou não, terem sido completamente válidas na infância. Independente da sua validade histórica, nos dias de hoje elas podem ser completamente inúteis ou pouco úteis.
- Os pacientes podem avaliar a validade das suas crenças centrais e, se acharem que elas são distorcidas, podem modificá-las para que reflitam a realidade.
- O processo de modificação de crenças centrais provavelmente provocará ansiedade a curto prazo. Finalmente, os pacientes se sentirão melhores e conseguirão alcançar suas metas mais facilmente.

Associar crenças centrais com estratégias compensatórias

Antes de estarem prontos para avaliar e modificar suas crenças centrais, muitos pacientes podem se beneficiar do diagrama desenhado pelo terapeuta explicando como elas afetam seus comportamentos e como as estratégias compensatórias, por sua vez, reforçam a crença central.

Terapeuta: (*desenhando*) Isso lhe parece certo, Helen? Você tem uma crença de que é anormal, a qual aceita como verdadeira sem questionar; conseqüentemente, você evita fazer muitas coisas achando que falhará. A evitação faz com que se sinta mais anormal ainda e, então, você continua evitando. (*pausa*) Correto?

```
        Eu sou
      anormal.
      ↗        ↘
      
      ↖        ↙
   Evito atividades nas
   quais eu possa falhar.
```

Se os pacientes respondem afirmativamente, os terapeutas podem demonstrar como esse modelo serve de base para suas percepções e comportamentos nas situações diárias. Quando os terapeutas percebem que os pacientes estão prontos, eles podem apresentar, na sessão, um diagrama de conceituação em branco (veja Capítulo 2), a ser preenchido com o paciente – ou pode elaborar o diagrama apresentado anteriormente desta forma:

Problema básico

Crença central: Sou anormal.
↓
Padrão de comportamento: Evito atividades em que possa falhar.

Problema atual

Situação específica: Penso em procurar um emprego.
↓
Pensamento automático: Ninguém irá me contratar.
↓
Emoção: Tristeza.
↓
Comportamento: Me distraio, assisto TV.

Criar uma hipótese terapêutica

Os terapeutas podem então criar uma hipótese terapêutica dicotômica sobre a crença central do paciente:

Terapeuta: Se o problema é que você realmente *é* [anormal] nós teremos que trabalhar juntos para corrigir isso OU na verdade não existe nenhum problema – acontece que você tem uma *crença* de [anormalidade]. Nos teremos que descobrir o que é mais correto.

Apresentar um modelo de processamento de informação

Freqüentemente um modelo de processamento de informação é bastante útil para explicar aos pacientes por que eles acreditam tão firmemente em suas crenças centrais – e por que suas crenças podem não ser verdadeiras ou completamente verdadeiras, conforme ilustrado na transcrição a seguir. Observe que a figura circular com o retângulo aberto representa o *esquema* do paciente, a estrutura mental que organiza as informações. O conteúdo do esquema é a crença central do paciente.

Terapeuta:	Podemos falar um pouco mais sobre a idéia de que você é anormal?
Helen:	Sim.
Terapeuta:	Você sabe; nós falamos anteriormente sobre como essa idéia aparece dia após dia. Certo?
Helen:	Certo.
Terapeuta:	E também em como você acreditou nela por muito tempo.
Helen:	Sim.
Terapeuta:	Eu tenho uma teoria sobre por que você acreditou tanto nesta idéia. (*pausa*) Mas você tem que me dizer se eu estou certo ou errado. Está bem?
Helen:	Sim.
Terapeuta:	(*desenhando o diagrama mostrado a seguir*) Certo. Helen, é como se houvesse uma parte da sua mente parecida com isso – um círculo e um retângulo aberto.

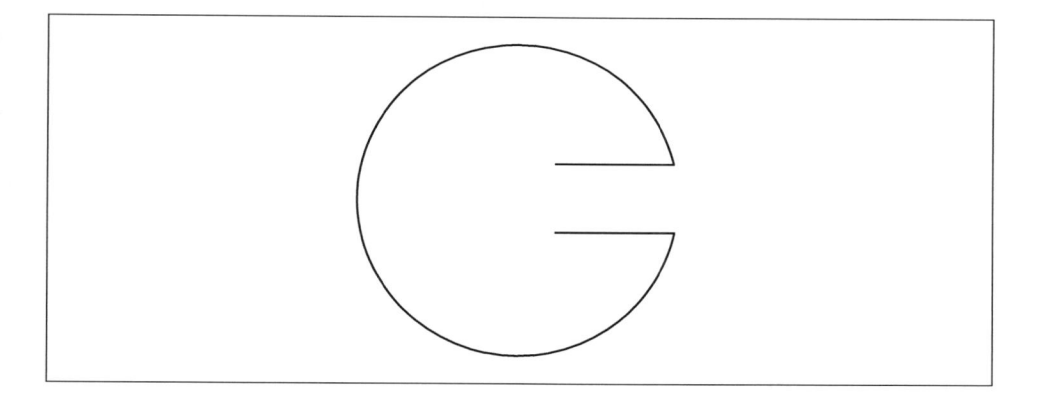

Terapeuta: (*escrevendo*) E dentro desta parte da sua mente está a idéia "Sou anormal".

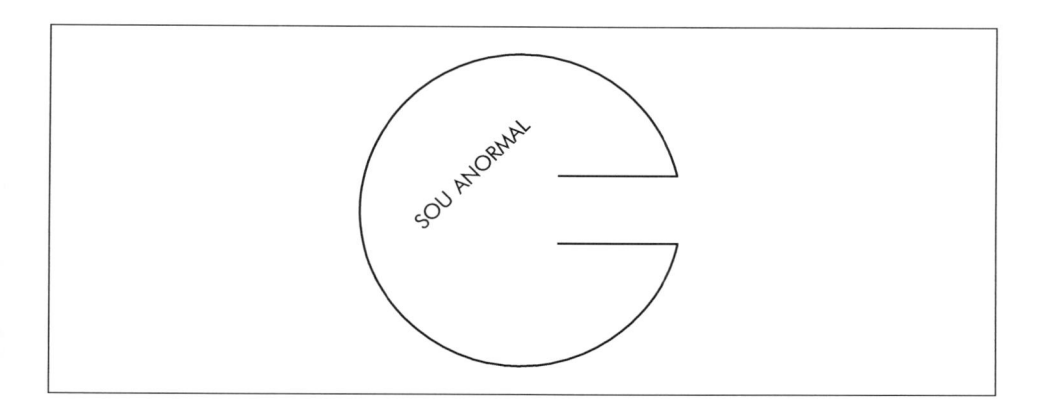

Terapeuta: Agora vamos ver como as coisas acontecem. Você me disse que foi à igreja, mas não falou com ninguém. Quando você percebeu que não estava interagindo, o que disse para si mesma? Você disse: "O que isso significa? Significa que eu sou anormal? Significa que eu sou normal? Isso importa?"
Helen: Eu realmente me senti anormal.
Terapeuta: Você pensou sobre isso.
Helen: Não, eu imediatamente me senti assim.
Terapeuta: (*desenhando*) Então, é como se este acontecimento – não interagir – estivesse contido em um retângulo negativo.

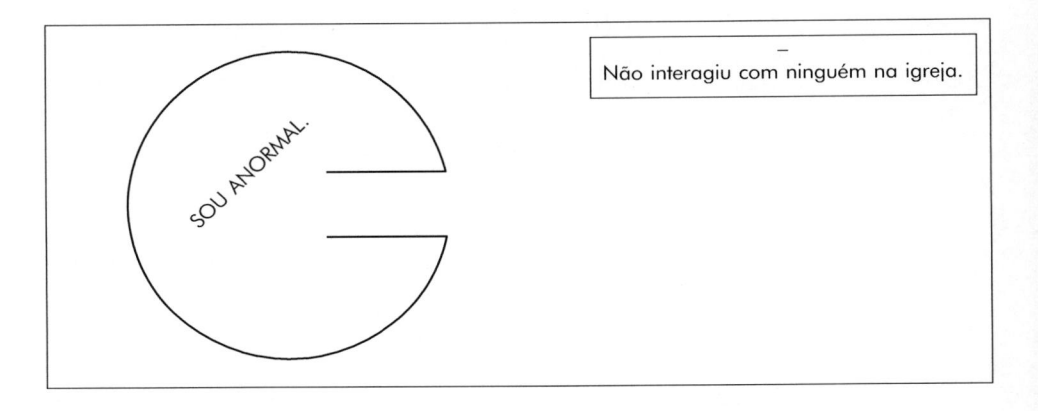

Terapeuta: (*desenhando uma flecha*) Você percebe que por ser também um retângulo ele se encaixa dentro do retângulo aberto?

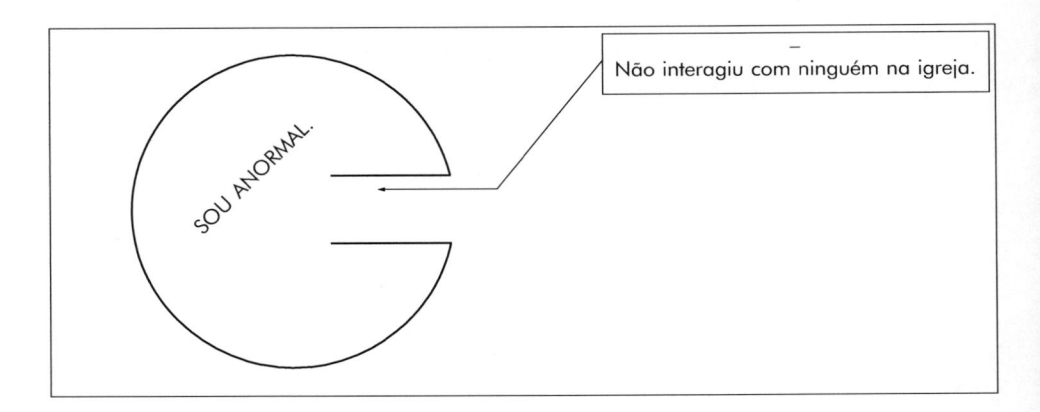

Terapeuta: (*sublinhando o "Sou anormal"*) E toda vez que um retângulo se encaixa nesta abertura ele trás essa idéia *"Sou anormal"* mais forte.

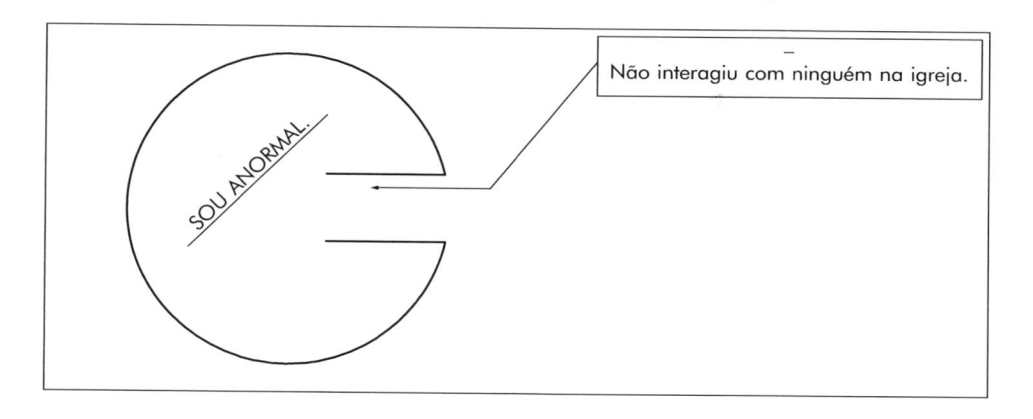

[Diagrama: círculo com "SOU ANORMAL" escrito dentro; seta externa rotulada "Não interagiu com ninguém na igreja."]

Helen: Sim.
Terapeuta: Vamos tentar uma outra situação... Vejamos. Você disse na última semana que não havia conferido seu talão de cheques e tinha excedido o limite bancário. Quando isso aconteceu você pensou: "Isso significa que eu sou anormal – significa que está tudo bem – ou exceder o limite não é relevante?"
Helen: Não, eu imediatamente pensei: "Que idiota! Eu não tenho jeito".
Terapeuta: (*desenhando e sublinhando*) Então, exceder o limite bancário também é um retângulo negativo e vai direto para... e faz a idéia "Sou anormal" ainda mais forte.

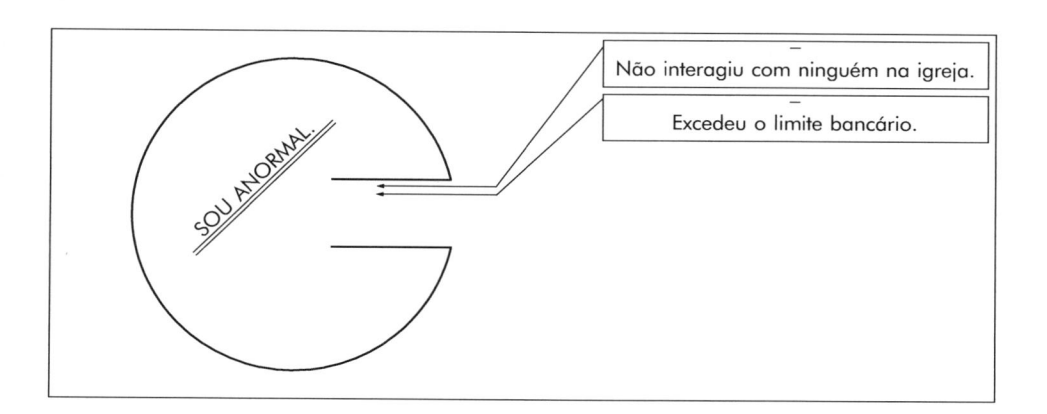

[Diagrama: círculo com "SOU ANORMAL"; duas setas externas rotuladas "Não interagiu com ninguém na igreja." e "Excedeu o limite bancário."]

Terapeuta: Vamos tentar mais uma situação. Quando você se sentiu anormal essa semana?
Helen: (*pensa*) Domingo à noite. Eu fiquei em casa o dia inteiro, mesmo com um tempo maravilhoso lá fora.

Terapeuta: E quando você percebeu que havia perdido o dia inteiro dentro de casa o que isso significou para você?
Helen: Que realmente há alguma coisa errada comigo.
Terapeuta: É como se a crença de anormalidade tivesse voltado.
Helen: Sim.
Terapeuta: (*desenhando e sublinhando*) Então continua o mesmo modelo...

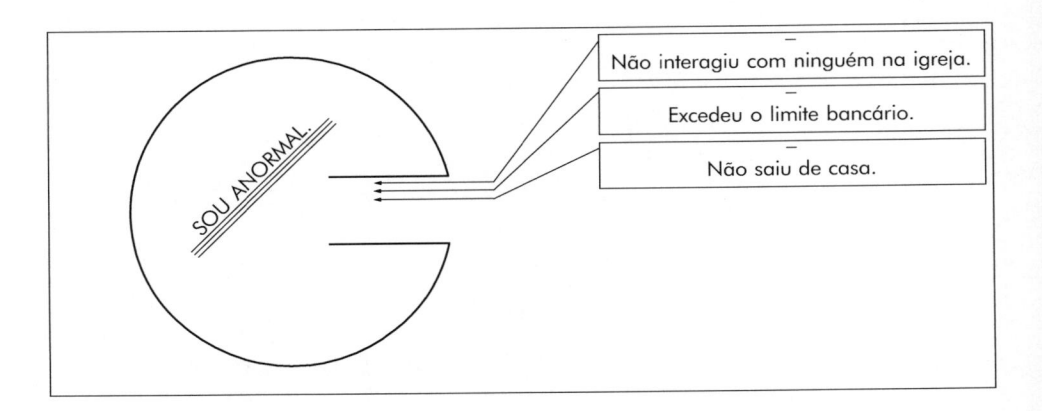

[Diagrama: círculo com "SOU ANORMAL" conectado a três caixas: "Não interagiu com ninguém na igreja.", "Excedeu o limite bancário.", "Não saiu de casa."]

Terapeuta: Certo, então o que você acha desta teoria? Quando acontece alguma coisa ou você faz alguma coisa que lhe traz a idéia de anormalidade, essa informação vai imediatamente para essa parte da sua mente (*apontando o diagrama*), sem que você pense muito sobre isso. (*pausa*) Você acha que pode estar certo?
Helen: Sim, eu posso perceber isso.
Terapeuta: Você não está apenas concordando?
Helen: Não, não. Eu acho que está certo.
Terapeuta: Certo. Esta é a minha segunda teoria. Quando acontece alguma coisa ou você faz algo demonstrando que você está *bem*, essa informação não é transmitida diretamente para sua mente. Eu penso que acontece um outro fato. (*pausa*) Por exemplo, você me disse há alguns minutos atrás que sua amiga Jean queria que você ajudasse na escolha de presentes para a família dela, pois ela acha que você tem bom gosto. (*pausa*) Quando ela pediu isso a você, você pensou: "Se ela quer a minha ajuda, ela acha que eu sou normal?"
Helen: Não.
Terapeuta: O que você pensou?
Helen: Que ela deve estar sem dinheiro, por isso quer que *eu* vá.
Terapeuta: (*desenhando*) Então, aqui aconteceu uma coisa *boa* – mas é como se essa informação estivesse dentro de um triângulo.

Diagram 1

SOU ANORMAL

- Não interagiu com ninguém na igreja.
- Excedeu o limite bancário.
- Não saiu de casa.
- \+ Jean pediu ajuda.

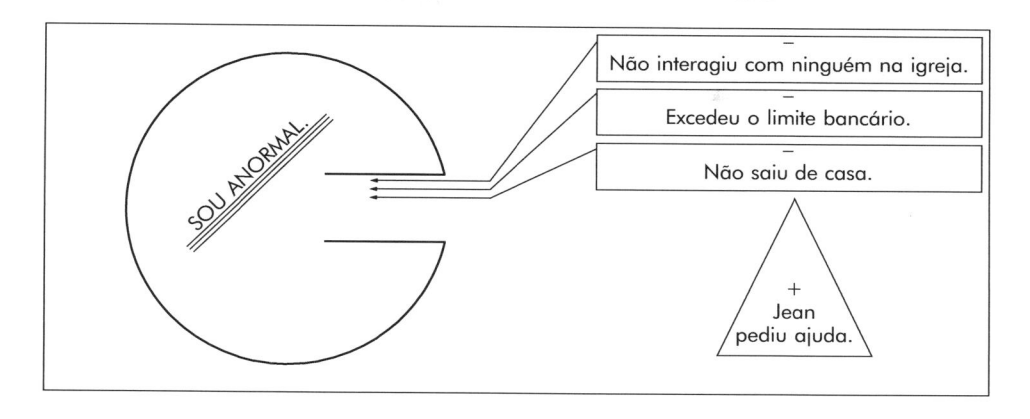

Terapeuta: Você pode ver que o triângulo não se encaixa na abertura? Ele precisa ser *mudado* para se encaixar. Então você disse para si mesma: "Ela deve estar sem dinheiro, por isso quer que eu vá"; assim, o triângulo positivo passou a ser um retângulo negativo. (*desenhando*) Agora ele se encaixa... Você percebe?
Helen: Sim.
Terapeuta: (*sublinhando novamente "Sou anormal"*) Ele reforça a idéia de anormalidade ainda mais.

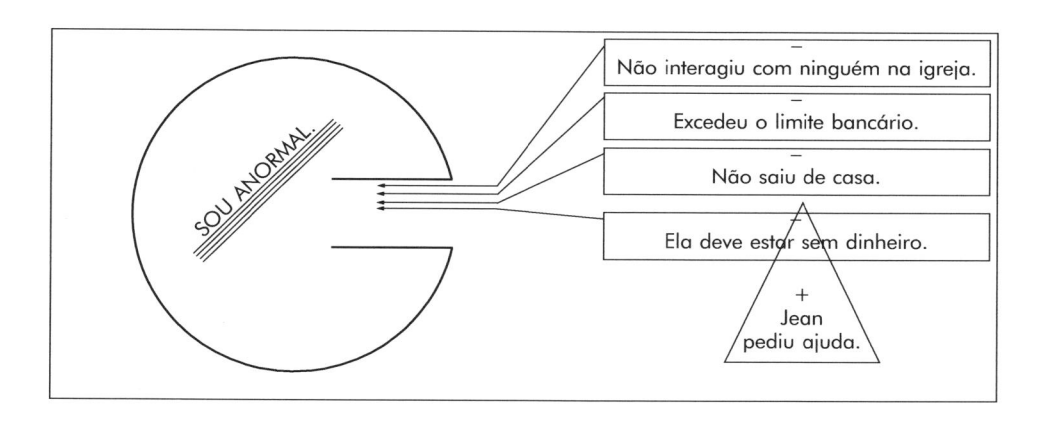

Diagram 2

SOU ANORMAL

- Não interagiu com ninguém na igreja.
- Excedeu o limite bancário.
- Não saiu de casa.
- Ela deve estar sem dinheiro.
- \+ Jean pediu ajuda.

Helen: Sim.
Terapeuta: Vamos ver se nós achamos outros exemplos. O que você fez essa semana que *eu* apontaria como uma demonstração de que você é normal, e não anormal?
Helen: (*pensa*) Eu comecei a aprender a digitar no computador da Jean.
Terapeuta: Bom! E você pensou: "Isso é muito bom! Aqui estou eu aprendendo a digitar no computador?"

Helen: Não, nada disso.
Terapeuta: O que você pensou?
Helen: Que isso é patético. Provavelmente eu sou a única pessoa que não sabe fazer isso.
Terapeuta: (*desenhando sua declaração*) Oh, parece que aconteceu a mesma coisa. Aqui você teve um evento positivo, um triângulo positivo, e o transformou em um retângulo negativo para encaixá-lo. Certo?

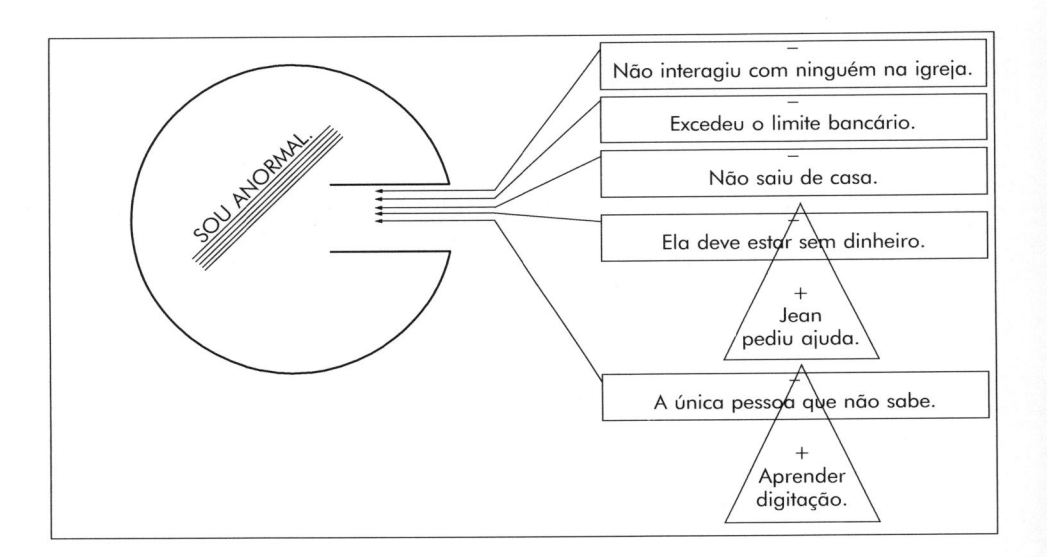

```
SOU ANORMAL
    — Não interagiu com ninguém na igreja.
    — Excedeu o limite bancário.
    — Não saiu de casa.
    — Ela deve estar sem dinheiro.
    + Jean pediu ajuda.
    — A única pessoa que não sabe.
    + Aprender digitação.
```

Helen: Sim, eu suponho que sim.
Terapeuta: Vamos encontrar mais um exemplo. (*pausa*) Vejamos. Você me disse que fez algumas coisas em seu apartamento, pintou paredes, eliminou roupas e objetos velhos, consertou a mesa da cozinha.
Helen: Sim.
Terapeuta: E quando fez essas tarefas você imediatamente pensou "isso mostra que eu sou normal, e não anormal"?
Helen: (*pensa*) Não, eu acho que não pensei assim.
Terapeuta: Mas se você não tivesse feito essas tarefas você teria pensado que era anormal?
Helen: Sim, provavelmente.
Terapeuta: (*desenhando*) Então, aqui estão alguns triângulos positivos que você simplesmente ignora. Você realmente não percebeu que essas tarefas foram positivas.

Diagrama

SOU ANORMAL.

- Não interagiu com ninguém na igreja.
- Excedeu o limite bancário.
- Não saiu de casa.
- Ela deve estar sem dinheiro.
  - + Jean pediu ajuda.
- A única pessoa que não sabe.
  - + Aprender digitação.
  - + Arrumar a mesa.
- + Eliminar roupas e objetos usados.
- + Pintar.

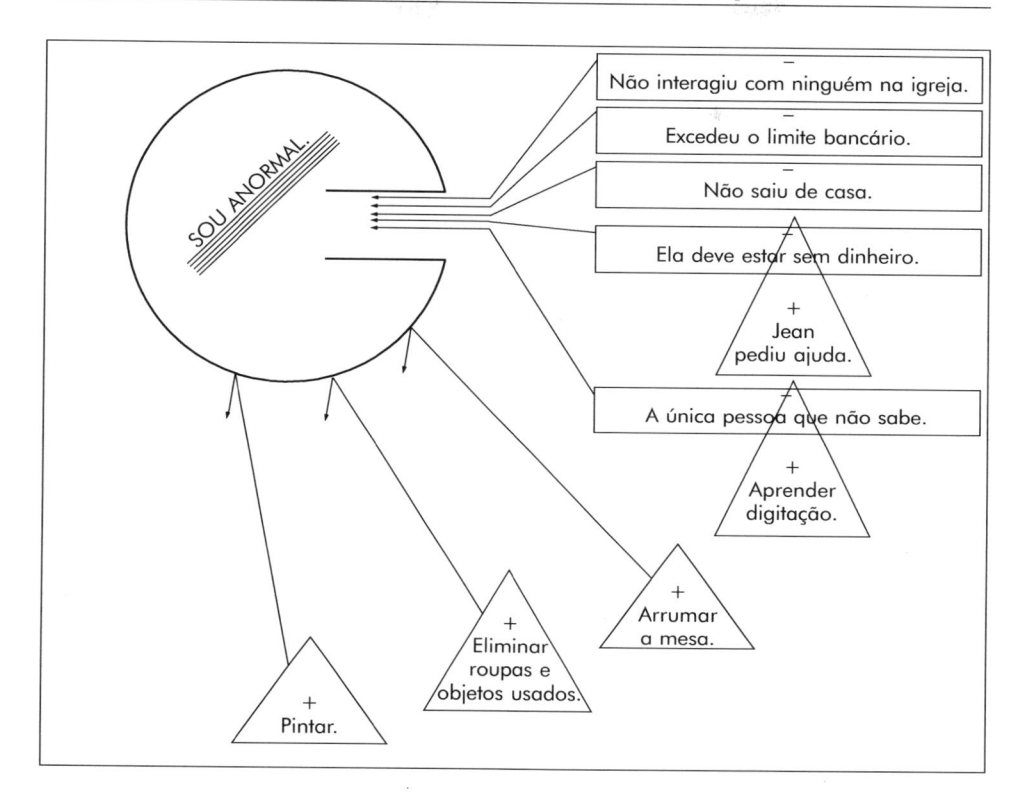

Terapeuta: O que você pensa dessa teoria? Que quase nada do que você faz ou nada que acontece a você é positivo – ou você transforma em algo negativo ou ignora, você simplesmente não percebe as situações positivas.

Helen: (*pensa*) Sim... Eu acho... que está certa.

Terapeuta: O que acontece com o passar do tempo? Se você continua vendo as coisas cada vez mais negativas – e também não percebe as positivas ou as transforma em negativas – você percebe que a idéia de que você é anormal pode ficar cada mais forte – e ainda pode não ser verdadeira?

Helen: (*pensa*) Eu não sei... Faz sentido.

Terapeuta: Bem, é algo para você pensar. (*pausa*) O que você acha de observar como tarefa os acontecimentos positivos e negativos e ver o que acontece, como você os interpreta? Poderia ser?

Helen: Sim.

Terapeuta: (*desenhando*) Você poderia fazê-lo diretamente nesta folha. Coloque os acontecimentos negativos, que a fazem se sentir anormal, na coluna da esquerda sob o retângulo. Coloque os acontecimentos positivos na coluna da direita sob o triângulo.

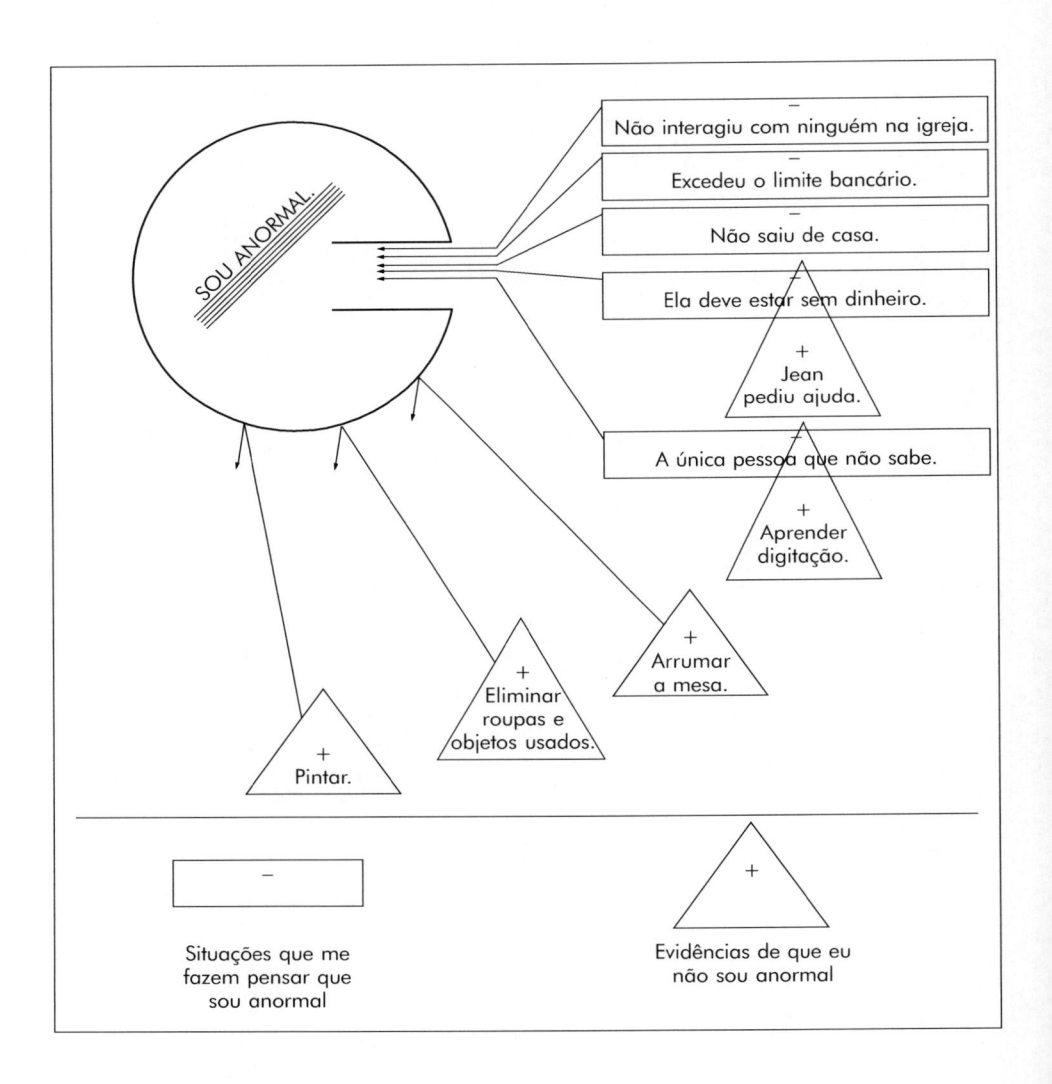

SOU ANORMAL.

– Não interagiu com ninguém na igreja.
– Excedeu o limite bancário.
– Não saiu de casa.
– Ela deve estar sem dinheiro.
+ Jean pediu ajuda.
– A única pessoa que não sabe.
+ Aprender digitação.
+ Arrumar a mesa.
+ Eliminar roupas e objetos usados.
+ Pintar.

Situações que me fazem pensar que sou anormal

Evidências de que eu não sou anormal

Terapeuta: Na próxima semana nós podemos falar sobre como você pode interromper esse modelo. O que você acha?

No final da sessão, o terapeuta pediu a Helen que resumisse o que ela havia aprendido e escrevesse em uma ficha:

A idéia de que eu sou anormal se fortalece cada vez mais, porque todos os dias eu vivo situações que mostram que eu sou idiota ou anormal ou que há alguma coisa errada comigo. Eu ignoro ou descarto os acontecimentos positivos mostrando o contrário. Cada vez que faço isso, eu reforço a idéia de que sou anormal. Eu posso aprender na terapia como inverter esse processo.

O diagrama básico pode ser complementado pelo desenho de um esquema positivo. Por exemplo, se o paciente já incorpora algum dado positivo contrário à crença central, o terapeuta pode desenhar um diagrama menor daquele que contém a crença central negativa, provendo-o com uma abertura triangular e chamando-o de crença adaptativa.

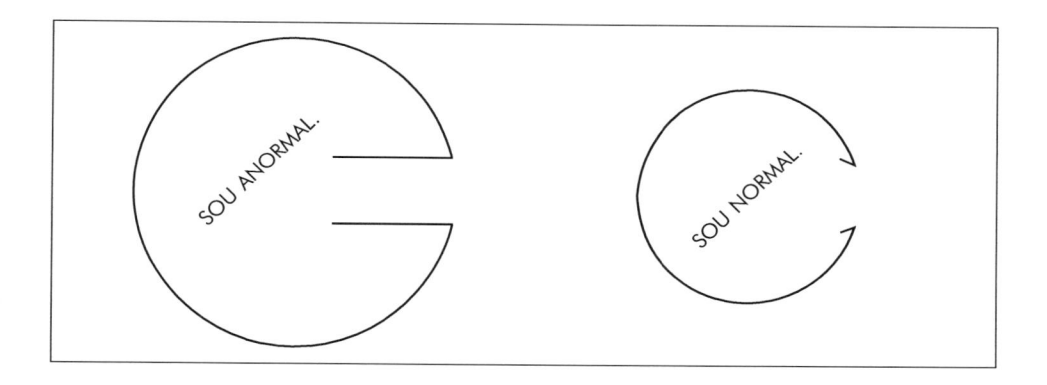

Ou se o paciente processa positivamente os dados, mas parece não "fixar", o terapeuta pode desenhar o segundo diagrama com uma abertura.

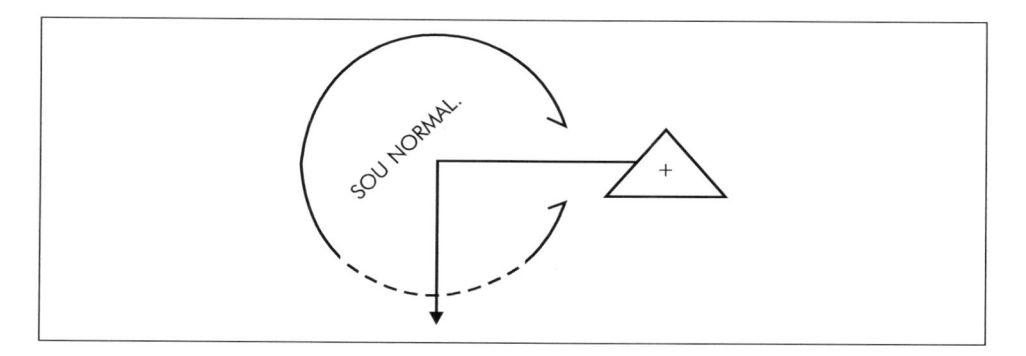

Usar analogias

As analogias também podem ajudar no entendimento de que as crenças centrais são apenas idéias muito fortes. O terapeuta de Helen usou como exemplo pessoas da época anterior à de Colombo que acreditavam firmemente que o mundo era plano, idéia que elas nunca testaram e comprovaram porque evitavam velejar muito longe da terra. O terapeuta também a questionou sobre pessoas que tinham um preconceito do qual ela não compartilhava. Ela conseguiu perceber a maneira como uma vizinha, que tinha uma visão extremamente conservadora, se fixava em um dado que apoiava suas idéias e descartava ou ignorava idéias contrárias. Helen conseguiu entender que a sua própria crença de anormalidade era na verdade um grande preconceito contra ela mesma (veja Padesky, 1993).

Construir crenças centrais mais realistas

É importante, pelo menos inicialmente, ajudar os pacientes a desenvolver uma nova crença central que não seja o oposto da crença antiga. Finalmente Helen conseguiu acreditar, a maior parte do tempo, que era "normal". Um outro paciente, Hal, adotou a crença de que era uma pessoa normal, com virtudes e fraquezas como todas as outras pessoas.

Motivar os pacientes a mudar suas crenças centrais

Os terapeutas podem motivar os pacientes a realizar a difícil tarefa de mudar suas crenças centrais, ajudando-os a identificar e a registrar as vantagens e as desvantagens de mudá-las. Informações adicionais importantes também podem ser obtidas por meio da identificação das vantagens e desvantagens de *manter* a crença atual. Durante a tarefa de casa e nas sessões terapêuticas Helen continuou complementando sua lista, apresentada no Quadro 13.1. A terapeuta ajudou-a na reestruturação de suas idéias disfuncionais.

Os pacientes também podem se beneficiar ao imaginar suas vidas, detalhadamente, nos próximos 10 anos, primeiramente sem a mudança das suas crenças centrais, 10 anos mais velhos, mais cansados, com a vida mais empobrecida ou difícil. Os terapeutas, então, podem pedir aos pacientes que imaginem suas vidas nos próximos 10 anos sentindo-se bem consigo mesmos, agindo funcionalmente, com mais harmonia nos relacionamentos e com trabalho e atividades satisfatórios.

EXEMPLOS DE CASO COM TÉCNICAS DE MODIFICAÇÃO DE CRENÇAS

São necessários diferentes tipos de técnicas, descritos no livro *Terapia cognitiva: Teoria e prática* (Beck, 1995) e nos dois primeiros capítulos, para ajudar os pacientes na modificação contínua das suas crenças centrais. No capítulo e na seção anteriores, o caso de Helen, uma mulher desempregada, em recuperação de dependência ao uso de álcool e cronicamente deprimida, é usado para ilustrar intervenções que ajudam os pacientes na modificação de suas crenças centrais.

Quadro 13.1

Vantagens e desvantagens de mudar e de manter as crenças centrais.

Vantagens de mudar minha crença central	Desvantagens de mudar minha crença central
• Sentir-me bem comigo mesma. • Progredir na vida. • Namorar. • Trabalhar. • Ter uma renda regular. • Poder comprar as coisas que eu quero (computador, TV, CDs, roupas, etc.). • Poder ir a restaurantes. • Não me sentir inferior frente a minha família. • Não me sentir ansiosa frente às outras pessoas. • Fazer outras coisas além de assistir TV. • Apreciar outras atividades.	• Eu me sentirei ansiosa, MAS a ansiedade será por tempo limitado. • Talvez eu não saiba quem sou eu, MAS isso não significa que eu precise mudar os conceitos bons que tenho sobre mim mesma – somente o pensamento "Sou anormal". • Eu correrei riscos, MAS as recompensas podem ser substanciais. • Eu terei que me esforçar, MAS a terapeuta me ajudará.
Vantagens de manter minha crença central (com reformulações)	**Desvantagens de manter minha crença central**
• Eu posso evitar a ansiedade, MAS vou ficar ansiosa de qualquer jeito e evitar situações me deixa depressiva e desanimada. • Eu não tenho que aceitar desafios e talvez falhar, MAS eu continuarei a ter uma vida chata, vazia, além do que a terapia pode ajudar a tornar os desafios mais fáceis. • Proporciona-me uma razão para ficar em casa e assistir à TV, MAS assistir à TV é apenas uma distração temporária e eu costumo me sentir pior no final do dia, quando percebo que não fiz nada. • Não terei que me esforçar na terapia, MAS a recompensa em potencial é significativa.	• Vou me manter deprimida. • Permanecerei isolada dos outros. • Não farei experiências nas quais possa encontrar satisfação. • Não participarei de atividades agradáveis. • Continuarei me sentindo culpada • Continuarei me sentindo um fracasso. • Não alcançarei minhas metas. • Continuo não ganhando um salário regular. • Desperdiçarei meu tempo e minha vida.

Reconhecer a ativação das crenças centrais

Primeiro é importante que Helen reconheça quando sua crença central se ativa. Uma vez que o terapeuta apresentou a idéia de situações percebidas como negativas combinadas com a crença central e representadas como um "retângulo negativo", ele passou a se referir a essa combinação dessa forma. Ele pediu a Helen que pegasse a ficha de anotações terapêuticas, elaborada quando ela se sentia perturbada ou tentava evitar perturbações:

> Novamente eu estou pensando que sou anormal?
> Se estiver, provavelmente eu acabei de vivenciar um retângulo negativo. Há uma explicação alternativa ou outra visão da situação?

O terapeuta também monitorava a força da crença central de Helen no início das sessões terapêuticas e ajudava-a na identificação dos "retângulos negativos" ocorridos durante a semana que deveriam ser levados para discussão na sessão. Ele atuava de maneira mais facilitadora durante a ponte, tentando identificar triângulos positivos que Helen talvez não tivesse relatado espontaneamente.

Terapeuta: Fale-me mais sobre a sua semana. O que aconteceu de bom? O que você fez? Algo prazeroso? Alguma coisa que trouxe bem-estar? Você passou algum tempo com Jean ou com sua irmã?

Enquanto discutia um problema relevante durante a sessão, o terapeuta tentava verificar se a crença central de Helen provocava angústia ou comportamento disfuncional:

Terapeuta: (*resumindo*) Então a amiga da sua irmã telefonou chamando-a para uma possível vaga de emprego, mas você não retornou a ligação. Você acha que a sua crença central de anormalidade interferiu?

Mudar o processamento da informação negativa

Depois que Helen confirmou que o modelo parecia representar o modo como processava a informação, o terapeuta ensinou-a a responder a cada parte do pensamento negativo, escrevendo a palavra "MAS" próxima de cada retângulo. Então ele usou o questionamento socrático para formular uma explicação alternativa plausível ou um modo alternativo de encarar o acontecimento. Por exemplo:

Não falei com ninguém na reunião do AA.	MAS isso não significa que sou anormal. Eu apenas estava muito ansiosa.

Não cuidei do meu extrato bancário.	MAS é porque eu tento evitar coisas que acho difíceis – e eu estou aprendendo a mudar isso.
Passei o domingo inteiro dentro de casa.	MAS é porque estava me sentindo mais deprimida, não porque sou anormal.

O terapeuta de Helen ajudou-a na percepção de que os "retângulos negativos" eram realmente uma parte da "situação" do modelo cognitivo e que procurar explicações ou pontos de vista alternativos era similar à segunda parte do Registro de Pensamento Disfuncional. Ele pediu que ela fizesse uma lista de pensamentos do retângulo negativo com uma resposta para cada item que refletia a sua crença central.

O terapeuta sugeriu uma técnica a ser usada em casa que a ajudaria na reestruturação desses retângulos negativos. Se ela não conseguisse pensar em um ponto de vista alternativo, ela poderia perguntar a si mesma;

"O que [Jean/minha irmã/o terapeuta] diria sobre isso?"

Ele também mostrou a ela que a sua interpretação de pessoa anormal, em muitas situações, originou-se da sua imaginação sobre o que seu *pai* teria dito. Perceber que a sua resposta automática vinha de uma fonte não-confiável e crítica ajudou-a na redução da força dessa resposta em sua mente.

O terapeuta ofereceu outras explicações psicoeducacionais para que Helen pudesse contrapor alguns retângulos negativos. Uma das dificuldades de Helen era a realização das tarefas diárias, como levantar cedo, manter o apartamento limpo, pagar as contas nas datas certas – na realidade, disciplinar-se para fazer tarefas que ela não queria fazer. Ela sempre via suas dificuldades como uma indicação de que ela era preguiçosa e imperfeita.

Por meio da psicoeducação, o terapeuta fez com que ela entendesse como as crianças aprendem a internalizar a autodisciplina e a tolerar a frustração através das estruturas que seus pais ofereceram. Ela entendeu que pais racionais monitoram o que seus filhos fazem (por exemplo, as tarefas), reforçando-os a serem produtivos e impondo limites quando os filhos não cumprem suas responsabilidade. Eles ajudam os filhos a estruturar o tempo e distribuem tarefas que contribuirão para o bom funcionamento familiar. Com o tempo, os pais repassam tarefas de mais responsabilidades dentro do lar. Os filhos aprendem a fazer coisas que eles não queriam fazer; aprendem a não entrarem conflito com os pais ou consigo mesmos sobre coisas importantes – na verdade, aprendem a não *escolher* sobre fazer ou não certas coisas. Estas estruturas foram quase que completamente ausentes no lar e na infância de Helen. O terapeuta mostrou a ela que era perfeitamente aceitável que ela tivesse dificuldades para se disciplinar na vida adulta. Ele ajudou-a na reestruturação da idéia de que ela era preguiçosa e anormal; na verdade, faltavam-lhe habilidades específicas, mas que ela poderia aprender.

Mudar o processamento de informação positiva

Também foi importante para Helen reconhecer quando ela desconsiderava ou ignorava dados positivos. O terapeuta ajudou-a a mudar este processo. Por exemplo, um dos triângulos positivos de Helen que se transformou em retângulo negativo continha a idéia:

> "Eu ajudei Jean a arrumar os livros na estante, mas qualquer pessoa poderia fazer isso."

O terapeuta orientou-a a não levar em conta a sua desconsideração:

> "MAS Jean não podia fazer. Isso mostra que eu *não* sou anormal."

O terapeuta pediu que ela escrevesse essa resposta adequada em sua lista de itens do "triangulo positivo". Outros exemplos são:

> *"Eu fiz uma entrevista de emprego, provavelmente não conseguirei,* MAS de qualquer modo foi bom ter ido."
> *"Eu limpei parte do apartamento, mas não fiz muito bem,* MAS fiz alguma coisa."

Foi difícil para Helen reconhecer dados positivos a seu favor. Com o passar do tempo ela tornou-se cada vez mais funcional, hoje ela tem muitos pensamentos que apóiam a nova crença de que é normal. Ela também *reprimiu* muitos comportamentos disfuncionais. O terapeuta fez as seguintes perguntas e Helen escreveu a resposta em novos triângulos em sua lista:

- "Você pode imaginar que eu a acompanhei esta semana? O que você fez que eu pudesse notar e dizer: 'Isto mostra que você é normal'?"
- "O que você fez que se [seu amigo/parente/colega de quarto/colega de trabalho/vizinho] tivesse feito você apontaria e diria 'Isto mostra que ele ou ela é normal'?"

Examinar historicamente o processamento de informações

Por meio do trabalho do terapeuta, Helen percebeu que havia se programado *com* pensamentos negativos, *descartando* ou desconsiderando pensamentos positivos desde a infância. O terapeuta pediu que ela relembrasse pensamentos negativos e positivos de períodos específicos – pré-escola, ensino fundamental, faculdade e assim por diante. Ela registrou estes pensamentos nas listas "histórico de retângulos negativos" e "histórico de triângulos positivos" para cada período.

Tanto na sessão quanto em casa, Helen reestruturou o histórico de pensamentos negativos e de pensamentos positivos que foram desconsiderados. O terapeuta orientou-a a examinar fotografias e conversas, com tios atenciosos, com os quais ela havia passado muito tempo da sua infância. Com isso ela identificou novos "triângulos positivos". Eles então revisaram os dados acumulados em cada período e formularam conclusões adequadas.

Por meio desse processo, Helen conseguiu entender, por exemplo, que a sua má atuação no final do ensino fundamental não significava que ela era anormal. Com o questionamento socrático ela concluiu que isso, provavelmente, estava muito mais relacionado ao transtorno emocional vivido dentro de casa – em razão do alcoolismo e dos maus-tratos por parte do seu pai e do abandono por parte da mãe depressiva. Ela entendeu que desistir foi uma resposta natural a um ambiente extremamente estressante.

Questionamento socrático

Juntamente com as perguntas planejadas para reestruturar os "retângulos negativos' (e a desconsideração dos triângulos positivos") e para identificar outros "triângulos positivos", o terapeuta de Helen continuamente apresentava suas questões para avaliar a crença em âmbito geral e no contexto de problemas específicos. Algumas das *muitas* questões feitas durante a terapia são listadas a seguir.

Perguntas gerais
- "O que significa 'anormal'?"
- "Esta é *minha* definição de anormal... O que você pensa sobre ela?"
- "Se alguém tem um histórico de depressão, isso não significa que a pessoa é *anormal* – ela não poderia ter uma doença?"
- "Se você descobrisse que seu sobrinho cresceu em circunstâncias traumáticas e ficou depressivo por muitos anos, você gostaria que ele acreditasse que era anormal? Como você gostaria que ele se visse?"
- (*após analisar experiências infantis de Helen*) "Não é de admirar que você tenha crescido pensando ser anormal. Você não acha que qualquer criança, nestas mesmas circunstâncias, acreditaria nisto? Você percebe que mesmo que acredite firmemente nesta idéia talvez ela não seja verdadeira?"
- "É possível que as pessoas tenham muitas fraquezas, mas não sejam anormais como seres humanos?"

Perguntas sobre o uso de estratégias compensatórias disfuncionais
- "Você acha que a sua crença de anormalidade ativou-se [nesta situação]?"
- "Você acha que [se comportou de maneira disfuncional] porque se *sentiu* anormal?"
- "Este [comportamento disfuncional] é um outro retângulo negativo?"
- "Como você responderia a este retângulo agora?"
- "Se você não tivesse se sentido anormal você poderia ter feito algo diferente? Como teria sido?"
- "O que uma pessoa *realmente* anormal teria feito nesta situação?"

> **Perguntas sobre o uso de comportamentos mais funcionais**
> - "O que você pensa do fato de ter [demonstrado comportamento adequado nesta situação em vez da sua estratégia compensatória]?"
> - "É possível que você não seja tão anormal como se sente?"

Anotações terapêuticas

Em quase todas as sessões, o terapeuta ajudou Helen a elaborar conclusões e a escrevê-las nas fichas. Durante as sessões, o terapeuta continuamente se perguntava:

> - "O que Helen precisa relembrar durante a semana?"

Revisar essas fichas diariamente em casa era uma parte importante do esforço de Helen para integrar suas idéias novas e mais funcionais.

Mudar comparações

Helen sentia-se desmoralizada quando se comparava a sua irmã, a sua colega de faculdade, a sua amiga Jean e a suas vizinhas. O terapeuta ajudou-a a reconhecer o impacto negativo dessas comparações em seu humor, em sua motivação e em seu comportamento. Eles combinaram que ao perceber este tipo de comparação ela deveria mudá-la imediatamente. Ela poderia comparar como ela era em um determinado período de sua vida – lembrando-se do quanto estava diferente agora e quanto progresso havia feito em sua vida desde então.

Continuum cognitivo

Em uma determinada sessão, Helen chegou bastante triste. Ela vinha da casa de seus pais, o pai a inferiorizou na presença de sua irmã e do sobrinho por ter um emprego comum de meio período, ser solteira e não ter filhos. Quando o terapeuta perguntou o quanto ela se sentiu anormal, Helen respondeu 100%. O terapeuta desenhou uma escala. (Veja Quadro 13.2, versão final da escala.)

    Terapeuta: Então você se sentiu 100% anormal. Há alguém mais anormal que você?
    Helen: (*com a cabeça entre as mãos*) Eu não sei. Eu não sei.
    Terapeuta: (*Aguarda.*)

Quadro 13.2

Continuum *cognitivo*

Escala de anormalidade

100%	– Saddan Hussein
90%	– Joe (assassino)
80%	– estuprador
70%	– molestador de crianças
60%	– agressor de esposa
50%	– ex-traficante de drogas
40%	– Fred, o seu pai
30%	– oficial corrupto
20%	– Helen (de acordo com ela própria)
10%	– padre hipócrita
0%	– Helen (de acordo com o terapeuta)

Helen: (*finalmente*) Sim, eu suponho. Nós já falamos sobre ele: Fred.
Terapeuta: (*enfatizando as características particularmente indesejáveis*) O rapaz que você conhece e que bate na mulher, nos filhos e está incapacitado mesmo depois de tratar de seus problemas lombares?
Helen: Sim.
Terapeuta: Então, se ele é 100% anormal, qual é a sua percentagem?
Helen: Noventa por cento, eu acho.
Terapeuta: (*Apaga o nome de Helen da escala, coloca o nome de "Fred" em seu lugar e escreve o nome de Helen mais abaixo na escala.*) Há alguém mais anormal que Fred?
Helen: Um assassino, eu acho.
Terapeuta: (*propondo uma pessoa específica*) Como Joe, suponho que seja esse o nome dele, o rapaz da vizinhança que tem um filho pequeno e matou a esposa pelo dinheiro do seguro?
Helen: Sim, é ele.
Terapeuta: Onde você colocaria Joe?
Helen: Bem, temos que colocá-lo no 100%.
Terapeuta: E Fred?
Helen: (*pensa*) Mais abaixo. Talvez 70%.
Terapeuta: E você – onde você apareceria na escala?
Helen: Cinqüenta por cento, eu acho.
Terapeuta: (*Continua apagando os primeiros nomes e posicionando-os de acordo com as novas designações de Helen.*) Em termos de anormalidade, onde você colocaria alguém como Saddam Hussein?
Helen: Com certeza em 100%.

Terapeuta:	Então onde colocaremos Joe, o assassino?
Helen:	Noventa por cento, eu acho.
Terapeuta:	Quem está entre Joe, o assassino, e Fred?
Helen:	Penso que um estuprador.
Terapeuta:	E entre o estuprador e Fred?
Helen:	Não sei. Alguém que abuse de crianças.
Terapeuta:	Então, onde estão o estuprador e o quem abusa de crianças? Onde está Fred? Onde você está?
Helen:	(*Move todos os nomes para baixo e coloca-se na marca de 40%.*)
Terapeuta:	Quem poderia estar entre você e Fred?
Helen:	(*pensa*) Não tenho certeza.
Terapeuta:	Alguém que não é tão anormal quando Fred, mas que não está bem? Como uma pessoa desempregada, com depressão ou outro tipo de problema, que tem uma família, mas na realidade é egoísta, simplesmente não quer trabalhar e sua família está empobrecendo?
Helen:	Sim, isso é ruim.
Terapeuta:	Onde você a colocaria?
Helen:	Talvez em 40%.
Terapeuta:	Eu estou curioso. Onde você colocaria seu pai?
Helen:	(*olha na escala*) Ele ficaria em 40% também.
Terapeuta:	Mesmo que ele esteja trabalhando, seja casado e tenha uma família?
Helen:	Sim, sim. Ele é anormal em outras coisas.
Terapeuta:	Onde você está na escala agora?
Helen:	Penso que em torno de 20%.
Terapeuta:	Onde você acha que *eu a colocaria* na escala?
Helen:	Bem, você disse antes que eu não sou anormal.
Terapeuta:	Então eu te colocaria em 0%.
Helen:	Sim.
Terapeuta:	Certo. Vamos marcar isso também. (*escreve*) Como você está se sentindo agora Helen?
Helen:	Melhor.
Terapeuta:	Então você mudou seu pensamento?
Helen:	(*respira profundamente*) Acho que na realidade meu pai me faz sentir anormal. Talvez eu não seja. Talvez ele seja mais anormal que eu. (*pausa*) Talvez *haja* outras pessoas mais anormais que eu.
Terapeuta:	Acho que você poderia, como tarefa, colocar outras pessoas nesta escala.
Helen:	(*Balança a cabeça, concordando*).
Terapeuta:	Você poderia pensar sobre o que nós conversamos antes: que talvez você realmente não pertença à "Escala de Anormalidade"? Talvez você pertença à escala de pessoas que são realmente normais, mas sofrem de depressão.
Helen:	Sim.

Agir "Como se"

Quando Helen disse que precisava ir a um casamento na família, o terapeuta aproveitou a oportunidade para que ela imaginasse como agiria se não acreditasse em sua antiga crença central, e sim na crença atual e mais adequada.

> *Terapeuta*: Helen, se você realmente acredita que não é anormal, que você é normal, como se comportará na recepção de casamento do seu primo neste fim de semana?...Você chegará na hora certa?...Como você se vê no salão de festas?...Qual será sua postura? ...Qual será sua expressão facial?...O que você fará ao ver seu primo?...E a noiva?...O que você dirá à família dela?...O que você dirá aos seus parentes?...Aos amigos da sua família?...O que você dirá a alguém que não conhece?

Após essa conversa, ela praticou o que poderia dizer a si mesma antes e durante o evento para se comportar de maneira mais funcional.

Desenvolver um modelo

O terapeuta de Helen pediu que ela pensasse em um modelo positivo para imitar – tanto em termos de pensamento quanto em termos de comportamento – em certas situações. Ele sugeriu que fosse alguém do seu conhecimento, o personagem de um filme ou livro ou uma figura pública. Eles acharam que seria útil pensar em como a amiga Jean se enxergaria em certas situações – por exemplo, quando ela cometesse um engano ou fosse a uma reunião social onde não conhecesse ninguém. "Se Jean tivesse uma dívida, o que ela diria?" "Se Jean fosse à reunião da igreja, onde não tinha conhecidos, o que ela faria?"

Dramatizar razão-emoção

Após um trabalho considerável para atenuar a antiga crença central e reforçar a crença atual, Helen disse que podia entender amplamente em nível intelectual que não era anormal, mas emocionalmente ainda sentia-se assim. O terapeuta fez uma dramatização de razão-emoção (veja Beck, 1995, para uma descrição mais detalhada).

> *Terapeuta*: Quanto você acredita que é anormal?
> *Helen*: Intelectualmente, não muito. Eu não sei. Em meu íntimo, ainda sinto como se fosse.
> *Terapeuta*: Podemos fazer uma dramatização? Eu gostaria de representar a parte da sua mente que sabe que você não é anormal e gostaria

	que você representasse a parte emocional que se sente anormal, quero que você me questione o mais rigidamente possível para me convencer de que você é anormal. Tudo bem?
Helen:	Sim.
Terapeuta:	Certo, você começa. Diga "Eu sou anormal porque..." e eu responderei a você.
Helen:	(*suspira*) Eu sou anormal. Eu tenho um trabalho ruim, mal pago e não sou casada, não tenho família...Sou insignificante.
Terapeuta:	Isso não é verdade. Eu não sou insignificante. Sou uma pessoa normal. Não tenho muitas coisas que gostaria de ter porque a depressão me atrapalhou por muitos anos, mas isso não significa que sou anormal.
Helen:	Ser deprimida me faz anormal.
Terapeuta:	Não, não faz. Não mais do que ter uma condição médica como um problema cardíaco. É verdade que eu não tive algumas experiências importantes da vida, mas isso não diz nada sobre mim como pessoa.
Helen:	(*Silêncio.*)
Terapeuta:	(*fora da dramatização*) Agora me pressione. Convença-me de que eu estou errado, que você é anormal.
Helen:	Mas deve haver algo muito errado comigo que me deixou deprimida, me mantém assim e me fez desperdiçar tantos anos.
Terapeuta:	Há algo errado comigo. Eu tenho estado depressiva.
Helen:	Mas algumas pessoas depressivas casam-se e constituem família, mantêm um emprego e não se tornam alcoolistas como eu.
Terapeuta:	Isso é verdade. Elas têm genes diferentes e nasceram com personalidades diferentes, tiveram diferentes experiências. Algumas pessoas deprimidas agiram melhor que eu e algumas pior – mas isso não significa que aquelas que ficaram melhor são normais, e eu,anormal.
Helen:	(*Silêncio.*)
Terapeuta:	(*fora da dramatização*) Continue argumentando.
Helen:	Mas eu não tenho uma vida. As pessoas normais têm uma vida.
Terapeuta:	É verdade que eu não tenho a vida que eu quero – ainda. Mas eu tenho uma vida – e eu estou fazendo com que ela melhore. Nos últimos meses, eu consegui um emprego, me mudei, encontrei pessoas na igreja, estou conseguindo manter a minha casa.
Helen:	Mas eu devia ter feito tudo isso anos atrás.
Terapeuta:	Eu gostaria de ter feito. Se eu tivesse feito um tratamento diferente para a depressão naquela época, talvez eu conseguisse. Infelizmente eu não fiz esse tratamento.
Helen:	(*Silêncio.*)
Terapeuta:	Você pode continuar argumentando?
Helen:	(*pensa*) Não consigo pensar em mais nada.
Terapeuta:	Certo. Podemos trocar os papéis agora? Você será a parte intelectual que sabe que é normal e eu serei a parte emocional que ainda se sente anormal.

Helen: Certo.
Terapeuta: Eu começo...Eu sei que sou anormal. Eu tenho esse trabalho ruim, mal remunerado. Eu não sou casada, não tenho filhos...Sou insignificante.

Eles continuaram o exercício até que o terapeuta repetisse todos os argumentos emocionais usados por Helen na primeira parte da dramatização. Às vezes ele exagerava os argumentos emocionais ou parava a dinâmica para discutir uma resposta adequada, quando Helen não sabia o que dizer. Algumas sessões mais tarde, ele usou uma variação dessa técnica, pedindo a Helen que representasse as duas partes da sua mente:

Terapeuta: (*resumindo*) Então, quando você abre seu contracheque e vê o quanto receberá você pensa: "Eu sou uma perdedora mesmo". Na sua opinião, isso significa que você é anormal?
Helen: Sim.
Terapeuta: O que a sua mente diz?
Helen: Que eu estou fazendo o melhor que posso. Pelo menos eu tenho um trabalho em período integral agora.
Terapeuta: E o que o seu íntimo diz?
Helen: Que continua sendo somente o salário mínimo.
Terapeuta: O que a sua mente diz?
Helen: O que nós já falamos, eu acho. Que é um degrau para algo melhor. Que alguns meses atrás eu passava muitos dias na cama.
Terapeuta: O que o seu íntimo diz sobre isso?
Helen: Que é patético ter que começar de baixo.
Terapeuta: O que a sua mente diz?
Helen: (*pensa*) Eu acho...que não é patético. Quando se tem estado depressiva por tanto tempo como eu estive, é muito bom.
Terapeuta: O que o seu íntimo diz?
Helen: (*pensa*) Nada. Eu acho. Está quieto.
Terapeuta: Ótimo!

Mudar o ambiente

Enquanto a terapia progredia e sua depressão diminuía razoavelmente, Helen começou a incomodar-se com seu apartamento. Ele era pequeno, escuro, sem espaço e mal-localizado. Amedrontada, mas com apoio do terapeuta e da amiga Jean, Helen pensou em procurar um outro lugar para morar. Ela teria que dividir um quarto se quisesse morar em uma área melhor da cidade. Então descobriu uma casa perto da universidade; duas alunas formadas que já moravam na casa estavam procurando mais alguém para residir com elas. Embora a mudança física e o ajustamento inicial tenham sido difíceis, foi uma boa decisão. Helen fez amizade com uma das colegas e irritou-se um pouco com a outra. Mas a rotina diária, vida social e o seu envolvimento nas atividades aumentou significativamente. Ela teve que se submeter às regras da casa, assim, ela não podia evitar lavar os pratos, limpar o banheiro e manter em ordem a áreas comuns. Algumas vezes suas colegas a convidavam para alguns programas. Ela tinha com quem conversar à noite. Aos poucos, Helen começou a sentir-se melhor e mais normal.

Envolvimento familiar

Depois de uma avaliação cuidadosa dos riscos e benefícios, Helen e o terapeuta decidiram convidar sua irmã Julie para participar da sessão e falar sobre a sua visão a respeito de Helen. Depois de oferecer alguma psicoeducação e reavaliar como a depressão havia afetado Helen, o terapeuta questionou Julie gentilmente. Julie lamentou o fato de a irmã ter sido tão afetada pela depressão. Ela observou várias mudanças positivas em Helen nos últimos meses. Demonstrou raiva dos pais, pela forma como trataram Helen quando criança e continuavam a tratá-la. Julie declarou que não via Helen como anormal, mas como alguém que se debateu por muito tempo. Ela perguntou de que forma poderia ajudar Helen. Helen estava bastante mudada e conseguia entender e acreditar em muitas coisas declaradas pela irmã. Após essa sessão, Julie e Helen passaram a se telefonar mais e a se ver uma ou duas vezes ao mês. O contínuo apoio e a atenção de Julie constituíram um "triângulo positivo".

Terapia em grupo

Embora Helen não fosse elegível para a terapia em grupo ou para o envolvimento em um grupo de apoio, essas experiências normalmente eram muito úteis aos pacientes ajudando-os na reestruturação de seus retângulos negativos e acrescentando informações aos triângulos positivos, à medida que vêem que outras pessoas com dificuldades não são anormais, más, desagradáveis ou desamparadas. A percepção de que as outras pessoas lutam e procuram superar suas dificuldades pode ajudar os pacientes a ter esperanças e uma nova perspectiva sobre eles mesmos.

Sonhos e metáforas

Depois de seis semanas de terapia, Helen relatou um sonho da noite anterior à sessão. Ela vestia roupas rasgadas, estava parada à margem de um rio com forte correnteza, queria desesperadamente atravessar, mas tinha medo de se afogar. O terapeuta explorou as associações e significados. Helen expressou uma sensação de desamparo, de querer melhorar sua vida, mas de ter medo de tentar. Os farrapos que vestia pareciam representar a crença central de anormalidade. Ela concordou em discutir o sonho várias vezes, procurando um meio de refiná-lo. Helen apreciou a sugestão do terapeuta de imaginar a construção de uma ponte sobre o rio para representar o alcance das suas metas.

Eles decidiram que o primeiro passo seria imaginar a aparência da ponte. Inicialmente, Helen descreveu uma ponte muito alta e elaborada. Depois de algumas discussões, ela decidiu que uma ponte baixa seria suficiente, mais fácil de construir e também de atravessar.

Primeiro Helen disse que precisaria construir dois alicerces de pedra presos ao fundo do rio, um em cada margem. Ela e o terapeuta determinaram que esses suportes já faziam parte do lugar e eram facilmente visíveis da margem do rio. As pedras eram a força, as posses e os recursos de Helen: sua inteligência, sua gentileza, sua disposição para pedir ajuda, sua persistência nata (por exemplo, em manter-se sóbria), a forte amizade com Jean, a melhora no relacionamento com sua irmã, a disposição para trabalhar na terapia e as habilidades aprendidas na terapia e nos empregos anteriores.

Eles decidiram que o próximo passo seria coletar pedras adicionais, colocá-las em um barco e levá-las até o primeiro alicerce. Quando Helen declarou que não teria forças para realizar todo aquele trabalho, o terapeuta perguntou se ela queria imaginar que estava recebendo ajuda. Ela ficou visivelmente aliviada ao pensar que não precisava construir a ponte sozinha. Eles falaram sobre o que as novas pedras representavam e decidiram que elas seriam as novas habilidades que Helen aprenderia – especialmente como se envolver seriamente em comportamentos rotineiros adequados (levantar às 9 horas, fazer as tarefas domésticas, os exercícios e as obrigações).

Eles também discutiram o que fazer com a forte correnteza que se apresentava naquele momento, determinando que ela representaria os pensamentos automáticos que, se não monitorados, poderiam afundar ou mesmo destruir o seu barco: "Eu nunca ficarei melhor. A [terapia] não funcionará. Para que serve? Não vale a pena tentar. De qualquer modo as coisas não mudarão". A crença nesses pensamentos poderia levar Helen para o fundo do rio, cada vez mais longe da ponte. Ela reconheceu que teria que responder adequadamente ao pensamento negativo, concentrando-se tanto em uma forte imagem da ponte, conduzindo-a à sua meta e às tarefas que ela teve que realizar até aquele dia, quanto no processo de construção da ponte.

Depois de imaginar a construção dos alicerces, Helen não sabia como proceder. Quando o terapeuta perguntou o que ela havia feito antes, quando a construção do alicerce parecia além das suas possibilidades, ela percebeu que podia novamente procurar ajuda. Ele também a ajudou na percepção de que ela não era anormal por não saber o que fazer – como ela poderia saber? Ela não possuía experiências anteriores de construção de uma ponte. Eles decidiram que ela poderia acessar a internet para obter mais informações, perguntar a um engenheiro da companhia e poderia utilizar algum material especial se houvesse necessidade. Ela se imaginou iniciando a construção, sentada na cabine de uma escavadeira, com Jean, com o terapeuta e com um engenheiro que trazia projetos sobre a construção, os quais a orientavam e a animavam.

Quando o terapeuta perguntou o que estava pensando e sentindo enquanto estava na cabine da escavadeira, ela demonstrou ansiedade ao pensar que talvez não tivesse energia suficiente para construir toda a extensão da ponte. O terapeuta orientou-a na imaginação da inclinação da ponte, que na verdade era bem pequena. Ela reconheceu que a parte mais difícil seria o início, quando ela ainda estivesse aprendendo o que fazer e levantando a construção, mas se tornaria mais fácil quando alcançasse o meio da extensão, avançando para a parte descendente da ponte. Eles combinaram que era importante construir apenas uma pequena parte a cada dia para que Helen não se sentisse sobrecarregada ou muito cansada.

O terapeuta pediu que em casa Helen desenhasse a si mesma construindo a ponte e observasse seus pensamentos e sentimentos. Na próxima sessão, Helen adicionou outros elementos importantes ao desenho. Eles discutiram o seu medo de que, ao construir uma ponte mais alta, ela pudesse cair, o que significava que se ela assumisse um desafio muito grande, falharia e ficaria deprimida. Ela foi orientada a desenhar quatro barcos, eqüidistantes entre si, ancorados e presos por cordas para apoio e por estruturas nas margens do rio. Assim, se ela caísse, poderia agarrar-se à corda e mover-se até o barco. Cada barco tinha remos, um pequeno motor, suprimentos de emergência e um telefone celular. Os barcos representavam o acesso aos seus recursos externos: Jean, sua irmã e o terapeuta. Depois, ela e o terapeuta discutiram a colocação de grades de segurança na ponte, para evitar quedas. As grades eram habilidades adicionais que ela estava aprendendo na terapia.

Essa imagem metafórica era relembrada por Helen e pelo terapeuta várias vezes na terapia. "Concentrar-se na ponte" e "progredir na construção da ponte" tornaram-se meios rápidos de lembrar Helen do foco de seus esforços e de reconhecer o quanto ela já havia avançado.

Reestruturar o significado de experiências infantis traumáticas

Usar a imaginação para reestruturar o significado de experiências infantis pode ajudar os pacientes a integrar, emocionalmente, o que eles aprenderam intelectualmente. O terapeuta de Helen utilizou esta técnica muitas vezes no final da terapia, depois que ela mudou significativamente suas regras e suas crenças disfuncionais – especialmente intelectualmente. Ele ganhava tempo quando Helen começava a sessão bastante perturbada e com as crenças centrais ativadas. Esse tipo de intervenção pode afetar o entendimento emocional do paciente, mas somente se o seu efeito for moderadamente alto e suas crenças estiverem ativadas.

Em um determinado dia, Helen chegou à sessão quase chorando. Ela havia começado em um novo emprego e um colega criticou-a firmemente por cometer um engano e causar a ele mais trabalho. O terapeuta percebeu que suas crenças centrais tinham se ativado. Então, em vez de se concentrar no incidente, ele pediu a Helen para se concentrar em sua angústia e relembrar acontecimentos específicos da sua infância quando ela se sentiu da mesma maneira.

Helen relatou uma experiência com seu pai (na verdade, um acontecimento que ela já havia recordado anteriormente, um "retângulo negativo" da revisão de sua história). Ela descreveu uma situação ocorrida quando ela estava com 7 anos. Em um sábado à tarde, no outono, Helen participava de um campeonato de futebol. Seu pai, obviamente bêbado, chegou no segundo tempo do jogo. Ele começou a xingar Helen por não chutar. Depois discutiu em voz alta com um outro pai. Quando Helen deixou o campo, seu pai a humilhou, falou palavrões, afastou-a das pessoas e bateu nela.

O terapeuta pediu que ela contasse a história novamente, mas desta vez imaginando-se com 7 anos e como se a cena estivesse acontecendo naquele momento. O terapeuta pediu para a jovem Helen – usando uma linguagem que pudesse ser entendida por uma criança de 7 anos – para manter-se calma, descobrindo detalhes importantes e identificando pensamentos-chave automáticos, crenças e emoções. "Helen, com 7 anos, como você está se sentindo agora? O que você está pensando agora? Por que isto está acontecendo?"

O terapeuta pediu que Helen mantivesse essa imagem até o momento em que o pai parou de surrá-la, eles foram para casa e Helen recolheu-se a um lugar seguro (sua cama). O terapeuta continuou questionando "Helen, com 7 anos", certificando-se de que havia elucidado as cognições mais importantes. Então ele perguntou à Helen de 7 anos se ela aceitaria que o seu eu adulto fosse até a cama conversar com ela sobre aquele acontecimento. Quando Helen concordou, ele sugeriu que ela imaginasse seu eu adulto entrando no quarto. Ele perguntou onde o eu adulto queria ficar: em pé, perto da cama? Sentado com ela na cama? Abraçando-a? Depois ele facilitou um longo diálogo entre o eu criança e o eu adulto (equivalente à técnica de dramatização razão-emoção). Ele perguntou à Helen criança o que ela queria perguntar ao eu adulto, então pediu ao eu adulto para responder em linguagem apropriada a uma criança de 7 anos.

Seguindo orientações do terapeuta, o eu adulto de Helen disse ao seu eu criança que ela não era má, que não havia nada errado com ela; na verdade, ela era uma garota maravilhosa. O eu adulto explicou que o pai havia feito uma coisa ruim e lembrou ao eu criança que ele *freqüentemente* fazia coisas ruins quando bebia muito. O eu adulto de Helen disse ao mais jovem que as outras crianças e seus pais, no jogo, lamentaram por Helen. Eles não pensaram que havia algo errado com ela. Eles somente pensaram que havia algo errado com o pai dela.

O terapeuta orientou o eu criança a dizer ao eu adulto com o que ele não concordava ou em que não acreditava, então o eu adulto teria uma oportunidade de responder. O terapeuta mensurou a força das suas crenças e a intensidade das suas emoções (em linguagem que pudesse ser entendida por uma criança de 7 anos). Quando o eu mais jovem sentiu-se um pouco melhor e deixou de acreditar tão firmemente nas idéias negativas sobre si mesmo, ele propiciou ao eu criança uma chance de fazer mais perguntas e de se despedir do eu adulto. O eu criança de Helen perguntou se o pai continuaria a surrá-lo.

O terapeuta orientou o eu adulto a dizer que lamentava muito, mas que sim, seu pai continuaria a surrá-lo, mas que a Helen criança cresceria e que as surras acabariam, que um dia a Helen criança e a adulta viriam para a terapia buscar ajuda – e que a Helen adulta sabia disso porque ela era, na realidade, o eu mais jovem que havia crescido. Helen concordou. Ela imaginou o eu criança caminhando em direção ao eu adulto, despedindo-se com um abraço.

Após esse exercício de construção de imagem, o terapeuta fez um resumo da experiência e eles discutiram a mudança da crença central em nível emocional. Eles pensaram então em como Helen poderia utilizar na semana seguinte o que tinha aprendido, preparando-se para situações nas quais sua crença de anormalidade pudesse novamente se ativar e o novo aprendizado pudesse ajudá-la a responder de maneira eficaz. Eles repetiram esse tipo de experiência terapêutica para reestruturar o significado de outras memórias-chave.

Esse tipo de intervenção finalmente ajudou Helen a integrar emocionalmente o que ela já havia apreendido intelectualmente.

Em Beck (1995), Edwards (1990), Holmes e Hackmann (2004), Layden et al. (1993), Smucker e Dancu (1999) e Young, Klosko e Weishaar (2003) há descrições sobre o uso da imaginação na modificação do entendimento emocional.

Biblioterapia

Helen não quis fazer tarefas que envolviam a biblioterapia, mas provavelmente ela teria se beneficiado da psicoeducação sobre crenças em *Prisoners of belief* (McKay e Fanning, 1991), *Reinventing Your Life* (Young e Klosko, 1993), *A mente vencendo o humor* (Greenberger e Padesky, 1995) ou *Getting your life back* (Wright e Basco, 2001).

MODIFICAR CRENÇAS CENTRAIS SOBRE OS OUTROS

As mesmas técnicas que ajudam os pacientes a modificar crenças centrais sobre si mesmo também são usadas para ajudá-los na modificação de crenças centrais sobre outras pessoas. Helen tinha uma crença central geral "os outros me criticarão". Assim como em suas outras crenças centrais, o terapeuta de Helen verificou a extensão, a freqüência e a força dessa crença. Ele conceituou como esta crença atingia as crenças sobre si mesma ("Se as pessoas me criticam, provavelmente elas estão certas, porque eu sou anormal") e o seu comportamento ("Se não aceitar desafios, eu não falharei, e os outros não terão a oportunidade de me criticar").

O terapeuta ajudou Helen a examinar a validade da crença central por meio de questionamento socrático padrão, tanto em situações gerais quanto específicas: Qual é a evidência de que esta crença é verdadeira? Qual é a evidência de não ser verdadeira, ou completamente verdadeira? Ele ajudou-a a não dramatizar a crença central, em situações gerais e específicas: "Se é verdade que eles são críticos com você o que pode acontecer de ruim? Como você se protegeria? O que poderia acontecer de melhor? Qual o resultado mais realista?" Eles analisaram o impacto dessa crença central a curto e a longo prazo. Depois dessa discussão, ela escreveu as respostas adequadas nas fichas.

O *continuum* cognitivo ajudou Helen a quebrar seu pensamento de "tudo ou nada". Ela conseguiu perceber que somente poucas pessoas em sua vida haviam sido realmente críticas e que muitas pessoas eram apenas medianas, neutras ou não faziam críticas.

A relação terapêutica também foi um importante veículo de mudança. Inicialmente, Helen pensou que o terapeuta a criticaria, especialmente por não fazer as tarefas. Quando ele reagiu apresentando uma solução para o problema (sem críticas), ela percebeu que a sua preocupação era infundada. Essa aceitação forneceu informações adicionais contrárias à sua crença.

O terapeuta de Helen ajudou-a no desenvolvimento de uma nova crença, mais realista e funcional, que foi escrita em um cartão:

> Nem todo mundo é crítico como meu pai. Na verdade, as únicas pessoas como ele foram [dois patrões anteriores e dois professores no ensino médio]. Muitas pessoas que realmente me conhecem (como Jean, Sharona, Wayne e meu terapeuta) *não* são críticas.

RESUMO

Pedir aos pacientes que representam um desafio para questionar suas crenças centrais pode enfraquecer o seu eu. Naturalmente, o processo leva alguns pacientes à ansiedade. No entanto, os terapeutas precisam aproveitar o momento e motivar os pacientes a se envolverem e a colaborarem com eles. Com o tempo, é preciso utilizar muitas estratégias que motivem os pacientes na mudança de suas crenças centrais. A manutenção é difícil; portanto, os terapeutas precisam reiterar continuamente o aprendizado intelectual e emocional dos pacientes e aplicar a nova crença no comportamento, produzindo mudanças profundas e duradouras.

apêndice **A**

Recursos, treinamento e supervisão na terapia cognitiva

Este livro foi planejado para auxiliar os terapeutas na conceituação das dificuldades na relação com os pacientes e na modificação do tratamento para que se torne mais eficaz. Os terapeutas devem também procurar outros recursos que maximizem sua eficiência no lidar com os pacientes que representam um desafio clínico. Algumas vezes, a leitura é suficiente, mas freqüentemente os terapeutas (e seus pacientes) beneficiam-se de treinamentos práticos ou de supervisão. Este apêndice cita duas organizações que têm a missão de promover o crescimento do profissional na terapia cognitiva.

INSTITUTO BECK DE TERAPIA COGNITIVA E PESQUISA

O Instituto Beck (www.beckinstitute.org) é um centro de psicoterapia sem fins lucrativos dedicado ao treinamento, atendimento ambulatorial e à pesquisa em terapia cognitiva. O Dr. Aaron T. Beck e eu fundamos esta organização na cidade da Filadélfia, em 1994. Desde então, muitos profissionais de saúde mental foram treinados em terapia cognitiva por meio de programas como o Visitors and Extramural Training Programs. Isso acontece também por meio de nossos programas externos para universidades, para associações nacionais e internacionais na área da saúde, para hospitais e sistemas hospitalares, centros comunitários para saúde mental, para organizações de cuidados de saúde, para médicos e enfermeiras no atendimento primário de pacientes, entre outros.

Além de outras informações sobre esses programas de treinamento, outros recursos importantes podem ser encontrados no *website*:

- Listas de referência/leitura continuamente atualizadas para profissionais da saúde mental.
- Material educacional (vídeos, DVDs, apostilas, livros, anotações sobre pacientes).

- Cópias atuais e antigas do jornal do Instituto Beck, *Cognitive Therapy Today*, contendo artigos importantes sobre vários aspectos da terapia cognitiva, incluindo prática clínica, teoria, pesquisa e treinamento/supervisão.
- Uma lista de jornais dedicados à terapia cognitiva.
- Resumos de pesquisas sobre eficácia da terapia cognitiva.
- Informação sobre a Escala Beck, para adultos e crianças.
- *Links* para outras organizações vinculadas à terapia cognitiva.

Além disso, o *website* oferece vários recursos aos clientes:

- *Informações sobre consultas.*
- *Catálogos especializados de terapia cognitiva.*
- *Artigos da imprensa comum.*
- *Download* do panfleto *Questions and Answers About Cognitive Therapy* (Perguntas e Respostas sobre a Terapia Cognitiva).

Para mais informações, contatar:

Beck Institute for Cognitive Therapy and Research
One Belmont Avenue, Suite 700
Bala Cynwyd, PA 19096
Telefone: 610-664-4437
E-mail: beckinst@gim.net
Website: www.beckinstitute.org

ACADEMIA DE TERAPIA COGNITIVA

A Academia de Terapia Cognitiva (www.academyofct.org) é uma outra organização particular que também é um recurso para pacientes e profissionais. Foi fundada em 1999 por médicos, educadores e pesquisadores de destaque em terapia cognitiva. Aaron T. Beck é o seu presidente honorário. O *website* da Academia oferece:

- Lista de programas de treinamento e de supervisão para profissionais da saúde mental.
- Descrições de programas de graduação, pós-graduação e residência em psicologia, psiquiatria, serviço social e enfermagem psiquiátrica, com ênfase em terapia cognitiva.
- *Workshops* de terapia cognitiva.
- Informações e materiais para treinamento em terapia cognitiva.
- Os catálogos mais importantes e recomendados.
- Instrumentos de avaliação para terapeutas (como a escala *Cognitive Rating Scale* e o manual *Cognitive Case Write-up*).
- Resumo selecionado de artigos de pesquisa.

- Jornais atuais e antigos (*Advances in Cognitive Therapy*).
- *Links para* outras organizações vinculadas à terapia cognitiva.

Esse *website* também contém informações pertinentes aos pacientes incluindo:

- Uma lista de referência de terapeutas cognitivos certificados no mundo inteiro.
- Folhetos sobre vários transtornos psiquiátricos.
- Material de auto-ajuda.
- Catálogos.

Para mais informações, contatar:

Academy of Cognitive Therapy
Telefone: 610-664-1273
Fax: 610-664-5137
E-mail: info@academyofct.org
Website: www.academyofct.org

apêndice B

Questionário de crenças pessoais

Nome: _____ Data: _____

Por favor, leia as afirmações a seguir e avalie quanto acredita em cada uma delas. Tente avaliar como você se sente a maior parte do tempo.

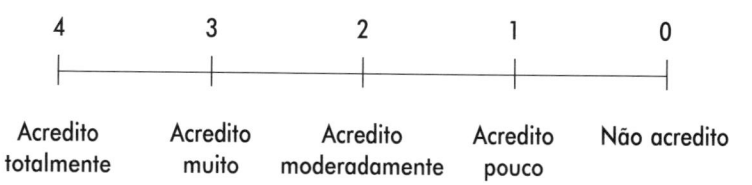

```
      4              3              2              1              0
      |              |              |              |              |
  Acredito       Acredito       Acredito       Acredito      Não acredito
 totalmente       muito       moderadamente     pouco
```

Exemplo	Quanto eu acredito nisso?				
1. O mundo é um lugar perigoso. (Por favor, faça um círculo em torno do número de sua escolha)	4 Total-mente	3 Muito	2 Modera-damente	1 Pouco	0 Não acredito
1. Sou socialmente incompetente e indesejável em situações sociais ou de trabalho.	4	3	2	1	0
2. As outras pessoas são potencialmente críticas, indiferentes, humilhantes ou rejeitadoras.	4	3	2	1	0
3. Não consigo tolerar sentimentos desagradáveis.	4	3	2	1	0
4. Se as pessoas se aproximarem de mim, descobrirão quem "realmente" sou e me rejeitarão.	4	3	2	1	0
5. Será intolerável parecer como alguém inferior ou inadequado.	4	3	2	1	0
6. Devo evitar situações desagradáveis a todo custo.	4	3	2	1	0
7. Se eu pensar ou vivenciar algo desagradável, devo esquecer ou me distrair (p. ex., pensar em outra coisa, tomar um drinque, me drogar ou assistir televisão).	4	3	2	1	0
					(Continua)

(Continuação)	4 Totalmente	3 Muito	2 Moderadamente	1 Pouco	0 Não acredito
8. Devo evitar situações nas quais atraio atenção, ou ser tão discreto quanto possível.	4	3	2	1	0
9. Sentimentos desagradáveis irão se intensificar e ficar fora de controle.	4	3	2	1	0
10. Se outros me criticam, eles devem estar certos.	4	3	2	1	0
11. É melhor não fazer nada do que tentar algo que possa dar errado.	4	3	2	1	0
12. Se não penso em um problema, não tenho de fazer nada em relação a ele.	4	3	2	1	0
13. Qualquer sinal de tensão em um relacionamento indica que ele não está indo bem; por isso, é melhor rompê-lo.	4	3	2	1	0
14. Se eu ignorar um problema, ele desaparecerá.	4	3	2	1	0
15. Sou carente e fraco.	4	3	2	1	0
16. Preciso de alguém por perto todo o tempo para me ajudar a fazer o que preciso ou no caso de algo sair errado.	4	3	2	1	0
17. Meu parceiro pode ser cuidadoso, incentivador e confiável – se quiser ser.	4	3	2	1	0
18. Sinto-me desamparado quando sou quando tenho de agir sozinho.	4	3	2	1	0
19. Sou basicamente só – exceto quando me relaciono com uma pessoa mais forte.	4	3	2	1	0
20. O abandono seria a pior coisa que poderia me acontecer.	4	3	2	1	0
21. Se não sou amado, serei sempre infeliz.	4	3	2	1	0
22. Não devo fazer nada que possa ofender a quem me apóia ou ajuda.	4	3	2	1	0
23. Devo ser submisso para manter seu apoio.	4	3	2	1	0
24. Devo preservar o acesso a ele ou ela o tempo todo.	4	3	2	1	0
25. Devo cultivar um relacionamento de amizade tanto quanto possível.	4	3	2	1	0
26. Não consigo tomar decisões sozinho.	4	3	2	1	0
27. Não consigo lidar com problemas da mesma forma que os outros.	4	3	2	1	0
28. Preciso que outros me ajudem a tomar decisões ou me digam o que fazer.	4	3	2	1	0

(Continua)

	4 Total- mente	3 Muito	2 Modera- damente	1 Pouco	0 Não acredito
29. Sou auto-suficiente, mas também preciso da ajuda de outras pessoas para alcançar meus objetivos.	4	3	2	1	0
30. A única forma de manter o auto-respeito é me auto-afirmando indiretamente (p. ex., não seguindo exatamente as instruções).	4	3	2	1	0
31. Gosto de depender de outras pessoas, mas não me disponho a pagar o preço de ser dominado.	4	3	2	1	0
32. Figuras de autoridade tendem a ser arbitrárias, exigentes, intrometidas e controladoras.	4	3	2	1	0
33. Preciso resistir à dominação das autoridades, mas, ao mesmo tempo, manter sua aprovação e aceitação.	4	3	2	1	0
34. É intolerável ser controlado ou dominado pelos outros.	4	3	2	1	0
35. Tenho de fazer as coisas do meu jeito.	4	3	2	1	0
36. Cumprir prazos, aceitar ordens e me conformar com isso é um ataque direto ao meu orgulho e independência.	4	3	2	1	0
37. Caso eu siga as regras conforme as pessoas esperam, minha liberdade de ação será inibida.	4	3	2	1	0
38. É melhor não expressar minha raiva diretamente, mas mostrar minha insatisfação não me submetendo.	4	3	2	1	0
39. Sei o que é melhor para mim, portanto, os outros não devem me dizer o que fazer.	4	3	2	1	0
40. As regras são arbitrárias e me sufocam.	4	3	2	1	0
41. As outras pessoas são freqüentemente muito exigentes.	4	3	2	1	0
42. Se considero as pessoas muito dominadoras, tenho o direito de desconsiderar suas exigências.	4	3	2	1	0
43. Sou totalmente responsável por mim e pelos outros.	4	3	2	1	0
44. Dependo de mim mesmo para fazer as coisas acontecerem.	4	3	2	1	0
45. Os outros tendem a ser muito despreocupados, normalmente irresponsáveis, acomodados ou incompetentes.	4	3	2	1	0
46. É importante fazer tudo de maneira perfeita.	4	3	2	1	0

(Continua)

(Continuação)	4 Total- mente	3 Muito	2 Modera- damente	1 Pouco	0 Não acredito
47. Preciso de ordem, metodologia e regras para realizar um trabalho adequado.	4	3	2	1	0
48. Se não seguir um sistema, tudo vai desmoronar.	4	3	2	1	0
49. Qualquer imperfeição ou falha no desempenho pode levar a uma catástrofe.	4	3	2	1	0
50. É necessário manter o mais alto padrão de exigência – ou as coisas vão desmoronar.	4	3	2	1	0
51. Preciso ter o controle total de minhas emoções.	4	3	2	1	0
52. As pessoas devem fazer as coisas do meu jeito.	4	3	2	1	0
53. Se eu não atuar com perfeição, vou fracassar.	4	3	2	1	0
54. Erros, defeitos ou enganos são intoleráveis.	4	3	2	1	0
55. Os detalhes são extremamente importantes.	4	3	2	1	0
56. Meu jeito de fazer as coisas é geralmente o melhor.	4	3	2	1	0
57. Preciso ter cuidado comigo mesmo.	4	3	2	1	0
58. Força ou esperteza são as melhores formas de fazer as coisas.	4	3	2	1	0
59. Vivemos em uma selva e o mais forte é quem sobreviverá.	4	3	2	1	0
60. As pessoas irão se impor se eu não fizer isso primeiro.	4	3	2	1	0
61. Não é importante cumprir promessas ou honrar dívidas.	4	3	2	1	0
62. Mentiras e trapaças são aceitas, desde que você não seja descoberto.	4	3	2	1	0
63. Tenho sido tratado injustamente, portanto, tenho o direito de receber o que me cabe, não interessa como.	4	3	2	1	0
64. Os outros são fracos e merecem ser dominados.	4	3	2	1	0
65. Se eu não pressionar outras pessoas, serei pressionado.	4	3	2	1	0
66. Eu devo fazer o que for possível para abrandar a minha punição.	4	3	2	1	0
67. O que os outros pensam de mim realmente não importa.	4	3	2	1	0
68. Se quero alguma coisa, devo fazer tudo para consegui-la.	4	3	2	1	0
69. Consigo escapar de determinadas situações, então, não preciso me preocupar com as conseqüências desagradáveis dos meus atos.	4	3	2	1	0

(Continua)

(Continuação)	4 Totalmente	3 Muito	2 Moderadamente	1 Pouco	0 Não acredito
70. Se as pessoas não conseguem cuidar de si mesmas, isso é problema delas.	4	3	2	1	0
71. Sou uma pessoa muito especial.	4	3	2	1	0
72. Como sou superior mereço tratamento especial.	4	3	2	1	0
73. Não tenho de me sujeitar às regras que se aplicam aos outros.	4	3	2	1	0
74. É muito importante ter reconhecimento, receber elogios e ser admirado.	4	3	2	1	0
75. Se os outros não respeitam meu *status*, eles devem ser punidos.	4	3	2	1	0
76. As pessoas devem satisfazer minhas necessidades.	4	3	2	1	0
77. Os outras devem reconhecer o quanto sou especial.	4	3	2	1	0
78. É intolerável não ser tratado com o devido respeito ou não ter o que mereço.	4	3	2	1	0
79. As outras pessoas não merecem a admiração ou a riqueza que possuem.	4	3	2	1	0
80. As pessoas não têm o direito de me criticar.	4	3	2	1	0
81. As necessidades dos outros não devem interferir nas minhas.	4	3	2	1	0
82. Já que sou tão talentoso, as pessoas deveriam dar um jeito de promover minha carreira.	4	3	2	1	0
83. Somente pessoas tão brilhantes quanto eu me compreendem.	4	3	2	1	0
84. Tenho muitas razões para ter grandes expectativas.	4	3	2	1	0
85. Sou uma pessoa interessante e cheia de vida.	4	3	2	1	0
86. Para ser feliz, preciso que as pessoas prestem atenção em mim.	4	3	2	1	0
87. A menos que entretenha ou impressione as pessoas, sou insignificante.	4	3	2	1	0
88. Se não conseguir manter os outros envolvidos comigo, eles não vão gostar de mim.	4	3	2	1	0
89. Um meio de conseguir o que quero é impressionando ou divertindo as pessoas.	4	3	2	1	0
90. Se as pessoas não reagem de forma muito positiva em relação a mim, elas são detestáveis.	4	3	2	1	0

(Continua)

(Continuação)	4 Total- mente	3 Muito	2 Modera- damente	1 Pouco	0 Não acredito
91. É horrível ser ignorado.	4	3	2	1	0
92. Preciso ser o centro das atenções.	4	3	2	1	0
93. Não preciso me preocupar em pensar sobre as coisas – posso confiar em minha intuição.	4	3	2	1	0
94. Se mantiver as pessoas entretidas, elas não perceberão minha fraqueza.	4	3	2	1	0
95. Não consigo tolerar a monotonia.	4	3	2	1	0
96. Se tenho vontade de fazer algo, devo ir em frente e fazê-lo.	4	3	2	1	0
97. As pessoas me notarão somente se eu agir de maneira radical.	4	3	2	1	0
98. Sentimentos e intuição são muito mais importantes que pensamento e planejamento racionais.	4	3	2	1	0
99. Não importa o que as outras pessoas pensam de mim.	4	3	2	1	0
100. É importante para mim ser livre e independente dos outros.	4	3	2	1	0
101. Gosto de fazer coisas que não exijam a presença de outras pessoas.	4	3	2	1	0
102. Em muitas situações, me sinto melhor sozinho.	4	3	2	1	0
103. Não sou influenciado pelos outros naquilo que decido fazer.	4	3	2	1	0
104. Relacionamentos íntimos não são importantes para mim.	4	3	2	1	0
105. Estabeleço meus próprios padrões e metas.	4	3	2	1	0
106. Minha privacidade é muito mais importante do que a proximidade com outras pessoas.	4	3	2	1	0
107. O que outras pessoas pensam não me interessa.	4	3	2	1	0
108. Posso administrar tudo sozinho sem a ajuda de ninguém.	4	3	2	1	0
109. É melhor estar sozinho do que me sentir "preso" a outra pessoa.	4	3	2	1	0
110. Não devo confiar nos outros.	4	3	2	1	0
111. Posso usar as outras pessoas para meus próprios interesses, sem me envolver.	4	3	2	1	0
112. Os relacionamentos são confusos e interferem na liberdade.	4	3	2	1	0

(Continua)

(Continuação)	4 Totalmente	3 Muito	2 Moderadamente	1 Pouco	0 Não acredito
113. Não devo confiar nos outros.	4	3	2	1	0
114. As pessoas têm motivações secretas.	4	3	2	1	0
115. Os outros tentarão me usar ou manipular se eu não ficar atento.	4	3	2	1	0
116. Preciso estar alerta todo o tempo.	4	3	2	1	0
117. Não é seguro confiar nas outras pessoas.	4	3	2	1	0
118. Se as pessoas agem amigavelmente, elas podem estar tentando me usar ou explorar.	4	3	2	1	0
119. Se eu der chance, as pessoas se tentarão se aproveitar de mim.	4	3	2	1	0
120. Na maior parte do tempos, as pessoas não são amigáveis.	4	3	2	1	0
121. As pessoas tentarão, deliberadamente, me prejudicar.	4	3	2	1	0
122. Com freqüência as pessoas procuram me irritar.	4	3	2	1	0
123. Ficarei em apuros se deixar que os outros pensem que podem me maltratar.	4	3	2	1	0
124. Se as pessoas descobrirem alguma coisa a meu respeito, elas poderão usá-las contra mim.	4	3	2	1	0
125. Freqüentemente, as pessoas dizem uma coisa querendo dizer outra.	4	3	2	1	0
126. Uma pessoa próxima pode ser desleal ou infiel.	4	3	2	1	0

Referências

American Psychiatric Association. (1987). *Diagnostic and statistical manual of men- tal disorders* (3rd ed. rev.). Washington, DC: Author.

American Psychiatric Association. (2000). *Diagnostic and statistical manual of men- tal disorders* (4th ed. text rev.). Washington, DC: Author.

Asaad, G. (1995). *Understanding mental disorders due to medical conditions or substance abuse; What every therapist should know.* New York: Brunner/Mazel.

Beck, A. T. (1976). *Cognitive therapy and the emotional disorders.* New York: International Universities Press.

Beck, A. T. (2003). Synopsis of the cognitive model of borderline personality disorder. *Cognitive Therapy Today,* 8(2), 1-2.

Beck, A. T., & Beck, J. S. (1995). *The Personality Belief Questionnaire.* Bala Cynwyd, PA: Beck Institute for Cognitive Therapy and Research.

Beck, A. T., Butler, A. C., Brown, G. K., Dahlsgaard, K. K., Newman, C. F., & Beck, J. S. (2001). Dysfunctional beliefs discriminated personality disorders. *Behaviour Research and Thempy,* 39(10), 1213-1225.

Beck, A. T., Emery, G., & Greenberg, R. (1985). *Anxiety disorders and Phobias; A cognitive perspective.* New York: Basic Books.

Beck, A. T., Epstein, N., Brown, G., & Steer, R. A. (1988). An inventory for measuring clinical anxiety: Psychometric properties. *Journal of Consulting and Clinical Psychology,* 56(6), 893-897.

Beck, A. T., Freeman, A., Davis, D. D., & Associates. (2004). *Cognitive therapy of personality disorders* (2nd ed.). New York: Guilford Press.

Beck, A. T., Rush, A. J., Shaw, B. F., & Emery, G. (1979). *Cognitive therapy of depression.* New York: Guilford Press.

Beck, A. T., Ward, C. H., Mendelson, M., Mock, J., & Erbaugh, J. (1961). An inventory for measuring depression. *Archives of General Psychiatry,* 4, 561-571.

Beck, A. T., Weissman, A., Lester, D., & Trexler, L. (1974). The measurement of pessimism: The Hopelessness Scale. *Journal of Consulting and Clinical Psychology, 42*(6), 861-865.

Beck, J. S. (1995). *Cognitive therapy: Basics and beyond.* New York: Guilford Press. Beck, J. S. (1997). Personality disorders: Cognitive approaches. In L. J. Dickstein, M. B. Riba, & J. M. Oldham (Eds.), *American Psychiatric Press Review of Psychiatry,* 16, (pp. 73-106). Washington DC: American Psychiatric Press.

Beck, J. S. (2001). Reviewing therapy notes. In H. G. Rosenthal (Ed.), *Favorite counseling and therapy homework assignments* (pp. 37-39). Philadelphia, PA: Brunner-Routledge.

Beck, J. S. (2005). *Cognitive therapy worksheet packet (revised)*. Bala Cynwyd, PA: Beck Institute for Cognitive Therapy and Research.

Beck, J. S., Beck, A. T., & Jolly, J. (2001). *Manual for the Beck Youth Inventories of Emotional and Social Impairment*. San Antonio, TX: The Psychological Corporation.

Butler, G., Cullington, A., Hibbert, G., Klimes, I., & Gelder, M. (1987). Anxiety management for persistent generalized anxiety. *British Journal of Psychiatry*, 151, 535-542.

Clark, D. A. (2004). *Cognitive-behavioral therapy for obsessive-compulsive disorder*. New York: Guilford Press.

Clark, D. A., Beck, A. T., & Alford, B. A. (1999). *Scientific foundations of cognitive theory and therapy of depression*. New York: Guilford Press.

Clark, D. M., & Ehlers, A. (1993). An overview of the cognitive theory and treatment of panic disorder. *Applied and Preventive Psychology*, 2(3), 131-139.

Clark, D. M., & Wells, A. (1995). A cognitive model of social phobia. In R. G. Heimberg, M. Liebowitz, D. A. Hope, & F. A. Schneier (Eds.), *Social phobia: Diagnosis, assessment, and treatment* (pp. 69-93). New York: Guilford Press.

DeRubeis, R. J., & Feeley, M. (1990). Determinants of change in cognitive therapy for depression. *Cognitive Therapy and Research*, 14, 469-482.

Edwards, D. (1990). Cognitive therapy and the restructuring of early memories through guided imagery. *Journal of Cognitive Psychotherapy*, 4(1), 33-50.

Ellis, T. A., & Newman, C. F. (1996). *Choosing to live: How to defeat suicide through cognitive therapy*. Oakland, CA: New Harbinger Publications.

Franklin, M. E., & Foa, E. B. (2002). Cognitive behavioral treatments for obsessive compulsive disorder. In P. E. Nathan & J. M. Gorman (Eds.), *A guide to treatments that work* (2nd ed., pp. 367-386). London: Oxford University Press.

Freeman, A., & Reinecke, M. (1993). *Cognitive therapy of suicidal behavior: A manual for treatment*. New York: Springer.

Frost, R. O., & Skeketee, G. (Eds.). (2002). *Cognitive approaches to obsessions and compulsions: Theory, assessment, and treatment*. Elmont, NY: Pergamon Press.

Greenberger, D. G., & Padesky, C. A. (1995). *Mind over mood*. New York: Guilford Press.

Holmes, E. A., & Hackrnann, A. (2004). *Mental imagery and memory in psychopathology*. Oxford, UK: Psychology Press.

Hopko, D. R., LeJuez, C. W., Ruggiero, K. J., & Eifert, G. H. (2003). Contemporary behavioral activation treatments for depression: Procedures, principles, and progress. *Clinical Psychology Review*, 23(5), 699- 717.

Layden, M. A., Newman, C. F., Freeman, A., & Morse, S. B. (1993). *Cognitive therapy of borderline personality disorder*. Boston: Allyn & Bacon.

Leahy, R. L. (1996). *Cognitive therapy: Basic principles and applications*. Northvale, NT: Aronson.

LEAHY, R. L. (2001). *Overcoming resistance in cognitive therapy*. New York: Guilford Press.

Mahoney, M. (1991). *Human change processes*. New York: Basic Books. McCullough, J. (2000). *Treatment for chronic depression: Cognitive behavioral analysis system of psychotherapy*. New York: Guilford Press.

McGinn, L. K., & Sanderson, W. C. (1999). *Treatment of obsessive-compulsive disorder*. Northvale, NJ: Jason Aronson.

McKay, M., & Fanning, P. (1991). *Prisoners of belief* Oakland: New Harbinger Publications.

Meichenbaum, D., & Turk, D. C. (1987). *Facilitating treatment adherence.* New York: Plenum Press.

Millon, T., & Davis, R. D. (1996). *Disorders of personality: DSM-IV and beyond* (2nd ed.). New York: Wiley.

Moore, R., & Garland, A. (2003). *Cognitive therapy for chronic and persistent depres- sion.* New York: Wiley.

Newman, C. F. (1991). Cognitive therapy and the facilitation of affect: Two case illustrations. *Journal of Cognitive Psychotherapy: An International Quarterly,* 5(4), 305-316.

Newman, C. F. (1994). Understanding client resistance: Methods for enhancing motivation to change. *Cognitive and Behavioral Practice,* 1, 47-69.

Newman, C. F. (1997). Maintaining professionalism in the face of emotional abuse from clients. *Cognitive and Behavioral Practice,* 4(1), 1-29.

Newman, C. F. (1998). The therapeutic relationship and alliance in short-term cognitive therapy. In J. Safran & J. C. Muran (Eds.), *The therapeutic alliance in brief psychotherapy* (pp. 95-122). Washington, DC: American Psychological Association.

Newman, C. F., & Rat to, C. (2003). Narcissistic personality disorder. In M. Reinecke & D. A. Clark (Eds.), *Cognitive therapy across the lifespan* (pp. 172- 201). Cambridge, UK: Cambridge University Press.

Newman, C. F., & Strauss, J. L. (2003). When clients are untruthful: Implications for the therapeutic alliance, case conceptualization, and *intervention Journal of Cognitive Psy- chotherapy: An International Quarterly,* 17(3), 241-252.

Padesky, C. A. (1993). Schema as self-prejudice. *International Cognitive Therapy Newsletter,* 5/6, 16-17.

Persons, J. B., Burns, B. D., & Perloff, J. M. (1988). Predictors of drop-out and outcome in cognitive therapy for depression in a private practice setting. *Cognitive Therapy and Research,* 12, 557-575.

Pope, K. S., Sonne, J. L., & Horoyd, J. (1993). *Sexual feelings in psychotherapy: Explorations for therapists and therapists-in-training.* Washington, DC: American Psychological Association.

Pretzer, J. L., & Beck, A. T. (1996). A cognitive theory of personality disorders. In J. F. Clarkin & M. F. Lenzenweger (Eds.), *Major theories of personality disorder* (pp. 36-105). New York: Guilford Press.

Safran, J. D., & Muran, J. C. (2000). *Negotiating the therapeutic alliance: A relational treatment guide.* New York: Guilford Press.

Schmidt, N. B., Joiner, T. E., Jr., Young, J. E., & Telch, M. J. (1995). The Schema Questionnaire: Investigation of psychometric properties and the hierarchical STRUCTURE OF A MEASURE OF MALADAPTIVE SCHEMATA. *Cognitive Therapy and Research,* 19(3), 295-321.

Smucker, M. R., & Dancu, C. V. (1999). *Cognitive-behavioral treatment for adult survivors of childhood trauma.* Northvale, NJ: Aronson.

Spring, J. A. (1996). *After the affair: Healing the pain and rebuilding trust when a partner has been unfaithful.* New York: Harper Perennial.

Thompson, A. (1990). *Guide to ethical practice in psychotherapy.* Oxford, UK: Wiley. Torgersen, S., Kringlen, E., & Cramer, V. (2001). The prevalence of personality disorders in a community sample. *Archives of General Psychiatry,* 58, 590-596.

Wells, A. (1997). *Cognitive therapy of anxiety disorders: A practical manual and conceptual guide.* Chichester, UK: Wiley.

Wells, A. (2000). *Emotional disorders and metacognition: Innovative cognitive therapy.* New York: Wiley.

Wright, J. H., & Basco, M. R. (2001). *Getting your life back: The complete guide to recovery from depression.* New York: Free Press.

Yalom, I. D. (1980). *Existential psychotherapy.* New York: Basic Books.

Young, J. E. (1999). *Cognitive therapy for personality disorders: A schemafocused approach* (3rd ed.). Sarasota, FL: Professional Resource Exchange.

Young, J. E., & Beck, A. T. (1980). *Cognitive therapy scale: Rating manual.* Bala Cynwyd, PA: Beck Institute for Cognitive Therapy.

Young, J. E., Klosko, J. S., & Weishaar, M. E. (2003). *Schema therapy: A practitioner's guide.* New York: Guilford Press.

Índice

Academia de Terapia Cognitiva 305-306
Aconselhamento nutricional 21-22
Aconselhamento pastoral 21-22
Acontecimentos 44-45, 217-218
Adequação de comportamentos 53-54
Aderência à medicação 16-17, 20-21, 174-176
Afeto negativo 240-242. *Veja também* Emoções
Agenda de atividades 27-28, 146-147
Agendar atividades 27-28, 146-147
Agir "como se" 273-275, 294-295
Aliança terapêutica
    estratégias para construir 76-81
    estruturar as sessões e 164-165, 181-182
    exemplo de caso 96-101, 102-120, 303
    generalizar para outros relacionamentos 93-97
    identificar e resolver problemas na 81-89
    medo da resposta do terapeuta 52, 76
    metas terapêuticas e 89-94
    modificação de crenças e 273-275
    pensamentos automáticos e 247-248
    previsões sobre tratamento e 76-77
    problemas relacionados à 23-24
    resolução de problemas reação do terapeuta e 229-230
    resumo 25-28, tarefa e 197-199
    solução de problemas e tarefa 197-199
Alucinação 217-218
Ambiente
    como um obstáculo ao tratamento 15-16, 20-23
    cultural do paciente 25-26
    estratégias terapêuticas e 27-28
    modificação de crença e 274-275, 297-298
    relacionado às crenças centrais 37-38
Analogias 285-286
Angústia, alívio 79-81, 273
Anotações terapêuticas 179-180, 291-293

Ansiedade
    aliança terapêutica e 76-77, 84-85
    avaliando na terapia 122
    exemplo de caso 131-133, 257-271, 263f
    seqüências de 47-48
Antecipando problemas futuros 174-175
Apoio, terapêutico 91-93
Atitudes condicionais 33f, 38-41, 43f, 234-235
Autenticidade 77-80
Autocuidado, do terapeuta 128-129
Auto-revelação 79-80, 90-91, 187-188, 243-244
Avaliação 28-31
Avaliação do humor 165-168

Bem-estar 161
Biblioterapia 302
Bulimia, seqüência de 47, 50-51

Cartões de auto-ajuda, 264-268
Catastrofização, erro cognitivo de 123
Coerção na terapia 115-117, 168-170
Colaboração com o paciente 77-78
Comparação do eu 273-274, 292-293
Comparecimento, sessão, 16-17
Competência do terapeuta 77-80, 124-125
Comportamento
    ao descrever problemas encontrados no tratamento 16-19
    como um gatilho para pensamentos automáticos 44-46
    estabelecer metas e 27-28
    no Diagrama de Conceituação Cognitiva 33f, 43f
    no transtorno da personalidade dependente 64-65
    resumo 15-16
Comportamento auto-agressivo 16-17, 61-62
Comportamento de negação, 16-17, 142-143

Comportamento dramático 55-56
Comportamento passivo-agressivo 88-89
Comportamento queixoso, 16-17, 25
Comportamento sedutor 55-57
Comportamentos agressivos 16-17
Comportamentos críticos
  aliança terapêutica e 76-77, 86-87
  como um comportamento problemático dos pacientes 16-17
  exemplo de caso 86-88, 132-134
  no transtorno da personalidade narcisista 72-74
Comportamentos de culpa
  avaliado no terapeuta 122
  como um comportamento problemático dos pacientes 16-17
  estabelecendo metas e 142-143
  exemplo de caso 110, 132-134
  no transtorno da personalidade borderline 60-61
Comportamentos de manipulação 68-69
Comportamentos de segurança 266-267
Comportamentos disfuncionais. *Veja também* Comportamentos que Interferem na Terapia
Comportamentos dispersivos, 16-17, 25. *Veja também* Comportamentos que interferem na terapia
Comportamentos evitativos 16-17
Comportamentos impulsivos 68-69. *Veja também* comportamentos que interferem na terapia
Comportamentos mentais 16-17, 68-69, 81-82
Comportamentos que interferem na terapia
  estabelecer metas e 142-143
  na avaliação do terapeuta 122-125
  no transtorno da personalidade anti-social 68-69
  no transtorno da personalidade borderline 61-62
  no transtorno da personalidade esquizóide 71-72
  no transtorno da personalidade esquizotípica 70-71
  no transtorno da personalidade evitativo 65-66
  no transtorno da personalidade histriônica 56-57
  no transtorno da personalidade narcisista 73-74
  no transtorno da personalidade obsessivo-compulsiva 57-58

  no transtorno da personalidade paranóide 67-68
  no transtorno da personalidade passivo-agressiva 59-60
Comprometimento do paciente 176-177
Comunicação não-verbal 81-82, 122
Conceituação cognitiva 26-27, 30-31
Conceituação de caso, erros 23-24
Conceituação do problema 84-89
Conceituar problemas 15-19
Conexão 92-94
Confiança
  estilo terapêutico e 79-80
  exemplo de caso 147-148
  no transtorno da personalidade *borderline* 60-61
  no transtorno da personalidade esquizotípica 69-70
  no transtorno da personalidade evitativa 65-66
  no transtorno da personalidade paranóide 66-68
  previsões sobre tratamento e 76-77
Confrontar os pacientes 131-132
Conseqüências 28-29, 135-136
Constrangimento 122
Consultoria 28-29, 135-136
Continuum cognitivo 273-274, 292-295, 302
Controle
  ajudar os pacientes a avaliar 188-189
  avaliado no terapeuta 122
  estabelecendo metas 143-144
  exemplo de caso 88-89, 105-109, 147-151
  na resolução de problemas e tarefa e 197-199, 200-201
  no transtorno da personalidade anti-social 68-69
  no transtorno da personalidade *borderline* 60-61
  no transtorno da personalidade narcisista 72-73
  no transtorno da personalidade obsessivo-compulsiva 57-58
  no transtorno da personalidade passiva-agressiva 58-60
Controle, terapeuta 15-16
Cooperação 68-69, 72-73
Crença de desamparo, *veja também* Crenças centrais
  estabelecer metas e 142-143
  exemplo de caso 159-160
  identificação de 36-37

no transtorno da personalidade *borderline* 60-61
reforço positivo e 89-91
resumo 32, 34-38, 273-274
solução de problemas e 187-189, 199-204
Crença de incompetência 60-61
Crença de não ser amado, *veja também* Crenças centrais
identificação da 36-37
no transtorno da personalidade *borderline* 60-61
no transtorno da personalidade evitativa 64-67
reforço positivo e 89-91
resumo 32, 34-38, 273
Crença de não ter valor. *Veja também* Crenças
no transtorno da personalidade *borderline* 60-61
no transtorno da personalidade dependente 62-63
no transtorno da personalidade evitativa 66-67
no transtorno da personalidade narcisista 72-74
reforço positivo e 89-91
resumo 32, 34-38
Crença de rejeição 60-61, 64-65, 69-70, 103-106
Crenças centrais
elucidação e modificação de 91-92, 235-240, 273-288, 302-303
entendimento dos pacientes 216
estabelecendo metas 142-143
estratégias comportamentais e 37-39
exemplo de caso 286, 288-302
força da 176-178
no Diagrama de Conceituação Cognitiva 33f, 40-41, 43f, 42, 44
no modelo cognitivo 30-32
no transtorno da personalidade anti-social 68-69
no transtorno da personalidade *borderline* 60-61
no transtorno da personalidade dependente 62-63
no transtorno da personalidade esquizóide 70-71
no transtorno da personalidade esquizotípica 69-70
no transtorno da personalidade evitativo 64-65
no transtorno da personalidade histriônica 55-56

no transtorno da personalidade narcisista 72-73
no transtorno da personalidade obssessivo-compulsiva 56-58
no transtorno da personalidade paranóide 66-67
no transtorno da personalidade passivo-agressiva 58-59
pensamentos automáticos 245-246
problemas na identificação 238
resumo 15-16, 32, 34-38, 234-236, 273-274, 303
transtornos da personalidade e 52-54
Crenças centrais ambíguas, 237-238
Crenças disfuncionais. *Veja também* Pensamentos Automáticos; Crenças que Interferem na Terapia
aliança terapêutica e 86-89
do terapeuta 124-126
entendimento dos pacientes 216
erro do terapeuta e 22-25
estruturar as sessões e 163-165
exemplo de caso 257-271
identificação das crenças centrais e 36-37
no modelo cognitivo 30-32
que interferem com a solução de problemas e a tarefa 195-209
relacionadas a estabelecer metas 142-143
relacionadas aos pensamentos automáticos 246-250
Crenças distorcidas
aceitação da crença pelo terapeuta 130-131
aliança terapêutica e 93-97
como um obstáculo ao tratamento 15-16
discordar com 91-92
estratégias terapêuticas e 27-28
Crenças do eu, *veja também* Crenças centrais
no Diagrama de Conceituação Cognitiva 40-41
no transtorno da personalidade anti-social 67-68
no transtorno da personalidade *borderline* 60-61
no transtorno da personalidade dependente 62-63
no transtorno da personalidade esquizóide 70-71
no transtorno da personalidade esquizotípica 69-70
no transtorno da personalidade evasiva 64-65

no transtorno da personalidade histriônica 55-56
no transtorno da personalidade narcisista 72-73
no transtorno da personalidade obssessivo-compulsiva 56-57
no transtorno da personalidade paranóide 66-67
no transtorno da personalidade passivo-agressiva 58-59
resumo 32, 34-38
Crenças espirituais do paciente 25-26
Crenças que interferem na terapia, *veja também* Crenças disfuncionais
no transtorno da personalidade anti-social 68-69
no transtorno da personalidade *borderline* 61-62
no transtorno da personalidade dependente 64-65
no transtorno da personalidade esquizóide 71-72
no transtorno da personalidade esquizotípica 69-70
no transtorno da personalidade evitativa 65-66
no transtorno da personalidade histriônica 56-57
no transtorno da personalidade narcisista 73-74
no transtorno da personalidade obssessivo-compulsiva 57-58
no transtorno da personalidade paranóide 67-68
no transtorno da personalidade passivo-agressiva 59-60
solução de problemas e tarefa 192-194, 196-209
Crises de pânico 47-48
Cuidado 77-80, 110-115, 163-164
Cuidados, 91-93
Culpa 122
Curso das sentenças 233-235

Decatastrofizar, 269-270
Defesa, sentimentos de 132-134
Dependência 60-63
Depressão
agenda de atividades e 27-28
conexão e 93-94
exemplo de caso 54-56, 86-89
formulação de caso e 25-26

Desconforto, sentimentos de 121-122
Descrever problemas no tratamento 15-19
Desculpar-se com o paciente 96-98
Desespero, sentimento de
avaliando no terapeuta 122
exemplo de caso 108, 129-131, 143-146
solução de problema, tarefa e 200-204
Desqualificar erros cognitivos positivos 123
Diagnósticos 15-16, 23-27
Diagrama de Conceituação Cognitiva 31-32, 33*f*, 40-42, 43*f*, 42, 44
Distimia 88-89
Dose de terapia 15-16, 20-22
Dramatização
exemplo de caso 267-268, 294-298
modificação de crença e 274-275
para elucidar pensamentos automáticos 224-225
pensamentos automáticos e 243-245
regras e 256-258
Dúvidas em relação à terapia 114-116, 143-144

Eficácia do tratamento, avaliação 28-29
Elementos do paciente 25-26
Elucidar o problema 186-187
Emoções
avaliado no terapeuta 122
crenças centrais expressadas como 274-275
no Diagrama de Conceituação Cognitiva 33*f*, 43*f*
no transtorno da personalidade *borderline* 61-62
pensamentos automáticos e 44-45, 46, 218-220, 222-224, 240-242
solução de problemas, tarefa e 200-201
Empatia
aliança terapêutica e 77-81, 84-85, 91-93
avaliação 122, 125-128
Entendimento 77-80, 91-93, 109-110
Entre sessões 172-178, 249-252
Envolvimento familiar 274-275, 297-299
Envolvimento na terapia 168-170
Equilíbrio no relação terapêutica, 90-92. *Veja também* Aliança Terapêutica
Erro do terapeuta
aliança terapêutica e 76-77, 85-87
avaliação do 17-18
crenças disfuncionais e 24-25
estruturar sessões e 161-162
problemas relacionados ao 18-19
Erros cognitivos 123
Escala de Avaliação de Terapia Cognitiva 23-24

Especificar problemas 15-19
Esquema, modelo de processamento de
 informações e 276-286
Estabelecer limite 127-128, 130-132
Estabelecer metas
 aliança terapêutica e 89-94
 estratégias de uso para 137-142
 exemplo de caso 143-160
 no modelo cognitivo 30-31
 no transtorno da personalidade esquizóide
  71-72
 relacionado às crenças disfuncionais 142-143
 relacionados aos problemas com 16-17,
  23-24
 resumo 15-16, 25, 27-28, 137, 160
Estabelecimento de agendas nas sessões,
  167-173, 172-180, *veja também*
  Estruturar as sessões
Estados emocionais 81-82
Estágio de vida do paciente 25-26
Estilo interpessoal 95-97
Estilo terapêutico 26-28, 79-80
Estimulação auditiva 217-218
Estimulação cinestésica 217-218
Estimulação olfativa 217-218
Estimulação visual 217-218
Estratégias comportamentais 37-41, 53-56.
 Veja também Estratégias de
 Proteção
Estratégias de proteção. *Veja também*
 Estratégias comportamentais
 associando as crenças centrais à 274-276
 crenças centrais e 37-39
 diagrama de Conceituação Cognitiva 33f, 43f
 exemplo de caso 88-89
 imagens e 253-255
 no transtorno da personalidade anti-social
  68-69
 no transtorno da personalidade *borderline*
  60-62
 no transtorno da personalidade
  dependente 62-63
 no transtorno da personalidade esquizóide
  71-72
 no transtorno da personalidade
  esquizotípica 69-70
 no transtorno da personalidade evasiva
  65-66
 no transtorno da personalidade histriônica
  55-56
 no transtorno da personalidade narcisista
  72-73

 no transtorno da personalidade
  obssessivo-compulsiva 57-58
 no transtorno da personalidade paranóide
  66-68
 no transtorno da personalidade
  passivo-agressiva 59-60
 transtornos da personalidade e 53-56
Estratégias-padrão 273-288
Estruturar as sessões
 aliança terapêutica e 84-85
 exemplo de caso 131-132
 padrão 161-162
 problemas relacionados a 23-24
 quando não fazer 181-182
 resumo 15-16, 161, 182
 solução de problema e 164-182
 utilização e variação estratégias-padrão
  para 161-164
Evasão cognitiva, 218-219, 227-229.
 Veja também Evasão
Evitação
 aliança terapêutica e 76-77
 estabelecer agenda e 169-171
 estabelecer metas e 145-146
 estilo terapêutico e 79-80
 exemplo de caso 52-54, 156-160, 257-271,
  263f
 no transtorno da personalidade *borderline*
  60-61
 no transtorno da personalidade esquizóide
  71-72
 no transtorno da personalidade
  esquizotípica 70-71
 no transtorno da personalidade evitativa
  64-67
 pensamentos automáticos e 217-219,
  227-229
Evitação comportamental, 217-219. *Veja
 também* Evitação
Evitação emocional 227-229. *Veja também*
 Evitação
Evitar problemas na terapia 25-29
Expectativas
 do terapeuta 125-126, 129-131
 no transtorno da personalidade narcisista
  72-73
 no transtorno da personalidade
  obssessivo-compulsiva 57-58
 no transtorno da personalidade
  passivo-agressiva 58-60
 pensamentos automáticos e 250-251
 relacionada as tarefas 193-194

Experiências
  exemplo de caso 266-268
  pensamentos automáticos e 218-219
  reestruturação 300-302
  transtorno da personalidade e 52-53
Experimento comportamental *Veja também*
  Experiências
  exemplo de caso 264-267
  pensamentos automáticos e 244-245
  regras e 256-258
Experimentos
  estabelecer tarefas como 191-192
  exemplo de caso 264-267
  pensamentos automáticos e 244-245
  regras e 256-258
Exposição 27-28, 228-229, 270-271
Exposição gradual 228-229, 270-271.
  Veja também Exposição
Extensão dos problemas 18-20

Falha, crenças com relação à 199-204
Fatores externos à sessão terapêutica 19-23
Feedback
  aliança terapêutica e 94-95
  exemplo de caso 116-118
  para os pacientes 127-129
  relacionado ao estilo interpessoal 95-97
  resumo 181-182
Formato da terapia 20-22
Formulação de caso, 25-27, 41-42, 59-61
Freqüência do problema 18-20
Freqüência do tratamento 15-16, 20-22
Frustração 133-135

Gatilhos 42, 44-46
Gênero do paciente 25-26
Gravação das sessões 23-24, 79-80
Grupos de auto-ajuda 21-22

Habilidades sociais 70-72
Hiato de tratamento, 213-214
Hipervigilância
  exemplo de caso 87-88, 107-108
  no transtorno da personalidade *borderline* 60-61
  no transtorno da personalidade esquizotípica 69-70
  no transtorno da personalidade evitativo 66-67
  no transtorno da personalidade narcisista 72-74
  no transtorno da personalidade obsessivo-compulsiva 57-58
  no transtorno da personalidade paranóide 66-67
  transtornos da personalidade e 52-54
Hipóteses terapêuticas 261-276

Idade do paciente 25-26
Identificação das crenças centrais 36-37
Identificação do problema 81-85, 169-173, 177-178
Imagens
  como gatilho para pensamentos automáticos 44-45
  elucidação e modificação de 239-240, 252-255
  identificação de 231-233
  resumo 15-16
Imagens metafóricas 254-255
Indecisão, tolerar 57-58
Inferioridade, sentimentos de 132-133
Interrupções durante a sessão
  aliança terapêutica e 76-78
  como comportamentos problemáticos do paciente 16-17
  como erro do terapeuta 25, 181-182
  estabelecer a agenda e 170-172
  estruturar as sessões e 161-165
  exemplo de caso 131-132
Intervenções
  baseadas na história 266-267
  eficiência da 28-29
  estabelecer metas e 143-144
  implementação incorreta de 23-24
  resumo 25-28
Intervenções baseadas na história 266-267, 290-291.*Veja também*
  Intervenções
Intervenções biológicas 21-23
Instituto Beck 304-306

Lentidão 16-17
Limitações da terapia 92-93
Linguagem corporal 81-82, 122

Medicação 20-23, 27-28
Medo, resposta do terapeuta 229-230
Memórias 44-45, 232-233, 254-255
Memórias da sessão 23-24
Metáforas 274-275, 298-301
Metas 141-142, 187-188. *Veja também* Estabelecer metas
Metas existenciais para a terapia 153-157. *Veja também* Estabelecer metas
Metas terapêuticas 89-94

Modelo cognitivo
 aliança terapêutica e 94-95
 diagrama de Conceituação Cognitiva e 41-42
 elaboração de 42, 44-51
 entendimento dos pacientes 216
 resumo 30-32, 33f
Modelo de processamento de informação 276-286, 288-291
Modelos 274-275, 294-295
Modificação de crença
 exemplo de caso 286, 288-302
 resumo 273-274
Motivar os pacientes 186-188, 285-288
Mundo, crenças centrais relacionadas ao 37-38, 40-41. *Veja também* Crenças centrais; Ambiente

Não responsivo, 16-17
Negociação com os pacientes 162-163
Nível de atendimento 20-22, 130-131
Nível de desenvolvimento do paciente 25-26
Nível de funcionamento 161, 291-292
Nível intelectual do paciente 25-26
Nomeando erro cognitivo 123

Objetivos irreais para a terapia 150-152. *Veja também* Estabelecer metas
Omitir de informação na terapia 118-120
Opressão, sentimentos de 122
Orientação sexual do paciente 25-26
Origens na infância 266-267, 274-275, 300-302
Otimismo 77-80, 91-93
Outros, relacionado às crenças centrais. *Veja também* Crenças
 estabelecer metas e 142-143
 modificação de 302-303
 no Diagrama de Conceituação Cognitiva 40-41
 no transtorno da personalidade anti-social 67-68
 no transtorno da personalidade *borderline* 60-61
 no transtorno da personalidade dependente 62-63
 no transtorno da personalidade esquizóide 70-71
 no transtorno da personalidade esquizotípica 69-70
 no transtorno da personalidade evitativa 64-65
 no transtorno da personalidade histriônica 55-56
 no transtorno da personalidade narcisista 72-73
 no transtorno da personalidade obsessivo-compulsiva 57-58
 no transtorno da personalidade paranóide 66-67
 no transtorno da personalidade passivo-agressiva 58-59
 resumo 37-38
Overburdened, feelings of, 130-132

Pacientes perigosos 134-135
Patologia 17-19
Pausa no tratamento 213-214
Pedindo *feedback* 80-81
Pensamentos automáticos, *veja também* Crenças disfuncionais
 aliança terapêutica e 94-95
 como regras 256-257
 crenças disfuncionais em relação 246-250
 elucidação e modificação de 219-225, 239-240, 244-253, 255
 entendimento dos pacientes sobre 216
 estabelecer metas e 143-144
 estratégias terapêuticas e 27-28
 gatilho para 42, 44-46
 identificação de 217-220, 225-232
 identificação de crenças centrais e 36-37, 235-238
 imagens e 252-255
 no Diagrama de Conceituação Cognitiva 33f, 41-42, 43f, 44
 no modelo cognitivo 30-32
 resumo e 15-16
 seqüências do modelo cognitivo 46-51
 tarefas e 192-195
Pensamentos de compensatórios 226-228. *Veja também* Pensamentos automáticos
Pensamentos distorcidos 244-246, 263-265. *Veja também* Pensamentos Automáticos
Pensamentos interferentes 250-252
Pensamentos negativos 193-195. *Veja também* Pensamentos automáticos
Perfeição 57-58, 226
Persistência, no questionamento 219-223
Plano de tratamento 23-27, 84-89, 261-262
Ponte entre as sessões 172-178, 249-252
"Possíveis Razões para não Fazer as Tarefas de Auto-Ajuda", Lista de verificação 196-197
Predisposição genética 52-53

"Preparando-se para a terapia", exercício 162-163
Previsões 231-233
Previsões sobre o tratamento 76-77
Problemas médicos não diagnosticados. *Veja também* Problemas orgânicos
Problemas médicos. *Veja também* Problemas orgânicos
Problemas orgânicos
  como um obstáculo para o tratamento 20-21
  estabelecer metas e 143-144
  estratégias terapêuticas e 27-28
  medicação e 21-23
Psicoeducação 186-188, 263f-264, 274-275, 289-290

Questionamento Socrático
  aliança terapêutica e 94-95
  crenças centrais e 290-292
  exemplo de caso 302
  modificação de crença e 273-275
  pensamentos automáticos e 241-242, 255
  regras e 256-258
  usar o resumo nas sessões 178-179
Questionando
  aliança terapêutica e 82-85, 94-95
  crenças centrais e 290-292
  estabelecer metas e 137-140
  pensamentos automáticos e 219-223, 241-245
  regras e 256-258
  usar o resumo nas sessões 178-179
Questionário de Crenças da Personalidade 52-53, 307-313
Questões financeiras 15-16

Racionalização 226-228. *Veja também* Pensamentos automáticos
Raiva
  aliança terapêutica e 76-77, 84-85
  avaliando na terapeuta 122
  como um comportamento problemático dos pacientes 16-17
  exemplo de caso 133-135
Rapport 161
Razões para dificuldades no tratamento 15-16
Reações 46, 174-175, 217-218
Reações do terapeuta para com o paciente
  conceituação 123-125
  exemplo de caso 121-136
  identificando problemas na 121-123
  medo de 229-230
  progredir 124-130
  resumo 121, 135-136

Recursos de treinamento 304-306
Recursos, pessoais 270-271
Recursos, profissionais 304-306
Reestruturação cognitiva 247-248
Reestruturar experiências infantis 300-302
Reforço positivo 89-91
Registro de Pensamentos Disfuncionais 124-126, 241-242, 249-251
Regras
  aliança terapêutica e, 94-95
  diferenças entre 256-257
  elucidação e modificação de 233-235, 256-258
  estratégias comportamentais e 37-39
  estruturar as sessões e, 163-165
  exemplo de caso 257-271, 263f
  identificação das crenças centrais e 236-238
  meta 142-143
  no Diagrama de Conceituação Cognitiva 33f, 40-41, 43f
  no transtorno da personalidade anti-social 68-69
  no transtorno da personalidade *borderline* 60-61
  no transtorno da personalidade dependente 62-63
  no transtorno da personalidade esquizóide 70-71
  no transtorno da personalidade esquizotípica 69-70
  no transtorno da personalidade evitativo 65-66
  no transtorno da personalidade histriônica 55-56
  no transtorno da personalidade narcisista 72-73
  no transtorno da personalidade obssessivo-compulsiva 57-58
  no transtorno da personalidade paranóide 66-67
  no transtorno da personalidade passivo-agressiva 58-60
  pensamentos automáticos e 227-229
  quer interfere com solução de problema e tarefa 195-196
  resumo 15-16, 38-41, 232-234
Regras condicionais, *veja também* Regras
  estabelecendo metas 142-143
  no Diagrama de Conceituação Cognitiva 43f
  no transtorno da personalidade anti-social 68-69
  no transtorno da personalidade *borderline* 60-61

no transtorno da personalidade
  dependente 62-63
no transtorno da personalidade esquizóide
  70-71
no transtorno da personalidade
  esquizotípica 69-70
no transtorno da personalidade evitativo
  65-66
no transtorno da personalidade histriônica
  55-56
no transtorno da personalidade narcisista
  72-73
no transtorno da personalidade
  obsessivo-compulsiva 57-58
no transtorno da personalidade paranóide
  66-67
no transtorno da personalidade
  passivo-agressiva 58-60
quer interfere na solução de problemas
  e tarefa 195-196
resumo 38-40
Regras da sociedade 68-69
Regras, condicionais 33*f*, 38-41, 43*f*, 234-235
Rejeição de problemas 147-151
Relacionamentos 89-97
Relato superficial de pensamentos
  automáticos 226-228. *Veja
  também* Pensamentos automáticos
Relaxamento 67-68
Representações metafóricas 232-233. *Veja
  também* Imagens
Representações. *Veja também* Imagens
  metafóricas
Resistência 71-72, 146-147, 168-170
Responsabilidade 56-60
Resposta intelectualizada 225-226
Respostas às crises 16-17
Resumo
  formulação de caso e 25-26
  no Diagrama de Conceituação Cognitiva
    41-42
  relativa a pensamentos automáticos 44-46
Resumo das sessões 178-180
Revisão da semana 173-175, 194-195
Rotular os pacientes 16-17

Saúde do paciente 25-26
Sensações fisiológicas 44-46, 143-144, 222-224
Sensações mentais 44-45
Sensações somáticas 222-224
Sentidos, pensamentos automático e 217-218
Sentimento de invalidação, 102-104
Sentimento esmagador 134-135

Seqüência de compulsão alimentar, 47, 50-51
Seqüências do modelo cognitivo 46-51.
  Veja também Modelo cognitivo
Severidade de um problema 18-20
Significados 228-230, 235-236, 266-267
Sintomas 25-26, 161, 165-168, 217-218
Sintomas físicos 150-152
Situações
  modelo cognitivo e 42, 44-46
  pensamentos automáticos e 44-46, 217-218
  seqüências e 46-49, 50-51
Socialização para terapia 170-172
Solução de problemas
  aliança terapêutica e 79-81, 93-95
  crenças disfuncionais que interferem na
    195-209
  estratégias-padrão para facilitar 185-190
  estruturar as sessões e 161-162, 164-182
  exemplo de caso 208-214, 267-268
  extensão do problema e 18-20
  no transtorno da
    dependente 62-63
  quando não fazer 214-215
  quando os pacientes parecem não
    progredir 213-214
  resposta dos pacientes para 184-185
  resumo 15-16
  tarefa e 183-185
Sonhos 274-275, 298-301
Subgrupos de regras. *Veja também* Regras
Supergeneralização, erro cognitivo 123
Supervisão 135-136, 304-306

Tarefa
  aderência à 15-17, 195-209, 257-271
  aliança terapêutica e 85-86
  crenças disfuncionais que interferem na
    195-209
  estratégias terapêuticas e 27-28
  estruturar as sessões e 161
  exemplo de caso 97-98, 208-214, 264-265
  experiências comportamentais como
    244-245
  facilitação da 189-196
  no transtorno da personalidade esquizóide
    71-72
  no transtorno da personalidade
    obssesivo-compulsiva 57-58
  pensamentos automáticos e 255
  quando os pacientes parecem não
    demonstrar progresso 213-214
  resumo 183-185
  revisão da 175-177

transtorno da personalidade histriônica e 56-57
transtorno da personalidade narcisista e 73-74
Técnica de construção de imagem
  estabelecer metas e 139-141
  estratégias terapêuticas e 27-28
  exemplo de caso 263-264, 267-270, 300-302
  modificação de crenças e 274-275
  para elucidar pensamentos automáticos 223-225
  pensamentos automáticos e 244-245
  regras e 256-258
Técnica de estabelecimento de pesquisa alternativa, 243-244
Técnicas terapêuticas 27-29
Técnicas. *Veja* Intervenções
Telefonar para o terapeuta 16-17, 61-62, 94-95
Telefonemas nas crises 16-17, 61-62, 94-95
Tempo entre as sessões 172-178, 249-252
Tentativas de suicídio 17-18
Teorias centrais, *veja também* Teorias
Terapeuta
  atitudes do 121-123
  competência do 77-80, 124-125
  dificuldades no tratamento e 15-16
  regras relacionadas 142-143
  treinamento do 304-306
Terapia em grupo 274-275, 298-299
Testes comportamentais 261-262
Transferir o paciente 129-130
Transtorno da personalidade anti-social, 67-70. *Veja também* Transtornos da personalidade
Transtorno da personalidade *borderline* 60-63. *Veja também* Transtorno da personalidade
Transtorno da personalidade dependente 54-56, 62-65. *Veja também* Transtorno da personalidade
Transtorno da personalidade esquizóide 70-73. *Veja também* Transtornos da personalidade
Transtorno da personalidade esquizotípica 69-71. *Veja também* Transtornos da personalidade
Transtorno da personalidade evitativa, 52-56, 64-67. *Veja também* Transtorno da personalidade
Transtorno da personalidade histriônica 55-57. *Veja também* Transtornos da personalidade

Transtorno da personalidade narcisista 54-55, 72-75, 79-80, 86-89. *Veja também* Transtornos da personalidade
Transtorno da personalidade obsessivo-compulsiva 25-26, 53-54, 56-59, 79-80
Transtorno da personalidade paranóide 66-68
Transtorno da personalidade passivo-agressiva 58-61. *Veja também* Transtornos da personalidade
Transtorno do pânico 25-26
Transtornos alimentares, seqüência de 47, 50-51
Transtornos da personalidade
  crenças centrais e 38-39
  desenvolvimento dos 52-54
  estratégias comportamentais e 53-56
  perfis cognitivos 55-75
  resumo 52-53, 74-75
Transtornos de ansiedade 27-28
Transtornos em co-morbidar 26-27
Tratamento complementar, 20-22
Tratamento vocacional 21-22
Tratamento, previsões 76-77
Trauma 27-28

Uso de álcool, 16-17, 176-177, *veja também* Uso de substâncias
Uso de drogas 16-17, 47, 49, 176-177
Uso de substancias 16-17, 47, 49, 176-177
Uso do Diagrama 243-244, 274-276

Validade dos pensamentos automáticos 94-95
Validade, sentimentos de 102-104
Velocidade da sessão 23-24, 162-163
Vitimização, crenças relacionadas à 67-68
Vulnerabilidade, crenças relacionadas à
  exemplo de caso 107-108
  no transtorno da personalidade esquizotípica 69-70
  no transtorno da personalidade evitativa 64-67
  no transtorno da personalidade obsessivo-compulsiva 56-57
  no transtorno da personalidade paranóide 66-67
  no transtorno da personalidade passivo-agressiva 58-59